探索国际金融发展新趋势，求解国内金融发展新问题，
支持上海国际金融中心建设。

数字金融与数字治理

黄益平◎主编

Digital Finance and Digital Governance

中国人民大学出版社
·北 京·

图书在版编目（CIP）数据

数字金融与数字治理/黄益平主编. --北京：中国人民大学出版社，2023.4

ISBN 978-7-300-31379-5

Ⅰ.①数… Ⅱ.①黄… Ⅲ.①数字技术-应用-金融业-研究-中国 Ⅳ.①F832-39

中国国家版本馆 CIP 数据核字（2023）第 016785 号

数字金融与数字治理

黄益平 主编

Shuzi Jinrong yu Shuzi Zhili

出版发行	中国人民大学出版社		
社　　址	北京中关村大街 31 号	**邮政编码**	100080
电　　话	010－62511242（总编室）		010－62511770（质管部）
	010－82501766（邮购部）		010－62514148（门市部）
	010－62515195（发行公司）		010－62515275（盗版举报）
网　　址	http://www.crup.com.cn		
经　　销	新华书店		
印　　刷	涿州市星河印刷有限公司		
开　　本	720 mm×1000 mm　1/16	**版　　次**	2023 年 4 月第 1 版
印　　张	28.25 插页 2	**印　　次**	2023 年 4 月第 1 次印刷
字　　数	346 000	**定　　价**	92.00 元

“新金融书系”是由上海新金融研究院（Shanghai Finance Institute，SFI）创设的书系，立足于创新的理念、前瞻的视角，追踪新金融发展足迹，探索金融发展新趋势，求解金融发展新问题，力图打造高端、权威、新锐的书系品牌，传递思想，启迪新知。

上海新金融研究院是一家非官方、非营利性的专业智库，致力于新金融领域和国际金融的政策研究。研究院成立于2011年7月14日，由中国金融四十人论坛（China Finance 40 Forum，CF40）举办，与上海市黄浦区人民政府战略合作。

上海新金融研究院努力提供一流的研究产品和高层次、有实效的研讨活动，包括举办闭门研讨会、上海新金融年会、外滩金融峰会，开展课题研究，出版《新金融评论》、“新金融书系”等。

中国金融四十人论坛是一家非营利性金融专业智库平台，专注于经济金融领域的政策研究与交流。论坛正式成员由40位40岁上下的金融精锐组成。CF40致力于以前瞻视野和探索精神，夯实中国金融学术基础，研究金融领域前沿课题，推动中国金融业改革与发展。

序

党的二十大明确提出，经济高质量发展是全面建设社会主义现代化强国的首要任务。因此，构建现代金融体系，提升经济发展质量，成为当前一项十分急迫的工作。

我国从1978年年底开始推进经济改革，当时只有一家金融机构，即一身多任的中国人民银行。1984年年初，中国工商银行成立，承担原由中国人民银行承担的商业运营部分，中国人民银行保留政策工作部分，这才算正式开启了金融改革。40年过去了，我国已经建立了一套非常完整的金融体系，商业银行、保险公司、资产管理公司、证券公司等应有尽有。但与许多市场化经济体系相比，我国的这套金融体系具有几个非常突出的特征，即规模大、管制多、监管弱、银行主导。

在一开始的30年，这套看起来不十分完善的金融体系有效地支持了我国的经济增长与金融稳定。不过，在最近10年，两个方面的矛盾变得越来越突出：一是金融支持实体经济的力度不断减弱，具体反映在边际资本产出率翻了一番，即金融效率下降了一半；二是系统性金融风险上升，从股市到汇市，从影子银行到地方融资平台，从互联网金融机构到中小银行，几乎连续不断地发生了风险事件。

金融效能下降的原因可能是多方面的。从金融体系本身看，原先就存在的效率损失等问题变得日益突出，政府兜底难以为继，而且引发了新的道德风险，即金融机构因为知道政府会兜底，反而会放松对风险的防范。从实体经济看，我国经济刚刚完成第一个百年奋斗目标，即全面建成小康社会，现在要迈向第二个百年奋斗目标，即建成社会主义现代化强国。在这个过程中，经济本身也在发生变化，增长模式正从要素投入型转向创新驱动型。增长方式变了，金融模式也需要随之改变，而这就是构建现代金融体系的重要目的。

数字金融是现代金融体系的重要组成部分。传统金融支持转型中的实体经济有两个明显的短板：支持经济创新的能力不足及服务普惠客户的能力不足。但这两个短板对于我国经济形成“双循环”至关重要。国内经济大循环的核心是供求两方面良性地循环起来，供求质量的关键是创新与效率，而需求稳定的基础是共同富裕。如果国内经济大循环能够顺畅地运转起来，我国经济就可以保持持续的增长，国内市场甚至可以成为全世界共享的大市场，这样国内经济大循环与国际经济大循环就可以找到一个新的耦合点。

我国数字金融的起点是 2004 年年底阿里巴巴在线上推出支付宝，2013 年上线的余额宝则将 2013 年定义为“互联网金融元年”。过去的发展经历表明，一方面，我国的数字金融确实发挥了积极的作用，诸如移动支付、大科技信贷等业务，实实在在地填补了传统金融服务中的空白，让没有信用卡的老百姓拥有了便捷的支付手段，让许多“信用白户”获得了贷款，甚至开始积累信用记录。这些业务在服务普惠客户、支持实体经济方面的创新，可以说是革命性的，有些还走在了世界前列。数字人民币虽然还没有正式推出，但已经成为各国中央银行关注、学习的对象。

另一方面，数字金融的发展也制造了不少新的问题。个体网络借贷平台就是一个重要的反面例子：从 2007 年第一家平台上线，平台总量一度达到 6 000 多家，到 2020 年整个行业清零，但依然留下了许多尚未处置完毕的问题。其他数字金融业务领域不规范甚至不合法的现象也不少。过去几年监管部门对数字金融行业进行了专项整治，现在提出来实现监管全覆盖，确实是必要的。

当前，数字金融正在走向一个新的发展阶段，在这个过程中，业务形态可能会发生一些大的变化。

第一，早期的数字金融创新主要是由科技公司自发推动的，如支付宝、京东白条、微粒贷等。未来数字金融创新的主体可能要转向持牌机构，包括商业银行、保险公司、投资机构等。当然，许多科技公司如果要持续从事金融业务，也需要获得相应的牌照，野蛮生长的阶段已经一去不复返了，任何金融业务都必须纳入监管框架。

第二，过去数字金融创新主要是基于消费互联网展开的，这主要是因为到目前为止，我国最活跃的大科技平台公司都集中在消费者领域，如电商、短视频、外卖、社交等。许多金融服务都是针对消费者个人的，即便是一些所谓的小微贷款业务，也主要是基于零售业务逻辑开展的。未来，除了消费互联网，产业互联网也可能会得到长足的发展，这样类似于供应链金融的产业金融服务就会获得新的发展机会，而这样的金融服务直达实体经济，可以更好地提升经济发展的质量。

第三，过去数字金融创新的主要突破口在普惠金融领域，移动支付、大科技信贷甚至数字人民币的核心价值都体现在普惠方面。将来发展普惠金融仍然是数字金融的主要任务之一，但也可能将一部分重心转向支持创新活动。例如，2021 年成立的北京证券交易所，其宗旨是服务“专精特新”企业。但中小企业到资本市场融资的难度甚至要大于到银行贷款，原因在于信息不对称。数字金融在形成大数据信用风险评估方法的基础上，如果能够形成大数据投资分析的模式，对于支持创新企业融资，可以发挥更加直接的作用。

第四，过去数字金融创新主要集中在境内，但“双循环”必然涉及国际经济大循环。让数字金融在推动跨境支付、投资等方面发挥积极的作用，同时有效地检测甚至控制金融风险，是一个特别值得期待的创新方向。

进入新阶段的数字金融，归根到底还是要支持实体经济，特别是支持经济高质量发展。数字技术的应用，为金融创新提供了无数想象空间。我国的数字金融做得相对比较好，一是因为实体经济有实实在在的需求，二是因为数字基础设施相对比较完善，三是因为政府愿意支持创新活动。这三点对未来的数字金融发展十分重要。同时，还要守住不发生系统性金融风险的底线。

过去的经验是什么，教训又是什么，未来应该如何持续往前走，等等，许多与数字金融相关的问题都迫切需要明确答案。中国金融四十人论坛的成员们对于数字金融问题有很多深入、独到的分析与思考，现在我们将这些分析与思考结集成书，希望全社会都能参与对这个话题的讨论，共同促进数字金融助力我国经济实现高质量发展。

黄益平

中国金融四十人论坛（CF40）学术委员会主席

北京大学数字金融研究中心主任

目　录

第一章

数字经济与数字普惠金融

“十四五”时期数字经济新机遇

江小涓[①]

数字经济的发展，是我国“十四五”时期经济发展中最重要的变量之一。如果没有数字经济的出现，中国经济发展就会进入中速阶段。好在我国经济潜在增速趋于下行的阶段和数字经济勃兴发展的阶段是重合的，换言之，我们可以对经济发展有一个更加乐观的预期。

一、数字经济在“十四五”时期的关键作用

《中华人民共和国国民经济和社会发展第十四个五年规划和2035年远景目标纲要》（简称“十四五”规划）将“加快数字化发展 建设数字中国”单列成篇，这在五年规划文件中尚属首次。这一篇的内容分为4章，分别是打造数字经济新优势、加快数字社会建设步伐、提高数字政府建设水平和营造良好数字生态。简言之，“十四五”规划包括了数字经济对经济、社会、政府治理及数据要素市场发展的影响的内容，对数字经济的方方面面都做了部署。

在各类规划、文件和当前的应用中，数字经济基本上是按照数

① 作者系全国人大常委会委员、中国行政管理学会会长。

字产业化和产业数字化进行分类的。数字产业化是指数字技术的产业化，没有数字技术就没有相应的产业存在，主要讲的是 ICT 产业（即信息和通信技术产业），包括电信服务、计算机和 IT 服务、互联网服务等；产业数字化是指以往既有的产业在经过数字赋能之后，得到了数量的扩张和效率的提升，即量的增长和质的飞跃。

“十四五”规划在数字经济的四章内容之中提出，到 2025 年，数字经济迈向全面扩展期，数字经济核心产业增加值占 GDP 比重达到 10%。这个指标要求看上去并不高，因为在数字经济中，产业数字化是主要部分，而数字产业化即数字经济核心产业是比重较小的部分。从 7.8%涨到 10%看上去并不是一个太大的增长，但与“十三五”时期相比，其要求有所提高。我国的数字产业化占 GDP 比重在“十三五”时期从 6.9%提高到了 7.4%，只提高了 0.5 个百分点，增长曲线是很平的。“十四五”期间，要从 7.4%提高到 10%，和“十三五”时期相比是一个明显上升。如果按年增长率来讲，“十四五”期间要求数字经济核心产业也就是数字产业化年增长率达到 11.57%，大概是 GDP 增长率的 2.3 倍；而在“十三五”期间，数字经济核心产业的增长率只是 GDP 增长率的 1.3 倍。因此，未来 5 年数字经济核心产业占 GDP 比重提高超过 2 个百分点，这一要求是不低的。

如果数字经济核心产业的增长速度可以达到预期目标，我们对产业数字化也是非常有信心的。实际上，在过去 15 年中，产业数字化的增长率一直高于数字产业化的增长率。即使非常保守地假定产业数字化和数字产业化的增长率相等，到 2025 年，产业数字化占 GDP 的比重也会提高到 40.4%，再加上数字产业化占 GDP 的比重 10%，数字经济占整个经济的比重就会提高到 50%左右。这就意味着，如果数字经济发展基本顺利的话，到“十四五”末期数字经济就会占整体经济的半壁江山，数字经济带来的增长是经济增长的第一位因素。由此可见，数字经济是中国经济发展中非常重要的一个增长点。

当然，在全球经济体中，我国目前的数字经济比重处于第二方阵。整体而言，大致可以这样划分：美国、德国、英国是第一方阵，其数字经济占 GDP 比重超过 60%；韩国、日本、爱尔兰、法国、新加坡、中国、芬兰是第二方阵，数字经济占 GDP 比重均在 33%以上。“十四五”期间，各国数字经济比重都会增长，如果情况比较乐观的话，我国的排名会向前提三位；如果正常增长的话，我国的排名大概会向前提两位。但无论哪种情况，我们都还处在第二方阵之中，只是位置可能前移。

二、数字技术创造新增长空间

“十四五”规划给数字经济发展设定了比“十三五”时期更高的目标，但在 2018 年之后，数字经济的增长是有一点乏力的。现实中，大家也会觉得数字消费的赛道比较拥挤。为什么互联网企业都高喊着互联网进入了下半场，要从数字消费进入数字生产？因为它们切身感受到了在消费端再扩量是非常困难的，主要是因为数字消费的总体市场规模受到了限制。

我们把居民在线时间作为数字消费市场总规模的替代指标——无论居民在线时具体在做什么，如社交、购物、搜索、学习等，都被统计在内。这个数据大概在 2018 年第四季度之后就不涨了。全国约有 11.4 亿名移动互联网月活用户，平均每人每天约有 6 小时的移动端上网时长，再加上 PC 端 4 小时的上网时长，这个数字从 2018 年第四季度一直到出现新型冠状病毒感染疫情（以下简称“新冠疫情”）前都未出现明显上涨。每天移动端大约 70 亿小时的上网时长，这就是数字消费的市场规模。

当然，在疫情防控期间，从 2019 年 12 月到 2020 年 6 月，全国居民的上网时长增加了一些，上网人数有所增加，主要是人们的平均上网时长增加了，从人均 6 小时增加到人均 6.7 小时。但疫情稍有缓解，这个数据就降下来了。互联网企业普遍感到：网上有那么多应用，上网时长也已经很饱和了，要想提升用户活跃时长，就不可能通过让用户多上网来实现，而是要把用户从其他活动中拉出来，并吸引到自己的应用上。互联网从一个一直蓬勃增长的市场，变成了一个存量市场，竞争主体在一个存量市场争夺用户。存量市场的竞争比增量市场的竞争要更加激烈，企业可能花了很多资金成本而仍然得不到用户、得不到流量。企业方感到数字消费市场的空间有限，它们高喊要进入互联网下半场和进入生产领域，背后是对数字消费进入存量市场的担心。

我们认为，在新的技术条件下，数字消费增长还有非常广阔的空间，这包括数字投资和生产。数字投资，也被称作新基建或数字经济技术投资，在短期内就可以拉动增长，近几年增长得很快。生产是一个循序渐进的过程，生产领域的数字化建设比消费领域要困难得多，所以我们定位“十四五”时期的数字投资处于起步后的加速阶段，到整体收获阶段还需时间。另外，我国有一个刚刚起步的领域——整体的产业智能化转型升级，会在较长的时间里持续发力。

数字消费还是依托于技术，所以有了 5G 之后，即使我们原来的消费时长不变，但品质会大大提升，带动消费者付费意愿大幅提升，这会支持相关领域数字化后出现很多百亿级、千亿级的新突破。数字学习、数字医疗、数字文化、数字传媒、智能家居、智能出行等领域在“十四五”期间都会有所突破，并获得非常迅速的发展。

“十四五”期间，有 3 个领域有新的增长空间，使得我们对数字经济保有信心。

第一个领域是远程教育。疫情防控期间，人们主要在线上讲课、听课。在 4G 时代，线上教育主要传输的是声音和文字，若要模拟比较真实的教育场景，就需要传输动作和行为，需要实现多点互动式的教育课堂，尤其是工科、医科、职业教育，实训过程中有大量的动作和行为。5G 出现之前，要实现多点互动式的教育课堂是非常困难的；5G 出现之后，网络教育才比较像线下课堂，同样质量、相同效果的教育才真的可能出现。普通学校的学生可以和发达国家优质学校的实验室连接起来，通过 AR、VR 技术做实验和实训，这样的课堂和线下的课堂才是一样的。当一个老师面对电脑屏幕上的一个个学生头像时，学生举手发言、分组交流、现场展示等环节的操作都不是很方便。有了 5G 之后，同质等效的线上线下教学才有可能推进，这样用户才可能付费，企业也乐于做这样的教育，而不是纯公益的事业。

第二个领域是医疗。以前的远程医疗就是远程会诊——下级医院的医生把复杂的病情向上级医院汇报，要求帮忙鉴别诊断并给出治疗建议。但医疗工作其实是一门手艺活，不经过实践锻炼，手术就无法实施。进入 5G 时代之后，真正的远程医疗可以实现远程给病人做检查、做手术。我国远程医疗做得最好的医院能够把远程骨科手术开展得非常好。

以高难度的腰椎手术为例。病人的腰椎有外伤，要打钉子固定，手术需要在病人身上切一个口，把脊椎暴露出来。这个手术风险很高、难度很大，如果对病人的损伤很大，会使手术效果大打折扣，而一台“5G 手术”基本可以在远端完成操作。据了解，手术端设备内嵌入一个定位工具，先对脊椎进行定位，再根据定位进行操作；远程端有控制台和监视器，已经内嵌了手术过程软件。手术开始以后，控制台操纵手术端的设备，配合医生把手术完成。这样的手术效果非常好，切口又小又精准，几乎没有手术开刀以外的损伤发生。

5G时代真正实现了远程医疗而不是远程会诊。

第三个领域是体育。体育是在疫情防控期间发展最快的一个行业。近两年，在美国上市的公司里，智能体育是一个大类，许多公司上市过程顺利且发展得非常快。对年轻人来讲，健身是刚需，但在疫情防控之下，受影响最大的场所之一就是健身俱乐部。疫情防控期间，倡导人们日常出行佩戴口罩，但在运动的时候，很少有人戴着口罩，所以健身俱乐部是疫情传播风险非常高的场景。在这个大背景下，智能体育发展得非常快。举一个例子，用1万元买一套智能骑行设备，可以选好任何熟悉的场景，设定好骑行的感觉，拐弯、上坡、下坡都与实景一样，这样的健身完全模拟真实环境。骑手还可以约朋友一起，选一条赛道进行比赛。

最简单的智能运动设备是模拟跳绳。例如，学生一人一条智能绳子，数据连接到老师的手机终端，老师可以看到每个孩子跳了多少，还可以组织小组比赛和班级比赛。这是比较简单的例子，还有许多更复杂、更昂贵的体育设备。实际上，智能体育几乎涉及全产业链，从场景构思到设计、制造，再到消费、场地，这是一个非常完整的产业链。

在5G技术的支撑之下，数字消费有很大的空间，数字投资和生产规模也会快速增长和扩大。我国的5G基站、数据中心在全球都是增长最快的。截至2022年12月，5G基站数量已经达到231.2万个，全球60%以上的5G基站都在中国，覆盖了所有地级以上城市，终端数从1 000万、5 000万开始在3年的时间内猛增至近6亿，约占全球的80%，发展速度之快是很惊人的。

另外，数字化生产处于起步后的加速阶段。产业互联网和消费互联网非常不一样，消费互联网建好以后可以覆盖所有的消费者；而产业互联网完全是另一个行业，而且是非常细分的行业，所以它的发展比较慢，但做好后效益会非常好。

我国有十几种类型的产业互联网，也有比较成功的案例。例如，制造业的设备管理网络，可以连接行业、产业链甚至企业内部；生产者服务网络，这一类型只有在数字技术的支撑下才能实现；“两业融合”的供应链管理网络，这一类型出现得比较早；企业内部的管理网络，基本上是 ERP 网络；产业生态网络，是全要素、全流程的网络，很多企业都在试用，效果也不错，但目前的覆盖率比较低。这些是发展得比较好也比较有前景的产业互联网类型。

产业互联网广泛、深度的连接，会形成一种新的产业生态。总体来讲，产业互联网发展得越成熟，头部效应越明显，跨界、全链条的效应也就越显著。做成这样的产业互联网需要较长时间，所以我们并不期待“十四五”时期的产业互联网能像“十二五”“十三五”时期的消费互联网那样放量增长，但我们可以将它定位在起步后的加速阶段。再者，产业智能化转型才刚刚开始。所有智能空间都刚刚起步，智能客服领域则相对比较成熟，现在人们在购物时联系客服，首先做出回应的都是智能客服；无人驾驶领域前景很广阔，但还没有放量；智慧金融领域正在向前发展；智能零售和大平台的结合仍然处于起步阶段；智能交通、智能娱乐、智能医疗等智能化转型在未来 10 年一定会带来持续放量的增长空间。

三、数字全球化带来新发展机遇

数字全球化促进资源在全球范围内的配置，从而带来效率的提升，这比国内数字化带来的效率提升有更大的空间。数字技术天然地能够连接海量的数据和巨量的用户，而且这些资源的跨境无需额外成本。原来商品贸易需要运输实物，相比之下，现在互联网远距离传输所增加的边际成本很低，所以数字经济天然就是一个全球化的过程。

尽管 2021 年的国际环境并不乐观，但我国 2021 年进出口数据还是在多项指标上跑赢了其他国家，如 GDP 增长 8.1%、投资增长 4.9%、消费增长 12.5%、对外贸易增长 21%。在传统全球化的分析框架下，可以说外贸是我国经济增长动力中最强的一驾马车。实际数据也显示，数字全球化的进展虽悄无声息，但非常迅速。

除了中国，全球其他各国也是一样。剔除特殊的 2020 年，我们比较了 2021 年上半年和 2019 年的数据，可以看到全球进出口贸易额平均增长 11%。当全球经济刚刚恢复到 2019 年的水平并有微量增长的时候，贸易依然领先。分国家来看，中国和美国都是国际贸易复苏快于 GDP 复苏，成为经济增长的主要动力。

全球化过程中有很多障碍，如国家之间的贸易摩擦。那么，为什么国际贸易还是经济增长的主要动力呢？这背后其实是数字贸易的能力在增长。现在全球数据驱动的服务贸易增长非常迅猛，已经占服务贸易的一半。其实，这一半有时候在传统的贸易冲突中被忽视了。这种贸易的发展势头强劲，特别是在疫情防控这几年，数据驱动的服务贸易所占比重有了很大幅度、非常快速的提升。最重要的是，数字服务业特别是生产性服务业成为贸易的主体。这一部分含有很多跨境服务，设计、研发及各种各样的生产者服务，与传统的贸易冲突所涉及的领域完全不同。如果这一部分发展得好，一定可以对全球化起到积极作用。

举个例子，虽然从表面上看，全球研发在某些领域遭遇了很多障碍，但依然迅速形成了多国共同创新网络，被称为“全球共创网络”。随着全球共创网络的迅速发展，中国贡献快速上升：20 世纪 80 年代，全球共创网络中的专利贡献有 90%来自美国、日本和西欧国家，现在这一比例降至 56%，其他国家特别是中国和韩国贡献了 25%。

以设计服务平台为例，2018 年有一款很有名的新车是由 34 个国家的 350 位工程设计技术人员在网上同步研发的，只有数字网络空间才具备这样的可能性。此外，共创不仅涉及技术问题，还涉及文化问题。34 个国家的设计师要共同评判这款定位于 35 岁以下消费者的车型的各方面设计，如外形、颜色，不同国家的设计师要寻找设计的最佳平衡：如果红色太浅，可能中国工程师认为它不够稳重；如果红色太深，可能有些国家的工程师认为它不吉利。由此可见，共创带来的内容超出了技术范畴。

国内也有做得很好的案例。有一家企业非常独特，它专门搭建全球的研发平台。现在研发工具和软件设计工具更新很快且非常昂贵，中小企业配备这样的工具非常困难，所以这家企业搭建了一个非常好的平台，它连接了 10 多个国家、26 万名工程设计技术人员，开发了一种类似知识共享的模式。当一家企业拿到一项研发任务之后，项目经理就可以从全球范围内挑选出相关技术领域的专业人员帮忙进行设计并组成项目组，而平台上的高级专家可以同步评审。以这样的方式发展平台，不仅时间节省了 1/4，费用节省了 1/3，而且能匹配最适宜的技术力量，产出更高品质的产品。如果没有数字化平台，任何一家企业都不可能聘用得起全球顶级的团队来做新品研发。

在数字时代，服务业可以广泛地成为贸易主体。以某个提供生产者服务的数字化平台为例，该平台上有 1 000 多万家供应商，基本上都是个体，企业在平台上提出需要，如希望设计一个全球文化共享度高、年轻人群认可度高的简约标识，同时描述一下标识的特征，就可以和相关供应商进行匹配。在平台推出一些合适的供应商之后，企业可以自行挑选。平台在很大程度上实现了人才的共享，可能一家供应商白天在设计公司工作，晚上在服务平台接单。如果没有数字化平台和智能匹配的话，我们无法想象 1 000 多万家供应商和

1 000 多万位需求方如何匹配。

上述案例讲述的是提供生产者服务的数字化平台。提供生活服务的数字化平台是另一个问题，而且是一个没有办法计算价值的问题。

例如，2021 年元旦前，有一部 130 分钟时长的好莱坞新片上映了。受到疫情防控的影响，线下院线从 12 月 8 日开始排片，三周的播放时长只有 20 万小时，且只卖掉 8 万多张票。但该片 12 月 24 日在美国一家文化平台上线，一周内全球流媒体的播放时长就超过了 1.52 亿小时，相当于七八千万名消费者线下进电影院观看的时长。按理说，美国市场非常大，这家美国文化平台企业无须在全球竞争，但该企业的两亿名消费者中有 2/3 来自北美之外的地区。该文化平台上有 7 000 多部影视片，还有很多其他类型的可以点播的视频。在该文化平台，花 29 美元可以购买全年的会员权益，所以很难说每部影片赚了多少钱。实际上，全球数字消费的发展很快，只是人们在统计收益、衡量价值时，关注的是流量、广告，而且是将平台所有客户的价值一起计算，没有办法计算单项服务的价值，这是数字时代在统计方面面临的一个问题。

总体来说，5G 带来了本质性的变化，其影响比以前的全球制造业分工带来的变化更大。传统观点认为，服务是不可贸易品，消费提供和消费服务必须同时同地发生，不可错位、错时。例如，讲课必须在现场听，医生和病患必须处于同时同地。但有了互联网和卫星电视之后，服务可以远程提供，医生和病患可以不在同时同地，教师和学生也可以不在同时同地，在维也纳举办的音乐会可以在北京观看。但服务始终不能分工，“可贸易”和“可分工”是两个概念。可贸易是指整体的服务产品可以转移，如在维也纳举办的一场音乐会的盛况可以传播给世界各地的观众；可分工是指一个产品可以分成多个部分在世界不同的地方制造，最后合成一个产品提供给消费者。有了5G技术之后，服务第一次可以大规模地分工，这是一个非常重要且基础的变化，会对产业组织、收入分配等方面的理论产生突破性影响。

音乐会是最经典的例子之一。人们从来没有过这样的实践：挑选分布在世界不同地方的优秀音乐家，让他们在异地各自演奏，然后把演奏合成，提供给全球的消费者。这就如同将一个制造业产品的各个零件分散在世界各地制造，然后组装成一个完整的产品。只有在非常高水平的数字技术和传输技术支持之下，这样的音乐会才能实现。如果没有一个几乎零时延的高品质传输网络，人们就没有办法欣赏这场音乐会。可以想象，未来全球化会给消费者的福利和生产业态的重组带来巨大的影响。

由此可见，数字全球化的加快发展带来了多种新机遇，全球范围内的技术和产业重组优化导致了产业组织形态的持续改变，特别是服务业的增长将呈现效率提升和分工深化的特点，有望成为全球增长新的推动力量。我国一定要抓住数字经济发展的机遇，保持经济合理增长，继续有效利用两种资源和两个市场，提升产业技术和全球竞争力。事实上，我国发展数字经济具有非常有利的条件，如中央高度重视、市场全球最大、企业创新活力非常强、数字消费空间巨大。数字经济快速发展将成为我国经济保持中高速增长的重要支撑力量。

促进数字技术与实体经济深度融合，赋能传统产业转型升级

黄奇帆[①]

中共中央政治局 2021 年 10 月 18 日下午就推动我国数字经济健康发展进行第三十四次集中学习。中共中央总书记习近平在主持学习时强调，近年来，互联网、大数据、云计算、人工智能、区块链等技术加速创新，日益融入经济社会发展各领域全过程，数字经济发展速度之快、辐射范围之广、影响程度之深前所未有，正在成为重组全球要素资源、重塑全球经济结构、改变全球竞争格局的关键力量。要站在中华民族伟大复兴战略全局和世界百年未有之大变局的高度，统筹国内国际两个大局、发展安全两件大事，充分发挥海量数据和丰富应用场景优势，促进数字技术与实体经济深度融合，赋能传统产业转型升级，催生新产业新业态新模式，不断做强做优做大我国数字经济。

深入理解总书记关于数字经济发展的重要论述，对于我们把握数字经济的运行规律具有重大意义。以下就中国数字经济与实体经济融合的关键路径、功能特征及战略性措施，谈 5 个方面的思考和体会。

---

① 作者系中国金融四十人论坛（CF40）学术顾问、重庆市原市长。

一、数字经济产业化和产业经济数字化

大数据、云计算、人工智能、区块链和移动互联网等数字技术一旦在人类社会及其经济系统中大规模应用，就会形成数字经济产业化。而各种数字技术有机结合形成的智慧综合体，一旦与社会消费结合，就会形成消费互联网；与实体经济结合，就会形成产业互联网，形成产业经济数字化。

（一）数字经济产业化

数字经济产业化，是指新基建中的信息基础设施建设。根据工业和信息化部有关机构的测算，2021 年我国数字经济产业化规模达到 8.4 万亿元，占 GDP 的比重为 7.3%。随着新基建战略的进一步推进，各类数字技术，包括 5G、云计算、人工智能、大数据等在内的每项数字产业都将在今后 5 年内产生万亿元级的投资，也都将产生巨大的收益。

1. 5G 产业化

在 5G 方面，截至 2022 年年底，我国累计开通 5G 基站 231.2 万座。根据工业和信息化部等十部门联合印发的《5G 应用“扬帆”行动计划（2021—2023 年）》，到 2023 年要实现每万人拥有 5G 基站超过 18 座，意味着到 2023 年年底我国将建成 5G 基站超过 250 万座；预计 2020—2025 年将建成 5G 基站 500 万～600 万座，保守估计每座基站投资 20 万元，那么仅 5G 基站建设的投资规模就将达到万亿元以上。更为重要的是，5G 的大规模商用将对包括终端设备、应用场景、运维服务等在内的整个 5G 生态系统产生难以估量的带动作用。

2. 云计算产业化

在云计算方面，云计算以具备存储能力、通信能力和计算能力的大型互联网数据中心（Internet data center，IDC）作为硬件载体，本质上是大量服务器的集合。IDC 的功能是以服务器的数量来衡量的。中国今后 5 年将增加 1 000 万台服务器，这 1 000 万台服务器连带机房、电力等设施建设至少将带动 1 万亿元规模的投资。相应地，云计算服务商可以以 IDC 为硬件，以私有云、公共云作为客户服务的接口，向客户提供服务。就像居民通过水龙头管道向自来水厂买水一样，云计算的各类客户按需购买，即按所需的计算量、存储量、通信量购买 IDC 资源，并按量结算费用；资源闲置时也可供其他客户使用，这样就能够有效、全面、有弹性地利用云计算架构中的资源，既能同时为千家万户服务，又能使大量服务器不发生闲置，从而优化资源配置，产生巨大红利。

3. 大数据产业化

在大数据方面，随着全球数据量的爆发式增长和数据的资源属性不断增强，大数据应用的经济价值也不断显现出来。数据具备六大特性：（1）数据是取之不尽、用之不竭的；（2）原始数据是碎片化的、没有意义的；（3）数据不可能完全原始，其加工过程就是由无序到有序的过程；（4）数据能够产生数据；（5）数据在利用过程中产生了价值和产权；（6）数据可以经过多次转让和买卖。基于数据的这六大特性，杂乱无章的数据经过大数据平台的加工和处理后成为有指向性的、有意义的信息，再由信息归纳形成知识，从而成为决策判断、信用判断所赖以的工具，由此数据就具备了价值，就能为大数据平台带来可观的商业收益。

4. 人工智能产业化

在人工智能方面，人工智能企业基于大数据平台的支撑为客户提供算法服务，也可以获得收入。云计算、大数据、人工智能的软件植入在云计算厂商提供的数据处理中心硬件中，为客户提供 3 种在线服务。第一种是基础设施即服务（infrastructure as a service，IaaS）。云计算的“云”是一个硬件，是具有通信能力、计算能力、存储能力的基础设施，可以提供基础设施服务。第二种是平台即服务（platform as a service，PaaS）。大数据公司往往在收集、组织、管理大量数据的基础上，使用人工智能算法为客户提供有效的数据服务，形成一个大数据服务平台，可以提供大数据平台服务。第三种是软件即服务（software as a service，SaaS）。人工智能公司依靠大数据平台支撑提供算法，算法也是一种服务。

再如物联网，预计未来 5 年将有 30 亿～50 亿个终端联网，形成万物互联，相应的投资规模也会达到 2 万亿～3 万亿元。区块链等数字产业今后也将带动万亿元级别的投资，同时产生巨大的回报和收益。

总而言之，在当前数字革命方兴未艾、信息基础设施建设如火如荼的大背景下，数字技术的各个环节，如云计算、大数据、人工智能、以 5G 为基础的移动互联网、区块链等，本身就能够形成若干万亿元规模的庞大产业，成为国民经济的重要组成部分。

（二）产业经济数字化

产业经济数字化，是指新基建中的融合基础设施建设。数字技术综合体不仅自身能够形成庞大的产业，还能够对传统产业赋能增效、改造升级，从而产生巨大的叠加效应、乘数效应。中国的工业产值在 90 万亿元左右，假设通过数字化转型提升 5%的效能，每年就能在不增加其他原材料投入的基础上，产生 4 万亿～5 万亿元的增加值；此外，中国还有大约 150 万亿元销售额的服务业，假设通过数字化转型提升 5%的效能，每年就能产生 7 万亿～8 万亿元的增加值。通过下面 4 个例子，我们可以看到传统产业是如何进行数字化改造升级的。

1. 与制造业结合形成智能制造

数字技术与制造业深度融合发展，形成智能制造，就是传统产业数字化的典型范例。这类企业一般具有互联、数据、集成、转型四大特点，就是企业的仪表、生产线、车间、管理部门、供应链、研发、运营、产品、客户、消费者的数据和信息互联互通、实时集成，形成数据和信息反馈，使得整个企业从传统制造转向个性化定制，实现生产过程柔性化、个性化，同时提高运营效率，加快库存周转。

这类智能制造的典型范例具备三大特征。一是车间里几乎没有人，由机器人代替人力进行高精尖的生产运转。二是整个车间、工厂就像一个人体在自动地运转，自动地对生产、物流等环节进行思考和决策。三是产品与整个市场密切联系。产品的需求、市场的定制需求、个性化要求，都包含在事先设计之中。以芯片制造企业为例，在流水线中运行的芯片不是按同一批次、同一种芯片批量生产的，而是每个盘片所对应的芯片都是有不同要求的，输入指令后，机器人能够进行高速运作和个性化生产。

更进一步，数字孪生的应用贯穿产品的设计、生产、制造、运营等全生命周期。在研发设计环节，可以利用虚拟模型进行可重复、参数可变的仿真实验，测试、验证产品在不同外部环境下的性能和表现，从而增强设计的准确性和可靠性，缩短研发流程，大幅降低研发和试错成本；在生产环节，工作人员不用去现场就能够充分掌握生产线的实时状态，从而进行运维管理、资源能源管理、生产工艺调整、生产参数优化、生产调度预判等。除了帮助传统制造业提升效率，数字孪生也不断创新制造业的资本运营、供应链管理、客户服务等模式，为制造业拓展了大量的价值空间。传统制造业以生产加工各种工业品为主，做的是实体空间的实体产品创造。数字技术赋予了传统制造业“五全信息”（全空域、全流程、全场景、全解析和全价值），工厂形成了孪生的数字工厂，产品形成了孪生的数字产品，服务形成了孪生的数字服务。有了“五全信息”作为基础，传统制造业的数字化转型就有了丰富的资源，在数字空间就可以产生大量生产性服务业的创新模式。

2. 与城市管理结合形成智慧城市

智慧城市是数字城市与物联网相结合的产物，被认为是信息时代城市发展的大方向、文明发展的大趋势。智慧城市是新型城市化的升级版，是未来城市的高级形态。其实质就是运用大数据、云计算、互联网、物联网等新一代信息技术，推动城市运行系统的互联、高效和智能，致力于城市发展的智慧化，赋予城市智慧感知、智慧反应、智慧管理的能力，从而为城市居民创造更加美好的生活，使城市发展更加和谐、更具活力、更可持续。

从战术层面推进智慧城市的建设，务必要把握其内在逻辑规律，抓住两个关键点。一是推动智慧城市建造，必须全面掌握并熟练运用互联网时代的新技术、新理念、新思维，更加科学主动地推动城市与智慧融合。二是智慧城市的建设要遵循数字化转型的 4 个步骤，循序渐进。第一步是让城市的物能“说话”；第二步是通过物联网、移动互联网将数字化的城市要件连接起来，让城市的物与物之间能“对话”；第三步是让人与物能够“交流”，实现城市局部的智能反应与调控，如智能收费、智能交通等；第四步是让城市会“思考”。

通过数字孪生技术的应用，实现城市实体空间和虚拟空间的联动，智慧城市的建设能够达到新的高度。通过海量的传感器对城市中数以亿计的数据进行采集和测量，并利用数字高清地图技术，在虚拟空间构建整个城市的高精度数字孪生体，对天气变化、地理环境、基础设施、城市建筑、市政资源、人口土地、产业规划、城市交通等要素进行数字化表达，并对其进行推演，从而实现城市实时状态的可视化和城市运作管理的智能化。传统的城市治理是以实体空间和实体人群为主体的，数字技术将传统的实体空间扩展到数字空间，数字空间中信息的有序和实体空间的治理是相辅相成的关系，能够有效提升城市规划质量，优化城市建设，提高城市管理水平。同时，数字孪生城市会产生更加丰富的“五全信息”，城市的海量数据转变成财富，进而创新大量的智慧城市应用。“实体空间＋数字空间”是城市经济新的发展基础，也是城市治理的数字体系，可以打造真正意义上造福于民的智慧城市。

3. 与建筑业结合形成智慧建筑

面向未来，推动传统建筑业进行数字化转型升级至少可以带来 3 个好处。

一是能够满足客户的个性化需求。在许多产业，客户的需求不断呈现个性化、差异化特点，逐渐从千篇一律的产品过渡到千人千面的产品。这一趋势，未来也会在建筑产业中体现。增强现实（augmented reality，AR）、虚拟现实（virtual reality，VR）、混合现实（mixed reality，MR）、人工智能和物联网等数字技术正以多种方式改变零售和办公空间，新冠疫情的暴发加速推动了这一改变。客户需求和业务需求的不断发展，要求未来的空间适应不同的场景，为多模式、多功能预留可能性。建筑产业通过数字化赋能，能够使建筑空间更具适应性和灵活性，更好地满足客户需求。

二是可以利用数字技术，打通供应链上下游企业，实现信息协同和产业效率的升级。例如，浪费现象在建筑领域十分普遍，物料和人工在实施过程中的浪费往往超过 1/3。而通过数字技术打通供应链，建筑业可以显著减少浪费，还能大幅提高管理效能，增强施工的安全性。此外，对建筑业进行数字化赋能还能大幅提升节能环保效能。

三是可以通过数字孪生，创新建筑业的商业模式，重组建筑业的价值链。传统建筑业的价值兑现主要体现在建筑物物理空间的出租出售上。数字技术的应用让建筑物也有了“五全信息”，传统的实体建筑也便有了数字孪生体。通过建筑信息模型（building information modeling，BIM）等数字模型技术，一栋建筑可以为客户提供更加全面的空间数字信息，同时还可以提供建筑物内的环境等各种相关信息。在这些信息的基础上，建筑业的商业模式将发生颠覆性创新，价值链也将发生根本性重组。建筑业的价值将更多地体现在对建筑物的物理数字空间的持续使用上，也就是通过运营建筑业的“五全信息”来创造价值。

总之，作为中国经济发展的支柱产业，建筑业在数字化时代的发展空间巨大。但这个空间绝不是靠盖房子、修高速公路来实现的，而是要转变发展思路，激活数据要素潜能，紧紧抓住新基建的历史机遇，以技术变革推动建筑业的数字化、智能化。尤其是要高度重视数字模型技术的研发和应用，创造建筑业互联网新业态，改变建筑业的商业模式，打造开创性的、万物互联时代的中国式数字建筑业。

4. 与金融结合形成金融科技

金融科技发展的基础是产业互联网，主体是产业互联网金融。在大数据、云计算、物联网、人工智能等技术赋能下，金融科技的发展迎来前所未有的历史机遇。面向未来，产业互联网金融具有广阔的发展前景。产业互联网金融是机构通过金融科技向产业生态尤其是中小微企业提供投融资服务的统称。产业互联网金融以企业为用户，以生产经营活动为场景提供数字金融服务。由于产业价值链更复杂、链条更长，因此目前数字化的比例仍然很低，金融服务还远未达到面向个人端的数字金融智能化、便捷化的程度，产业互联网金融将是金融科技发展的下一片蓝海。

产业互联网金融的现实意义在于解决中小微企业的融资难、融资贵问题。中小微企业融资难、融资贵，不仅是中国现存的问题，也是世界性难题；不仅是银行自身存在的问题，还与中小微企业自身特点有关。中小微企业属于金融业长尾客户，存在抵押品不足、信用资质差、信息不对称、生命周期短等问题。传统金融机构在开展中小微企业金融业务时，也存在获客难、尽职调查成本高、担保不足、风险成本高、风控流程长等问题。

借助产业互联网金融，通过“五全信息”的合理运用，一是可以帮助金融机构降低获客成本；二是可以有效解决中小微企业存在的信息、信用孤岛问题；三是能够实现智能风控；四是可以有效提高审批效率，为中小微企业提供与之匹配的金融服务。

产业互联网金融发展的关键节点逐步打通，进入成熟发展阶段。金融的底层逻辑是信用，在“五全信息”的驱动下，企业运营数据可以与金融服务紧密地结合起来，以信息流转带动信用流转，从而解决传统金融供给无效的问题。

数字化平台与专业金融机构有机结合、各展所长是金融科技最合理的发展模式。数字化平台深耕产业，形成各行业的“五全信息”，提供给相应的金融战略伙伴，使金融机构服务效率得到最大化的提升，同时金融机构发挥自身低融资成本、信用判断、资本规模和社会信用等方面的优势，两者优势互补，资源优化配置。最终，金融科技要形成明确的各方多赢的效益格局。

二、消费互联网、产业互联网的发展空间及各自面临的问题

（一）消费互联网发展的天花板渐近

当数字化平台与老百姓的生活消费场景相结合，就产生了消费

互联网。过去十余年来，我国消费互联网取得了举世瞩目的成绩，涌现了阿里巴巴、腾讯、百度、京东等一批世界知名互联网企业，产生了10亿名网民，从而为发展数字经济奠定了坚实的基础。在消费互联网蓬勃发展的过程中，有两个重要趋势是不可忽视的。

1. 消费互联网的增量红利逐渐消退，产业互联网具备更广阔的发展空间

当前，我国网民、手机用户均已超过10亿名，进一步增长空间有限。移动互联网月活用户增速持续下降，消费互联网增量红利逐渐消退。

数字经济真正的蓝海在于数字化平台与生产场景结合，对传统产业进行赋能升级，形成产业互联网。根据测算，仅在航空、电力、医疗保健、铁路、油气这5个领域引入数字化支持，建设产业互联网，假设各领域只提高1%的效益，平均每年就能增加200亿美元，是一片巨大的蓝海。中国的传统产业规模巨大，因此发展产业互联网的价值空间也非常巨大。基于“五全信息”，通过数字技术和智能创新，对大量的传统产业赋能，将使传统产业全面进入产业互联网时代。如果说中国的消费互联网市场只能够容纳几家万亿元级的企业，那么在产业互联网领域有可能容纳几十家甚至上百家同等规模的创新企业。

美国产业互联网公司占据美股科技Top20的半壁江山，相比之下，中国的GDP约为美国的70%，但美国产业互联网科技股市值为中国的30倍，中国尚无领先的产业互联网巨头企业。可以说，产业互联网具备更加广阔的发展空间。

2. 消费互联网在蓬勃发展的过程中，出现了至少3个值得深思的问题

一是参与者之间的博弈往往是零和游戏。消费互联网竞争到最后往往是赢家独吞整个市场，因此很多互联网企业在早期不计成本

地融资烧钱扩展业务，意图打败竞争对手；在形成垄断优势后，又对平台商户或消费者收取高昂的门槛费、服务费。这类商业模式在社会总体价值创造上贡献有限，而且因为过度关注流量，助长了假冒伪劣产品在网上的泛滥，甚至倒逼制造业出现“劣币驱逐良币”的现象。

二是利用人性弱点设计各种产品。网络市场初期主导的自由理念，使得网络上失信的违约成本极低，于是很多企业利用人性的弱点设计各种产品来获取流量，罔顾消费者的长期利益和市场的良性发展。例如，一些信息服务公司通过各种打擦边球的图片、噱头标题吸引消费者点击观看视频、新闻。这种利用人性弱点诱使消费者使用产品的行为实际上是不正当的，甚至是违反法律的。未来互联网经济的竞争，一定是在更公平、可信的环境下进行的，这些利用人性弱点设计产品的公司很难长期生存。

三是互联网“杀熟”行为频发。在消费者不知情的情况下，互联网企业根据大数据分析将消费者群体划分为不同类别，进而收取不同的价格。这类“杀熟”行为有违市场公平、透明的原则，被“杀熟”的消费者一旦获悉也会感到愤怒。

这 3 个问题产生的原因，主要是消费互联网没有形成明确的各方多赢的盈利模式。在消费互联网下，一旦确定某种模式，就可以“一刀切”地全盘推进，可以通过“烧钱”形成规模效应，追求流量。

（二）产业互联网才是真正的蓝海

与消费互联网不同，在产业互联网下，每个行业的结构、模式各不相同，并不是“一刀切”的，而是针对不同行业生态实行“小锅菜”，需要一个行业一个行业地推进。例如，汽车行业的产业互联网就不适用于电力行业，化工行业的产业互联网也无法直接平移复制到金融行业。

产业互联网必须通过实现整个产业链上企业的降本效应，提高效率，形成资源优化配置，降低融资成本，才能产生 1＋1＞2 的效益。例如，通过金融科技降低融资成本，解决融资难、融资贵的问题；通过智能物流体系降低物流成本等，使得产业链上的龙头企业、中小企业，以及中介公司、服务公司、互联网平台各得其所、各有效益，形成明确的多方共赢的盈利模式。

产业互联网发展的瓶颈和难点在于全社会还缺少应用的场景，这些场景是产业链上各种需求环节的集聚和汇合，需要由包含智能芯片在内的各种检测元器件、传感器、人工智能软件等软硬件技术合成匹配。数字技术综合体与各行各业结合形成产业互联网需要经历四个步骤。

第一步是数字化，要实现“万物发声”，目的是让产业链上、中、下游各环节通过数字技术表述出来，发出“声音”、留下痕迹，为构建产业数字空间提供源头数据。

第二步是网络化，要实现“万物万联”，通过 5G、物联网、工业互联网、卫星互联网等通信基础设施，把所有能够“发声”的单元连接在一起，高带宽、低延时地实现大范围的数据交互共享。

第三步是智能化，要实现“人机对话”，也就是要在“万物万联”的基础上，让物与人可以交流，通过与人的智慧的融合，实现局部的智能反应与调控。

第四步是智慧化，要实现“智慧网联”，就是借助“万物互联”“人机对话”，使整个系统中的各种要素在人的智慧的驱动下，实现优化运行。

这四个步骤，前一步是后一步的基础，但前后两步又不是截然分开、泾渭分明的。如果没有第一步，实现不了“万物发声”的基础场景，那么即使有 5G 这样能实现“万物万联”的移动互联网，产业互联网也只能是空中楼阁。总之，推进产业互联网建设，要循序渐进、适度超前，但也不要好高骛远、急于求成。

（三）产业互联网的最高境界是数字孪生

当某个行业的数字化转型升级完成了上述四个步骤，就有条件进入产业互联网的最高境界——数字孪生。

要实现数字孪生，首先，要通过智能传感器、仪器仪表对物理对象进行多物理量的采集和测量，全面映射到虚拟空间，创建虚拟模型。其次，将动态仿真的数字模型与物理实体互相叠加、同步运行，实现有机融合。最后，实现数字虚拟世界和物理真实世界的实时联动、交互协同。在虚拟世界，一是可以对现实世界进行调控和干预；二是可以通过模拟和预测真实系统的运行，想象如何进一步完善真实系统，从而对其进行改造和优化。由于 VR 技术具备沉浸感、交互性和想象性的特征，随着 VR 技术的深度应用，将更有利于数字孪生在数字场景中的可视化表达和人机交互。

在构建数字孪生的过程中，需要重点把握四个要点。一是动态。即通过动态仿真赋予数字孪生体灵气，让其从静止的影像成为鲜活灵动的动态模型，实现这一点的关键在于根据物理学规律和机理，通过先进的算法在虚拟世界重现真实世界的物体运行过程。二是持续。数字孪生覆盖物理实体从研发、设计、制造到运行，再到回收利用的全生命周期，数字孪生体与物理实体之间的作用应该是持续的、不间断的。三是实时。数字模型与物理实体之间的联动和交互如果存在较高的延迟，就无法准确、及时地反映物理实体的各种状态。四是双向。数字模型不是单向地反映物理实体的运行，而是双向地进行反馈、干预和优化。

随着云计算、人工智能、边缘计算等支撑技术的跨越式发展，数字孪生的可靠性进一步提升，应用场景不断拓展，其实用价值在制造、航空航天、电力、医疗、基建工程乃至城市治理等领域都得到了验证。可以说，数字孪生是数字化转型的最高境界，在当前风起云涌的数字化转型浪潮中具备极大的发展空间。

三、我国在数字经济的核心技术、硬件装备和高端软件产品上仍然存在短板

数字化科技要融合、赋能传统产业，涉及大量核心技术、核心硬件装备、高端软件产品的突破，在这方面我国仍然存在不少短板。

（一）高性能芯片

芯片是现代数字经济的核心基础和物理载体。我国在芯片设计、芯片封装测试的某些领域已经赶上世界先进水平，但是高性能芯片制造能力仍然薄弱，具体体现在电子设计自动化（electronic design automation，EDA）工具、核心原材料和半导体设备等的研发制造上。

首先是 EDA 工具。EDA 工具的使用贯穿芯片设计、制造和封测全过程，一旦在这方面受制于人，整个芯片产业的发展就会受到极大限制。目前，全球 EDA 企业中，处于绝对领先地位的是新思（Synopsys）、楷登（Cadence）和西门子 EDA（收购 Mentor），三者的市场占有率加起来高达近 80%。虽然近年来我国领先的 EDA 企业在部分类型的芯片设计和制造领域实现了全流程覆盖，在部分点工具领域取得了一定突破，跃居全球第二梯队，但整体技术水平距离国际领先企业尚有较大距离。

其次是原材料。我国自主研发能力不断跟进国际水平，但在高端产品研发方面仍有待提升。例如，大尺寸硅片是高性能芯片最核

心的原材料，工艺技术门槛极高，呈现高度垄断格局，逾九成市场份额被信越化学、环球晶圆、胜高和 SK Silitron 占据（特别是大部分轻掺杂的 8 英寸芯片及超过 95%的 12 英寸芯片）。我国的大尺寸硅片研发起步较晚，技术累积相对不足，缺乏核心设备特别是晶体生长炉。但是随着近年来的不断发展，已经有公司实现了核心晶体生长设备的自主可控，从而实现了从 8 英寸硅片到 12 英寸硅片的国产化，逐步向全球用户供货，而且正在加速突破更大尺寸的 18 英寸晶体生长技术。又如，高端半导体光刻市场长期被东京应化、JSR、住友化学等日企及陶氏化学、默克等欧美企业所垄断，目前我国虽然成功研发了 g 线（第一代）、i 线（第二代）、KrF（第三代）和 ArF（第四代）光刻胶，但最高端的 EUV 光刻胶（第五代）仍处于早期研发阶段。

最后，我国在半导体设备领域实现了部分国产化，但在核心设备方面与国际先进水平仍然差距明显。具体来看，我国半导体去胶设备已实现较高水平的国产化；刻蚀机方面与国际先进水平的差距正在不断缩小；清洗设备、薄膜沉积设备、离子注入机等实现了少量的国产化；涂胶显影机、化学机械抛光（CMP）设备已研发成功且实现量产供货，打破了外资垄断。但是，高端光刻机领域是空白。光刻工艺直接决定了芯片制程和性能，是芯片制造环节最关键的工艺步骤。而光刻机是制造芯片的核心设备，处于高度垄断状态，其技术含量之高、结构之复杂，被誉为“现代工业皇冠上的明珠”，尤其是最先进的 EUV 光刻机，仅荷兰的阿斯麦（ASML）能够量产。中国的高端光刻机完全依赖进口，且最先进的 EUV 光刻机属于被封锁状态。我国自主研发的光刻机虽然取得了一定进展，但在制程上与国际先进水平仍然有 4 代的差距，要实现追赶任重而道远。

（二）智能仪器仪表、传感器

用于检测、显示信息的智能仪器仪表、检测终端是“万物发声”的关键，需要在以下五大性能指标上达到要求：一是灵敏度，二是准确性，三是可靠性，四是能耗，五是安全性。如果没有以传感器和检测芯片为基础的高性能智能仪器仪表、检测终端，智能制造就是空中楼阁。我国在这方面与欧美、日本的差距，比在芯片领域的差距还要大。有数据显示，美国的仪器仪表、检测系统的产值只占工业总产值的4%，却带动了美国60%的工业实现了自动化。

如果将云计算、人工智能、大数据、移动互联网组成的数字综合体类比为一个智慧人体，那么传感器就是这个智慧人体的感官和神经末梢，能够准确、及时地感知到“万物发声”，并将其转化为易于识别的数字信息。传感器行业属于技术密集型、知识密集型行业，需要长期研发的沉淀和积累。目前全球的传感器市场主要由美国、德国、日本等国的少数几家公司主导，博世、霍尼韦尔、德州仪器、飞思卡尔、飞利浦、意法半导体等企业的市场份额合计超过60%。我国传感器产品大多集中在中低端，高端智能传感器产品如各类MEMS（指微机电系统）传感器的自给率不高，在核心制造技术、工艺装备和人才储备上，距离国际领先水平尚有差距。

（三）移动通信技术

5G是“万物万联”的纽带，具备高带宽、低延时、高速度、低能耗、高可靠性五大性能。我国的5G在关键指标、基础性技术、网络架构设计、国际标准制定等方面均实现了领先和主导，但也存在着核心元器件、通信芯片等基础硬件受制于人的情况。接下来，还需要进一步丰富应用场景，加速推进5G赋能千行百业，支持各种应用创新。同时，按照移动通信每 10 年更新一代的发展规律，前瞻布局 6G 网络技术储备，确保我国在下一代通信技术中的领先优势。

（四）操作系统

5G 能够实现“万物万联”，但是要把各种应用与终端有机糅合到一起，还需要操作系统，可以说操作系统是人机互动的“底座”。作为管理硬件和软件资源的基础软件，操作系统的主要功能包括：管理处理器的进程，合理地分配计算资源；管理存储空间的数据；管理硬件设备；管理文件系统；以图形界面、语音互动等方式协助进行人机互动等。

长期以来，在 PC 端操作系统领域，微软一家独大，苹果的 MacOS 系列占据少量份额；移动端操作系统被谷歌的安卓、苹果的 iOS 垄断。总体而言，我国在操作系统层面一直处于受制于人的局面。

在物联网下的产业互联网领域，应用形态更加丰富，应用场景更加分散，终端呈现海量碎片化的格局，对操作系统提出了全新的要求。在这一领域，我国的操作系统取得了一定的突破，出现了一些自主研发的操作系统厂商和相关生态。例如，华为的鸿蒙作为面向物联网和“万物万联”的全场景分布式操作系统，为不同设备的智能化、互联与协同提供统一的语言，未来有望实现跨终端的协同体验。2021 年 9 月，华为与国家能源集团联合发布了适用于矿山管理场景的“矿山鸿蒙”操作系统，破除各类采矿设备之间的信息壁垒，提高生产效率，而且与手机、智能穿戴等终端互联互通，进行更加精确的环境感知、人员定位、健康检测，增强井下作业安全性，这是鸿蒙操作系统在工业领域的一次突破。但是、目前国产操作系统要实现在更广阔的物联网场景下的应用，仍然面临适配性不足、生态不完整等问题。在智能制造领域，被广泛使用的还是西门子、

ABB、法那科等国际自动化巨头自研的实时操作系统。此外，VxWorks、QNX等操作系统也占据一定的市场份额。

整体而言，我国还要进一步加大操作系统的研发强度，扭转智能制造的“底座”受制于人的局面。

（五）工业软件

工业软件是智能制造的“大脑”。我国工业软件相比发达国家起步较晚，技术储备不足。有数据显示，我国工业软件产值仅占全球产值的6%，与我国工业产值全球第一的地位严重不匹配，高端工业软件领域则由外资主导。

具体来看，工业软件大致可以分为：研发设计类，包括计算机辅助工程（computer aided engineering，CAE）、计算机辅助设计（computer aided design，CAD）、计算机辅助制造（computer aided manufacturing，CAM）和电子设计自动化（electronic design automation，EDA）等；生产控制类，包括制造执行系统（manufacturing executions system，MES）等；运营管理类，包括企业资源计划（enterprise resourcing planning，ERP）、客户关系管理（customer relationship management，CRM）等；嵌入式软件，如嵌入式操作系统、嵌入式应用软件等。如果仅从总量上看，我国工业软件的产值与我国的经济规模、工业产值不相匹配；而从结构上看，自主研发的工业软件很多都集中在运营管理类，在更加核心的研发设计类上与国外领先企业的差距巨大。例如，CAE类软件完全被海外产品垄断，欧美的Ansys、Altair、海克斯康（收购MSC）等公司占据了超过95%的市场份额；在CAD类软件领域，西门子、达索、PTC、Autodesk等欧美企业占据绝对主导地位。虽然国内产品取得了一定的进展，但还存在研发投入不足、教学和科研被国际软件巨头深度捆绑、商业转化不足等问题，需要持续突破。

工业软件并不单纯是一种信息化工具，其本质是将各类工业场景下总结出来的知识和经验以软件作为载体进行保存和沉淀，并在相似的场景中加以利用。因此，工业软件的水平与工业的先进程度直接挂钩。从这个角度讲，要求工业软件在短时间内全面追赶甚至超越国际领先水平并不现实。但是，实现关键工业软件的自主可控的确是十分必要的。习近平总书记对工业软件的发展做出了重要指示，要求重点突破关键软件，推动软件产业做大做强，提升关键软件技术创新和供给能力。

（六）算力

支撑“智慧网联”的关键要素还有算力。通过“万物发声”“万物万联”会产生各种各样的大数据，包括整个空间泛在的数据、老百姓消费生活的数据、企业生产运营的数据，数据在使用的时候叠加新的数据，形成数据库的存储、通信和计算问题。如果说工业互联网、产业互联网、数字经济的基础条件是对“万物发声”的检测，促使“万物互联”的纽带是5G通信，那么实现人机互动、智慧世界的关键就在于算力，在于由大数据、云计算、人工智能、区块链等数字化综合体形成的算力。

算力包含五个方面的能力：一是计算速度，芯片、服务器、超算系统都反映这方面的能力；二是算法，由大量数学家、程序员进行开发和优化；三是大数据存储量，包含静态数据、动态数据，以及经过人类大脑和计算机处理、计算后产生的数据；四是通信能力，体现在5G基站的数量，通信的速度、迟延、带宽、可靠性和能耗上；五是云计算服务能力，体现在数据处理中心的规模、服务器的数量等。数字时代，算力将是国家与国家、地区与地区之间的核心竞争领域。

我国目前有13个超算中心，领先的超算中心如“神威太湖之光”“天河二号”的算力位居世界前十位。使用我国自主研发的“申威”系列处理器的“神威太湖之光”曾经连续4年在全球Top500最快超算排行榜中排名第一位，直到最近几年才连续被日本的“富岳”、美国的“Summit”“Sierra”等超算中心超越。我国在算力方面取得了令人瞩目的成绩，但仍然存在一定的短板。一是从整体来看，我国自研的计算机芯片与美国英特尔、英伟达等生产的芯片仍有较大差距。二是部分超算中心的算力资源仍然没有得到充分利用；为解决这方面的问题，可以将一部分闲置的超算资源挂牌交易。

上述这六个领域彼此交织。比如，如果没有智能仪器仪表，就无法形成“万物发声”，5G就缺乏应用场景；如果芯片制造跟不上，则算力、传感器难以为继；传统产业进行数字化转型升级要经历五个步骤，每一步都涉及上述六个领域的关键硬件和软件。如果在这六个领域存在明显的薄弱环节，数字化转型就会面临障碍。

四、互联网平台公司的功能意义及发展中需要遵循的十条原则

（一）互联网平台公司的功能意义

在数字经济发展中，无论是消费互联网领域还是产业互联网领域，大体都有三种类型的企业。第一种是制造数字软硬件装备的高科技企业。其植根于数字技术的硬件、软件研发，开发各类基础性系统软件、操作系统，开发各种基础性硬件装备、高性能芯片、智能终端、机器人等，这些是数字经济发展的基础产业。第二种是将数字技术和软硬件产业应用到社会经济中的平台型企业。根据不同

的应用场景，可分为消费互联网和产业互联网的平台型企业，这些平台型企业专门为各类网络公司提供生态环境。第三种是在平台型企业提供的互联网平台上生存发展的千千万万家互联网技术服务公司。这些公司服务于社会民众和经济系统，构成消费互联网和产业互联网的应用场景。

数字化平台企业是数字经济应用的核心、主赛场，是万亿元级企业的标志。一个平台上往往寄载着千千万万家互联网技术服务公司，具有公共性、社会性。

在消费互联网平台型企业中，淘宝支撑着上千万家 B2B、B2C 类的网络商品贸易公司；滴滴支撑着数以千万计的出租车运行；微信支撑着数以亿计的用户的信息交流；拼多多支撑着上百万家商品企业与上亿名客户的交易。

在产业互联网平台型企业中，有科技金融平台类企业，为各类金融企业提升金融科技水平，改善金融资源配置效率，也为各类中小企业解决融资难、融资贵的问题；有数字物流平台类企业，为港口、铁路、公路物流运输企业提供仓储物流高效率、低成本的无缝对接；有专为自动化工厂提供智能软件的平台企业。

数字化平台具有行业性、生态性、公共性、社会性、垄断性的特点，在发展过程中，往往会形成五种功能：行业秩序、公平及公正运行的保障功能，行业性同类交易的集聚功能，平台上架入场交易成本的定价功能，资源优化配置功能，以及几千亿元、上万亿元甚至十几万亿元的巨量资金的汇聚功能。

具有这五种功能的互联网平台公司往往是一个国家消费互联网和产业互联网应用发展的标志、旗帜，是国家和国家之间数字经济的核心竞争力的载体。一方面，要在这类具有平台意义的公司的发展初期予以全力支持，在其萌芽状态重资注入，包括资本市场、金融市场、各类主权基金和公募与私募基金；另一方面，要考虑到这类公司的公共性、社会性、垄断性产生的巨大的社会影响力，要有规范的负面清单管理规则。

（二）互联网平台公司发展需要遵循的十条原则

数字化并没有改变人类社会基本的经济规律和金融原理。各类互联网商务平台及基于大数据、云计算、人工智能技术的资讯平台、搜索平台或金融平台，都应在运行发展中对人类社会规则、经济规律、金融原理心存敬畏，并充分认识，达成共识。

1. 对金融、公共服务、安全类互联网平台公司要提高准入门槛、强化监管

凡是业务涉及金融领域，教育、卫生、公共交通等社会服务领域和社会安全领域的互联网平台公司，必须提高注册门槛，实行严格的“先证后照”制度，先由有关监管部门确认相应资质和人员素质条件后发出许可证，再由工商部门发放执照，并对这三类网络平台公司实行负面清单管理、事中事后管理、全生命周期管理。

2. 落实反垄断法，尤其要防范市场份额的垄断程度达到80%甚至90%的企业

要及时纠正和制止互联网平台公司以“融资—亏损—补贴—烧钱—再融资”的方式扩大规模直至打败竞争对手，在形成垄断优势后，又对平台商户或用户收取高额费用，或者强制要求用户进行“二选一”、大数据“杀熟”等。这类行为有违市场公平原则，扰乱了市场秩序。

3. 限制互联网平台公司业务混杂交叉

要严格要求资讯平台、搜索平台和金融平台之间做到泾渭分明。做资讯的就不应该做金融，做搜索的也不应该做金融，做金融的不应控制资讯平台、搜索平台。

4. 保障信息数据的产权

数据在利用的过程中产生了价值和产权，要像保障专利、知识产权那样保障信息数据的产权。数据的管辖权、交易权由国家所有；所有权由双边交易的主体共有，平台不能基于强势地位进行大数据“杀熟”，也不能未经个人同意非法将共有的数据转让；数据转让后的主体仅拥有使用权，不得再次进行转让；数据的财产分配权由数据所有者共享。

5. 确保信息数据安全

互联网平台公司及各类大数据、云计算运营公司，要研发加密技术、区块链技术，保护网络安全，防范“黑客”攻击，防止泄密事件的发生，不侵犯隐私权等基本人权，绝不允许公司管理人员利用公司内部的资源管理权力窃取客户数据机密和隐私。

6. 提高数据交易领域的准入门槛，建立健全统一的数据交易制度规则

参与数据交易的各类市场主体，包括交易双方及提供数据交易中介、数据托管、数据加工、数据清洗等服务的第三方机构，都须经过有关机构的许可后，由国家相关部门发给营业执照，持有牌照，才能参与数据交易。建立健全统一的数据交易制度规则，防范数据非法交易、数据窃取等行为。

7. 确保各种认证技术和方法的准确性、可靠性、安全性

近几年，许多网上认证，包括网上实名制在内，由于安全性差而遭到“黑客”攻击，造成隐私泄露、社会混乱的现象，亟待改进。当前，又有许多创新技术，如生物识别、虹膜识别或指纹识别技术，看似很先进。然而，人类的虹膜、声音、指纹等生物特征在线下常规情况下是准确的、唯一的，但在线上会被“黑客”伪造，从而难以监管。

8. 凡是会改变人们生活方式的事情，一定要充分听证、逐渐展开

要新老并存、双规并存；要逆向思考、充分论证非常规情况下的社会安全，绝不能由互联网平台公司任意而为。例如，近几年我国在货币数字化、电子钱包、网络支付方面发展很快，人们把手机当作钱包，衣食住行几乎都离不开移动支付，一些商店甚至不支持现金支付。但是，我们应当认识到，无现金社会在面对战争、天灾时毫无可靠性，庞大的社会电子支付体系会瞬间瓦解，因此在发展数字化支付方面要三思而后行。

9. 做好互联网平台公司的制度设计

互联网平台公司具有社会性公共服务的功能，一旦出事，后果严重。互联网平台公司因其渗透性强、覆盖面广、规模巨大，一旦疏于管理，哪怕只有一个漏洞，放到全国也会产生重大后果。例如，经营出租车、顺风车业务是一种社会性公共服务，因为互联网服务体系要覆盖全国，其规模可以达到几百万辆。如果由于公司管理体系不健全导致出现“顺风车司机杀人事件”等，造成恶劣的社会影响，就不仅是让公司停业整顿的问题，还涉及行业处罚规则的问题。在这方面的制度设计要打破常规，敢于创新。

10. 规范和加强互联网平台公司的税务征管

近几年，许多百货商店都停业了，一些大城市 1/3 的百货商店停业，其中一个很重要的原因是网上购物分流了实体店的业务量。而实体店无法与网店竞争的重要原因，除了房租、运营成本，还有税收。对百货商店征税是规范的、应收尽收的，而对电子商务系统的征税是看不见的，这就有违不同商业业态的公平竞争原则。

总而言之，数字经济是当前社会最先进的、最有渗透力的生产力形态之一，近 10 年迅猛发展。要在宏观上、战略上热情支持数字经济，但也要留一份谨慎、留一点余地。对于涉及国家法律、行业

基本宗旨和原则的问题，如数据信息产权原则、金融原则、财政原则、税收原则、跨界经营的约束原则、社会安全原则、垄断和反垄断原则，或者企业运行的投入产出原则、资本市场运行原则，都应当有一定的冷思考、前瞻性思考，以防患于未然。

五、结语

数字经济将助推中国工业参与引领第四次工业革命——数字革命。人类历史上经历过三次工业革命。第一次工业革命开创的“蒸汽时代”（1760—1840 年），标志着人类从农耕文明向工业文明过渡。当时的中国还处于封建社会后期，清朝的闭关锁国政策让中国与现代工业文明拉开了差距。第二次工业革命使人类进入了“电气时代”（1860—1950 年）。电力、钢铁、铁路、化工、汽车等重工业兴起，石油、煤炭等成为世界财富的源泉，并促使交通行业迅速发展，世界各国的交流更加频繁，逐渐形成了一个全球化的国际政治、经济体系。在这一阶段，中国社会正处于水深火热之中，经历了清王朝覆灭、军阀混战、抗日战争、解放战争。直到新中国成立，中国才开始走上工业化道路。第二次世界大战结束后开始的第三次工业革命，开创了“信息时代”（1950 年至今），人类进入了“信息文明”阶段。全球信息和资源交流变得更加迅速，大多数国家和地区都加入全球化进程之中，世界政治经济格局因为信息的流动而风云变幻。但从总体来看，人类在这一阶段创造了巨大的财富，文明也发展到空前发达的程度。新中国的成立特别是改革开放让中国得以参与这次工业革命，但中国并非引领者。工业化与信息化并重的发展战略，使得中国经济保持了 30 年的高速增长，发展成为现在的国内生产总值世界第二、工业经济规模世界第一的大国。

目前，人类即将迎来第四次工业革命的新时代——数字时代。第四次工业革命，中国不仅要跟进参与，而且要努力成为引领国之一。在这次工业革命中，人类优化分配资源的方式因为数字技术的普及、数据资源的丰富而发生改变，并因此创新出大量社会新需求、消费新模式。中国拥有庞大的人口基数、海量的数据资源和丰富的应用场景，具有创造数字文明新发展模式的良好基础，因此我们必须从文明更迭的角度，理解、把握好习近平总书记所讲的百年未有之大变局，围绕党中央提出的新基建战略，抓住机遇谋发展，在努力弥补技术短板的同时，在社会经济领域同样也要弥补短板，创新数字经济理论和实践，让中国引领第四次工业革命。

从人文视角看数字经济发展：急需高版本就业优先政策

蔡 昉[①]

党的十九届五中全会做出的发展数字经济、推进数字产业化和产业数字化的部署，直接对标创新发展和高质量发展的要求。与此同时，我国已经进入新发展阶段，经济社会发展的根本要求是促进全体人民共同富裕，因此，发展数字经济也要以人民为中心，体现共享发展的理念。从新发展理念出发，数字经济发展的一个重要维度，即人文视角，应该成为相关领域研究及决策的重要出发点和着眼点，以推进数字经济健康发展，同时使这个大趋势的成果得到充分地分享。

一、数字经济发展要秉持新发展理念

迄今为止，人类社会出现过的科技革命，都或迟或早地引起了以相关突破性技术应用为特点的产业革命，相应地，科技革命便赋予了产业发展崭新的驱动力。世界经济论坛主席克劳斯·施瓦布

① 作者系中国金融四十人论坛（CF40）学术顾问、中国社会科学院国家高端智库首席专家。

(Klaus Schwab) 教授认为，正在到来的新一轮技术变革必然导致第四次工业革命，其特点是：互联网无处不在地得到运用，移动性大幅增强；传感器体积越来越小，性能越来越强大，成本越来越低廉；人工智能和机器学习方兴未艾。也就是说，数字经济将是新科技革命导致产业革命的必然结果和主要体现。实际上，就在施瓦布教授做出这个判断之后，人工智能与数字技术紧密结合，为数字经济发展创造了新的可能性。

无论是从这种革命性变化本身出发，还是从“十四五”乃至更长时期在高质量发展中促进共同富裕出发，经济学和其他相关学科都应该加强从人文视角对数字经济进行研究。技术进步的包容性或者说技术进步如何让全体人民共享的问题，在理论研究中有过旷日持久的讨论，但是其中一些关键性问题迄今尚未在主流经济学中得到完美地回答。

在一些科技领先的发达国家，这方面占主导地位的经济学理念是所谓的“涓滴经济学”，认为虽然科技进步的成果被创新企业家率先获得，但是终究会以一种涓滴的方式惠及普通劳动者和家庭，即产生涓流效应。但是，不仅历史上技术成果分享的问题从未得到良好地解决（如工业革命初期机器的使用对就业的冲击，导致了“卢德运动”的兴起并使与之相关的思潮流传至今），而且事实上过去几十年的技术发展在很多国家都造成了劳动力市场两极化、收入差距扩大和中产阶级规模萎缩的后果。

更有甚者，在美国等位居世界科技前沿的国家，技术进步还助长了民粹主义的经济社会政策，这种政策倾向和民族主义思潮进而演变为国际经贸关系中的单边主义和贸易保护主义，造成经济全球化的逆流。国际经贸关系中的摩擦与对抗，最终会反过来影响一国的国内政策，使得政府的政策被超大规模技术企业和跨国公司截获，妨碍创新潜力的发挥和科技的健康发展，进一步扰乱国际经贸秩序。

中国坚持以人民为中心的发展思想，在实践上，使最广大的人民群众得以分享科技进步和生产率提高的成果；在理论上，作为新发展理念之一的共享发展理念，也摒弃了“涓流经济学”的虚幻假设。

然而，技术创新还在进行，改革也不能停止。正如历史上所有的颠覆性技术革命一样，数字经济的发展本身并不能解决广泛分享的问题，因而也不可避免地会产生诸如阻碍科技创新、排斥广泛分享和扩大收入差距等一系列问题，必须通过相应的制度创新予以解决。

二、数字经济的分享性并非自然而然的

面对数字经济发展中诸多具有挑战性的问题，我们需要从理论上给予令人信服的解答，在政策上做出必要的安排，在机制上做出顶层设计，同时加强相关制度的创新和建设。

以下几个方面的问题，对中国数字经济发展具有直接的针对性，亟待从理论研究和政策制定的角度予以关注，交出满意的答卷。

（一）数字经济必然会加快自动化技术对人力的替代

从理论上说，在数字产业化和产业数字化的过程中，新的、更高质量的岗位也会被相应地创造出来。但是，被技术替代的劳动者与有能力获得新岗位的劳动者，常常并不是同一批人。最新的证据显示，在各国遭遇新冠疫情冲击的情况下，为保持社交距离而流行的网上远距离办公，再次把劳动者分化成不平等的人群，造成新的劳动力市场两极化现象。可见，如何把数字经济创造的就业机会与劳动者的就业能力及技能进行有效匹配，在理论上和实践中都是不

能回避的挑战。

（二）数字经济自身一如既往地解决不了垄断的问题

新科技革命的特点使科技公司具有更庞大的体量、更坚厚的进入障碍、更严重的信息不对称等性质，这些性质不仅从传统定义的角度来说具有强化垄断性，还会产生“赢者通吃”的新现象，即出现胜出者更容易遏制乃至扼杀竞争对手、可以更加肆无忌惮地滥用消费者数字信息等新问题。因此，从促进竞争和创新及保护消费者权益等方面的必要性出发，防止和打破垄断的任务不容掉以轻心。

（三）从数字经济的性质看，数字经济领域具有造成各种数字鸿沟的自然倾向

例如，由于在研发水平、科技人员禀赋及投资支持等方面存在巨大差异，大企业与中小微企业之间存在应用数字技术的机会鸿沟；由于在家庭经济地位和人口特征方面存在差异，高收入与低收入人群之间、不同年龄段人群之间也存在在生产和生活中享受数字技术的能力鸿沟；由于人力资本与技术应用之间存在不匹配现象，在公共服务机构或企业推进数字化的过程中，还会出现直接操作人员技能与数字化系统之间的不匹配情形。

（四）数字经济的发展造成了劳动者权益保障的难题

数字经济本身是新科技的应用，既创造了对人力资本有更高要求的高质量就业岗位，也创造了大量适宜采用灵活性就业模式的非熟练劳动岗位，后者不可避免地造成劳动力市场非正规化程度的提高。相应地，灵活就业人员参与社会养老保险、基本医疗保险、失业保险、工伤保险等社会保障的程度趋于下降，通过劳动力市场制度保障劳动者权益的难度也在增大。这些都给数字经济发展成果的

分享带来了新的挑战。

既然数字经济时代出现的新业态和新就业模式都与相关的技术特点相关联，那么这类技术本身就暗含解决这些社会保障和劳动权益问题的潜在方案，关键在于要确立以人为中心的技术和产业发展导向，才能诱导出“科技向善”的趋势。因此，必须真正认识到数字经济发展中不存在涓流效应这回事，要使解决劳动者保护和成果分享问题的方案内生于数字经济发展本身之中。

正如鼓励新科技变革条件下经营模式和业态的创新一样，加强监管也是支持和规范数字经济发展的重要部分。或者说，越希望加快数字经济的健康发展，越需要解决好数字经济发展中可能遭遇的上述及其他各种问题。监管措施越恰当和及时到位，越有利于避免事后惩戒可能造成的损失。

三、数字经济对就业岗位的多方面影响

对于科学技术进步和产业结构升级换代的成果，分享的根本途径在于使其有利于就业规模的扩大和就业质量的提高，并且在初次分配领域促进工资增长。虽然从理论上说，新技术的应用在消灭一部分旧岗位的同时也会创造新岗位，但是，现实中存在几个实际问题，需要政策予以积极应对。

（一）新技术消灭的岗位与创造的岗位所需的工人不是同一批

应用新技术意味着用资本替代劳动，新技术的应用会催生新的人才需求，所以消灭一些岗位自然也会创造一些新岗位。但是，替代和消灭的岗位及新技术所创造的岗位，所需要的技能是不一样的，分别对应具有不同人力资本和技能的人群。因此，尽管新技术给一

部分人创造了岗位，但丢掉岗位的人未必能进入新岗位。在此过程中，会出现失业或就业不足的问题。

（二）消灭的岗位数量多于新创造的岗位

新创造的岗位质量可能更高，但数量不一定多于被消灭的岗位。这进一步加大了劳动者对新岗位的竞争，也会造成一部分劳动者转岗到生产率较低的产业，导致整体生产率的下降。

（三）转岗后的就业质量可能低于以前，工资和待遇也会降低

当一部分劳动者转岗到生产率较低的产业和岗位之后，在多数情况下，他们的待遇和就业质量会降低，这意味着社会流动性的下降。

上述这些现象造成了实际的劳动力市场问题和就业难点，这也是讨论劳动力市场和就业转型问题的关键所在。我们要探讨的是如何让新技术的发展和数字经济的发展创造更多、更高质量的就业岗位，以及如何让那些被替代的劳动者重新找到更好的岗位。

四、数字经济时代高版本就业优先政策

在高速增长时期，中国经济整体生产率的提高靠什么？当然要靠技术进步，但是最快、最主要的路径，还是劳动力从生产率低的部门（农业）转向生产率高的部门（非农产业），这个过程是资源重新配置的过程，也是一种“帕累托改进”，是人人都欢迎的。

总体来说，农村劳动力选择外出打工，比他们从事农业劳动挣的钱多，家庭净收益是比较高的。在这个过程中，劳动力离开的部门生产率低，进入的部门生产率高，整体劳动生产率也得到了提高，

微观上和宏观上达成了一致。

但是，随着农村待转移人口的减少，今后劳动生产率提高的一个主要途径不再是资源重新配置或“帕累托改进”，而是需要优胜劣汰的“创造性破坏”，即劳动生产率的提高不可能靠所有企业同步取得生产率的进步，而只能靠生产率高的企业得以生存和发展、生产率低的企业衰退和退出。

在这个过程中，“创造性破坏”就意味着生产率高的部门应该可以得到新的更多的生产要素，进行重新组合，从而使整体生产率得到提高。在提高生产率的过程中，既有得到扩张的市场主体，也有被淘汰的市场主体，因此整个过程不再是一个“帕累托改进”。在整个提高生产率的过程中，总会有一些企业的部分产能受损，在竞争中受到伤害。

然而，这个过程固然可以而且应该破坏无效的产能和低生产率的企业，但不能破坏人本身，因为劳动力被承载在人的身上，人不能被破坏。因此，如何促进就业、保护人本身，就成了政府的责任。在更高的科技发展（如数字经济发展）条件下，这项责任更重，要求更高。

总而言之，在数字经济健康和可持续发展过程中，以人为中心的技术创新和制度创新是应有之义。就业促进和劳动者保护将始终是政府的职能和责任。因此，在发展数字经济的过程中，需要形成一个就业优先政策的更高版本，以不断有效地解决就业的总量、质量和结构矛盾。

（一）提高公共就业服务效率，降低自然失业率

充分就业并非失业率为零的状态，而是失业率仅反映结构性和摩擦性因素导致的自然失业的情形。自然失业虽然总是存在，但自然失业并不“自然”，其水平的高低往往取决于人本身。由于结构性

和摩擦性失业分别表现为劳动者数量和技能在供需双方之间的不匹配，因此需要公共就业服务及政府与社会合作促进就业机制，有效率、有针对性地提供培训和职介等服务，以提高供需之间在就业岗位的数量、技能、时间、地点等方面的匹配水平。

（二）数字经济催生了越来越多的新就业形态，要求社会保障体系和机制与之相适应

由于户籍制度改革尚未完成，我国城镇就业市场仍然存在一种二元结构的社会保障制度，对从事灵活就业的农民工及许多新成长的劳动力覆盖不够充分。这意味着社会保障制度尚难以适应新就业形态的要求。一方面，加快推进以农民工落户为核心的户籍制度改革无疑是解决途径之一；另一方面，随着与数字经济发展相伴的就业形态的变化，很多户籍人口将难以充分被社会保障所覆盖，因此，还需从增强普惠性的方向探索社会保障的新模式。

（三）探索数字经济时代劳动力市场制度新形式

劳动力资源的配置固然不是市场经济的例外，但是劳动要素的特点是以人为载体，因而不同于其他生产要素，并不能完全依靠市场供求信号进行配置。各国经验也都表明，劳动者的工资、就业和社保待遇、劳动条件等，从来都是通过劳动力市场与劳动合同、集体协商、最低工资等制度的协同作用来决定的。数字经济固然会改变这些制度形式的作用方式，但不会减少对劳动力市场制度的需求。

（四）加强人力资本积累，更新劳动者技能，提高其劳动力市场适应能力

在数字经济时代，劳动技能是瞬息万变的，因此，从职业教育和培训中获得的专用技能绝不可能终身管用。相反，从通识教育中

获得的认知能力和学习能力，却可以使劳动者立于不败之地。这就要求在构建终身学习体系的基础上，科学地平衡通识教育与职业教育的关系，而不是机械地将两者隔离，或者简单地设定两者的招生比例。此外，无论是作为一种社会投资还是作为一种家庭投资，教育的投入产出都是有风险的，因此，要提升基础教育的多样性和选择性，避免“把鸡蛋放在一个篮子里”。

讲到数字经济，人们往往强调技术创新这一方面，但是，拥抱数字经济，对制度创新的要求或许更高，任务必然更重，完成起来更加困难。我们应该从一开始就关注人文视角，以便在政策上更好地适应这波新的科技革命浪潮，否则数字经济难有健康的发展。

普惠金融与平台经济

黄益平[1]

一、我国平台经济发展态势良好，对促进经济增长有积极作用

普惠金融与平台经济是一个交叉课题，既包括金融如何支持平台经济发展的问题，也包括平台经济如何助力解决金融发展难题的问题。

金融如何支持平台经济发展这一问题相对简单。因为平台经济本身就是从想法到落地的过程，必然需要创新能力、管理能力和技术支持，而金融正是支持创新的重要力量。回顾过去 20 年平台公司的发展历程，金融支持起到了非常重要的作用，支持形式也十分丰富。从这一角度看，金融支持对技术进步中新业务模式的产生、发展和壮大至关重要。诺贝尔经济学奖获得者约翰·R. 希克斯（John R. Hicks）曾说："工业革命不得不等待金融革命。"这说明即使有好的想法，也需要金融工具的支持才能落地，才能发展出有影响力的企业或一个新行业。

平台经济如何助力解决金融业发展难题这一问题则相对复杂。

---

① 作者系中国金融四十人论坛（CF40）学术委员会主席、北京大学国家发展研究院副院长、北京大学数字金融研究中心主任。

首先，平台经济是什么？从定义上看，平台经济作为一种新业务模式，应该具备以下特征：一是依托“云”“网”“端”等网络基础设施；二是运用人工智能、大数据分析等数字技术手段。“云”“网”“端”其实就是网络系统。其中，“云”是储存、计算的能力；“网”是将各分散的点连接起来的互联网系统；“端”是移动终端，最常见的移动终端就是智能手机。因此，平台经济的基础，就是通过“云”“网”“端”将用户连接起来的网络系统，它具备非常强大的运算能力，可以借助人工智能、大数据分析等手段从事很多具体工作，这是平台经济的技术特征。

平台经济的业务内容主要包括三方面：一是撮合交易，典型代表是电商平台、外卖平台、网约车平台等；二是传输内容，典型代表是今日头条、抖音等内容传输平台；三是管理流程，可以帮助使用者提高流程管理效率。综合来看，平台经济就是建立在数字技术基础上的一种创新的业务模式。

那么，平台经济的创新体现在哪里？其实，平台经济在传统经济中也存在。例如，百货公司、农贸市场等都具有平台属性，也具备撮合交易、传输内容甚至管理流程的功能。但数字技术的运用使数字平台在很多方面都突破了传统平台的局限，其规模、内容和影响力前所未有。如今，淘宝、京东、微信、美团、滴滴等数字平台，已经极大地改变了用户的日常生活和生产方式。

（一）数字技术具有一些突出特征

第一，规模经济，其好处在于规模越大，效率越高。与传统经济不同的是，百货公司、农贸市场等传统平台都存在一个最佳规模。也就是说，虽然规模扩张也有好处，但当规模超过一定水平后，会出现边际效应递减，效率反而会下降。平台经济则解决了这个问题，创造了一种“长尾效应”，即平台建立后新增用户的边际成本几乎为零。虽然新建平台的成本很高，但一旦平台建立起来，那么它服务 1 000 万名或者 2 000 万名客户的成本相差不大。微信、支付宝等平台的日活跃用户数甚至超过十亿，这是传统经济难以想象的规模。

第二，范围经济，指的是平台一旦建立，不仅可以在本行业发展得很好，还很容易跨界发展。阿里巴巴从电商起家，但其数字金融业务也发展得很好；微信以社交见长，但微店、金融业务也做得不错。实际上，平台一旦建立并积累了用户和数据，就能够以较低的成本从事跨行业业务。也就是说，范围经济意味着跨界竞争会相对更容易。

第三，网络效应，指的是网络内的用户规模越大，网络价值越大。

第四，双边市场（实际上是多边市场，包括买方、卖方和服务提供方等），一边市场规模越大，对另一边就越有价值。举例来说，电商平台上的买家越多，该平台对商家的价值就越大；反之，电商平台上的商家越多，该平台对消费者的价值也就越大。

上述特征虽然在传统经济中也有体现，但在数字技术的作用下，平台规模空前壮大，一家平台可以同时服务几亿甚至几十亿名客户，并且不需增加太多成本，这是传统平台难以实现的。

（二）数字平台全方位影响经济活动及金融业发展

平台对经济活动的改变是全方位的，既包括生活方式的改变，也包括生产方式的改变。试想，如果某天人们没有使用上述任何一家数字平台，这一定是很不寻常的。实际上，数字平台已经成为人们日常生活中不可或缺的一部分。

具体到金融领域，数字平台会给金融业带来哪些改变呢？本节将其总结为“三升三降”。

所谓“三升”，指的是扩大规模、提升效率、改善用户体验。扩大规模方面，人们在日常生活中均有体会。提升效率方面，因为平台可以同时为很多客户提供服务，边际成本低，所以效率自然会提升。改善用户体验方面，数字平台可以提供很多个性化服务，并且随着技术的进步，这些服务使用起来会更顺畅、更方便，也更会受消费者喜爱。试想，如果移动支付在使用时经常付款失败，自然不会有用户愿意使用。使用体验的改善与数字技术密切相关。在互联网发展早期，很多线上活动进行得并不顺畅。如果今天仍停留在 2G 通信技术，那么线上支付或其他线上活动也一定很不方便。技术的进步让用户体验不断提升。

所谓“三降”，指的是降低成本、控制风险、减少接触。在控制风险方面，平台积累的用户数据对识别风险、化解风险非常有帮助。

基于上述改变，数字平台会对经济运行的规则甚至规律产生一定的影响。“三升三降”使用户越来越依赖数字平台，而它与经济本身也密切相关。

（三）中国平台经济为何能够发展到如今的水平

中国于 1994 年接入国际互联网，1995 年诞生了第一家互联网公司——瀛海威。1996 年，搜狐公司诞生。此后几乎每年都有新的互联网公司出现，如网易、百度、阿里巴巴、腾讯、新浪等。目前看来，国内头部互联网平台公司的发展历程和国际互联网巨头差别不大，并没有明显落后。但数字经济行业发展风起云涌，几乎每年都在洗牌。中国第一家互联网公司瀛海威很快就退出了历史舞台，其他平台也不断经历沉浮。但在最先成立的几家公司中，仍有部分在国内甚至国际上都属于头部公司，从这个角度来看，国内平台经济发展水平较好。

国际上流行的一个说法是，全球平台经济由美国、中国和世界其他地区三分天下。在 2020 年的全球平台独角兽公司中，美国公司最多，为 288 家；其次为中国，有 120 多家；第三、四名分别是英国和印度，数量均仅为 20 家左右。这样看来，全球平台经济其实是由最大的发达经济体——美国和最大的发展中经济体——中国主导的。对中国这样一个发展中国家来说，这是非常了不起的。

中国平台经济能发展到如今的水平，有多方面的原因。

1. 数字技术进步

数字技术进步是全球普遍面临的机遇，中国之所以表现突出，与过去的基础设施投资有关。如果没有非常普及的互联网基础设施和通信技术，数字平台经济是很难发展起来的。虽然与发达国家相比，中国互联网和智能手机的渗透率仍有差距，但与其他发展中国家相比，中国是比较领先的。

2. 市场化改革

国内数字平台企业基本都是民营企业，很多都是由一群年轻人白手起家、从无到有发展起来的，有些甚至在短短几年内就发展成为国内、国际有影响力的企业。原因除了数字技术的进步，更重要的是中国为民营企业的发展创造了比较好的市场环境，让白手起家成为可能，这也是“中国梦”的典型案例。年轻人只要有想法、有能力、有行动，就有可能成就大事业，实现梦想。

3. 人口规模大

创新需要基本的市场规模。特别是对平台经济来说，规模经济是很重要的特征。在规模大的市场，创新和新产品研发会更容易，也更容易产生规模经济。

4. 相对独立的市场

目前中国国内和国际市场相对分割，这为国内平台企业创新赢得了时间和空间，让它们可以避免直接面对国际平台的巨大压力。

5. 个人隐私保护不够充分

由于中国对个人隐私的保护不是特别充分，特别是在大数据领域，平台违规甚至非法收集数据、分析数据的问题比较突出。从正面看，这为创新活动提供了空间，很多新产品、新业务模式纷纷涌现；但从负面看，这也导致很多侵犯隐私、损害消费者利益的行为出现。我国数字经济发展整体上是一个正面故事，但其中确实有很多问题需要解决，这也是为什么近年来决策部门、监管部门出台了很多政策来改善平台治理。正如决策部门所强调的，治理是为了让行业更规范地发展，并不是为了让平台衰落。习近平总书记也指出，要“在规范中发展，在发展中规范”。从这个角度看，中国平台经济发展前景广阔。

总体来看，中国平台经济发展态势良好，特别是在规模方面，已经达到全球比较领先的水平，这对改变人们的生产、生活方式，对支持创新，都发挥了巨大作用。但中国数字经济的发展也面临调整。平台治理的目的就是支持行业更好、更有序、更稳健、可持续地发展，从而支持中国经济的可持续增长。

二、信息不对称是金融发展的最大难题

从定义上看，金融的本质是资金融通，也就是让市场上资金富余和资金短缺的人互通有无，通过支持融资方的生产、生活资金需求，实现共赢。

从交易方式上看，金融交易可以分为直接融资和间接融资。所谓直接融资，指的是融资方直接从出借方获取资金，如买卖债券、股票等。直接融资模式下，资金会直接进入融资方账户，再从该账户进入具体项目。间接融资的典型代表是商业银行、保险公司。出

借方把钱交给银行，但并不知道钱最终会借给谁。虽然金融中介仍起到支持企业的作用，但出借方与企业并不存在直接的一一对应关系。即使贷款违约，也不会影响出借方的存款或收入，因为中间还有金融中介在承担风险。

金融的最终目的是实现双赢。对融资方来说，无论是发展业务还是进行投资，目的都是获得更多回报。所谓“工业革命不得不等待金融革命”，就是因为蒸汽机技术如果没有资金支持，就无法进行投资，也就无法将技术应用于并加速纺织行业、铁路行业或航运行业的发展。也就是说，如果没有金融，技术将无法形成大规模产业，也就不可能带来更高的回报。这是金融带来的第一个作用。

对出借方来说，金融的好处也显而易见。如果将十万元放在手中，并不会获得什么回报；如果存入银行或购买国债，就可以通过较安全的投资来获得一定的回报。如果有能力进行更高风险的投资，潜在投资回报就会更高。因此，金融能使借贷双方都获得好处。

金融是人类历史上非常重要的发明。没有金融，现代经济体系几乎无法存续。金融（货币）出现前，经济形式基本是自给自足的小农经济，人们自己生产、自己消费；即使有交易，也是物物交换，交易成本很高。由于涉及如何寻找交易方、如何定价等问题，在货币发明之前，交易是很少见的。当然，这并不意味着是货币导致了交易的出现。实际上，货币和交易是相互联系的关系。正因为人们有交易的需求，才发明了货币。

货币对经济最重要的贡献，就是让规模经济和劳动分工成为可能，因为它降低了交换的成本。货币有三大基本功能：交换的媒介、定价的标准、投资的工具。这三大功能对经济活动有极大的推动作用。货币可以对交易物进行定价，这降低了交易成本，使交易更加便利。货币也可以储值。过去生产的产品，部分可以存放，部分无法存放，货币的储值功能让经济活动的组织变得更容易。

金融的好处显而易见。没有金融支持，人类经济活动不可能达到如今这么发达的程度。但金融也存在很多问题，如金融危机会对经济造成严重损害。2008 年的次贷危机从美国开始，随后很快演变为全球的系统性危机。这种大危机的发生，会对经济发展特别是长期经济增长产生极负面的影响。

（一）导致金融危机的一个重要因素是金融交易中存在信息不对称问题

金融风险为什么会出现？最重要的一个原因就是金融交易中存在信息不对称的问题。简单来看，信息不对称是指交易双方对彼此不够了解。理想情况下，借款人需要投资业务，出借方把钱借出去，借款人拿到钱之后偿付报酬，这样双方都能得到好处。但前提是，借款人拿到钱之后必须真实投资于业务，并且赚到钱后会偿付报酬。而实践过程中会存在很多问题。虽然出借方也有一定的投资经验，但可能无法获得预期回报，甚至资金打了水漂。问题背后的原因就是信息不对称，即出借方不知道未来能否获得本金及回报。

金融领域的信息不对称一般包括两方面内容：一是交易发生前的信息不对称，即“逆向选择”，指选择不恰当的对手进行交易。例如，有人向你借钱，并许诺非常高的投资回报率，你受到高回报的吸引而出借资金。但实际上，你对这个人的能力和人品都不甚了解。二是交易完成后的信息不对称，即“道德风险”，指由于出借人对借款人不够了解，借款人拿到钱后很可能不从事承诺的业务，或者从事业务后不愿意归还资金。

信息不对称问题在金融交易中非常常见，解决这一问题的核心就是控制风险。如果风险控制不当，就可能出现违约甚至投资失败的情况。正因为信息不对称的存在，投资者和金融市场参与者的预期和情绪变化会很大，经常会出现由一件小事引发一系列问题。例如，在市场经济国家，储户在取钱时被告知银行资金不足，明天才能取钱。这本身是很正常的事情，因为银行资金大多会对外贷款，现金留存不多，它的资产负债表可能是没问题的。正常经营的银行，一般会从 100 元的存款中拿出 90 元发放贷款，剩余 10 元作为现金持有。如果储户要取 15 元钱，自然会出现无法取出的情况。但储户很容易将其解读为“银行缺钱”，如果这一信息在其他存款人之间传开，就很可能发生挤兑行为。这是早期银行危机产生的重要原因之一。

挤兑行为的发生与信息不对称有关。银行把钱贷款给企业，收益可能不错；但因为贷款有期限，不能随时收回，所以就有了取不出钱的时候。更为重要的是，一家银行倒闭往往会引发连锁反应，很多其他银行的存款人也会开始动摇，担心自己存钱的银行出现问题，从而发生挤兑行为。因此，信息不对称问题如果处理不好，很可能引发一系列金融风险，甚至是金融危机。

到目前为止，金融市场、金融机构的制度安排，在很大程度上都是为了解决信息不对称的问题。举例来说，银行的优势在于可以代表大量小额资金拥有者、存款人进行专业化的工作，包括了解贷款企业资质、项目可靠性、预期投资回报率等，这本质上就是在帮助存款人降低信息不对称的程度。市场上的投资银行、评级机构定期发布研究报告，也是在帮助投资人了解产品，降低信息不对称的程度。监管的很多要求，如信息披露等，同样是为了降低信息不对称的程度。

总体来看，金融是重要的发明，对经济发展起到了巨大的作用，提高了经济运行的效率。但金融也存在一个重要风险，即信息不对称。在金融交易中，如果对交易方不够了解，资金就可能打水漂。而一个人的资金打水漂，将动摇很多人的信心，从而导致整个系统出现问题。一旦系列危机同时发生，包括银行危机、货币危机、债务危机等，就会产生系统性金融危机。所谓系统性金融危机，指的是整个金融系统（包括银行贷款及股票、债券等资本市场）无法正常运转，无法为实体经济提供有效融资服务。一旦金融系统无法运转，经济必然会陷入衰退，并进一步引发其他社会问题。

金融机构、市场组织和政府监管都在努力降低信息不对称的程度。但针对不同对象，解决问题的难易程度往往存在差异。具体来说，金融市场存在“二八法则”，即一家金融机构如果能服务好市场上最富有的20%的家庭或盈利状况最好的20%的企业，就基本可以掌握80%的市场份额，因为富有的人和盈利状况好的企业金融业务规模通常比较大。因此，对金融机构来说，这是用最低成本获得最高回报的服务模式。至于剩下80%的普通家庭或中小企业，只能占据20%的金融市场份额，服务这类客户的成本相对较高，回报相对较低，为其提供服务是比较困难的，这也是为什么全世界都会面临发展普惠金融的挑战。

降低信息不对称程度虽然很难，但要了解一家大企业或一个富有的人，是相对比较容易的，因为他们的数据更全、资产更丰富、可获得的信息更多。但对于分散的、小规模的，甚至地理位置非常偏僻的中小微企业、低收入家庭和农村经济主体，提供金融服务就非常困难。具体来看，有两方面的困难：一是获客难，二是风控难。

获客难，指的是很难找到这类客户。我国中小微企业和个体户数量超过一亿名。如何找到这一亿名用户并了解他们的金融需求，难度非常大。传统金融机构触达潜在客户的做法，是开设遍布全国的分支行。因此，传统观点认为，分支机构越多、员工越多的金融机构，服务能力就越强，因为它们离客户更近，可以覆盖更多的客户。但即使如此，银行在全国开设分支行的难度也很大。就算在人口密集地区，要找到大多数的潜在服务对象仍然很不容易，或者成本很强，最后很有可能得不偿失。

风控难，指的是资金借出后很难收回。找到大规模的潜在客户本身就很困难，要保证资金投入项目后还能安全收回，难度就更大了。这要求金融机构必须做好投资分析和信用风险分析，充分了解项目情况，评估项目成功率及项目成功后还款的可能性。对中小微企业、低收入家庭、农村经济主体来说，他们本身规模很小，存在历史也较短，但数量又非常庞大，地理位置很分散，不确定性很强。中国中小微企业的平均寿命是 5 年，这意味着每年有 20%的企业会倒闭。在这种情况下为中小微企业提供金融服务，就对信用风险分析提出了很高的要求，传统做法未必可行。

（二）解决信息不对称问题的做法

第一种传统做法是分析企业过去的财务数据。资产负债表用来评估企业的资产负债情况，利润损益表用来评估企业盈利或亏损情况，现金流量表用来评估企业当前有多少资金可用。在当前经济形势下，现金流是企业稳健运营的决定性因素。一般来说，企业违约或破产大多是因为资不抵债，也就是资产负债表出现问题。在经济动荡时期，现金流风险也是很重要的考虑因素。银行被存款人挤兑破产，就是现金流风险的典型表现。银行的资产负债表可能没有问题，它把 100 元存款中的 90 元贷款出去，一年以后可以收回 90 元本金及一定的回报，这是获利的交易。但如果在贷款尚未收回时发生挤兑行为，银行就会因为现金不足而破产。现实生活中，很多企业都会面临现金流风险。有些企业违约并非因为资不抵债，而是因为现金流不足无法还债，这会引发一系列问题。因此，银行信用风险评估的一般做法就是看过去的财务数据。

第二种做法是抵押贷款。大多数中小微企业经营时间较短，没有财务数据或财务数据编写不规范，所以更多地使用抵押贷款的方式，把房子抵押给银行以获得贷款。这种模式的好处在于，一旦企业违约，银行可以通过资产处置的方式收回贷款、管理风险。

第三种做法是关系型贷款。对于既没有财务数据也没有抵押资产的中小微企业，银行会通过信贷员对企业进行长期、全方位的跟踪，了解企业家行为和企业状况，收集“软信息”。如果贷款人没有财务数据等“硬信息”，也可以通过评估企业家人品、企业状况等“软信息”来帮助进行贷款决策。从过去的经验来看，关系型贷款的质量较好，平均贷款不良率和违约率相对更低。但问题在于，要全方位地了解一位企业家或一家企业，是不容易的。信贷员必须做到知根知底，如了解企业家的人品，了解其对父母是否孝顺、之前是否有过违法行为、和朋友相处是否守信用等，这些都需要长时间、全方位地了解，对银行来说成本很高，覆盖面也比较有限。

联合国自 2005 年起号召各国发展普惠金融，主张每个人都有权利获得合理的金融服务。如果中小微企业、低收入家庭、农村经济主体无法获得所需的金融服务，那么就说明经济发展存在问题。2005 年也因此被联合国定为“小额信贷年”，以此鼓励各国加大普惠金融支持力度。我国也采取了诸多措施，包括建立约一万家小额信贷公司，现在仍有 8 000 多家存活。监管部门也号召金融机构加大普惠金融支持力度，现在很多大型金融机构都设有普惠金融部。但要从根本上突破获客难、风控难这两个问题，仍是很严峻的挑战。

三、平台经济助力解决普惠金融发展难题

回顾“十三五”期间的发展成绩，中国普惠金融取得了突破性发展，主要表现在数字金融领域，即利用数字技术帮助解决普惠金融难题。实际上，《中华人民共和国国民经济和社会发展第十三个五年规划纲要》（简称“十三五”规划）中对普惠金融的相关论述并没

有提到数字金融、数字技术等概念，因此在某种程度上，数字金融为普惠金融的发展带来了意想不到的、前所未有的突破。

为什么说普惠金融对当前中国经济的发展越来越重要？一方面，过去中国经济增长非常成功，年均 GDP 增速在 9%以上，但发展过程中的不平衡、不均衡问题比较突出。例如，有些地区发展快，有些地区发展慢；有些机构服务好，有些机构服务不够好。此外，地区差距、收入分配、中小微企业服务等领域也都存在很多问题。进入新发展阶段，在全面建成小康社会的基础上要实现共同富裕，普惠金融的重要性将会进一步提升。因此，未来中国经济发展会更加重视普惠金融服务对象的生活状况和经营状况，这也是中国经济进入新发展阶段的必然要求。

另一方面，在新发展阶段，中国经济将从粗放式发展走向高质量发展，创新将在经济增长中发挥至关重要的作用。过去中国经济是要素投入型增长，现在则是创新驱动型增长。未来中国经济的可持续发展必须依靠创新，而中小微企业就是创新的主要力量，在国家创新中的占比很高。这也是为什么普惠金融尤其是为中小微企业提供金融服务至关重要。过去普惠金融的意义更多的是促进社会公平，但今天，普惠金融更重要的一项功能是推动经济的可持续增长。从数据来看，在中国企业的创新中，民营企业占比高达 70%，国有企业占比 5%，外资企业占比 25%。在民营企业中，中小微企业是非常重要的部分，它们对创新的作用不容低估，是创新的主力军。因此，支持中小微企业、支持普惠金融，不仅是出于普惠的目的，更多的是为了支持中国经济的长期、可持续增长。

为什么中国普惠金融在 2016—2020 年取得了较大突破？关键在于数字技术的应用。中国数字金融起源于 2004 年的支付宝上线。2003 年，淘宝投入运营，但由于无法很好地解决支付问题，完成交易比较困难。对于地理位置不同、从未见过面的交易双方，如何解决信任问题？应该先发货还是先付款？因为交易双方缺乏信任，消费者担心先付款拿不到货，卖方也担心先发货收不到款。后来，淘宝推出了担保交易功能，即消费者付款到平台后卖方发货，等消费者收到货并确认后，平台再把钱打给卖方。但这种中间业务模式也存在问题，因为交易双方最终都要到银行进行对账。随着交易量的上升，担保交易对银行能力的要求变高。每笔支付业务可能只有几块钱，但因为交易数量很多，很容易出错，银行最后也不想从事这类对账业务。因此，2004 年，支付宝参照美国易贝（eBay）的模式开发了自己的支付系统并于 2010 年推出真正的移动支付。2013 年，阿里巴巴公司又推出余额宝业务，将业务拓展到数字金融领域。与此同时，微信支付也开始活跃起来。此后，一系列金融平台不断上线。

（一）国内数字金融产品和业务大多集中于普惠领域

笔者常用“数字金融”这一概念来表示数字技术在金融中的应用。数字金融不同于互联网金融、金融科技等概念，它的内涵更趋向于两者的平衡，既包括科技公司利用数字技术来提供金融服务，也包括传统金融机构利用数字技术改进其金融服务，将新型科技公司和传统金融机构都涵盖其中。在日常印象中，互联网金融和金融科技更偏重于科技公司，较少有传统金融机构的身影。这可能是因为传统金融机构早期在数字技术应用方面并不是十分活跃。“数字金融”的概念可以强调这既是科技公司也是金融机构做的事，甚至未来两者可能合流。这是因为，科技公司需要获得牌照才能从事金融业务，最终也会成为金融机构；传统金融机构也需要成为科技公司，才能做好数字金融服务。

近几年，国内外数字金融发展十分活跃。但与国外数字金融业务的热点领域相比，国内业务的发展存在一些差异。国外可能更关注区块链技术、分布式账户、元宇宙等概念；在具体业务方面，国外更关心加密货币、中央银行数字货币、跨境支付等领域。而国内的数字金融更多是指移动支付（如微信支付、支付宝）、线上投资（如余额宝）和大科技信贷（如网商银行、微众银行、新网银行等）。此外，中国人民银行计划推出的数字人民币也是一个热点。对比发现，国内数字金融产品和业务大多集中于普惠领域，国外则更关注清算结算、跨境支付、账户等领域。

确实，国内普惠金融发展不足，金融体系中有相当一部分金融服务供给并不充分，特别是针对中小微企业、低收入家庭、农村经济主体等普惠金融主体的金融服务（除了存款，它们能享受的金融服务非常少）。因此，数字金融产品上线后受到市场的热烈欢迎。北京大学数字金融研究中心和布鲁金斯学会共同研究的课题“中国数字金融革命”中讲到了中国移动支付的变化，包括中国发生了什么、有哪些关键点、意义是什么。课题指出，这样的革命对美国来说可能不是特别必要的，原因在于美国的个人支付服务已经发展得非常充分，信用卡、借记卡的使用非常方便。在这种情况下创造一种移动支付工具，对于美国人的价值增量并不大。但中国并非如此。在移动支付应用之前，大多数中国人都缺乏支付渠道，基本都在使用现金支付。中国能使用信用卡的地方很少，因此信用卡并没能成为非常方便的支付工具。这也是为什么移动支付能在中国市场受到如此热烈的欢迎，因为市场本就存在很大的缺口。

除此之外，移动支付迅速发展的另一重要原因，就是数字技术的应用。这使得移动支付在上线之初就具有较高的服务质量，让平台能够实现规模经济和长尾效应。微信支付和支付宝日活跃用户超10亿名，这是史无前例的突破，很少有支付工具可以做到这种程度。除了平台技术，微信支付和支付宝也进行了其他的技术改进。2010年支付宝每秒处理的交易量是300笔，相对全国人民使用的移动支付工具来说，这一数量远远不够，很容易出现扫码支付不成功的情况。但截至目前，支付宝每秒处理的交易量超过 50 万笔，这种技术进步让支付变得更加方便。2017 年，支付宝推出二维码支付功能，现在绝大部分实体商户都在使用。2020 年新冠疫情防控期间，笔者还曾以使用二维码收款的个体户商家数据来分析疫情对经济的影响。由此可见，移动支付已经成为人们日常生活中不可或缺的一部分。数字技术一方面促成了平台的搭建，另一方面也让数据处理的速度不断加快，用户体验得到很大提升。

（二）数字金融在大科技信贷领域取得突出进展

过去，中小微企业贷款十分困难，获客难、风控难两大问题始终构成制约。大科技信贷则建立了两大支柱：平台和信用风险评估。

1. 平台

平台通过长尾效应把 10 亿名用户都黏在平台上。除了微信和支付宝，抖音、美团、京东等大型平台的用户量也非常可观，这就解决了传统金融机构获客难的问题。获客难问题的解决具有革命性意义。今天，在中国任何一个地方，只要有智能手机和移动信号，用户就可以享受同样的金融服务。大科技信贷会对门槛内的客户进行分析，评估其资质，然后想办法将其转化为信贷客户。

海量客户在平台上肯定会有行为积累。无论搜索、社交，还是看短视频、点外卖、使用电商平台购物，用户行为都会留下数字足迹。这些数字足迹积累起来，就是大数据。大数据的功能非常强大，可以帮助平台实时监测借款人的状况。传统模式下，银行将企业的财务数据作为评估依据，但财务数据基本是以季度为单位的；数字足迹则是实时数据，银行可以实时看到用户当前的行为或交易，了解客户对企业的评价，这些都是非常关键的信息。

2. 信用风险评估

这方面比较接近关系型贷款中的“软信息”获取。大数据一般会评估两方面内容：一是预测用户的还款能力，即借钱后能否做成事情；二是预测用户的还款意愿，即做成之后是否愿意偿还借款。北京大学数字金融研究中心曾和国际货币基金组织、国际清算银行合作过相关课题，使用社交、网购、外卖、打车等非传统数据来预测用户违约的可能性，效果比较不错。

简单来说，用大数据进行信用风险评估是可行的。典型的两家新型互联网银行——网商银行和微众银行，都是利用大数据信用风险评估来进行放款决策的，且平均贷款不良率低于传统银行的同类贷款。传统银行主要面向大型客户放款，小客户的贷款不良率一般较高。而大数据风险控制的好处，一是可以控制贷款不良率，证明决策的有效性；二是可以帮助在传统银行很难借到钱的中小微企业和个人获得银行服务，助力实现普惠金融。更为重要的是，大数据风险控制不仅可以解决传统金融机构无法为小客户提供服务的问题，还可以控制信用风险，并把借款数据录入中国人民银行征信系统。也就是说，微众银行、网商银行等机构的借款客户，对传统银行来说不再是“信用白户”，而可能获得银行提供的各种服务。

总体来看，大科技信贷一方面可以帮助平台获客、积累数据，另一方面也可以利用大数据分析来进行信用风险评估。这充分说明平台经济对金融体系的改变是革命性的。中国的大科技信贷在全球起步最早。根据国际清算银行的统计数据，目前中国市场的大科技信贷规模位居世界第一。在发展过程中，平台公司创造了很多普惠型贷款产品，尤其是规模很小、期限很短的贷款，这是传统银行无法做到的。当然，这并不是鼓励传统银行沿用这套模式，因为两者的服务对象不同。但大科技信贷的服务对象确实是很重要的普惠金融主体，对我国未来经济的发展至关重要。

四、总结

下面总结本文的三个重要观点。

第一，平台经济是指平台运用数字技术进行运营的经济活动，它带来了“三升三降”的改变，其影响是革命性的，也带来了诸多好处。虽然当前我国正在进行数字平台治理，但目的是去除一些不规范、无序的行为，核心还是支持平台经济实现更好、创新、有序的发展。

第二，金融是经济发展过程中非常重要、不可或缺的一部分。如果金融问题处置不当，将造成非常严重的后果。当前金融发展的最大难题就是信息不对称，它很容易引发系统性风险。因此，金融体系除了要支持资金融通，更重要的一项功能是降低信息不对称的程度，增强交易的可靠性。普惠金融是金融发展过程中面临的重要挑战。由于普惠金融服务的对象较为分散，规模也较小，因此解决他们在金融交易中的信息不对称问题尤为困难。

第三，平台和数字技术解决了金融体系面临的很多难题，特别是普惠金融问题。移动支付、线上投资、大科技信贷和未来的中央银行数字货币，是当前发展较好的热点领域，并且都具有突出的普惠性，未来有很广阔的发展空间。借助平台和数字技术的支持，未来还会有更多新的发展领域，如数字技术支持的财富管理、理财智能投顾平台，以及产业链、物联网、供应链金融等。总体来看，数字金融在借助数字和平台技术解决金融难题的过程中，取得了不少成绩，未来还有很大的发展空间。

数字普惠金融在数字农业发展中的作用

黄 卓 王萍萍[①]

一、引言

近年来，随着互联网、大数据、云计算、区块链、人工智能等新兴前沿技术的发展和应用，以数字技术为核心的数字经济蓬勃发展。在数字经济大发展的推动下，中国将数字技术作为未来农业转型升级的重要抓手，并从宏观政策和制度层面为数字农业的发展提供了顶层支持。中央一号文件是“三农”工作的纲领性文件。从2018年开始，每年的中央一号文件都有关于加强互联网、信息科技等数字技术与农业产业融合发展的内容。例如，2018年的中央一号文件指出要鼓励支持各类市场主体创新发展基于互联网的新型农业产业模式；2019年的中央一号文件提出深入推进“互联网+农业”；2020年的中央一号文件提出加快物联网、大数据、区块链、人工智能、第五代移动通信网络、智慧气象等现代信息技术在农业领域的应用，开展国家数字乡村试点；2021年的中央一号文件提出发展智慧农业，建立农业农村大数

① 黄卓系中国金融四十人论坛（CF40）特邀研究员、北京大学数字金融研究中心副主任、北京大学计算与数字经济研究院副院长；王萍萍系北京大学国家发展研究院博士后。

据体系，推动新一代信息技术与农业生产经营深度融合。2022 年的中央一号文件提出以数字技术赋能乡村公共服务，拓展农业农村大数据应用场景，加快推动数字乡村标准化建设，持续开展数字乡村试点。此外，农业农村部、中央网络安全和信息化委员会办公室（以下简称“中央网信办”）发布的《数字农业农村发展规划（2019—2025 年）》，中央网信办信息化发展局、农业农村部市场与信息化司、国家发展和改革委员会创新和高技术发展司等编写的《数字乡村建设指南 1.0》，从顶层设计上对数字农业的发展给予了大力支持。实现农业产业链数字化的全覆盖已成为全球共识，未来数字农业的发展有巨大空间。

数字农业作为一种新型的农业发展模式，需要数字基础设施的大范围覆盖、数字技术的运营和维护、互联网数据平台的搭建等，而实现这些需要大量的资金投入，离不开金融服务的支持。然而，传统的农村金融服务由于存在信贷成本高、服务效率低、不具普惠性、客户触达范围有限等缺点，已无法满足数字农业发展的融资需求。

随着数字技术的发展和应用，数字普惠金融作为一种崭新的金融业态发展迅速，解决了传统金融发展过程中的很多痛点。2016 年，G20 框架下普惠金融全球合作伙伴发布的白皮书指出，数字普惠金融是指通过使用数字金融服务以促进普惠金融的行动。数字普惠金融可以克服传统金融机构的空间局限性，解决信息不对称问题，降低服务成本，精准便利地触达客户，有效提升金融服务的可得性和包容性。数字普惠金融可以有效解决农村地区的融资难、贷款贵问题。2021 年中央一号文件首次明确提出“发展农村数字普惠金融”，吹响了发展农村数字普惠金融的号角。农村数字普惠金融必将在解决中国“三农”领域融资难问题、缓解数字农业发展的融资约束方面发挥重要作用。

本文基于中国数字农业发展过程中产生大量资金需求，但传统金融服务模式无法很好地满足数字农业发展融资需求的现实，重点围绕数字普惠金融如何解决传统金融领域的痛点、数字普惠金融助力数字农业发展的一些金融创新模式及未来如何更好地发挥数字普惠金融服务数字农业发展等方面，探讨数字普惠金融在数字农业发展中的重要作用。

二、我国数字农业的发展及其融资面临的挑战

（一）我国数字农业的发展

数字农业又称智慧农业、精准农业，是指将数字、信息作为一种生产要素用于农业生产的各个环节。数字农业作为深入贯彻落实《中共中央 国务院关于实施乡村振兴战略的意见》《乡村振兴战略规划（2018—2022 年）》《数字乡村发展战略纲要》以及《数字农业农村发展规划（2019—2025 年）》的重要载体和具体抓手，对于加快农业生产经营的精准化、管理服务的智能化、绿色发展的可持续化具有重要意义。

随着我国农业数字化转型进程的不断推进，我国数字农业的发展取得了一定的进展。首先，政府和社会不断加大农业信息化建设的投入力度，信息化建设取得了较大进展。其次，随着“宽带中国”战略的实施，我国农村地区的互联网普及率大幅提升，越来越多的农民和新型农业经营主体充分利用数字技术开启了农村电商、直播带货等新型农产品销售模式，极大地拓展了农产品销售渠道。最后，越来越多的企业和电商平台涉足数字农业领域，拓展了数字农业的整体布局，如海尔数字农业项目、盒马鲜生、顺丰冷链项目等。

我国数字农业的发展虽然已经取得了一定的进展，但仍处于发展的初级阶段，农业的数字化率还比较低，低于国内其他行业的数

字化水平。据中国信息通信研究院测算①，2021 年我国农业的数字经济渗透率为 9.7%，低于工业的 19.5%和服务业的 37.8%。未来我国数字农业的发展还有很长的路要走。

（二）我国数字农业发展的资金需求

数字农业的技术逻辑起点是通过研发与建立各类农业传感器、遥感设备及市场信息处理平台，开发各种精准的农业模型与系统，利用大数据、云计算、区块链等技术对各类信息进行获取和处理，从而对农业生产经营过程中的各种变化实现全面感知和精准掌握，为农业快速应对环境变化提供数据支撑。与之相对应，中国数字农业发展的资金需求主要体现在以下几方面。

1. 数字基础设施建设

农业的数字化转型需要大量数字基础设施的保障，需要数字化的农业机械设备对农业生产过程进行标准化的管理和动态监测，需要高速、稳定的网络来保障数据的快速传输。然而，目前我国数字农业的基础设施建设严重不足，存在农业传感器的市场普及率比较低、智慧冷链物流体系建设不完善、农村 5G 网络信号覆盖率低等问题。未来在农业的数字化转型进程中，需要大量资金投入以支持数字基础设施的建设和完善。

2. 数字技术的研发和应用

技术是支撑数字农业发展的重要基础，技术的研发和应用更多地要依靠市场和企业的力量，而目前我国农业科技企业和农业数据服务企业大都处于初创阶段，在发展规模、技术研发及应用能力等方面与国外企业还存在一定的差距。例如，在农业智能机器人领域，

---

① 中国信息通信研究院. 全球数字经济新图景（2020 年）——大变局下的可持续发展新动能，2020.

目前采摘机器人在美国的发展已进入大规模商用阶段，而在我国还处于研发阶段。为加快我国数字农业的高质量发展，需要大量的资金投入以支持数字技术的研发和应用。

3. 涉农综合信息服务平台的搭建

涉农综合信息服务平台可以将各地区的农业实用技术、市场信息、动植物生长信息、管理信息进行汇总和综合处理，农业相关企业、新型生产经营主体或农户可以根据平台的数据分析结果对各类资源进行优化配置，达到节约资源、提高农业生产效率和收益的目的。目前，我国涉农综合信息服务平台数量较少，部分已建成的平台还没有充分发挥其服务于农业生产的作用。未来在涉农综合信息服务平台的搭建和系统完善方面需要大量的资金投入。

（三）我国数字农业发展面临的融资挑战

随着我国农业数字化转型进程不断推进，我国数字农业发展面临的问题也不断凸显。其中，融资问题已成为制约数字农业发展的重要因素。我国数字农业发展面临的融资挑战主要表现在如下几个方面。

1. 传统金融服务的信贷供给不足，无法满足数字农业发展的大量融资需求

首先，我国长期存在的城乡二元结构，使得农村地区的金融机构数量相对不足，有的金融机构甚至关闭了县域及以下地区的分支机构，农业、农村领域金融服务的深度和广度不够；其次，与大型金融平台及电商巨头相比，传统金融机构的创新思维和创新能力不足，限制了其为数字农业发展所提供的专项信贷产品和服务的创新。

2. 传统金融机构所提供的信贷服务效率低，无法满足数字农业发展的快速融资需求

农业生产较强的季节性特征对金融机构所提供的融资服务的时

效性提出了更高的要求。目前，传统金融机构所提供的大部分农业贷款存在审批程序烦琐、发放流程复杂的问题，贷款从申请到发放需要耗费大量的时间，整体的信贷服务效率水平较低，当资金下发到贷款人手中时可能已经错过了农业生产的最佳时机，无法满足数字农业生产的快速融资需求。

3. 信息不对称造成了数字农业的经营主体和相关企业的融资困难

相较于传统农业，数字农业对基础设施的投入提出了更高的要求，需要更多的资金投入，信息不对称问题的存在造成了数字农业经营主体和相关企业的融资困难。一方面，由于农村地区的数字农业经营主体缺乏信贷记录和个人征信信息，传统金融机构无法通过其所掌握的历史信息对客户进行信用评价。基于控制风险的考虑，传统金融机构不愿为缺乏征信记录的数字农业经营主体提供信贷融资服务。另一方面，数字农业的经营主体或处于初创期的农业科技企业，往往缺乏抵押物或存在抵押不足的问题，而传统金融机构受原有经营模式的制约，需要依靠主体信用或抵押担保作为是否发放贷款的评判标准，这些因素也造成了数字农业经营主体和相关企业的融资困难。

4. 农业生产的地理区位特点使得数字农业的经营主体和相关企业融资成本偏高

由于农业生产大都位于农村地区，农业信贷客户在地理区位上分布散乱，客户所处地区的交通条件不发达等，增加了传统金融机构对农业融资的管理成本和交易成本。较高的管理成本和交易成本一方面造成了传统金融机构在“三农”领域金融服务的有效供给不足；另一方面增加了数字农业经营主体和相关企业的融资成本，加强了数字农业的融资约束。

三、数字普惠金融解决数字农业融资问题的机制分析

破解农业企业、新型经营主体和农民的融资难、融资贵问题，不断拓宽农业、农村领域的融资渠道，已成为当下发展数字农业的关键。数字普惠金融作为传统金融与信贷信息技术的有机结合，借助物联网、大数据、区块链、云计算等技术在金融领域的应用，使得其既具有传统金融的特征，又可以通过数据、创新、场景来弥补传统金融服务在农业、农村领域的短板，充分发挥低成本、高效率、普惠性等优势，解决数字农业领域融资难、融资贵、效率低下等问题。数字普惠金融已成为破除数字农业融资瓶颈的“利器”。数字普惠金融主要通过四种机制来解决数字农业发展中的融资问题，如图 1 所示。

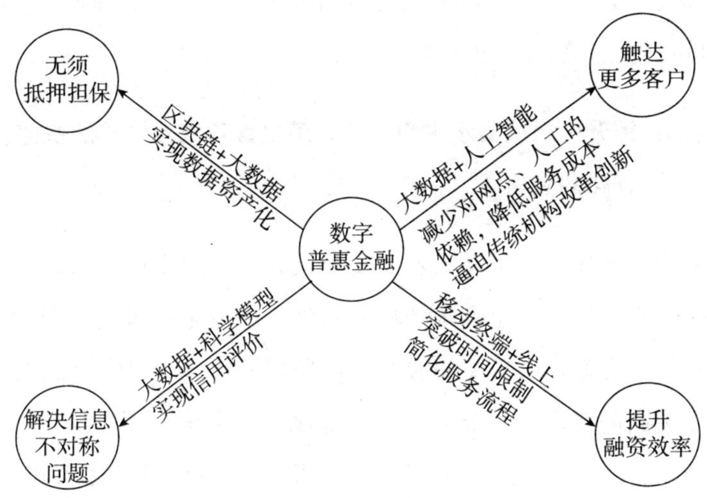

图 1 数字普惠金融解决数字农业融资问题的机制

（一）降低服务成本，触达更多农业、农村客户

数字普惠金融依托人工智能、互联网、大数据等技术，使得其

所提供的金融服务可以摆脱人工和物理网点的束缚，在降低服务成本、提高收益的同时，也促进了传统金融机构的创新，增加了普惠金融服务的供给，让原来无法被传统金融机构覆盖的客户享受金融服务成为可能。具体来说，第一，基于网络、移动通信等技术的广泛应用和发展，以及移动展业设备的大范围应用，金融服务不再过度依赖物理网点的建设，绝大部分金融业务可以实现线上操作，数字普惠金融使金融服务具有更强的地理穿透性，在降低服务成本的同时也触达了原来无法被传统金融机构覆盖的客户。第二，数字普惠金融借助人工智能技术减少了对人员投入的依赖，原来一名员工只能服务一名客户的格局被打破；基于人工智能的客服机器人的应用，可以实现在无人工干预的情况下处理跨渠道的多个任务，大大节约了服务成本。第三，数字技术在传统金融领域的应用和发展，使普惠金融的成本不断下降，利润不断增加，这也激发了传统金融机构的改革和创新，不断推进应用金融科技提供数字普惠金融服务的变革，增强了金融服务的可获得性，触达了更多客户。

（二）提升金融服务水平和效率，满足数字农业发展的快速、多样化融资需求

数字农业作为一种新型农业发展模式，对资金的需求，一方面具有传统农业生产资金需求的原有特性，如资金需求的周期性、时效性；另一方面，由于新的农业生产场景的出现，对资金的需求也提出了更高的要求，如资金需求的多样化、多场景、多维度。数字普惠金融依托互联网、云计算、大数据、移动终端等技术和设备，不仅可以及时捕捉各种场景的金融服务需求并不断进行产品创新，而且克服了传统金融服务效率低、服务体验差、可选产品单一的缺陷，大大提高了金融服务的效率和水平，满足了数字农业发展的快速、多样化融资需求。具体来说，首先，数字普惠金融借助数字技

术可以有效改善传统金融体系下程序化、分散化的金融服务流程，通过数字技术大大缩短各个环节的金融服务时间，简化金融服务流程，从而有效提升金融服务效率，满足数字农业发展的快速融资需求。其次，借助数字技术，数字普惠金融实现了各种产品和服务场景的创新，让新型农业经营主体及中小微农业科技企业主在足不出户的情况下可以快速获得贷款，既提升了客户体验，也满足了数字农业发展更加多样化的融资需求。

（三）解决信息不对称问题，改善数字农业的融资难困境

中国目前大部分相对富裕的城镇居民已经享受了金融和信息服务，具备了一定的征信记录。而征信空白群体主要来自农村。尽管大部分的农村居民没有征信记录，但日常的电商平台交易记录、支付宝的使用记录等，都实时提供了信用记录，均可积累信用。数字普惠金融通过对大量历史积累数据的分析，并通过模型加以计算，科学预测出原有征信空白群体的信用情况，由此解决了由于信息不对称而造成的信用评级难问题，改善了数字农业的融资难困境。具体来说，首先，依托大数据、云计算等数字技术，数字普惠金融通过对农业龙头企业及其合作农户的生产、订单等数据的抓取和分析，基于一定的科学模型对客户的信用情况进行评价；其次，基于大数据、云计算、AI 等技术，通过对互联网平台上农户的购买记录、小额借贷记录等海量信息的抓取和有效整合，可以获得新型农业经营主体及中小微农业科技企业主精确的画像，缓解传统金融机构与客户之间的信息不对称问题，改善数字农业的融资难困境。

（四）基于区块链、大数据技术，解决无抵押问题

没有抵押物、缺乏担保人是造成农业领域贷款难的重要因素。数字普惠金融基于区块链技术和大数据技术搭建的数字农业金融服

务大数据模型，改变了信息的可获得性、成本和效率，通过对数字农业上下游企业和农户在各个领域积累的大数据的有效整合和交叉验证，实现数据的资产化，让数字农业的上下游企业和农户实现真正的无抵押担保贷款。具体来说，首先，对于与涉农服务企业有合作关系的农户，根据涉农服务企业多年来积累的海量农户生产、交易数据，通过构建科学模型对农户未来的生产情况做预测，预测农户未来现金流的形成过程。在此基础上，利用区块链技术穿透数字农业上下游企业和农户未来现金流的形成过程，并对其经营数据进行交叉验证，为金融机构创造高质量的动态数字农业资产池，实现数据的资产化，解决无抵押问题。其次，对于与涉农服务企业无合作关系的农户，依托其日常的手机支付记录、在互联网平台的消费记录、在线缴费记录等信息，依据一定的模型对其信用进行评估，以评估的信用作为担保，解决无抵押问题。

除了缓解数字农业融资难问题，数字普惠金融还能鼓励农户创业和数字农业创新活动。数字普惠金融依托信息、大数据、云计算等创新技术，创新性地推出了移动支付、网络信贷等金融服务方式，使金融服务的可得性和便利性得到大幅改善，有效减轻了金融的约束力，为原先被传统金融排除在外的群体创造了更加平等的创业机会，鼓励了农户创业。此外，数字普惠金融、互联网的发展促进了数字农业的创新活动，农村电商、直播带货等新型农产品销售模式不断涌现。

四、数字普惠金融支持数字农业发展的创新模式

根据数字普惠金融解决数字农业融资约束问题的主导机构和服务范围的不同，可将数字普惠金融支持数字农业发展的创新模式分

为 3 种：基于电商平台的供应链模式、基于农业龙头企业的产业链模式和基于大型金融科技平台的综合模式。

(一) 基于电商平台的供应链模式

1. 模式简介

基于电商平台的供应链模式，是指电商平台依托其所积累的大量涉农供应商资源、海量的客户交易记录及发达的物流网络，将交易过程中的信息转化为数据，依托大数据、云计算、数学建模等方式对这些数据进行计算分析，预测客户的信用情况，然后根据计算得到的信用评级结果为其提供相应的金融服务。电商平台所具有的开放、共享、服务无边界特性，使其相较于传统金融机构更能触达农村客户，可以为数字农业的发展提供更加高效、便捷、低成本的普惠金融服务，解决数字农业发展过程中的融资约束问题。随着数字农业的发展和电商平台的不断发展壮大，电商平台依托其渠道优势和在大数据、品牌营销等相关领域的强大服务能力，将为中国农业的数字化生产、农产品线上精准化销售提供强有力的支撑。基于电商平台供应链模式的典型代表有京东、苏宁等。

2. 京东京农贷案例分析

京东金融于 2013 年 10 月脱离京东集团开始独立运营，并于 2015 年开始布局农村金融市场。2015 年 10 月，京东金融首先在山东和四川进行试点，分别推出了针对种植业农资购买和销售环节信贷服务的“先锋京农贷”和“仁寿京农贷”，主要利用京东电商平台与农业龙头企业、大型农业经营主体建立的供应链，通过稳定的订单关系，为与京东合作的大型农业经营主体或与农业龙头企业合作的农户提供贷款，待农产品通过京东平台销售后再偿还贷款。目前，京农贷的范围已覆盖包括黑龙江、新疆、内蒙古、河南等在内的多个地区，有效缓解了农户生产过程中的融资约束问题。除种植领域外，京农贷产品还覆盖了生猪养殖、蛋鸡养殖、奶牛养殖和肉禽养殖等领域，并在“先锋京农贷”和“仁寿京农贷”的基础上新增了包含保险服务的“养殖贷”，进一步控制了信贷风险。下面以“仁寿京农贷”为例，具体说明京东金融和与京东特产馆签约的福仁缘展开的供应链金融模式。

福仁缘是中国枇杷产品重要的供应商之一，是四川农业产业化经营的重点企业，其经营模式主要采用“公司＋农户”的订单模式。福仁缘会提前制定统一的生产标准并与种植户签订收购协议，待枇杷成熟后，由福仁缘进行统一收购。由于购买生产资料、扩大生产规模等原因，枇杷种植户在生产过程中会产生一些融资需求，有融资需求的种植户可向与福仁缘合作的京东金融在线申请贷款，京东金融将与福仁缘合作的种植户所积累的生产规模、个人信用等历史数据代入一定的模型，来确定贷款种植户的授信额度并向其发放贷款。待枇杷成熟后，由福仁缘进行统一收购并在京东平台进行销售，枇杷销售款会首先用于偿还京东金融的贷款，剩下部分则发放给种植户。“仁寿京农贷”的具体运行机制如图 2 所示。

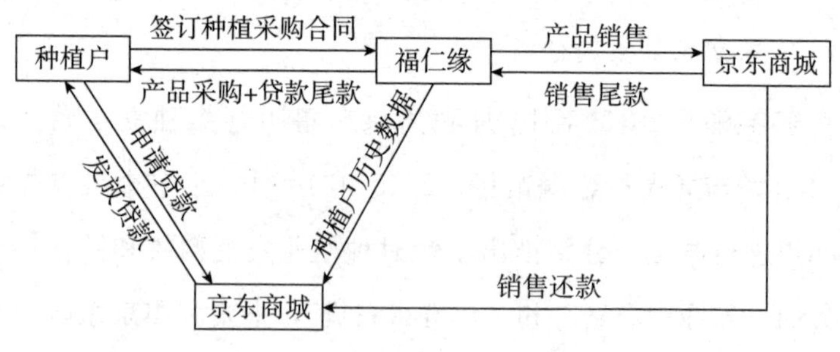

图 2 “仁寿京农贷”的运行机制

相较于传统的农业供应链融资模式，“仁寿京农贷”的优势主要体现在两个方面：一是通过对农业生产的历史数据进行建模分析，根据模型测算结果获得贷款者的信用等级，解决因无信用记录而导致的融资难问题；二是所有操作均为线上申请和审批，无须线下进行，在减少审批流程、降低交易成本的同时，提高了融资效率，满足了农业生产及时的资金需求。

（二）基于农业龙头企业的产业链模式

1. 模式简介

基于农业龙头企业的产业链模式，主要是指金融机构依托处于农业产业链关键环节的龙头企业，利用其在农业产业中的市场势力和基于互联网平台建立的农业综合服务生态圈，根据农业综合服务生态圈中各产业链上的融资需求，为农业上下游企业提供信贷、支付等金融服务。此外，在这个过程中，金融机构还会不断开发新的金融产品，更好地满足处于产业链不同环节的企业的信贷需求，从而为整个产业链上的所有企业提供综合解决方案。农业龙头企业拥有大量上下游企业、农户的数据信息，金融机构借助数字技术对这些数据进行挖掘，一方面可以解决由于缺乏抵押物、无信用信息等问题而导致的融资难问题；另一方面，通过对上下游产业资金的有效供给，可以提升整个农业产业链的生产效率。基于农业龙头企业的产业链模式的典型代表有正邦集团和大北农集团。下文以大北农集团为例进行分析。

2. 大北农集团案例分析

大北农集团成立于1993年，是一家致力于以科技创新推动我国现代农业发展的高科技农业龙头企业，其产业涵盖饲料动保科技产业、养猪科技产业、作物科技产业、农业互联网等多个领域。随着信息技术的发展，大北农集团开始布局“互联网＋农业”领域，并于2015年成立了北京农信互联科技集团有限公司（以下简称“农信互联”），构建农业数字金融生态圈，打造“数据＋电商＋金融”的业务平台。其中，数据业务以农信云平台为基础，电商业务以农信商城为基础，金融业务以农信金融为基础，农信货联为某些环节提供相应的物流支持。农信金融平台依托农信云平台的数据分析为农户、上下游企业提供融资服务；农信商城、农信互联猪交所和农信货联则负责相应产品的销售和运输。此外，大北农集团还打造了“智慧大北农”项目，将智慧养猪与智慧金融融为一体，实现了包含饲料、农资采购、生产管理、产品销售、金融服务在内的全产业链综合服务。下面以农信互联的猪联网为例，具体说明大北农集团基于其金融平台为生猪养殖的上下游企业和农户所开展的产业链金融服务模式，具体运行机制如图 3 所示。

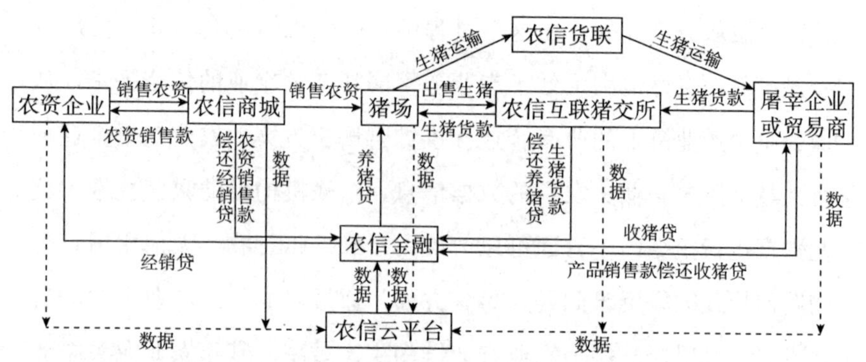

图 3　农信互联运行机制

大北农集团主要采用“集团＋猪场”的模式进行生猪生产，其中每个猪场都可以看作一个独立的农业经营主体或小型农业企业。猪场在进行生猪养殖的过程中，需要从其上游的农贸企业购买饲料，当生猪成熟出栏后，则需要将其卖给屠宰企业或贸易商。因此，整个生猪产业链可以看作由农贸企业、猪场、屠宰企业或贸易商构成。对饲料企业、猪场、屠宰企业或贸易商而言，其生产经营或规模扩张都需要资金。农信金融通过农信云平台积累的历史数据对上下游企业进行信用评级，根据评级标准为其发放贷款。农贸企业获得贷款进行生产后将其产品通过农信商城进行销售，销售款首先用于偿还农信金融的经销贷。猪场在获得贷款后通过农信商城购买指定的生产资料，待生猪出栏后通过农信互联猪交所线上与屠宰企业或贸易商达成交易意向，然后通过农信货联运送生猪完成交易，猪场获得货款后首先用于偿还农信金融的养猪贷。屠宰企业或贸易商获得贷款后，购买猪场的生猪进行屠宰、加工、销售，获得销售款后偿还农信金融的收猪贷。在整个生产、交易过程中，农信商城、农信互联猪交所积累数据，再传输给农信云平台，为后续进行的金融服务提供进一步的数据支撑。这种基于产业链的融资模式不仅解决了产业链各个环节的信贷需求问题，提高了融资效率，而且通过数据的有效积累，可以提高金融机构模型预测的准确度和风险控制能力。

（三）基于大型金融科技平台的综合模式

1. 模式简介

基于大型金融科技平台的综合模式，是指依托大型金融科技平台所具有的数据优势、技术优势、资金优势、渠道优势和客户优势，为数字农业发展提供全方位、分层次的金融服务模式，典型代表是蚂蚁集团。蚂蚁集团不仅提供基于供应链的数字普惠金融服务，还提供基于产业链的数字普惠金融服务，此外还针对不同客户群体、不同生产场景，为数字农业发展提供全场景、分层次的金融服务支持。

2. 蚂蚁集团案例分析

蚂蚁集团于 2016 年年初成立农村金融事业部并发布“谷雨计划”，旨在为农业农村相关用户提供金融服务。蚂蚁集团依托阿里生态圈中的农村淘宝、天猫、阿里巴巴、菜鸟物流、阿里云、网商银行等力量，从生产端到销售端，从农户到企业，为其提供分层、综合的数字金融服务。

针对农村小微用户的养殖贷款和经营性贷款，蚂蚁集团主要通过网商银行的“旺农贷”为其提供服务。旺农贷于 2016 年在支付宝上线，有贷款需求的农户在线填写土地、房屋等资产信息和个人信息后，网商银行结合农户在淘宝、支付宝平台和农信所积累的相关数据分析结果，最终会为农户提供最高金额不超过 50 万元的无抵押、无担保的小额贷款。

针对中型种养殖户、生产经营农户、农村小微企业的贷款，蚂蚁集团主要采取“线上+线下”的“熟人模式”。蚂蚁集团依托农村淘宝合伙人和中和农信所积累的社会人际关系、历史购买、贷款、交易等数据，为这些“熟人”进行信用评估并提供相应的金融服务。

针对以大型农业龙头企业为核心、位于其产业链和供应链上的农户与企业，蚂蚁集团主要采用“供应链+产业链”的金融服务模式。一方面，蚂蚁集团通过与农业龙头企业合作，对农户生产经营、收入等相关信息进行把控和信用评价；另一方面，蚂蚁集团以账户形式对农户授信，农户可将账户上的钱用于购买农资农具进行农业生产，依托淘宝、盒马、天猫、考拉、支付宝、饿了么等网络渠道进行销售，借助覆盖跨境、快递、仓配、农村、末端配送的菜鸟网络进行产品运输，待农产品售出后，货款先用于偿还贷款，余款再分发给农户。这种模式不仅解决了整个农业生产过程中的融资难问题，而且解决了农产品销售难的问题。蚂蚁集团还通过与中华保险合作，为农户的生产过程进行投保，进一步降低信贷风险。

此外，蚂蚁集团还依托金融科技，针对普通农民、小种养殖户和返乡创业的大学生，采取数字化金融平台模式，与蚂蚁借呗、花呗对接，为其提供小额信贷服务。

五、政策建议

2021 年的中央一号文件首次提出大力发展农村数字普惠金融，

鼓励开发专属金融产品支持新型农业经营主体和农村新产业、新业态的发展。这充分体现了国家对发展农村数字普惠金融和数字普惠金融服务数字农业发展的重视。但数字普惠金融的发展也面临很多现实挑战，如基础设施建设滞后、数字化人才缺乏、数字化风险难以控制、缺乏发展的生态环境等。为了进一步优化农村数字普惠金融的发展，进一步夯实数字普惠金融在促进数字农业发展中的作用，本文提出以下政策建议。

（一）加强农村地区数字基础设施建设

完善的数字基础设施是保障数字普惠金融解决农业、农村、农民融资困境的关键，是保障数字普惠金融快速发展的前提。为此，一方面，要不断完善农村地区信息基础设施的建设、改造和升级，不断提升农村地区的网络覆盖率和网络传输速度；另一方面，要逐步推进农村地区 5G 基站的规划、建设，积极探索运用 5G 技术推动数字普惠金融在农业各个场景中的应用。

（二）加强数字人才的培养和引进

农村地区由于经济、交通不发达等原因，其高科技人才相对缺乏，数字技术领域的人才则更加缺乏。一方面要加大对现有人才的培养力度，通过定期培训、与高校等科研机构合作培养的方式，不断提升现有人才的知识储备和数字技术的运用能力；另一方面要加强对数字技术人才的引进，通过设立富有竞争力的薪酬机制、完善的社会公共服务体系，吸引数字人才在农村地区扎根落户，并解决其后顾之忧。

（三）加强数字风控体系的建设

相较于其他产业，农业生产由于受自然环境的影响较大，承受的风险水平较高，再加上农户普遍缺乏抵押品的现实，使得农村地区的金融风险管控压力较大。金融机构一方面要通过大数据、云计算等技术构建实时的风控监测系统，及时发现可能出现的风险并对其进行处理；另一方面要采用穿透式监管的方式，将贷款主体的生产、销售等环节穿透连接起来，实现对资金在生产、流通过程中的全流程监管。

（四）提升农村居民的金融素养

学术界和实业界都意识到了提升农村居民金融素养的重要性，为此需要各界的共同努力。对政府管理部门而言，应通过开展多种形式的大型公益活动来增强农村居民的金融素养；对农村基层组织而言，应定期开展金融专家讲座活动，组织农村居民统一学习金融知识；对金融机构而言，应在向农村居民介绍金融产品的过程中穿插一定金融知识的讲解，让农村居民在了解金融产品的过程中学习金融知识。

（五）构建数字普惠金融发展的生态环境

只有为数字普惠金融的发展营造一个良好的生态环境，才能保证数字普惠金融的健康、快速发展，才能发挥数字普惠金融服务于数字农业发展的作用。一方面，需要金融机构的数字化转型、金融产品的不断创新、金融服务场景的不断探索，构建多层次的数字普惠金融服务体系；另一方面，需要政府加强对数字普惠金融的相关立法、行业标准、监管政策的制定，为数字普惠金融创造一个良好的发展环境。

（本文刊发于《农业经济问题》2022 年第 5 期。）

创新结算模式，促进金融科技的颠覆性应用

刘晓春[①]

金融创新需要创新的是金融工具、金融产品和金融服务方式，因此，金融创新需要符合金融逻辑和金融规律。技术只是帮助实现金融功能，并因而展示技术的效用。

科技在金融领域的应用是广泛的、多层次的、多面向的，因此而产生的创新也是丰富多彩的。但总体而言，金融科技应用的创新，大多还停留在操作层面，金融业务本身的创新并不是很多。

一、金融机构应用金融科技的四类创新

（一）以计算机技术为基础的金融科技

科技在金融领域的应用最初都是人工替代型的，如服务于账户体系、核算体系的核心系统等。技术的应用代替了人工，带来了部分操作流程的创新，提高了金融机构的运行效率。然而，操作流程的创新不等于业务模式的创新，账户体系只是改变了账户载体、储

① 作者系上海新金融研究院（SFI）副院长。

存方式等，账本由纸质变为电子形式，储存由实物变为电子形式，记账与核算由人工操作改为计算机操作，但记账规则和核算规则一点都没有变，各类业务的会计分录一个也没有少。

（二）业务渠道创新型的应用

最初的网上银行业务、网上股票交易业务、第三方支付、网上保险销售、网上理财产品销售、各类网上缴费业务等，除了业务办理渠道改变，并因此而带来了操作方式的改变，金融业务本身并没有改变。

投资人通过互联网进行股票交易，这样的创新提高了股票交易的效率，降低了交易成本，加快了股票交易的交割清算速度，对股票市场的发展是有重大作用的，但并没有改变股票交易的模式，股票市场也并没有因此比“红马甲经纪人”的股票市场更先进。股权分置、客户资金账户第三方存管、注册制、股指期货等虽然与科技无关，但却是真正的金融业务和模式创新。

第三方支付的横空出世促进了我国网络经济的蓬勃发展，引领了世界潮流，毫无疑问是伟大的创新。就创新的领域而言，第三方支付是服务渠道、业务渠道的创新，不是业务模式的创新。就业务而言，第三方支付就是账户清算，这项业务银行在做，集团企业财务部门为集团内各企业做结算用的也是这套体系和记账规则、核算原则。第三方支付的成功说明金融科技创新需要面对真实有效的市场需求，包括现实需求和潜在需求。

（三）管理分析类创新

这类创新，除了人工替代、渠道创新，还有一定的操作方式创新，如智能风控、量化交易、高频交易、各种自动撮合交易方式等。细究其业务底层，并没有业务模式创新，也没有金融工具创新。

（四）全面的创新

全面的创新既有人工替代操作流程的创新，也有业务渠道的创新，还有管理分析的创新，更有业务模式的创新。这类业务模式创新，如果没有现代金融科技的发展，是不太可能成为现实的。例如，中国人民银行的大额支付系统、小额支付系统、银联清算系统等，不仅节省了所有银行在联行清算方面的人员投入，也改变了联行清算渠道，提高了监管及银行自身在联行清算方面的分析管理能力，更是改变了传统银行间资金往来的联行清算模式。

回顾金融科技发展的历程，可以看到：首先，金融科技的应用主要是人工替代，从而在操作流程、业务渠道、管理分析领域实现了巨大的创新。其次，成功的金融科技创新往往都是对市场真实有效需求的响应，既包括现实需求，也包括潜在需求。类似 P2P、现金贷等，虽然需求很大，但不是有效需求，而是没有还款能力的贷款需求。这些需求不仅不是现实的有效需求，也不是潜在的有效需求，是人类文明史诞生以来就一直存在的无效需求。最后，从业务实现角度而言，金融科技创新主要实现的是支付结算功能，即使是交易业务、信贷业务，金融科技在其中实现的主要也是交割清算、资金触达功能。当然，方便查询、统计分析、客户体验等，都是金融科技创新实现的功能，但对于金融业务本身，主要是提供了快捷、方便、全新渠道的支付结算。

当下，数字经济蓬勃发展，金融科技的广泛应用已是必然趋势。明确金融科技在不同应用中的创新内容是很有必要的，有利于使今后的创新更具针对性。

二、在市场和社会层面研究金融科技的突破性应用

金融科技应用创新，除了需要各类金融机构在不同领域研究金融科技的应用，更需要在整个市场和社会层面研究金融科技的突破性应用。打破信息孤岛，利用多种信息，通过大数据、人工智能等技术提供信用评估等，就是很好的案例。

目前，经济发展中一个非常突出的问题是杠杆率过高。无论是总的杠杆率，还是企业、居民的杠杆率，都非常高。就企业而言，在高杠杆率的同时还面临资金链紧绷的问题，民营企业、小微企业这方面的问题往往更加严重。社会上一般把这个现象归结为“融资难”。笔者认为这个结论下得太简单。实际上，企业的应收账款量非常庞大。根据国家统计局的数据，到 2022 年年底，我国规模以上工业企业应收账款总额达 21.7 万亿元。根据中国人民银行的数据，到 2022 年年底，我国社会融资规模存量为 344.2 万亿元。一些大企业拖欠了大量过长账期的应付款，而且不愿意确权为被拖欠企业提供应收款融资方便。但是，企业即使能获得应收款融资，也只会进一步提高杠杆率，增加负债成本，并不能实质性地解决资金链紧绷的问题。更何况这类融资从全社会的角度来看属于无效融资，还有形成系统性金融风险的隐患。如果能有效减少这类不正常的应付款或应收款，就可以降低社会和企业的杠杆率，在一定程度上解决企业资金链紧绷的问题，释放被无效占用的信贷资源，消除部分系统性金融风险隐患。

应收款的结算是收付双方共同进行的。如遇到付款方支付困难或恶意拖欠的情形，收款方只能诉诸法律。对中小企业来说，时间成本和诉讼成本都是难以承担的，即使胜诉，资金也不一定能及时

收回。更为重要的是，很多中小企业应收款的债务人一般都是企业的主要销售对象，是大客户。为了维护大客户，很多中小企业只能忍受它们的恶意拖欠行为。一些大企业甚至在挤压中小企业资金流动性的同时，还开办财务公司、小贷公司或保理公司，给这些中小企业提供以自己的应付款为保证的融资业务。表面上，这解决了中小企业的资金流动性问题，实际上抬高了中小企业的杠杆率，增加了中小企业的融资成本和经营风险。前些年，一些中小企业主发出了废除商业汇票的呼吁，虽然不专业，但也反映了他们因资金被严重拖欠的无奈与烦躁。国务院出台的《保障中小企业款项支付条例》的执行效果如何，有必要进行全面复盘。

中小企业受应收款问题的困扰，大型企业之间相互拖欠货款的问题也并不少见。保理公司买断应收款业务，可以帮助企业应收款变现，在提供融资的同时，不提升企业的杠杆率。但保理公司业务还是基于债务人的信用，所以对于恶意拖欠，保理公司也爱莫能助。

企业之间相互拖欠货款，一定程度上重现了 20 世纪 90 年代的“三角债”现象。但不同的是，当年“三角债”的主体主要是国有企业，法律关系简单，企业数量相对有限，处理“三角债”可以实行行政主导。而现在有各种企业所有制，法律关系复杂，用一笔启动资金，在行政主导下，一笔一笔串联式地清理，即使没有风险，也很难保证在短时间内完成；更何况旧的欠款没清理完成，新的又会产生。

三、建立应收款社会化净额清算平台，消除不合理应收款

（一）建立应收款社会化净额清算平台

消除不合理应收款，是当前经济金融领域的重大需求之一。一

方面，需制定有关准时付款的法律，约束企业在交易中的付款行为；另一方面，需利用新兴金融科技创新支付结算方式，有效实现应收款的按期清收，这需要支付渠道的创新，更需要结算业务模式的创新。

为此，可以考虑建立应收款社会化净额清算平台。

首先，由原来收付双方之间（企业之间）的支付结算，改为由平台进行社会化清算。在现有模式下，虽然有银行作为中介进行结算，但银行只是依据双方的指令办理业务，没有委托不能主动为企业提供清算服务。在新模式下，由于金融科技的应用，企业在签订交易合同后，可以将交易合同和各自的应收应付金额与协议接入平台，生成智能合约。当应收应付到期后，各项条件符合，平台自动进行清算。

其次，由对应企业的应收应付款逐笔结算改为由平台对所有企业的应收应付款进行逐笔销账、净额清算。这个模式的原理与现在大额支付系统、银联清算系统等类似，不同的是，大额支付系统面对的是银行机构，银联清算系统面对的是银行机构和商户，而本平台则面对所有企业进行直接清算。在这样的清算模式下，一家企业每天的应收应付资金的进出，只需要轧差后按净额收或付，而不需要对每笔应付款进行支付、对每笔应收款收取资金。

（二）应收款社会化净额清算平台的优点

应收款社会化净额清算平台具有以下优点：

第一，确保企业应收款、应付款入账，真实反映企业资产负债状况。由于利用金融科技，企业账户的相关内容必须与平台系统对接，没有入账的应收款、应付款无法上平台。同时，上平台的应收款、应付款必须使对应的交易合同也上平台，以确定应收款和应付款之间的对应关系。这可以消除一些企业利用应收款科目和应付款科目进行财务造假的行为。

第二，因为应用智能合约等技术，不需要企业发出指令，平台即可自动执行应收应付结算合约，杜绝了付款企业恶意拖欠的可能性；而收款企业在及时收到应收款的同时，也节省了追讨应收款方面的管理成本。

第三，实际上将应收款、应付款纳入企业征信范围。通常情况下，企业贷款、债券等债务只有违约才会成为公开的失信行为，市场关注的往往就是这类债务违约行为。对企业应付款的恶意拖欠和违约，只要没有形成法律风险，市场一般很少关注。

第四，因为是净额清算，可以大量减少资金的往返划拨，节省大量的社会运行成本。同时，对具体企业而言，可以根据自身应收应付款情况准备备用金，而不需要为每笔应付款准备资金，从而提高企业资金的使用效率，降低财务成本。

第五，可以制定具有可执行性的制度办法，约束企业的交易行为。例如，对于不合理的应付款占比和不合理的应付款账期，需要相关法律和规章制度的配套。可以为企业应付款占比确定最高标准，一旦达到最高标准，平台就自动拒绝新应付款交易的生成。对应付款账期，也可以做出相应的规定。再如，对于企业没有备足结算准备金的行为，根据具体情节给予不同程度的处罚，直至暂停平台服务。这将影响企业一定时间内的经营，甚至影响企业的生存。此外，还应该将企业应收应付行为公开化，让企业在这方面的信用暴露在阳光下。只要平台运行良好，企业在平台上的信用表现就会成为影响其市场接受度的重要指标。

第六，这一创新将大大减少全社会应收款总量，降低社会和企业杠杆率，加快社会资金流通速度，减少信贷资源的无效占用，同时减少因应收款相互拖欠造成的资金链断裂风险。现在有各种以应收款做质押的融资尝试，虽然缓解了资金链紧张的问题，但提高了企业和社会的杠杆率，这与票据贴现融资和保理融资不同。商业汇票实际上就是应付款的票据化，区别是票据可以作为支付手段流通，票据贴现是债权的转移，融资并不增加社会的债权债务，不会提升杠杆率。保理是买断债务，同样不增加社会的债权债务，不会提升杠杆率。应收款质押融资，不是债权的转移，是在原有债权债务的基础上增加债权债务，因而会提升社会和企业的杠杆率。

应收款社会化净额清算平台必须接入企业、银行的系统，由于涉及交易信息和资金信息的传输、资金往来的轧差清算等复杂程序，需要建设专门的公共服务平台。可以考虑新建机构提供服务，也可以考虑由现有机构，如票据交易所、银联等机构承担这项功能。

应收款社会化净额清算平台不是融资平台，是应收款的高效清算平台，在提高资金流通速度的同时，并不会增加企业和社会的债务总量，既是金融科技应用的创新，更是支付结算业务模式的颠覆式创新。这一创新，不仅会改变应收款的清算，也会影响票据等一系列企业间的支付结算行为和模式。由于支付结算牵涉面广，平台需要接入所有企业和银行，需要多种技术共同发挥作用，因此，该平台在金融科技应用创新方面也将是颠覆性的。

第二章

金融业数字化转型升级

金融机构数字发展新格局

黄益平[①]

近年来，数字经济的发展突飞猛进，日益成为经济增长的重要驱动力。习近平总书记多次强调，“要构建以数据为关键要素的数字经济”“做大做强数字经济，拓展经济发展新空间”。

我们首先需要厘清金融机构、金融中介、数字技术的内涵。金融机构一般是指从事金融业务的相关金融中介机构，包括银行、证券公司、保险公司、信托投资公司和基金管理公司等。目前，我国的金融机构以银行为主。金融中介的实质是资金融通，实现期限、规模、风险的转换，其面临的最大挑战是信息不对称。数字技术一般是指对数字进行运算、加工、存储、传送、传播、还原的技术，金融领域运用最为广泛的数字技术是大科技平台、大数据、人工智能和云计算。

一、关于金融机构数字发展新格局的三个核心观点

第一，过去 10 年，数字技术与金融业务的融合速度加快，由此

---

① 作者系中国金融四十人论坛（CF40）学术委员会主席、北京大学国家发展研究院副院长、北京大学数字金融研究中心主任。

催生了许多革命性的改变，一些金融领域的基础性特征发生了改变：一是过去金融业务高度依赖财务数据和线下渠道的模式正在发生改变；二是过去大多数经济活动有边际成本递增的特点，交易规模越大，成本上升越快，现在这种特点也在弱化；三是传统金融行业存在普惠性不足的特点，现在数字技术和金融业务的融合让金融的普惠性逐渐增强。

第二，金融机构应主动拥抱数字技术，贴近零售、贸易与制造等产业，改善获客、风险控制、产品设计、业务流程，提升用户体验和经营效率。数字技术主要用于降低金融活动中的信息不对称程度，其核心在于，数字技术是金融业务贴近产业或场景的手段。以往银行风控业务依靠的是过去的数据和信息，如今可以利用数字技术更加贴近借款客户，在应用场景中实时监控风险，这在过去是很难做到的。

第三，金融风险的形态也将发生改变，这既可能削弱一些不稳定机制，又可能放大风险传播的速度与广度。由此，需要推广“监管沙盒”及其他监管科技与做法。

二、金融发展的过程是科技与金融相结合的过程

1980—2000 年，我国商业银行业务由手工记账向电子自动化转变，实现了跨区域的通存通兑。在这个过程中，金融服务效率得到极大提升，交易的安全性和可靠性也得到了改善。

2000—2013 年，互联网大幅发展之后，金融机构的网络化转变实现了业务网上审批、资金异地实时汇转，推进了金融机构资金清算、风险控制和内部管理效率的大幅提升。

这里讨论的数字金融或数字技术对金融业的影响，发生于 2013

年以后，得益于第四次工业革命成果——大数据、人工智能、云计算等数字技术的快速发展，这些数字技术与金融业务开始深度融合，推动着金融机构服务向场景化转变。

我们所讨论的数字金融，在国外较多地被称为金融科技。笔者认为，金融科技给人的感觉更多是一些科技公司所提供的金融解决方案或金融服务。实际上，近些年我们感受到的大多是新型科技公司在从事金融业务。

三、中国数字金融全球领先，即将迎来 2.0 时代

在 2022 年全球金融科技 100 强企业中，中国公司有 14 家；位列前 12 名的企业中，中国公司有 4 家。由此可见，在金融科技公司和独角兽公司的数量上，在金融业务的城市影响力上，以及在移动支付、互联网银行及大科技公司全方位的金融服务水平上，中国都是引领全球的。

中国金融科技公司相对领先的一个重要原因在于，传统金融领域供给不足的矛盾相对突出，尤其是在普惠金融方面，现在很多能享受支付、贷款、保险、投资服务的企业和个人，其实在过去都难以被金融服务触及。因此，传统金融服务供给不足的情况客观地为我国数字金融快速发展提供了一个很好的条件。

一般认为，中国数字金融发展起步于 2004 年，但 2013 年才是大发展的元年。值得注意的是，迄今为止中国的数字金融创新更多是由新型数字金融机构推动的。笔者认为，这一现状在未来会发生变化，这与中国金融监管框架发生调整及数字金融业务趋于成熟相关。

未来会有一些新的发展趋势，数字金融即将迎来 2.0 时代。

从发展模式上看，传统金融机构可能会成为数字金融的主力军，甚至出现科技公司为金融交易提供技术解决方案、金融机构使用数字技术改善金融服务效率的格局，这也是金融主体分工模式的改变。近些年，京东、蚂蚁集团陆续更名去金融化，因为它们最擅长的就是提供科技解决方案，这些变化实际上反映的就是这一趋势。

从业务领域看，数字金融将从目前的移动支付、互联网贷款和数字保险等扩展到智能投顾与中央银行数字货币等新领域。下一步，我们需要重点研究这一趋势和影响。

四、金融机构正在积极推进自身数字化转型

传统金融机构正在主动利用数字技术，在服务范式、渠道创新、科技赋能和生态构建等方面实现数字化、智能化转型。具体来看，主要有四个方面。

（一）数字技术推动金融机构商业模式转型

从各类金融机构的数字技术投入、数字化转型程度看，银行位列第一，之后依次是保险、证券、基金。

银行的数字化转型主要体现在：民营新兴互联网银行引领了很多业务创新，填补了传统银行普惠金融服务的不足；传统银行加大金融科技投入力度，发展直销银行，打破传统银行在时间、地域上的限制，完成了交易流程线上化的转型；传统银行与新兴互联网银行合作开展联合贷款模式。特别是在新冠疫情防控时期，银行数字金融业务的创新速度加快。

目前来看，商业银行线下渠道已经开始萎缩。从 2018 年开始，商业银行的实体网点数量已经开始减少，笔者认为这一趋势可能刚刚开

始，因为线下渠道运营成本高、回报少，现在线上渠道越发重要。不过，线下网点不会全部撤销关闭，银行还会逐步优化网点，提高效率。

除了银行，保险公司的数字化转型也很快，着重于经营模式和产品的创新、风险管控模式和用户体验模式的转型等方面。证券公司的数字化转型体现为云计算和大数据已经得到普遍应用，人工智能应用得到了长足发展。

从金融机构数字化服务的具体案例来看，中国工商银行应用了“小微中心＋实体网点＋自助渠道＋电子银行”的模式，这是一种“经营快贷”，用户在 App 上可以查询可贷额度并进行线上申请，系统自动审批，实现秒贷。中国光大银行开展“云缴费”业务，整合各类缴费渠道、支付功能，一方连接公缴单位，另一方连接各大流量平台，现在已经有数亿名活跃用户。平安银行开展了小微企业“了解你的业务”（Know Your Business，KYB，即中小企业信用贷款审批）业务，一是可以实现作业模式（线上申请、系统自动审批），二是风控应用了很多第三方经营数据，三是客户体验得以提升，临柜一次即可完成开户、面签、还款业务。上述3家银行的数字化业务都是以小微企业为服务对象的，提高了金融普惠能力。

陆金所的业务聚焦在财富管理方面，其将数字技术用于合规、风控和投资者适当性管理，提升了用户理财效率。新网银行是一家开放银行，也是一家新型互联网银行，其搭建数字金融平台后，对接滴滴、美团等大型科技平台提供信贷服务。这与网商银行、微众银行有所不同，后两者主要是在自己的平台从事信贷业务。

美国著名的分析及决策管理软件公司费埃哲公司（FICO）开发了模型分数产品“FICO score XD”，引入支付账单等非传统数据（固定电话数据、收费电视数据、手机数据、公用事业开支等），它主要的创新是为没有信用分的人群进行风险评价。

整体来看，国内金融机构已经有了非常多的创新，未来在业务模式上还会有更多创新和演进，我们也许会看到新的业务类别，因为数字化变革才刚刚开始。

（二）数字技术赋能下的信用风险管理：大科技信贷和数字供应链金融

无论从事什么类型的金融业务，核心问题都是信用风险管理。信用风险管理的方式主要有两种：大科技信贷和数字供应链金融。

1. 大科技信贷

大科技信贷风险管理框架如图 1 所示。例如，前述的网商银行、微众银行在自己的平台上搭建信贷业务，其核心是大科技平台加上大数据风控。

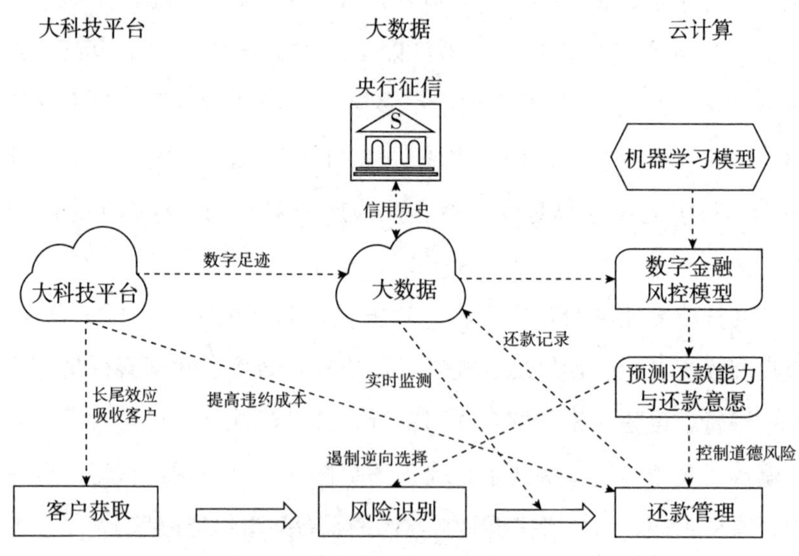

图 1　大科技信用风险管理框架

资料来源：黄益平，邱晗. 大科技信贷：一个新的信用风险管理框架. 管理世界，2021 (2)：12-21，50.

大科技平台的主要优势是闭环的生态系统，能解决金融交易

（尤其针对普惠金融客户）中遇到的两大难题——获客和风控。大科技平台能做3件事情：一是长尾效应获客，边际成本几乎为零；二是数字足迹积累大数据，一方面实行实时监测，另一方面支持大数据风控；三是通过正向和负向激励机制加强还款管理。

大数据风控则通过积累的数据和外部已有的数据，如中央银行征信等，结合机器学习，预测还款能力，识别还款意愿。从目前几家新型互联网银行来看，其平均贷款不良率与商业银行同类别的贷款不良率相比较低。

大数据风控模型是否有效？对此，笔者和国际货币基金组织经济学家、蚂蚁集团研究院一起对传统风控模型和新型大数据风控模型做了研究。简单来说，大数据风控模型有两个要素：大数据和机器学习方法。传统银行风控模型则包括财务信息等传统信息及信用卡评分。结果显示：在给定信息的情况下，机器学习模型要优于信用卡评分模型；在给定模型的情况下，大数据要优于传统数据。总体来看，大数据风控模型对于预测违约比传统风控模型更有优势，这种优势既体现为信息优势，也体现为算法优势。

当前，几家新型互联网银行每年的贷款数量非常大，且速度很快，网商银行的阿里小额贷款业务有一种“310”模式，即3分钟申请、1秒钟到账、0人工干预，所以它能在做大规模的时候将风险控制得比较低。现在很多直销银行也采用了类似的逻辑。从宏观上来说，这种信用贷款将来如果扩大的话，可能也会对金融稳定产生一些影响。

过去，很多小微企业贷款都是抵押贷款，这会导致伯南克提及的“金融加速器”机制，其原理是：如果房价下跌，信贷会收缩，经济增速会下降，进而使房价进一步下跌，反过来不断强化整个过程。因此，有时候房价最初只是下跌3%、5%，最后却可能引发非常大的市场调整或经济调整甚至危机。

图 2 表明了不同类型贷款与房价的关系。左侧的长柱代表传统银行抵押贷款与当地房价之间的弹性系数，为 0.905，意味着如果房价下跌 10%，信贷会收缩 9.05%。如果这个过程互相强化，最后房价下跌和信贷收缩其实将超过 10%或 9%，这就是顺周期机制或金融加速器。右侧的长柱代表网商银行的信用贷款与房价之间的弹性系数，是不显著的。

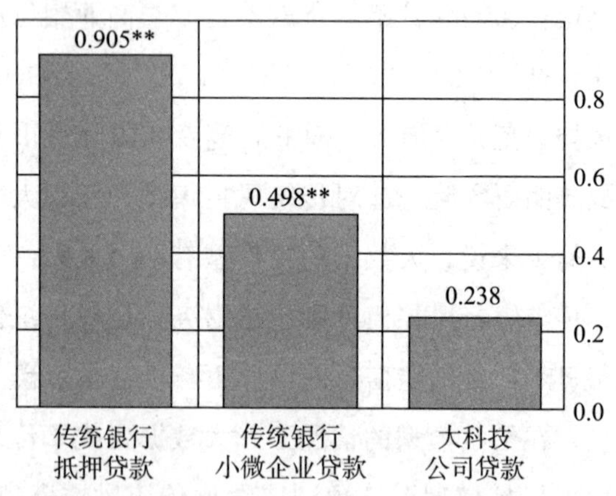

注：**代表在5%的水平下显著。

图 2　不同类型贷款与房价的关系

资料来源：国际清算银行. 2019 年年度经济报告，2019.

从数据上看，数字化风控不依赖抵押品，可能缓解金融加速器机制，在一定意义上，金融体系的稳定性可能得到增强。不过值得注意的是，大科技信贷并不一定会让宏观机制变得更稳定，只是说金融加速器机制可能没有了。

2. 数字供应链金融

数字供应链金融一般是指利用数字技术特别是区块链技术进行应收账款质押、抵押货物控货及交易真实性验证，为供应链上下游企业提供综合性金融服务。这种方法实际上更多面对的是供应链上的中小微企业。

如果说大科技信贷的实质是旁证型风控，是 toC 逻辑（即面向的购买者是个人），那么数字供应链金融的实质就是验真型风控，是 toB 逻辑（即面向的购买者是机构）。我们通过研究发现，虽然大数据风控针对中小微企业，但这些客户规模相当小，基本上都是微型企业，每年的营收非常少，因此风控还是 toC 逻辑，虽然也看交易量、信誉，但也看企业家靠不靠谱。数字供应链金融直接面对链上的企业，企业规模比大数据风控下的企业规模大很多。如果说大数据风控是贴近一个场景去降低信息不对称的程度，数字供应链金融更多则是直接接近产业，也可以把产业想象成一个场景，需要知道交易是否发生，货物是否真实、可掌握。因此，区块链在数字供应链金融中特别重要。它可以提高交易速度，因为在做控货的时候，可以知道这个货物是真实的、在系统里可控的。如果在线下做，成本非常高，效率比较低，风险比较大，而区块链技术就可以避免这些问题。

因此，笔者认为，数字供应链金融可以更好地服务中小微企业，而且是“有业务才有信贷”，随借随还，其好处是既能降低资金成本，又能减少金融周期的冲击。

（三）数字技术改变金融市场的格局

过去，普惠金融很难做。大科技平台连接起来之后，能发挥长尾效应，吸收更多客户。

数字技术使得商业银行可以为中小微企业和低收入人群提供市场化和商业可持续的融资服务，普惠金融成为可能，这是一个很好的普惠性现象。无论是新型互联网银行，还是传统商业银行的直销银行，都有可能通过大科技平台、大数据和云计算缓解获客难和风控难的问题，如新网银行关于“信用白户”的实践。

数字技术为新型互联网银行和传统商业银行之间的合作提供了

可能。开放银行通过软件开发工具包（software development kit，SDK）、应用程序编程接口（application programming interface，API）等技术，与第三方机构共享数据、算法、交易、流程和其他业务方面的功能，为商业生态系统的客户、供应商和其他合作伙伴提供服务；新型互联网银行进行线上获客与风控评估，银行进行二次风控，并根据约定的比例与新型互联网银行共同为客户提供贷款。

在市场格局变化中，未来中央银行数字货币将怎样改变金融格局？

中央银行数字货币的特点是：只替代 M0（流通中的现金），不替代 M1（狭义货币）或 M2（广义货币）；中央银行不为数字货币和电子支付（digital currency/electronic payments，DC/EP）支付利息；采用双层运行系统，即中央银行对机构、机构对个人。总体来看，笔者认为短期内中央银行并不希望把央行数字货币做得特别大，避免金融机构脱媒。但是，这样一个提议落实下来会怎么样呢？

笔者认为，DC/EP 究竟会对金融机构造成什么样的影响，还需要观察：一是实际落地结果可能跟预期有偏差；二是 DC/EP 还只是第一步。我们相信 DC/EP 不是中央银行做数字货币的终极目标，央行还有很多其他事情要做。未来我们需要考虑其他一些问题。例如，央行数字货币对移动支付及生态系统会产生什么样的影响？如果央行数字货币完全实现“点对点”支付结算，移动支付将来怎么办？数字足迹和大数据怎么办？

央行数字货币对商业银行有什么影响？

笔者有一位在厦门大学当老师的学生，他研究发现，尽管中央银行数字货币计划只替代 M0，但替代一部分的 M1 的情况其实是可能的。M1 就是放在银行的活期存款，它的利息非常低，如果未来人们用惯了数字货币的线上支付，那么将钱放在数字货币钱包中还是放在中央银行实行活期存款差异不是很大。因此，未来商业银行怎么吸收存款？将来的专长是什么？这些问题都值得我们关注。

（四）数字技术对外部监管环境的影响

当前监管趋于收紧以应对风险。自2015年起，支付领域、网络借贷、互联网保险、金控平台等的监管政策开始收紧，监管部门也面临“松监管引发风险、严监管扼杀创新”的困境。

现有的监管框架不足以实现防范金融风险与鼓励创新之间的平衡。目前，监管推出金融科技“监管沙盒”，平衡防范风险与鼓励创新。

最后提以下政策建议：

第一，进一步推进金融市场化改革，让金融机构实行市场化的风险定价，并真正实现公平竞争。只有完全公平地竞争，数字技术才能更好地发挥作用。

第二，加快数字金融基础设施建设，包括5G技术的落地，改善内陆地区的网络通信条件。

第三，加快数据立法，保护隐私并鼓励数据共享，积极整合政府与社会的各类数据库，支持金融决策与服务。

第四，积极推广已经落地的中国式“监管沙盒”试点，支持金融机构和科技公司在风险可控的前提下创新产品、流程与模式。

第五，改革监管框架，尽快由机构监管转向功能监管，创新监管科技，重视行为监管，加强金融消费者保护。

（本文为上海新金融研究院课题报告《数字技术如何改变金融机构》的简化版。）

推动金融科技与数字经济健康融合发展，拓展经济发展新空间

尚福林[①]

在数字经济的发展中，我国金融业一直是技术创新的积极实践者和受益者。随着人工智能、云计算、大数据、区块链等信息技术快速发展，金融与科技深度融合的步伐还将加快，必将全面提升和深化金融业的服务和管理水平。

一、金融业是信息科技运用的积极参与者

金融业是信息科技运用的积极参与者，长期的探索和发展为金融与数字经济融合发展奠定了坚实的基础。在改革开放以来的几次重要信息化建设中，金融业始终处在前列。有些通过代替人工提高了效率，有些运用新技术重塑了业务流程，有些拓展了金融服务边界。

党的十八大以来，我国信息化建设进入新的快速发展阶段。与此同时，数字经济发展迈上新台阶，为科技在金融业的实践探索创造了更加有利的发展环境。特别是在疫情防控期间，数字技术的应

① 作者系十三届全国政协经济委员会主任。

用价值更加凸显，社会数字化进程明显加速。传统企业形态、生产方式都在顺应数字化趋势而主动变革，人们也因疫情防控的需要而大大提高了对线上场景的接受度。

信息技术的创新运用始终伴随金融改革发展进程。虽然与发达国家相比，我国在金融科技方面起步较晚，但我国在金融科技方面发展速度快，成效显著，对金融市场、机构、服务产生的影响极为深远。

20 世纪八九十年代是金融科技的初步探索阶段，以金融业务电子化建设为主要特征。1990 年，中国人民银行清算总中心成立。1991 年，基于金融卫星通信网的电子联行系统、以推广使用银行卡为目标的货币电子化工程（金卡工程）等一系列重要的信息化基础性建设项目相继启动。金融交易行为从手工记账、人工交换纸质凭证逐渐过渡到联网处理。这段时期的金融科技创新本质上是一系列模拟人工的初级尝试，银行物理网点、存折存单仍是办理银行业务的主要渠道和手段。

从 21 世纪初到 2008 年国际金融危机前后，是金融科技全面探索阶段，以金融渠道的自助化、网络化为主要特征。2000 年前后，为应对“千年虫”，各大银行大范围实施了软硬件系统的升级改造，为后续扩大金融科技的应用奠定了硬件基础。大小额支付系统等信息化基础设施建成投产，进一步消除了跨行异地支付清算的技术障碍，全面实现了“一点接入，一点清算”，提供全天候不间断的支付服务，提高了货币传导机制的运行效率和资金运转速度。ATM 机、POS 机等服务终端覆盖面不断提高。互联网在国内开始逐渐普及，网上银行、手机银行逐渐走入人们生活。

近年来，特别是党的十八大以来，在大数据、云计算、人工智能、区块链等新兴前沿技术的带动下，金融科技向智能化、精细化、多元化、场景化迈进，在支付结算、信贷融资、财富管理、基础设施等各个领域全面开花。移动支付业务量增长迅猛，甚至在一定程度上实现了对 ATM 机等银行卡受理终端的替代。金融机构自身运用信息科技开展创新、深化转型和落地应用的步伐明显加快。一批采用互联网展业模式、从事线上信贷业务的民营银行，通过运用先进的技术优化风控体系，在填补服务空白、降低融资门槛等方面取得积极进展。

在金融科技探索过程中，有一条清晰的发展脉络，那就是从早期电子化模拟手工（如记账、票据传输等），到自助化替代手工（如通过自助机具、网上银行等手段实现远程办理），再到现在的人工智能（如提供智能风控、大数据客户画像等用以辅助决策，实现全自动化或半自动化的智能投顾服务等）。从线下到线上，从被动升级系统降低成本到主动创新转型创造财富，从学习引入国外经验到自主研发核心技术，从金融服务的自我优化到跨行业多业态融合场景，从供给端迈进数字化到需求端改变用户消费习惯和行为方式，金融科技让金融服务理念和模式发生了深刻的变化，为金融发展提供了创新活力。

二、金融科技与数字经济融合发展是金融供给侧结构性改革的重要内容

数字经济已深入各领域，金融科技从模拟手工到人工智能，从作为提高效率的手段，到如今深度参与生产、创造价值，不断迭代进步。随着数字经济的发展，金融科技势必向更高水平、更深层次拓展。让金融科技在调整优化金融体系结构、强化金融服务功能中发挥更大的作用，是金融供给侧结构性改革的应有之义。

（一）数字技术将极大地拓展金融服务

这一点集中体现在提高金融服务效率和可得性上，主要基于两个优势。

1. 基于技术手段的优势

对企业客户而言，除了传统融资、转账、结算需求，还有如现金流管理、代缴代发等综合化金融服务需求。这类综合业务依托传统手段，只适合大型企业。用传统手段服务小微企业，企业数量多，数据分散，成本高，效率低，不经济。利用区块链易追溯、难篡改的技术特点，可有效缓解小微企业信息真实性的验证难题。对个人客户而言，通过非接触式服务、移动支付等技术手段，可以解决金融服务"最后一公里"问题。

2. 基于数据信息的优势

中小企业贷款难，很大程度上是因为信息不对称和获得信息的成本过高。反映企业真实状况，提供可靠信用信息，可行的办法是建立互联互通的跨部门信用信息系统。目前，在一些地方，针对小微企业的信用信息平台建设已取得初步成效。同时，一些以互联网为主要渠道的银行，利用自己掌握的电商交易数据、社交行为数据，为用户"画像"，也拓展了自己的客户群体，提高了普惠金融服务水平。

（二）数字技术将给金融业带来观念、管理、业务上的全流程、全方位革新

金融和数字技术相结合，通过推动业务重塑、产品创新，以及对组织管理流程进行再造，可能对金融业态产生重要影响。

1. 改进前端服务

通过"线上获客、大数据风控、IT 系统构建、贷后管理"的方

式快速发展线上信贷已成为一种普遍尝试。大型银行已经开始了这些方面的探索，纷纷成立金融科技子公司，发展速度很快；同时，积极借鉴平台做法，注重与场景相结合，分析挖掘用户的综合化需求和个性化偏好，以主动提供更有针对性的金融服务。

2. 更新中后端管理

依靠数字技术赋能，审批、风控等信贷流程能够实现数字化、线上化。传统的贷款审批流程是客户申请后提交人工审批，现在可能会出现一些新情况。如何适应数字技术的特点，优化审批流程，需要用系统论的方法提升解决问题的整体水平。

三、坚持金融基本规律，促进金融科技与数字经济健康融合发展

数字化趋势使金融机构、科技企业和金融市场基础设施之间的联系更加紧密，但也增强了金融体系的关联性和金融系统的顺周期性。在金融与数字技术的融合发展中，催生了新技术、新模式、新业态，同时也必然会不断面临新问题，其中有些是过去从未遇到过的，需要认真分析研究，不断促进规范发展。在积极推进金融科技与数字经济融合发展的进程中，要始终清醒地认识到，金融同实体经济共生共荣的基本关系没有改变，金融支持实体经济发展的基本要求没有改变，金融要始终注重防范和化解风险的行业基本特征也没有改变。

（一）坚守金融科技服务实体经济的定位

为实体经济服务是金融行业的天职和宗旨，是金融行业健康发展的基本前提。

1. 在企业客户端

在企业客户端，要顺应数字经济发展趋势，构建新的发展格局。抓住产业变革机遇，利用科技手段提供系统性解决方案和综合化金融服务。以区块链等技术服务产业链、供应链，带动增加有效投资，构建实体经济顺畅运行的资金循环体系，为实体经济转型升级增加金融供给。

2. 在个人客户端

在个人客户端，立足内循环，坚持市场需求导向，特别是在消费领域利用数字技术加快与各类新消费业态的融合，释放内需潜力。借助互联网改进营销策略，改善用户体验，增强获客能力，拓展和满足人民对美好生活的更高层次需求。

（二）拓展金融科技在普惠金融领域的应用

发展普惠金融是服务实体经济、服务人民生活的落脚点，也是金融供给侧结构性改革的重要任务。其关键是解决融资难、融资贵问题。融资难，难在信息不对称，“缺信息、缺信用、缺抵押”；融资贵，贵在传统服务渠道和服务方式下，经营管理成本居高不下。要借助科技手段降低物理、时间、经营成本，丰富产品供给，优化服务模式，让科技成果更多地惠及民生。

1. 全面提升服务可得性

前些年，实现乡镇基础金融服务全覆盖，主要是通过 ATM 机、POS 机、小额转账电话等自助机具。随着我国农村互联网、智能手机的普及率不断提升，非接触式服务、移动支付等手段因成本更低、服务更便捷而成为主流，能够更好地解决金融服务“最后一公里”难题。笔者曾调研走访互联网民营银行，它们借助自身掌握的互联网社交信息、电商交易等特有大数据，设计了一整套有别于传统银行授信方式的智能风控模型，为缺少征信记录的个人客户，特别是小商贩、个体户提供融资授信，效果很明显。同时，金融科技的普及也有助于增加普惠金融客户获得保险理财等综合金融服务的机会，改善地区之间金融服务不均衡的状况。

2. 有效提高信息透明度

一方面，大力增加企业和农村地区生产生活等多维度的数据信息收集力度，提高挖掘分析能力；另一方面，积极利用区块链易于追溯、难以篡改的技术优势，推进小微企业信用信息链上化，缓解小微企业应收账款真实可靠性等问题的困扰，破解信息不对称、信用信息缺乏等难题。

3. 进一步提升服务效率

人工智能等技术的运用可以大量节省人力，有效优化服务流程，缩短业务办理时间。要用好云计算等技术，通过后台批量化，高效率审批数据，提升机构运营效率，降低经营成本。

需要特别指出的是，金融行业属于服务业。服务业是一个以人为本的领域。拓展金融科技的应用，应当树立以人民为中心的发展理念，坚持以人为本，不能本末倒置、舍本逐末。要注重用户体验，体现人文关怀，营造友好、安全的服务环境。既要吸收国外先进经验，更要符合我国金融市场的成熟度和各类群体的接受度，为人民群众创造看得见、摸得着、感受得到的数字化金融生活。举个例子，早期推广信用卡的时候，国际上信用卡是不设密码的，我国在研究制定信用卡相关管理条例时，一开始也打算跟着国际惯例走，后来考虑到国情，最终规定我国的信用卡应设置密码。实践证明，这一规定对保障信用卡的资金安全发挥了重要作用。

（三）突出金融属性，防范金融风险，夯实金融科技创新基础

网络借贷、虚拟货币交易等活动，很多都是披着金融科技外衣

的金融乱象，要坚决加以整治。分析相关风险案例，我们可以看到，这类所谓的金融创新有这样几个特点：违背金融业要求安全性、流动性、盈利性的基本原则，追求迅速扩大市场份额，追求短期暴利；违背不同金融业务防控风险的基本要求，没有风险准备或没有风险防范措施；意图通过跨市场、跨行业经营，多头套利，最终使多重风险叠加。

金融科技本质上是一种技术驱动的金融创新活动。无论是称其为金融科技还是称其为科技金融，始终不能忘记其金融属性，不能违背金融运行的基本规律，否则必然会受到市场的惩罚。在数字化条件下，金融风险防控的技术手段、重点环节都与传统金融风险防控有所不同，具体如下：

1. 提升技术可靠性

客户远程化、服务场景化、交易实时化决策是大趋势。交易量激增、系统负荷加大，对软硬件都提出了更高的要求。一方面，要强化关键核心技术自主创新，进一步提高系统灾备能力，完善网络安全的技防体系，消除信息技术安全漏洞隐患；另一方面，要加强软件运行、模型开发设计，增强稳定性，提高线上业务智能化水平。

2. 关注数据标准与数据安全

数据是重要的商业资源和生产要素。随着应用场景和参与主体的多样化，数据作为基础性战略资源的核心价值日益凸显。一方面，要统一数据标准，提升数据的易得性、便捷性、通用性，增强数据挖掘能力，破除数据壁垒，强化各行业数据资源的融合利用；另一方面，信息技术汇集了大量敏感数据，涉及身份、财产、账户等各个领域。用户隐私、算法公平等问题，既是技术问题，又涉及法律、伦理问题，处理不好可能会引发负面社会效应。必须做好数据治理和数据安全保护，防范信息过度收集、滥用和泄露等社会问题。

3. 注重防范风险

随着现代信息技术更深度地参与到金融交易、风险决策、内控合规、智能分析等活动中，信息科技风险更容易引发操作风险、信用风险、流动性风险等连锁反应。在技术高速发展的情况下，一些市场主体利用互联网传播速度快、获客能力强、进入门槛低等特点，开发一些金融产品并迅速扩张，短期内集聚风险，同时因为网络的外部性特征，还放大了金融风险跨产品、跨市场传播的可能性。因此，既要防范传统业务数字化可能带来的风险，也要防范利用数字技术创新金融业务的风险。此外，还要关注各类技术风险。

4. 建设人才队伍

现有金融机构的科技人才队伍仍需进一步强化，多数商业银行的科技人员占比不足5%，不同程度地存在核心技术、运维管理依靠外包、受制于人等问题。需要加快培养既懂科技又懂金融的人才队伍，不断提高从业人员的科技创新意识与创新能力。

国有大型商业银行数字化转型行稳致远

纪志宏[①]

数字技术的进步深刻地影响了社会化大生产，颠覆了许多行业的生态、格局、模式。金融是现代经济的核心，信息高度集中，金融数字化潮流势不可挡。国有大型商业银行数字化起步较早，经过多年的发展，取得了阶段性成果，但数字化变革仍在持续，更高层次的数字化转型将关系到国有大型商业银行未来的生存与发展。

一、国有大型商业银行数字化转型探索

国有大型商业银行对科技的重视程度前所未有，数字化转型已经成为共识。2021 年，中国工商银行、中国农业银行、中国银行、中国建设银行的金融科技投入分别达到 259.87 亿元、205.32 亿元、186.18 亿元、235.76 亿元，均创历史新高。国有大型商业银行的数字化转型可追溯到 2012 年前后。当时，面对经济新常态及互联网金融冲击，国有大型商业银行开始认识到金融科技的重要意义。经过近 10 年的深耕和发展，国有大型商业银行数字化转型蓝图初现。

---

① 作者系中国金融四十人论坛（CF40）成员、中国建设银行股份有限公司副行长。

（一）业务数字化全面铺开

初期，银行的数字化探索主要是在零售业务端，因为零售业务具有天然的大数据应用场景。但随着数字化探索的深入，国有大型商业银行在零售业务端进一步深化，对公服务和资金业务条线也取得了大幅进步。例如，中国建设银行推出个人手机银行 5.0 版，持续为理财类客户、老龄客群、年轻客群及乡村客户提供有针对性的服务和主题专版，差异化、精细化服务已经落地。对公服务方面，除推动网银出海外，中国建设银行还从企业便捷性出发，在线上平台新增“建行发票”“跨境 e 汇”等功能和业务。资金业务方面，大财富管理平台 1.0 版成功上线，对内上线客户经理、客户直营和投研投顾三大工作台，赋能一线经营团队；对外全面融合手机银行“龙财富”和投资理财频道，培育客户资产配置意识。截至 2021 年年末，中国建设银行平台财富体验访问客户达 3 529 万名。

（二）场景生态进一步丰富

过去几年，银行对场景生态的布局主要是基于既有业务的线上覆盖。目前，国有大型商业银行已经理解了数字化生态的内涵，开始从线上、非金融活动中探索以客户为中心的生态体系。中国建设银行推出了“智慧政务”“智慧工商联”“建行生活”等诸多非金融平台，并通过非金融服务，开始形成各类生态场景循环。截至 2021 年年末，“建行生活”App 实现全行 326 个城市推广面客，平台累计注册用户突破 3 500 万名，日活跃用户 213 万名，累计上架 16 万家商户门店，日均新开数字信用卡上万张，相当于 3 000 多个网点的产能。国有大型商业银行能力较强，尤其是随着数字人民币的试点推广，不断拓展银行数字生态的场景外延。2021 年年末，中国建设银行对公钱包数、对公落地场景数、当年累计交易金额等多项指标排名同业第一位；个人钱包总数、商户门店数等指标居同业第二位。

（三）管理数字化开始起步

一般而言，管理数字化比业务数字化难度大，涉及内部流程、体制机制的转变。管理数字化是数字化转型的更高阶段。目前，国有大型商业银行的管理数字化已经起步。例如，中国建设银行已经开始将机器人流程自动化（robotic process automation，RPA）技术嵌入业务场景与流程，提升网点日常运营及管理的自动化和智能化水平。截至 2021 年 12 月末，中国建设银行 RPA 完成 760 项应用上线，累计运行应用 1 162 项，全年节省工时 271 万小时。部分金融市场的业务实现交易流程线上化，提高了交易自动化处理能力，也减轻了交易员线下操作的负担。相对于业务管理，国有大型商业银行在风险管理方面的数字化步伐走得更快。一方面，风险领域对模型、数据的应用较早，数字化基础较好；另一方面，外部风险日益复杂，要求银行采取更高效的数字化手段来防控风险。中国建设银行已经开始探索资产质量可视化、成本核算精细化、风险监测自动化等管理系统的构建工作。

（四）对外合作共享站位提升

数字化的特点就是共享、互赢。银行数字化也依赖用户数字素养和金融素养的提升。国有大型商业银行在资金、人才、能力等方面的实力都较强，数字化进程也大幅领先于金融同业者，但各项技术也需要从更广的场景应用中不断迭代升级。因此，中国建设银行提出了科技对外赋能的思路。截至 2021 年年末，中国建设银行已累计向 1 027 家中小金融机构提供“慧系列”风险工具，输出智能化和数字化风控技术，推动风险共治；同业合作平台已与 2 916 家金融机构建立合作关系。几家同业大型商业银行也开始全面引入中国建设银行的核心业务系统。客观上来说，这也是国有大型商业银行承担社会责任、推动整个行业数字化转型发展的体现。

整体而言，国有大型商业银行的数字化转型已经迈过了业务线上化阶段，对数字化的理解也已经渐成体系，进入了生态化、智能化阶段，业务触及社会生产各个角落，形成拥有数字技术落地最丰富的行业场景。国有大型商业银行数字化承担着促进金融供给侧结构性改革和推动数字经济发展的双重使命。

二、国有大型商业银行数字化转型面临的挑战和问题

（一）国有大型商业银行数字化转型面临的两大挑战

工业革命催生了以股东资本主义、公司制、股票为核心的传统资本市场体系；数字革命正在催生以利益相关者资本主义、去中心化自治组织（decentralized autonomous organization，DAO，一种智能合约）、Token（一种数字资产）为核心的数字资本市场体系。国有大型商业银行虽然是我国企业数字化转型的领头羊，但在金融体系全面变革的历史潮流中，银行的数字化进程仍然大幅落后于科技领域的数字化创造进程，面临两大主要挑战。

1. 组织形态离散化

企业组织的出现是通过集中化提升生产效率以应对规模化生产，但数字化使得生产可以无人化、分工协作可以线上化、管理工作可以数据化，企业实体形态存在的必要性大幅降低。平台经济本身就在不断突破企业的组织边界。当前，一些制造业已经开启了这种模式：没有固定厂房，接到订单后，通过线上平台实时组建设计团队，调动社会闲置产能，从而完成整个生产销售工作。数字化使得虚拟空间的连接比现实中的连接更加重要，银行也可能出现类似的趋势。

同时，企业是一系列契约关系的集合，智能合约使得契约活动完全可以基于代码来组织完成。未来，银行企业形态虚拟化、组织活动代码化、员工临时化、业务分散化的特征可能会越来越明显。当然，还有一种可能是银行实质性的经营管理活动会被第三方服务替代，银行完全成为一个牌照通道。

2. 经营模式去中心化

银行机构本身就是中心化的中介机构，但去中心化金融的出现，使得供需两端能够更加直接、高效地完成对接。在区块链、人工智能等数字技术的快速发展下，资金盈余方和需求方之间已经能够做到不需要借由金融中介机构，直接完成“点对点”借贷交易。去中心化金融（decontralized finance，DeFi）是在区块链的世界中打造一个平行于传统金融的金融体系，包括金融模式、金融工具、金融基础设施等，并通过代码来取代现有的中心化机构。当前，DeFi 已经成为虚拟空间金融活动的基本设计思路。虽然 DeFi 完全替代银行的趋势不会很快到来，但随着虚拟与现实的不断融合，银行需要从更长远的角度考虑自身的未来前景。

（二）评价数字化成功与否的标准

国有大型商业银行在数字化转型方面虽然取得了一些成绩，但数字化水平还不够高。目前，国有大型商业银行依托手机支付，在狭义的平台经济和零售金融方面做得较好，而在通用软件、公司金融服务方面仍存在明显短板。要评价银行数字化成功与否，可以参考以下标准。

1. 数据资产成为银行经营管理活动的核心

数字化要使银行的数据从无序到有序，从有序到富含意义，从资源变为资产、资本。银行实现高水平数字化后，存贷款资金形成的资产负债表将不再是银行经营管理的核心。尤其是在将客户、岗位进行数据化后，业务的起点将是数据，管理工作的对象也将是数据。银行可能需要建立一套平行于资金的“数据资产负债表”，以管理银行与客户之间的数据关系。从经营模式上看，以数据为中心可能会替代以客户为中心的思路。银行经营能力的衡量标准也转变为数据资产的应用管理能力。在银行资产端，数据的内在价值将成为资产价值的核心因素。在银行经营过程中，抵押、担保等业务在解决信息不对称问题中的作用会进一步降低，银行资产结构将变为以纯信用资产为主。当前，银行资产与房地产深度挂钩，未来银行资产将与数据深度挂钩，即数据成为银行资产的价值锚定对象。

2. 金融服务与社会活动全面融合

金融是现代社会的枢纽。在高水平数字化阶段，银行的纽带或桥梁作用将不再明显。数字化使金融供给更加及时地组织起来，银行服务与各类社会活动融为一体，处处都是银行服务，所有的资金都在高速流动、循环。在此愿景下，银行的资产业务可能会被项目化，类似于资本市场，按项目实时进行资金的组织和支持，存款资金池的重要性将有所降低，银行将完成自身的去中介化。要实现金融服务与社会活动全面融合，最关键的就是做到数实融合，使银行服务的触角能够切实深入社会活动末端。这也意味着银行现有的组织边界和能力边界将被打破，自动化、智能化工具将大范围应用于需求触达、内部审批、风险管理、资金定价、顾问咨询等业务服务和决策管理中。面向未来，银行数字化水平的高低应当以活期资金的留存规模、员工被替代人数、服务从发现到完成的时长等来衡量。

3. 数字化的根本是以人为本

如果人没有从数字化中获得更大的满足，甚至数字化成为一种使用负担或知识压力，那么无论数字技术多么领先，银行的数字化转型都是失败的。数字化应当惠及每个人，每个人都应当成为智能化社会的幸运者，而不是技术进步的淘汰者。数字化重新塑造了社会运行逻辑，全新的知识门槛有可能形成新的弱势群体，以人为本、科技向善应当成为数字技术发展的基本原则，也应当成为银行数字化转型的最终归属。当前，数字化在降低银行的服务成本方面已经初有成效，对于长尾客群的覆盖面较广，金融的普惠性和公平性得到彰显。银行完成数字化转型后，金融供给与需求应当高度适配，既不存在过度金融化，也不存在金融抑制。我国银行数字化转型目前还存在的问题是对数据应用的伦理规则重视不够，反垄断、电商公平税收、知识产权保护、隐私保护、数据公平等基础制度建设仍需要加快进程。

（三）国有大型商业银行数字化转型面临的现实问题

1. 技术基础仍有待夯实

国有大型商业银行在技术能力方面还有许多问题有待解决。一是基础数据跟踪处理能力跟不上。银行内部沉睡数据较多，对数据管理的精细化程度达不到数字化要求。企业级整合力度还有所欠缺，数据要素的价值未能真正发挥。未来，在各个产业链中获得的数据会是多源异构数据，数据管理要求会更高。二是前沿技术探索相对滞后。在近几年的数字化探索中，银行基本处于跟随、学习状态，如数据湖、中台建设等。前沿技术探索上的短板将影响技术应用的节奏和成效。在数据、技术驱动业务发展的趋势下，这一问题可能会较为突出。同时，许多银行手机 App 应用的评分都明显低于互联网企业平台，卡顿、断点甚至页面设计不符合用户习惯等问题较为普遍，技术能力不足已经影响到用户体验。

2. 激励约束机制需要同步优化

目前，国有大型商业银行考核激励机制的层级化特征非常明显，工作任务按照层层分解的形式传达到基层，条线管理与层级管理交织，基层任务负担较重。业务数字化实际上压缩了上下层级，打破了横向产品部门、业务部门、管理部门之间的界限，同时也存在一些岗位角色的挑战。因此，激励约束机制也要协同调整。数字化强调效率、关注创新，与论资排辈、“吃大锅饭”等传统机制相冲突。同时，基于以数字技术驱动未来银行发展的原则，科技必须直接面向市场和客户。对数字技术研发、应用的考核要与业务成效、客户体验挂钩，要让各类数字化平台中的操作流程来主导现有的业务流程，并形成以线上活动为核心的激励约束机制。国有大型商业银行也可能由此实现真正意义上的扁平化、敏捷化的组织变革。

3. 人才队伍建设是长期任务

与银行数字化转型相关的人才队伍建设仍处于起步阶段。数字化的核心是数字产品、数据挖掘、数据建模，背后依靠的则是人的数据素养。目前，在国有大型商业银行的人才队伍建设上，无论是数据建模能力、敏捷迭代能力，还是场景拓展能力、平台运营能力，都还无法满足银行深度数字化的基本需要。传统商业银行的员工构成中，具有数字化专业背景的人才占比不高，具有数字化经营经验的相对更少，人才队伍结构亟待调整。现实中，传统商业银行对数字化人才的能力要求和画像还不够清晰。近年来，国有大型商业银行加大了对科技人才的招聘和引入力度，但整体人才缺口较大。更进一步地，技术人员的知识背景、行事风格有所不同，人才招来之后，如何配置、使用也很关键。从长远来看，国有大型商业银行还需要形成一套完整的科技人才培养体系。

三、协同推动银行数字化转型

（一）银行数字化转型需要社会主体的多方协同

1. 对创新的监管应当更加协调

创新是企业的生命力，数字化更需要大量的创新活动。从微观上看，银行数字化转型使银行业务流程发生变革，过去的监管可能不再适应数字化的银行。从宏观上看，整个银行业推进数字化转型会使银行经营生态发生改变，即银行影响的外延发生变化，也会给监管带来一定的挑战。数字经济时代，监管的对象可能不仅包括机构，还包括各类平台；监管的规则和标准可能需要更加透明，以稳定市场预期；监管事项可能从以往单纯的金融活动变成算法、代码、数据的合规。银行数字化转型是大势所趋，尽管银行在将技术与业务进行更深层次融合的过程中可能会产生一些风险，监管也存在相对滞后的问题，但总的原则依然是在守住风险底线的前提下鼓励创新。我国数字经济方兴未艾，需要适应性监管来助力金融新业态、新模式的发展，行为监管和功能监管需要尽快完善。

2. 推动数据要素市场化

数据作为数字经济的关键资源，如何使其更好地发挥作用很关键。当前，有的数据被滥用，消费者隐私得不到保护；有的数据处于沉睡状态，数据的价值有待挖掘。这两种状态也反映了数据应用市场的混乱情况。因此，在未来的银行数字化转型中，数据要素的市场化可能是必由之路。与一般的生产要素不同，数据要素具有正外部性、产权模糊性、可衍生性、可复制性等特征，市场化的机制建设需要大量的创新创造。既然数据可以被转化为资产，数据提供者就不应当免费或被强制提供数据，与服务绑定的数据授权使用模式将难以持续。数据要素市场化后，有可能打破由互联网企业定义的数据使用规则及数据应用竞争格局，银行或将获得更佳的发展机遇。数据要素市场化的机制建设主体可以参照资本市场，要避免直接由互联网企业或社会资本把控数据要素市场的建设规则。当然，不同的行业，数据要素的特征、规律存在较大差异。如何判断相应数据的市场价值，极度考验监管部门的数据治理能力。

（二）国有大型商业银行需要面向未来进行有益探索

1. 线上线下需要实现一体化

国有大型商业银行与互联网企业不同，拥有较为广阔的线下渠道。数字化转型必须考虑线下渠道的升级与协同，因此相对而言存量改革的任务较重。在线上场景平台发展空间不断收窄的背景之下，互联网企业又开始布局线下，“线上运营＋线下布局”或将成为数字化的最新趋势。国有大型商业银行网点一度被视为数字化经营的成本单位，但未来有可能成为银行在数字化竞争中的重要支撑。客观而言，人的现实需求不会因数字化而改变，即使发展到理想化的元宇宙程度，也仍然是线上运营、线下满足模式。因此，对银行而言，重点是如何改造线下渠道。商业银行可以按照数字化的理念，将只具有传统单一银行功能的网点逐步打造成具有广泛应用场景的线下平台，实现物理渠道数据实时采集、共享、分析，让线下渠道逐步成为线上经营中的一环，赋能线上经营，抢占线上线下一体化的新赛道。

2. 探索行业级平台建设

国有大型商业银行在数字化转型方面做出的努力基本上都聚焦于自身的业务或客户，很少有行业级的创新应用出现，即银行数字化没有改变行业的经营模式或业态格局。在产业互联网发展的背景之下，行业级的互联互通将是必然趋势。银行同质化经营的竞争业态可能会很快被打破，并涌现出几家定义行业竞争新格局的银行。例如，花旗银行开发的小微企业服务平台，主要的搭建目标是在中小银行和小微企业之间建立联系，依靠自身经验和能力成为银行同业问题的解决者。而这正是我国国有大型商业银行需要承担的使命和责任。面向同业，可以考虑探索建立一个行业级的金融信息共享平台，替代现有的信息服务商，实现金融数据价值的重新归集和再分配，而区块链技术提供了现实的解决方案；面向客户，可以考虑统筹建立与客户信用绑定的交易信息共享平台及前沿技术开源平台，打通银行与产业、创新之间的信息壁垒，实现服务协同。

3. 提早考虑数字伦理问题

数字伦理是数字化时代人与人之间、个人与社会之间的行为道德规范，也是银行数字化转型中应该自觉遵循的要求和准则。数字世界的伦理体系与现实社会不同，其更简单、直接，更容易突破人的心理防线。若放在社会文明进步的时间轴中，数字伦理可能决定了虚拟空间是否会成为社会、人类文明的一部分。国有大型商业银行的数字伦理不仅涉及隐私保护、算法公平等问题，如数字技术产生的“数字鸿沟”与金融抑制叠加，还有可能导致更加严重的金融不公平。面对用户，国有大型商业银行的技术应用要秉承大道至简的原则，降低使用的知识门槛；金融供给要充分匹配客群的金融素养，避免通过无感化诱导居民非理性负债、投资；数据使用、算法规则要具有一定的透明性，让用户能够感知数字技术发展的合理性和科学性。根本上，银行要保持以人为本的初心使命不动摇。

数字经济背景下的社会价值分配逻辑有其独特性，数据和技术发挥了更大的作用。当前，全球经济金融格局快速演变，数字技术发展水平已经成为国家竞争力的重要标志。国有大型商业银行应当放眼世界，加速转型，争当金融数字化的排头兵、先锋队，为国家“十四五”金融改革添砖加瓦。

（本文刊发于《中国金融》2022年第12期。）

积极稳妥实施银行业、保险业数字化转型战略

刘春航[①]

数字经济是全球未来的发展方向。以大数据、人工智能、云计算、区块链等为代表的数字技术正全面渗透到经济社会发展的各个领域。数字技术的快速演进与普及推广也为银行业、保险业数字化转型提供了强大的科技驱动力。数字化转型已成为我国银行保险机构积极顺应数字化潮流、把握数字化机遇、推动金融服务高质量发展的重要举措。

一、银行业、保险业开展数字化转型重要且紧迫

开展数字化转型是适应我国发展新的历史方位、全面贯彻新发展理念的重要举措。习近平总书记指出，“加快数字中国建设，就是要适应我国发展新的历史方位，全面贯彻新发展理念，以信息化培育新动能，用新动能推动新发展，以新发展创造新辉煌”。党的十九

---

① 作者系中国金融四十人论坛（CF40）成员、中国银行保险监督管理委员会统计信息与风险监测部主任。

届五中全会和“十四五”规划对“打造数字经济新优势”做出了专门部署，提出“迎接数字时代，激活数据要素潜能，推进网络强国建设，加快建设数字经济、数字社会、数字政府，以数字化转型整体驱动生产方式、生活方式和治理方式变革”，明确了数字化的发展前景和目标。在新的发展阶段，银行业、保险业开展数字化转型，是建设网络强国、构筑数字化时代竞争新优势的必然要求，也是构建新发展格局、打造高质量发展新引擎的现实需要。中国银行保险监督管理委员会（以下简称“银保监会”）高度重视银行业、保险业数字化转型工作。2019 年年底印发的《关于推动银行业和保险业高质量发展的指导意见》提出，“坚持科技赋能，转变发展方式，为银行保险机构创新发展提供有力支撑”。郭树清主席在参加 2020 年金融街论坛年会时表示，“所有金融机构都要抓紧数字化转型”；他在 2021 年银保监会工作会议上再次对银行业、保险业数字化转型、提升金融科技运用水平提出了“以市场为导向，鼓励金融创新和科技赋能”的要求。

开展数字化转型是提升金融服务实体经济能力和水平的重要抓手。近年来，不少银行保险机构结合自身发展战略，以服务实体经济为主线，以客户为中心，应用现代科技成果推进数字化转型，充分发挥大数据、云计算、人工智能、区块链等科技优势，构建新生态、服务新领域、带动新增长，取得了一定的成效。金融业务全面线上化，金融服务变得随时随地、触手可及，金融机构能够为广大群众和小微企业提供更充分、更优质、更高效的金融服务，进一步促使普惠金融真正落地。新冠疫情防控期间，金融科技的广泛应用为脱贫攻坚和防疫抗疫工作提供了有力的支持。

开展数字化转型是适应金融市场变化、提升银行保险机构竞争力的战略要求。金融科技在提高金融服务水平和经营效率的同时，也在不断创造新的金融产品和业务模式，从而改变了支付、信贷、投资等领域的竞争格局。随着金融服务渠道和产品的不断丰富，客户对金融服务选择的自由度大幅提高，客户需求更加个性化和差异化，且更加注重服务体验。越来越多的金融交易与客户消费或生活场景相关联，大量客户数据由提供此类场景的平台企业掌握，银行保险机构原有的信息优势被弱化。在新的市场环境下，来自同业和跨业的竞争压力增大，客户黏性降低，银行保险机构在服务场景、资金成本、客户信息等方面的传统优势被削弱，盈利空间受到挤压。银行保险机构必须根据自身特点和定位，研究制定并实施有效的数字化转型发展战略，以适应新的竞争环境。

二、当前银行业、保险业数字化转型面临的主要挑战

近年来，不少银行保险机构采取了多种措施推进数字化转型，包括加强顶层设计，成立数字化转型委员会，研究转型战略、规划和实施路线；通过移动互联、生物识别、人工智能等技术拓宽服务渠道，将金融服务嵌入客户生活、工作场景，以满足客户个性化、便捷化的服务需求；通过大数据等技术，加强对数据信息的挖掘应用，优化业务流程，大幅提升业务控制和风险管理效率，降低运营成本；通过分布式、云计算等技术，搭建随需而变的基础设施；通过统一技术平台、组件化管理、敏捷开发模式，大幅提升系统开发和应用交付能力等。为此，银行业、保险业持续加大科技资源投入。2021 年，全国银行保险机构信息科技资金投入超过2 700 亿元，同比增长 12%；信息科技人员数量超过 16 万人，同比增长超过 10%。但在转型过程中，也有不少机构走了弯路，转型效果不佳。从目前情况来看，银行业、保险业数字化转型主要面临以下挑战：

（一）传统经营理念和管理体制不适应数字化转型的需要

部分机构缺乏自上而下凝聚共识、统一规划的数字化转型战略，缺乏对转型方向、目标、路径的统一认识。部分机构还没有从根本上扭转同质化的经营思路，为了转型而转型，简单抄袭同业经验，成果投产转化率和渗透率偏低，造成一定的资源浪费。部分机构数字化转型只是单纯地将传统金融业务线上化，寄希望于合作公司的“客户引流”，未建立或发掘自身市场优势，转型效果不明显。部分机构存在业务与 IT 建设“两张皮”现象，科技部门与业务部门对数字化的理解不同步，难以有效衔接。部分机构组织架构、协调联动机制、产品创新机制、考核激励机制等还不能适应数字化转型的需要，导致战略规划落空，或者在执行中走偏。

（二）业务架构、数据架构、科技架构无法满足机构数字化转型的需求

比较突出的问题是，相当数量的机构信息系统重复建设，竖井式开发方式比较普遍，无法满足业务数字化的敏捷需求。部分机构科技投入不足，难以满足数字化转型基础建设的需要。部分机构过度依赖科技外包，沉淀技术和数据资产的能力严重不足。

（三）数据治理存在缺陷，海量信息难以有效转化为数据要素

不少机构数据标准不统一，缺乏有效整合，数据碎片化和数据孤岛问题突出，无法充分发挥数据价值。部分机构数据安全保障能力不足。部分机构采集的数据质量不高，挖掘信息的技术不强，整合外部数据的能力不足，海量信息难以有效转化为数据要素。

（四）数字化人才尤其是复合型人才短缺

数字化转型需要构建与之相匹配的强大人才队伍，尤其是要有一批具有互联网思维、掌握数字化技能、拥有金融知识和大数据分析能力的复合型人才。数字化创新人才的储备和培养需要资源和时间，不可能一蹴而就。目前，我国银行业、保险业整体上还面临金融科技人才尤其是复合型人才稀缺的问题。

与此同时，在新的市场环境下，银行保险机构面临的战略风险、信用风险、流动性风险、操作风险、法律风险等都发生了显著变化，对银行保险机构数字化转型形成了新的挑战。例如，在战略风险方面，面对新的竞争形势，机构战略转型最常见的风险就是转向以往不熟悉的高风险业务，而自身并不具备相应的风险管理能力。在信用风险方面，越来越多的银行保险机构将尽职调查和客户筛选过程自动化、模型化，使用者很难准确定位数据输入和结果之间的因果及决策逻辑关系，从而形成技术“黑箱”。部分机构过度依赖第三方平台的导流、助贷，甚至将授信审查、风险控制等核心环节外包，从而弱化了自身的信用风险管理能力。在操作风险方面，银行保险机构正在自身价值链的不同领域与大量金融科技企业开展合作，与第三方合作公司的关系已经从简单的外包关系发展为多层面、多类型的关联交互关系，可能导致合作方的操作风险直接传导至银行保险机构。同时，随着金融业务的线上化、开放化程度不断提升，网络安全的风险敞口增加，数据管理和保护的难度加大。

三、强化顶层设计，稳步推进数字化转型工作

银行保险机构应当主动把握数字化创新变革趋势，立足新发展

阶段，落实新发展理念，坚持以人民为中心的发展思想，加强全局谋划、战略布局，协同推进变革，大力提升业务能力、数据能力、科技能力，久久为功，稳步实施数字化转型。

（一）加强数字化转型战略规划，明确自身风险偏好与数字化转型之间的关系

数字化转型是银行保险机构经营管理的深刻变革，涉及业务模式、组织架构、管理机制流程、人才队伍、信息科技架构等多个领域的协同调整，是一项系统性工程，需要顶层设计、统筹规划、持续推进。银行保险机构应当根据自身定位，科学制定数字化发展战略，紧紧围绕服务实体经济这一根本目标，将数据作为关键生产要素，充分应用金融科技，创新金融产品、经营模式、业务流程等，提升市场竞争能力、风险管理能力和金融服务水平；同时，明确自身风险偏好与数字化转型战略之间的关系，在推进数字化转型的过程中牢牢守住风险底线。

（二）根据客户需求积极推动业务模式转型，增强金融服务可得性

充分利用金融科技，拓展产品营销和服务渠道，增强金融服务可得性，提升客户体验。积极支持国家重点区域、战略性新兴产业、先进制造业和制造服务业发展，围绕重大项目、重点企业和重要产业链，建设产业金融服务平台，为产业链上下游企业提供更优质的金融服务。地方中小金融机构应立足地域优势发展特色业务，主动对接当地经济发展战略，推进产品和金融服务模式创新，走特色化金融发展道路。农村中小金融机构应坚持服务县域、支农支小的市场定位，把更多金融资源配置到全面推进乡村振兴重点领域，加快推动农业现代化。同时，加强智能应用适老化改造，不断改善老年人服务体验，让老年人在数字化发展中更有获得感、幸福感、安

全感。

（三）构建与数字化战略相匹配的组织架构和机制流程

积极探索组织架构创新，以价值创造为导向，在机构内部加强跨领域、跨部门、跨职能横向协作和扁平化管理，组建跨业务条线、业务与技术相融合的共创团队，建立新产品、新业务、新模式的孵化机制，增强快速响应市场变化、创新产品服务和持续迭代优化能力。

（四）加强数据能力建设，切实提高数据治理水平

银行保险机构应当树立把数据作为核心资产的经营理念，挖掘数据潜能，激发数据活力，使大数据成为推动银行保险机构高质量发展的新动力。优化数据治理架构，确立企业级的数据管理和数字化应用推动部门，发挥数据体系建设和组织推动作用。充分发挥数据标准对提升数据质量、打通数据孤岛、释放数据价值的重要作用。运用大数据技术全面整合内外部数据，建设具有高效数据服务能力的数据中台，加强数据资产管理。建立健全数据治理体系，形成以数据认责为基础的数据质量管控机制，完善考核评价体系，强化数据治理检查、监督与问责。

（五）积极稳妥推进技术架构转型，加强基础设施建设与资源供给，构建稳健灵活、可拓展、高可用的科技平台

通过分布式架构重塑基础设施，打造可扩展性强、处理效率高、容错能力强的技术中台。优化应用架构，打造企业级、平台化的业务中台，实现传统竖井式架构向业务中台转型，推进标准化、模块化的产品、业务、流程建设，为前台业务的灵活扩展和快速创新提供支持。同时，积极稳妥地推进新技术应用和关键技术自主可控。

（六）大力引进和培养数字化人才

积极引进和培养既懂金融业务又懂数据和科技的复合型人才，重点关注数据治理、架构设计、模型算法、大数据、人工智能、云计算、网络安全等专业领域人才。加强高端核心人才引进、培养和激励机制建设，强化对领军人才和核心专家的激励措施，加强科技人才梯队储备。

（七）构建安全可靠、合作共赢的金融服务生态

围绕客户全生命周期需求，与科技公司、互联网平台等不同领域的企业依法依规开展合作，优化拓展服务场景，强化业务控制和风险管理能力，提升市场竞争力。同时，强化系统集成能力，加强内外部资源整合，统筹规划金融产品服务内容和流程，建立健全面向开放生态的技术架构体系和敏捷安全的平台管理机制，对金融服务价值链中的关键活动进行有效管理和协调。

（八）加强数字化转型过程中的风险管理

加强战略风险管理，防止因战略定位和经营目标选择错误而过度承担风险。建立健全业务审批流程，对新产品、新服务及新业务渠道的合规性进行审查，评估范围应覆盖消费者权益保护、数据安全及客户隐私保护、合规销售、产品及服务定价、反洗钱及反恐融资等方面。建立有效的业务变更管理流程，对新产品、新服务及新业务渠道带来的技术和业务逻辑变化进行评估，针对相应的风险制定专门管理策略。操作风险的评估与管控框架应符合新经营环境中开放式价值链的风险特征。建立新技术引入安全风险评估机制，加强技术风险管理。此外，关注信贷管理中的数据风险和模型风险，对模型数据的来源、准确性及充分性进行定期评估，定期评估模型

的预测能力及在不同场景下的局限性，确保模型的可解释性和可审计性。

新一轮科技革命的加速演进，为经济高质量发展提供了新动能，同时也在深刻改变金融业的竞争格局和经营生态。银行保险机构应当抓住金融科技提供的新机遇，加强顶层设计与统筹规划，积极稳妥地推进数字化转型，通过变革金融服务方式、降低金融服务门槛、提升金融服务质量和效率，推动金融服务高质量发展，为加快推进数字中国建设、打造数字经济新优势做出应有贡献。

（本文刊发于《中国银行业》2021 年第 11 期。）

银行数字化转型：对公业务与内部管理新课题

刘晓春[①]

银行数字化转型的目的是更好地提供银行服务和更有效地创新银行业务，不是为数字化而数字化，更不是技术创新。因此，银行数字化转型，一定是数字技术围绕业务进行的，只有深刻地理解新形势下银行业务的发展趋势，才能实现有效的数字化转型。

同样是提供汇兑和存贷款服务，早期中国的银行替代票号和钱庄，它们并未进行直接的竞争，依靠的不仅是技术，更为关键的是银行在业务上进行的创新。首先，银行突破了客户的局限。票号主要用于办理汇款业务，为政府与富人服务，基本不面向一般民众；钱庄办理存款、贷款和兑换业务，严格以富人和官员为服务对象，可以说是熟人业务，办业务只认人，不管资金用途。银行则把业务扩展到一般百姓和工商企业。其次，银行创新了业务模式。银行吸收存款，并且广泛吸收普通人的储蓄存款，个人存一元钱就可以开户；普遍开办抵押贷款，对企业生产经营进行风险评估。最后，银行集票号与钱庄的功能于一身。银行这样的创新，不仅给自身创造了发展的机会，更是改变了借贷的社会经济功能，极大地促进了社

---

① 作者系上海新金融研究院（SFI）副院长。

会经济的发展。传统上，借贷的功能主要是调剂资金上的临时余缺，最多是商人出门做生意借款作为经营本钱。银行这样的创新，在突破熟人社会局限的同时，也让社会扩大再生产突破了积累的局限，加快了社会生产的发展。之后股权融资的产生，更是加快了投资的发展。

就当时的科学技术而言，电报和电话也可以说是金融科技，票号、钱庄并不是没有能力应用。就人才而言，各家银行除了行长大多数是“海归”，其他许多人才都是从钱庄挖来的。关键在于，票号和钱庄，包括当时在华的外资银行，都没有关注现代科学技术冲击下中国新兴的现代工商企业和城市居民，也没有去研究相应的业务模式和风险控制模式，而当时新兴的华资银行做到了。票号和钱庄很快就因为它们所服务的对象和业务被历史的洪流淹没而衰落以至于彻底消失。由此可见，银行并不是因为叫“银行”（bank）才取代票号和钱庄的，而是因为创新服务模式、服务代表未来经济发展方向的客户而发展壮大的。

我国第三方支付的蓬勃兴起，并不是因为相关公司有技术，而是因为它们发现了在互联网技术条件下网上交易的支付需求。当时，银行也关注到了这个需求趋势，并且有技术能力满足这样的需求，但由于种种原因没有实施。第三方支付的基本原理，就是第三方支付公司用自己在银行的公司账户为用户建立一套子账户系统，应用这个子账户系统为用户之间的支付进行记账结算。操作这个系统，可以利用互联网技术，也可以利用电报、电传、电话技术，甚至可以通过邮寄信件、票据传递来实现。在网上交易的场景中，利用数字技术当然就是顺理成章的事。

客户体验是产品创新的最后环节，或者说是产品的外包装。没有内容的创新，外包装终究只是花拳绣腿。近年来金融科技领域的许多伪创新，就是因为只有花拳绣腿，高光一时后即黯然失色。经济新常态下，银行数字化转型必须直面银行业务的新问题，通过解决新问题，最终提供良好的客户体验。

客户对银行业务的体验，并不局限于在网上办理业务的过程中，更在于银行业务帮助解决客户生产、经营和生活问题的能力。例如，存取款方便是体验；存款的安全性、存款期限的设置、存款利率、利息的计算方式、利息的支付方式等，是更丰富、更实质的体验。贷款审批的快与慢是体验，但对客户来说，贷款方式、贷款金额与期限是否符合经营与生活需要、贷款的使用与还款方式、贷款利率、利息的计算方式和支付方式、贷款的制约条款、在贷后管理中银行对客户经营的帮助等，才是客户真正需要体验的内容。

当前银行数字化转型中面临的业务问题主要有两个方面：一是面向客户端的问题，二是银行自身经营管理的问题。

一、数字化转型之对公业务新课题

关于银行数字化转型中客户端的问题，这些年银行在个人业务和小微企业业务方面有了比较多的探索，不能说非常成功，但成效是显著的。但近年来，在支持实体经济方面，银行依然感到困难重重，原因是银行面临的经济环境出现了许多新变化和新问题。银行旧有的业务模式，特别是风险管理模式不适应这些新变化和新问题。新问题意味着未来改进的方向，数字化转型只有解决面向未来的问题，才有可能实现成功的数字化转型。银行客户端的业务问题，本质上是风险识别与管理。

（一）传统风险评估方式已经不能适应企业形态的变化

银行对企业的信贷风险评估模式，是建立在单个生产企业基础上的，并随着企业形态的变化不断丰富发展。随着企业发展为集团，便有了集团授信。但风险评估的基础还是单个企业，企业集团被看作一个同质的整体。现在企业集团的形态复杂多变，原有的风险评估方式或模型已经不适应新的情况。

现在许多企业集团的组成形式多样，集团下有分公司和子公司，有上市公司和非上市公司，有全资子公司、控股子公司、参股公司和合作公司等。传统的企业集团，往往从上到下，包括子公司、孙公司等，都是全资的，可以说就是“一家人”。在风险评估中，完全可以把它看作一个整体。但现在的企业集团，一方面必须把它看作一个整体，另一方面又不能完全把它看作一个整体，即不能把个体单纯地看作整体同质性的一部分。在这种情况下，单纯依据企业集团的财务数据确定一个集团的授信额度，再将这一额度简单地分解给下属分公司、子公司，显然太粗放了。

如何评估一个企业集团整体的风险？需要哪些数据？如何获得这些数据？如何确定这些数据之间的关系？在一个集团中，有些子公司、分公司在业务上与集团具有强关联性，它们的风险也与整个集团具有强关联性；有些子公司的业务与集团整体经营关联性比较弱，甚至没有什么关联性，子公司出现风险，不一定会对集团产生影响。如果是强关联性，则集团或集团其他成员经营出现风险，必然会影响子公司的经营；如果是弱关联性，甚至无关联性，则集团或集团其他成员经营出现风险，不一定会对这个子公司的经营产生影响。这些情况，不同的企业集团有不同的表现，可能没有统一的标准，但需要找到一些基本规律。在这个基础上，应用适当的数字科技，收集数据，建立针对不同企业集团的风险分析模型。在分析整个集团风险的同时，又能分析每个集团成员企业的不同风险。

现代企业集团，不仅组成结构复杂，而且地域分布广泛，有不少是全球布局。不同区域的文化环境、法律环境不同，企业经营的风险也就不是财务报表所能完全反映的，需要进行广泛的数据收集和整理，以分析跨区域的各类风险。

企业集团是在动态变化中的。企业并购市场的出现，使得企业集团的发展不再是自我生长式的扩大，而是可以在自我生长的同时通过并购来迅速发展壮大。有并购，就有出售。这就带来了企业集团边界的不稳定性。笔者有一位在基层银行工作的朋友曾谈到他的烦恼：银行有一个非常好的长期客户，是一家集团的子公司，业务稳定，信贷额度及对银行的贡献度都占了比较大的比重。最近，这家子公司被出售给了另一家企业集团，但总行对这家新的企业集团没有集团授信，这意味着必须收回对这家子公司的贷款，待总行对这家企业集团进行集团授信后，再评估对这家子公司的授信。实际上，这家子公司当时除了股东变更，其他经营管理等都没有变。

这个案例反映了目前银行在企业集团风险管理中还没有考虑的几个问题。（1）对集团边界变动的风险管理。授信合同中应该如何约束企业如此重大的变化？银行是否应该参与到收购与出售的谈判中？如何安排收购与出售过程中相关授信敞口的过渡安排，以确保授信敞口的安全？等等。（2）对收购与出售本身的风险评估和管理。以前有少量的并购贷款，一般评估是从并购方企业集团的角度，对被并购项目或子公司的投入产出及并购后对收购企业集团的协同效应进行评估，总体上还是非常粗线条的，没有比较成熟的模型。但对出售项目或子公司的企业集团，却没有风险评估的概念。例如，一家企业集团出售某个项目或子公司，其目的何在？会给集团本级带来什么影响？被出售的子公司在整个集团的产业布局中处于什么地位？会给集团其他成员的经营带来什么风险？银行如何调整对该企业集团的风险策略？（3）对被并购项目或子公司本身由于并购而可能产生风险的管理。对被并购的项目或子公司来说，虽然项目还是这个项目，子公司还是这个子公司，但新股东对它的策略与原股东肯定是有所不同的，它在新的集团中的地位和作用也与在原集团中不同，更何况新股东一般还会调整它的经营班子。因此，银行对这家子公司的风险策略当然也需要及时进行调整。以上这 3 方面的风险管理，都需要收集不同于以往风险评估的数据和信息，需要不同于一般情况下的授信风险管理模型。

关于集团动态边界，还有一个更复杂的情况，就是并购或股权交易给子公司的股权结构变化带来的风险。要应对这一情况，需要更多的信息和数据，建立更加复杂的分析模型。

（二）一些新兴产业的投入产出规律不同于传统第一、第二和第三产业

随着包括数字科技在内的新兴科技的发展，涌现出许多新兴产业，如动漫产业、文化传播产业、康养产业、科创产业等。这些产业的投入产出有其自身的特殊规律，目前银行还在探索这些规律。

以动漫产业为例，在投入时，无法预测某部动漫作品的票房价值。人们不知道在获得成功的动漫作品《喜羊羊与灰太狼》背后有多少不成功的动漫作品。而《喜羊羊与灰太狼》在成功之前，也没人能想到它会成为一部爆款动漫作品。动漫的单个作品如此，对一家动漫企业同样无法用传统的方法评估它的风险。动漫企业的团队管理能力，并不能保证其所有作品的平均市场成功率；同样，其主创人员的创作水平并不等于他们所创作的作品的市场前景。

以科创产业为例，虽然大多数科创企业也生产产品，也是生产型企业，但与传统生产型企业最大的不同是，它从技术、设计、生产到市场，都是新的，甚至都只是概念和故事。传统生产型企业虽然也有新科技、新产品，但一般研发和生产经营是分开的，研发的技术和产品只有达到了相当成熟的程度，并且经过充分的市场调研和评估，才会正式进入生产领域。这时，银行对企业新投入的风险

评估也有了基本的依据。现在的科创企业，往往只有一个技术概念或一项科研中的技术，今后的应用领域还处于想象阶段。对银行来说，没有任何可以进行投入产出可行性研究的依据。许多银行尽管推出各种抵押担保方式对这些企业给予积极支持，但终究对项目本身或者说第一还款来源没有把握。

这类企业还有一个特点，那就是大多数管理团队缺乏经营管理能力。这也是银行在服务这类企业时感到非常困惑的一个方面。

银行支持企业，是用客户的存款发放贷款，首先要保证的是客户存款的资金安全，所以收回贷款本息是第一要务。同时，银行也很清楚，这些新兴产业是经济未来的发展方向，银行必须积极为它们提供有效的服务，才会有银行自身的未来。这需要从两个方面来考虑。

一是寻找针对这类新兴产业的新的风险评估方式，发现能确认其第一还款来源的强相关数据和信息，探索这类企业成功与失败的规律，从而形成相应的风险评估模型。

二是创新服务模式。也许大多数新兴产业在初创时期确实不适合用信贷方式进行支持，那么银行是否可以探索一种既不同于信贷也不同于投行的服务模式呢？在可见的将来，我国金融体系依然是以银行为主体，那么支持和服务代表未来经济方向的新兴产业，就不能没有银行的力量。因此，银行应该大胆创新金融服务模式。

银行这两方面的创新，都需要借助数字科技的作用。

曾经有一段时间流行投贷联动，这对这类企业肯定有帮助。但是有一个问题：投和贷是两种不同性质的产品，在联动过程中，尤其是在遇到风险时，投和贷之间的风险隔离问题怎么解决？

我国之所以要重新规定金控公司的运作规则，对金控公司制定一系列风险隔离要求，原因就在这里。因为金控公司可以协调不同的金融业态，可以进行投贷联动，甚至保险等都可以互相协调，但会有道德风险问题。当"投"出问题时，为了掩盖问题，银行有可能用"贷"去弥补，那么这种风险会越滚越大。为什么美国总是在银行的混业经营和分业经营之间摇摆不定？实际上就是这个原因。

（三）新商业模式和新上下游关系，既给风险评估带来了挑战，也给业务创新提供了机会

以计算机和互联网技术为代表的数字科技发展迅速，在发展过程中产生了许多新商业模式，改变了传统的企业上下游关系。传统的企业上下游关系，是一种买卖关系，银行服务企业，对企业进行风险评估，基本上就是服务单个企业本身；风险评估也是评估贷款企业本身的风险，不需要考虑上下游企业的情况。可以说，银行对产业链上下游企业的服务是割裂的。新商业模式下形成的新型上下游关系，是各种共生、共存、共发展的场景关系，给银行的服务和风险评估带来了全新课题。

随着万物互联、人工智能、虚拟经济的发展，经济活动将更多地以平台为中心展开，更可能会有相当一部分经济活动在纯粹的虚拟现实中运行。这些场景又会产生什么样的新商业模式？会有什么样的金融需求？银行如何进入这样的场景提供服务？这是银行未来的发展机会。只要是经济活动，就会有经营风险、交易风险和市场风险，银行需要去认识这些风险，并在认识这些风险的基础上创新服务模式和产品模式。

在万物互联下的数字经济，各类数据的产生与获取会更加容易和丰富，银行需要识别与风险有高相关度的数据，并且在高相关度的数据中识别与风险有因果关系的数据。一般来说，数据具有评价、标签、说明功能，但数据本身不具备信用属性。只有当数据或数字资产实现证券化，具有法律意义上的权属和流通市场，数据才会有

信用属性，对借款人还款具有强约束力。这是银行在数字化转型中提供数字化金融服务的基本原则。

在运用金融技术对数据进行金融化改造、赋予数据信用属性的同时，银行要为平台经济、供应链经济创造“融资＋支付”的高效服务模式。在这样的模式下，银行并不是机械地、平行地为平台或供应链上的企业同时提供融资，而是根据物流、数据流和资金流的运行状态，在支付结算的同时提供融资，以期最大限度地提高资金的周转速度，降低整个平台或供应链的整体融资量和融资成本。必须看到，降低企业融资成本不是靠银行降低贷款利率就能解决的，贷款利率是由市场供求关系和借款人的风险评级决定的，不是数字技术和银行能决定的。只有通过提高资金使用效率来降低借款人的融资量，才能有效降低融资成本，改善企业资产负债表。这是银行在数字化转型中提供数字化金融服务的基本要义。

平台经济同时也是零售金融和公司金融的交互平台，这也是银行在数字化转型中需要着力研究的一个重要方向。在这方面的创新，反过来对目前已经在数字技术应用方面有较大进展的个人金融业务、小微企业金融业务有更大的促进作用。

关于在数字经济条件下提供数字金融服务，还有一个需要探索的重大课题，那就是在一个平台上、一个供应链上或一个集群中，多家银行如何共同合作提供服务。可以想象，今后会有各种各样的数字化平台，大多数不可能只由一家银行为平台上的所有参与者提供服务。在平台上，各家银行在竞争的同时，在资金流、物流、数据流的各个环节有效配合，是提高整个平台运行效率的重要保障。

（四）金融生态变化一方面对银行形成了竞争压力，另一方面增加了评估企业资产负债风险的难度

我国多层次金融体系的发展，使企业融资渠道越来越丰富多样。就宏观市场占比而言，对商业银行的信贷市场形成了挤压。但就业务总量和市场机会而言，银行业务创新的空间更多，发展余地更大。首先，社会经济总量在增长，银行的信贷总量也在相应地增长。其次，商业银行除了信贷投资，也有其他资产的投资机会。再次，因多层次金融市场的需求，各类衍生品等金融市场业务空间巨大。最后，商业银行增加了服务非银行金融机构的机会。

企业有了更多的融资渠道，这在一定程度上减轻了银行信贷的压力，但也增加了银行评估企业经营风险的难度。

在只有银行单一融资渠道的情况下，企业的负债主要就是银行贷款、应付款和预收款三大项。银行评估企业经营风险和财务风险的方法非常简单，主要就是分析报表。后来银行多了，竞争激烈了，就要适当分析企业多头借贷的错配风险。对于许多民营企业，还要调查它们的民间借贷风险。范围再扩大一些，还要评估企业或有负债的风险，如信用证、保函、为其他企业和个人提供的担保等。

在多种融资渠道的情况下，企业的负债除了上述几项，还有债券、信托贷款、资产证券化融资、各类信托计划形成的负债等。不同的负债，不仅有不同的期限，与资产形成了错综复杂的错配结构，而且有不同的债权债务规则和风险规律，形成了负债结构的风险错配。以债券为例，同样是债务，债券与贷款的规律和风险是不同的。债券是直接融资，从发行开始，在全市场上的信息就是透明的；贷款是企业与贷款银行之间的协议。债券是可流通的，发行上市以后，持有人是可以变化的；贷款的债权人一般情况下是固定的，即使有债权转让，债权人也是明确的。债券利率虽然按发行协议执行，但

债券在流通中的价格是随行就市的，收益率会随之发生变化。债券价格的变动，虽然对发行企业本身的财务没有影响，但会即时影响企业的声誉和再融资能力、再融资成本，给企业的经营带来实质性影响。贷款利率始终按照贷款协议执行。当债务到期还款有困难时，对于债券，无论是否找到所有债权人进行协商，企业等于已经向市场宣布违约了；对于贷款，企业可以和贷款银行进行私下协商。

股权融资，无论是上市前的各类股权融资还是上市公开发行，都有不同的规律和风险，都会对企业的经营产生严重影响。股价的变动、估值的变动，有时是市场对企业经营变化的反应，有时则纯粹是对市场流动性、市场利率等市场风险变化的反应，但股价和估值的变化都会对企业的经营发展产生重大影响。股权虽然不是债务，投资人获得的是投资回报，但对投资人来说，股权投资试图在保证本金安全的前提下实现利益最大化。分红是收入，股权的溢价也是收入，从根本上来说投资人希望连本带利收回来。因此，对融资人来说，股权依然是债，是需要通过经营来向投资人提供回报的。也正因此，一些上市公司为了维持股价，在勉力经营的同时，还要腾出精力和资源做市值管理，有些上市公司还因此负债累累。

银行原有的对企业资产负债风险的评估，主要是依据财务报表，涉及一些总量指标，如资产负债率、流动比、速动比、库存、应收款占比等。以上这些指标涉及各个资产和负债品种的风险，在银行传统的风险管理模型中是没有的。现在各家银行都会关注这些情况，但没有成熟的、规范的方法，因此其也是一个新课题，需要深入研究。例如，在负债中，各类负债是否需要有一种合理的比例结构？各类负债与资产如何匹配才是相对安全的？企业发行的不同评级的债券对企业经营及再融资有什么影响？企业债券市场价格及股价的变化对企业资产负债和经营有什么影响？这些就需要借助数据跟踪、数据收集、分析模型等，各类金融科技在这些方面可以大展身手。

（五）绿色经济发展提出的信贷风险新课题

绿色经济既是我国经济发展的战略，也是今后国际经济竞争的重要领域。我国提出了“双碳”目标，这是一项艰巨的任务，也意味着一个巨大的市场，银行在其中会有很多创新和发展的机会。

关于绿色金融，可能更多的是从道义和社会责任角度研究银行如何发展绿色金融，支持绿色经济和绿色产业。笔者认为，发展绿色金融虽然是银行的责任，但更是银行必须开拓的未来市场。绿色经济和数字经济一样，都是未来经济的发展方向，银行只有服务未来经济，才会有自己的未来。

银行要提供支持和服务，首先要研究服务对象、支持对象的风险。关于绿色经济的风险，有以下三个方面。

1. 绿色产业的风险

银行要支持发展新兴的绿色产业，首先要认识这些产业的风险，包括技术、成本、安全、市场、经营管理等风险。有些风险依然可以应用传统的风险评估模型，有些可能需要新的评估数据和模型，有些则需要在认识风险的基础上创新服务模式。例如，在碳交易领域，银行可以提供哪些产品和服务、如何提供这些产品和服务，都是需要认真研究的。目前发行的绿色债券、基金等，都还只是初级的，还只是处在确认绿色产业、绿色项目阶段，对这些产业和项目风险的识别还是不充分的，还没有成熟的风险管理手段。

2. 传统企业、行业的绿色改造和升级

形式上，这与传统的技术改造类似，但实质上是有很大区别的。技术改造是通过引进成熟的新技术，达到提高产量、提高效率、提高产品质量、降低成本、创新产品、完善生产环节或产业链等目的。可以说，经济目标很明确，投入产出的逻辑也很清晰。但绿色改造与升级则大不相同，在一定阶段，可能只有投入，或者产出不能通过投入直接测算。也就是说，企业经过绿色改造，生产的还是原来的产品，产量和市场也没有变化，即投入没有带来产出的变化。对这样的企业与项目，风险评估和管理的逻辑就需要改变。

3. 对银行自身存量客户与资产的绿色风险进行评估和制定风险控制策略

“双碳”目标的实现是一个过程，但并不匀速，在这个过程中难免有一些企业被无情地淘汰，从而形成银行的不良资产。银行在支持新兴的绿色产业、绿色项目、绿色改造的同时，需要对现有的存量客户和资产进行动态、全面的绿色风险评估。在这方面要防止“一刀切”退出的粗暴方式，因为这不仅会给企业和社会造成风险，也会给银行自身造成不必要的风险。银行需要研究国家相关政策出台的节奏，对企业进行分类。例如，可以将企业分为近期可能触发绿色风险、中期可能触发绿色风险和远期可能触发绿色风险三大类，分别制定不同的风险管理策略，判断哪些企业可以在近期支持其进行绿色改造和升级，哪些企业需要及时退出。对于中期可能触发绿色风险的企业，要督促其有计划地进行绿色改造和升级，并持续监督；对于没有能力或没有必要进行绿色改造的企业，就要制定退出策略。这项工作同样不是传统的风险管理方式能完成的，需要新的数据、新的分析逻辑和框架。有效而及时的数据收集和分析在这方面很重要。通过技术手段，如智能合约等，对企业的绿色改造和升级等形成强制性约束力，对绿色经济和绿色金融也有很大的促进作用。

二、银行数字化转型之内部管理新课题

银行数字化转型，是银行经营管理利用数字技术的全面转型。

利用数字技术分析客户需求、客户风险，创新为客户服务的流程和方式固然重要，但这只是银行经营管理的一个方面。银行内部管理是银行经营管理的主要内容，更是服务客户的重要基础。从银行经营管理的角度讲，资产负债等内部管理才是核心和灵魂。

数字技术的种类有很多，包括大数据、云计算、人工智能等，具体功能各有不同，技术原理也不同，但体现的业务功能效果不外乎以下几种：更强大的数据抓取或收集能力、更强大的数据储存能力、更高效的数据分类整理能力、更高效的数据计算分析能力、更流畅安全的数据处理和业务执行能力等。这些技术能够被金融业务所应用，因为这些能力是统计分析的基本条件，而银行的经营管理正是建立在大量统计分析的基础上的。因此，数字科技在银行经营管理中大有用武之地，银行要进行数字化转型的根本原因也正在于此。

如何恰当有效地应用这些能力，不在于这些技术本身，而在于如何发挥统计等金融专业能力，将有关规则交给这些数字技术去处理。懂得业务，理解业务，认识不同技术的特性和局限，是数字化转型成功的前提。

自从大规模应用计算机技术以来，银行内部管理已经有了根本性改变，会计核算、报表统计等大量业务已经实现高度自动化。但也应该看到，这些自动化大多还是分专业、分条线的手工业务的自动化，还没有实现经营层面的智能化。同时，由于 40 多年来银行业务的飞速发展，银行内部管理也对数字化转型提出了新的课题。

（一）资产负债经营格局变化带来的挑战

改革开放以来，我国银行业的资产负债表内容大为丰富。改革开放初期，银行的资金平衡表中有关资金来源和运用的主要内容就是存款与贷款。现在银行的资产负债表中，负债和资产都有许多品种，即使是资本，也有多项内容。银行的经营收入虽然依然是利差，但占比正在下降，并且利差不再只是存贷款利差。同时，在总资产中，贷款的占比基本上只有50%左右。也就是说，银行的经营，即使在总资产层面，也不再仅是贷款，更何况还有相当数量的表外业务。

《巴塞尔协议》及监管部门对银行提出的许多经营管理要求，即监管指标，大多都属于资产负债管理范畴。这些指标是对银行几百年来经营管理中出现的风险的总结，既是对银行经营管理的约束，也是银行自身经营管理的内在要求。因此，监管指标不应该是银行经营中简单的事前计划或事后计算与调整的结果，而应该是银行经营管理的主动工具。实际上，如果将这些指标作为被动约束指标，往往会在调整中降低收益；而如果主动应用这些指标作为管理工具，则会在保证经营安全的前提下提高收益。

随着利率市场化、汇率市场化，金融市场瞬息万变，不仅会影响银行资金的流动性，也会影响银行经营目标的实现。如何在不影响服务客户和基层银行经营基本稳定的前提下，灵活调整资产负债结构，既避免市场风险，又确保经营目标的完成，是一个全新的课题。也就是说，资产负债管理与以前的计划工作不同，既不是事前的规划，也不是事后的统计与考核。以前在年中有计划调整，实际上是对情况变化的事后承认，依然只是统计分析行为，而不是经营行为。而现在是要随着市场的变化，随时从经营的角度进行资产负债结构的调整，这是一项经营行为，是现代银行经营的核心。

正因为是经营行为，需要的是在统计分析基础上的经营决策。做这样的决策，不仅统计分析的数据量大，而且市场瞬息万变，计算复杂，这正是大数据、云计算、人工智能等数字科技大展拳脚的地方，可以为这类复杂决策提供有效的工具。

1. 在日常流动性管理层面，需要的是实时分析系统

由于不同资产、不同负债的性质不同，其流动性规律也不同，再加上各家银行的客户结构不同，会形成各自的资产负债结构特色，所以实时分析系统不应该是进行简单的统计分析，而应该根据各银行自身的特点，形成最佳的资产负债结构模型，在保证流动性的同时，争取最大的收益。例如，在负债中，储蓄、企业存款、机构存款、同业负债、发行债券和大额存单等的品种结构、期限结构，如何既能保证负债的稳定性和流动性，又能保持相对合理的成本？在资产中，贷款、投资类债券、交易类债券、同业投资、其他资产等，什么样的品种结构和期限结构既能不影响客户的经营，又能保证资产的灵活性和收益性？在资产和负债之间，什么样的品种结构和期限结构才能确保全行经营的流动性、安全性和收益性？在这样的分析中，监管指标应该成为银行主动管理的工具。

2. 当市场利率发生变化时，智能化分析系统能够及时给出不同的最优资产负债结构调整策略

传统上没有这样的智能分析工具，在市场利率发生变化时，为了保证利润计划的完成，银行往往只能强行要求基层银行贷款定价必须设定在多少以上，存款定价必须设定在多少以下。实际上，利率是由市场资金的供求关系确定的，同时也是由银行本身的市场地位决定的。强行抬高贷款利率，只会降低准入标准，提高风险容忍度；而降低存款利率，只会造成存款流失，形成流动性风险。此时应更多地考虑调整非信贷类资产的品种结构和期限结构，以调整收益结构；负债则需要调整主动负债和被动负债的结构。

3. 智能化的 FTP 系统能够及时给出合理的 FTP 价格，以引导各业务条线和各业务机构进行业务结构调整与收入结构调整

现在一些银行往往把内部资金转移定价（funds transfer pricing，

FTP）当成一个考核指标，这是对 FTP 这个工具的误用。因为误用，所以 FTP 往往成为业务条线、经营机构与总行相关部门相互进行利益博弈的目标，也就是说，经营机构把 FTP 看成与总行争夺利润的杠杆。本来应该通过 FTP 的引导，经营机构调整自身的经营行为，改变经营策略，开拓市场，调整客户结构，从市场获得盈利。这样所得到的业务结构、收入结构的结果，正是总行 FTP 所要达到的目标。因此，FTP 价格的确定就很有讲究，需要根据市场的变化动态地调整，有时甚至需要根据不同业务条线和经营机构给出不同的 FTP 价格。在实操中，前台部门和经营机构往往倾向于做一些大额的高收益资产，但它们并不清楚，因为做了一些高收益资产，资产负债管理部门需要持有相当数量的低收益甚至无收益资产进行流动性对冲，这样综合算下来，高收益资产带来的不是高收益，反而可能是低收益。这就需要有合理的 FTP 等工具来调节经营机构的行为，也需要利用大数据、云计算和人工智能等数字技术，进行动态、快速、精准的计算。

4. 汇率市场化下的本外币资产负债经营

如果一家银行外汇资产与负债有了一定规模，那么当汇率发生较大变化时，就会导致资产规模和负债规模的波动，形成较明显的汇兑损益。为了有效服务客户，不可能通过简单压缩或增加外汇资产或负债规模进行调控，需要在总行层面进行适当的对冲操作。这样的操作因为是在总行层面针对整体的资产负债进行的，所以作为业务部门的金融市场部等是无法操作的，应该由资产负债管理部门在对全行资产负债综合分析的基础上，动态确定多层次、多批次的对冲方案。这样的分析与计算，毫无疑问也要借助数字技术的赋能。此外，在应对市场利率变化方面，也需要进行类似的对冲操作。

5. 为分支机构提供相应的管理工具

一家银行的各业务条线和各分支机构都有各自的专业、特点和规律。在资产负债结构比较单一的情况下，简单按计划分配的方式进行资产负债管理尚且过得去。但在资产负债结构复杂、市场利率/汇率等瞬息万变的情况下，按计划分配方式管理资产负债不仅显得捉襟见肘，更会造成经营管理上的损失。例如，传统上一旦遇到宏观调控，银行就粗暴地下指标让基层银行压缩信贷规模或其他业务规模。在这种管理方式下，轻则提高管理成本、减少业务收入，重则损害客户利益，甚至产生本不应该产生的不良资产。因此，要应用大数据、云计算和人工智能等数字技术，在总体资产负债管理的基础上，更科学、有效地对不同业务条线和经营机构的资产负债进行管理，同时也要为这些业务条线和经营机构提供一套既符合总行总体管理要求，又适合它们自身资产负债管理的工具。

（二）新会计准则带来的挑战

2018 年开始实施的新会计准则（IFRS9，即《国际财务报告准则第 9 号》），不仅改变了记账方式和核算方式，就银行经营而言，更是对原有经营逻辑的颠覆，对经营管理提出了更高、更复杂的要求，必须应用数字技术改变银行经营管理模式，更有效地管理全行的经营方式和经营行为。

首先，新会计准则对金融资产重新进行了分类，由原来的 4 类改为 3 类：以摊余成本计量、以公允价值计量且其变动计入其他综合收益、以公允价值计量且其变动计入当期损益。受此影响，银行有相当一部分资产被归类为后两类。在经营过程中，一是容易造成资产规模的波动，二是容易造成损益的波动，三是容易造成资本充足率的波动。造成这些波动的最直接因素是市场利率的变化。因此，银行在经营过程中必须全面深入地分析市场利率走势，考虑各种变化的可能性，结合董事会制定的经营目标，灵活、合理地配置各类资产，在平衡流动性、安全性的同时，平衡资产规模和利润，平衡资本管理目标。

其次，新会计准则以“预期信用损失法”替换原会计准则“已发生信用损失法”计量减值，不仅计量方式改变了，更为重要的是计提减值准备的量大为提高。尤其是在“预期信用损失法”下，对长期授信、低评级企业授信和低风险缓释授信的损失计提要求更高。这需要银行在平衡收益与风险的基础上科学地配置各类资产，同时还要通过 FTP 等手段引导经营机构和客户经理。在开展具体业务过程中，一方面在考虑收益时要计算减值计提因素，另一方面也不能因为减值计提而放弃客户合理的信用需求。在关于重资产、轻资产的取舍中，也有与此类似的地方，需要根据银行本身的禀赋和客户策略选择业务策略，不能就业务论业务，单纯偏重某类资产。银行的资产就像会计记账一样，需要借贷平衡，重资产需要轻资产来对冲，轻资产同样需要重资产来对冲。

（三）“营改增”带来的挑战

在银行缴纳所得税的情况下，税收基本上就是年底核算的工作，一般来说是财会核算部门年终工作的一部分。计算所得时，银行的利息收入和利息支出是轧差计算的。正因如此，经营机构和客户经理在办理业务时，是忽略税收因素的，一般只要计算存贷利息轧差后的收入就能大概确认一笔业务的收益或盈利。

“营改增”后，银行缴纳增值税。作为流转税，增值税的计算与所得税大为不同。首先，银行业与工商业不同，对于哪些进项支出可以抵扣不容易判断，更有许多重要支出不能抵扣，如银行支出的大头——存款利息就不能抵扣。其次，每笔业务收入发生时就要进行纳税计算，但是形成这笔业务的成本很难有明确的对应进项。

这在管理上形成了很大的矛盾。如果像过去一样，由财会部门事后为每笔业务进行进项对应，并计算应纳税额，一来非常困难，二来成本高、效率低，最终也只能得到一个不准确的数字。如果让客户经理在做业务时就进行计算，也不可行。一方面，客户经理缺乏增值税方面的知识，即使经过培训，大多也很难熟练掌握；另一方面，办理业务的效率或者服务客户的效率将大大降低。因此，不能不说，增值税增加了银行的管理成本。

针对“营改增”，银行最佳的办法就是将税务筹划前置，即在业务端就开始进行税务筹划。实际上，同样是满足客户的一个需求，在收入相同的情况下，不同的业务模式可以有不同的进项抵扣，应纳税额也就不同，这笔业务最终的利润也就不同。对一线客户经理进行税务筹划培训，理论上是可行的，实际上是不可能的。这就需要应用数字科技开发一套工具，让客户经理和经营机构在与客户洽谈业务的当下就可以进行税务筹划。前文讲到的 FTP 价格运用、相关信用资产减值计提等，都可以嵌入这个工具中。

三、总结

银行数字化转型是为了解决金融问题，而不仅是为了应用某些数字技术，需要应用什么数字技术应当由被解决的金融问题来决定。数字技术应用得恰当，可以更好地解决金融问题，这是银行数字化转型的要义。

金融创新、银行数字化转型需要三项技术共同发力：金融技术、制度技术和科技技术（数字技术）。金融技术是前提和基础，制度技术是规范和保证，数字技术是催化剂。

银行数字化转型需要研究各类数据在不同情境下与风险的相关性与约束力。银行信贷要解决三个问题：合适的信贷额度、借款人的还款能力、约束借款人还款的要素。借款人以前有良好的信用记录，不等于其一定会归还某笔贷款，必须有对借款人具有强约束力的要素迫使其必须还款。数据画像本身不具有这样的强约束力，传统的担保、抵押具有这样的强约束力。因此，同样的数据对于不同的客户具有不同的效用，同样的数据在不同的环境下也具有不同的效用。

银行内部管理的内容极为丰富，遇到的新挑战也不止以上三个，但所有的内部管理都是指向业务的。银行数字化转型需要做好顶层设计。所谓顶层设计，不是简单的领导重视、“一把手”工程，或者董事会做个决议。数字化转型顶层设计的前提，是经营管理的顶层设计，具体面向客户的业务则是顶层设计的结果。因此，数字化转型的顶层设计不只是设计一种科技系统架构，更应该让这种架构服务于银行经营管理的方方面面。为此，数字化转型更应研究经营管理需要解决的问题。

第三章

数字货币发展与数字人民币

从金融服务角度理解数字货币的重点问题

周小川[①]

对数字货币的讨论实际上可分为两大互相交叉的领域：一个偏重金融服务，探讨具体政策、相关金融服务及市场主体接受性等；另一个则比较偏重技术路线和措施。本文偏重从金融服务角度做一些讨论。

一、如何区分、评价 CBDC、M1 及稳定币的稳定性和可用性

这里的 CBDC 是指中央银行数字货币，M1 是指商业银行账户中的存放资金（一年期以内），稳定币是指第三方机构创造的有支撑的货币。

对于稳定性问题，最好不要用二进制思维来考虑，即不要认为非 1 即 0，要么稳定，要么不稳定。实际上，稳定性可能是一个连续指标。也就是说，可能有一些货币会非常稳定，稳定程度接近 1；也有一些货币不太稳定或不稳定，稳定程度接近 0。当然，可能还有一

① 作者系中国金融学会会长、中国人民银行原行长。

些货币（不管是现有的还是仍在设计之中的）的稳定程度可能居于上述两者之间，即处于 0 和 1 之间。

有人认为，中央银行的货币就是稳定的，中央银行发行的 M0 具有 100%的稳定性；商业银行账户中的 M1 属于商业性货币，因而不具有 100%的稳定性。实际上，这个说法可能存在一定的问题，值得质疑，而且容易引起一些信任上的混乱。其一，商业银行货币还是具有相当高的稳定程度的，当然也不一定是 100%的稳定。虽然有的商业银行可能会出问题，甚至破产，导致客户存在银行账户中的资金无法取出，但总体上这属于极个别现象。其二，拿中央银行货币作为稳定性参照指标不见得合理。世界上有个别中央银行运营失败或受到不当干预，出现通胀失控、本币贬值，就是中央银行货币不稳定的实例。商业银行货币的稳定性究竟该如何衡量？一种方法是找一个可靠的参照指标，如将本国中央银行的纸币作为参照指标，看看两者是不是 100%等价？不一定，因为中央银行货币本身不见得是真正意义上的 100%稳定，具体还要看购买力。另一种方法是在特别提款权（SDR）、美元、大宗商品组合等之中选一个作为参照指标。所以，存在不同的稳定参照指标，不见得拿本国中央银行货币作为参照指标就最合理。其三，在某种情况下，M0 也可以由商业银行发行。最典型的例子就是中国香港。香港在回归之前就有汇丰、渣打两家发钞行，1997 年回归之后又增加了中银香港作为发钞行，这 3 家都是商业银行。作为发钞行，它们被寄予非常高的要求。可以说，3 家商业银行发行的港币也是高度稳定的。3 家发钞行发行的钞票几乎是完全通用的（当然，技术上不见得要达到 100%通用，特别是在极端特殊情况下，但总体来讲，都是高度稳定的）。

为什么商业银行货币 M1 可以做到高度稳定？如果第三方机构想发行货币，无论是什么类型、什么技术基础，是否能保证稳定呢？这首先要看发行机构是否达到了高标准。事实上，任何健康的经济体对商业银行的要求都是相当高的。如果要将商业银行委任为发钞行，则要求会更加严苛。具体来说可能有很多条要求，这里列举其中 5 条。

第一，足够高的商业银行资本充足率。2008 年国际金融危机之后，全球监管体系又提出了资本质量的概念，即：除了要有资本，资本的质量还得高。什么是高质量的资本？就是资本必须有足够的吸收损失的能力，否则就不是高质量的资本。对商业银行来说还有一些辅助的安全性指标，如杠杆率、净稳定融资比率等。对于高质量的大银行，特别是国际上的系统重要性银行，还要满足总损失吸收能力等更高的要求。

第二，有各类准备金要求。首先是存款准备金，各中央银行在不同时期对存款准备金的要求不同，有高有低，具有调节作用。其次是清算准备金，这是参加中央银行清算系统的需要。最后是呆坏账准备金，用作损失的拨备。此外，中央银行还会给重要的银行临时的透支额度，也就是说，如果这些银行在参加清算时出现了临时问题，是可以找中央银行借“钱”的，但这种情况很少发生。不过，在 2008 年国际金融危机之后，对衍生品交易要求引入中央对手方清算机制，明确中央对手方应该在中央银行开有账户，必要时可以得到中央银行的流动性支持。

第三，有存款保险机制并要求吸收存款的机构参与存款保险。这样可以保证在银行清盘时存款能够得到偿付。中国的存款保险机制规定，50 万元以下的存款能得到全额偿付。此外，在 2008 年国际金融危机之后又增加了自救安排，如塞浦路斯发生金融危机后，就要求大额存款必须转为银行股权。此外，对于发生大量国际交易往来的银行，需要从国内支付能力扩展为国际支付能力，而国际支付能力要依靠中央银行的外汇储备提供国际支付的保障和克服汇率不当波动的不稳定性。

第四，有强有力的监管。监管对资产负债表的资产方和负债方质量都有明确的要求，如对资产方有风险权重的详尽安排。一些银行想依靠自己的内部评级来确定资产风险权重，为此《巴塞尔协议Ⅲ》框架也制定了底线要求，即资产风险权数通过内部模型法和标准法两种计算方法得到的结果不能差得太离谱，是有底线的。此外还有透明度、压力测试等多项监管要求。这些保证了银行的质量。

第五，有良好的公司治理。被委任为发钞行的商业银行必须有制衡的结构，队伍要够专业，有合格的内审和外审，对高层管理者则有更严的要求。

正是在这样的条件下，商业银行的 M1 具有高度接近中央银行货币的特征，因此不能说因为 M1 是商业银行创造的货币，M1 就是不稳定的。

第三方机构如果想创新货币并参与数字货币或支付系统，那么它必须在不同程度上向高标准靠拢，不能耍小聪明，不能以“那些标准都太高了，成本也太高”为借口而想方设法地躲避；也不要一味强调“我们作为科技公司，不能按你们的标准来”。事实上，如果脱离了这些标准，货币与支付系统的稳定性可能就有问题，除了影响第三方机构自身的稳定性，还可能会给整个经济系统的稳定性带来冲击，此外，也不容易得到广大用户的充分信任。

当前有很多创新尝试都是面向稳定币的，其源头是校正最开始出现的比特币之类的非稳定币（这里应强调，有些所谓的“币”不见得真的是货币，而应被视为数字资产）。2019 年出现了 Libra 设想，最开始并没有想以哪个参照指标作为对照。后来的创新者倾向于以币的稳定为基本特征，但实际上，币的稳定与否不是自称的，即不是自己说稳定就稳定了，而要看其背后是不是真有什么东西在支持和保障其稳定性。例如，有的币号称有 100%的准备金，是不是真的有准备金？如果有的话，那么存放在哪里了？有没有人给出证明？有没有人核实审计过？从发行机构的资产负债表来看，这些发行的币处于负债方，那么其对应的资产方到底是谁？有没有人想使用它，如用来买国债？如果有资产方运用，那么资产方的安全性怎样？流动性如何？这些都是需要回答的问题。另外，发行者是想服从严格的监管，还是千方百计绕过监管？有没有考虑过在恶劣情况下进行压力测试？现实生活中，一些机构有了某些创新想法，但因为实力薄弱，往往避重就轻，拿对自己有利的条件说事，强调自己某项功能可以用、用得挺好等，但做没做困难条件下的压力测试？另外，业务出了差错怎么办？出了错是否具有足够的透明度以便后续改进？这些都是要事先考虑的。当前，随着信息技术的发展，许多金融科技公司和大型科技公司也会出差错，但有些公司出了错以后，总是用钱来掩盖，特别是有些公司估值很高，手里有大把资金，一出错就设法拿钱盖住，对外也不说。其实，技术出错并不可怕，关键是如何设法改进技术。

总之，币是不是稳定币不是自称的，而是有一系列条件、考核、保障的。现行体系对商业银行的要求是相当高的，因此不要轻易动摇对商业银行账户资金 M1 的信任。应该说，金融科技公司和大型科技公司是很有前途的，在支付业有很广阔的前景，但要讲诚信，提高自己的质量，向高标准看齐。如果想做大做强，要求会更高，不要耍小聪明。此外，从资产负债表来讲，要理解发行货币是发行机构的负债，现实中发行的 M0 是中央银行的负债。

二、为何要强调 e-CNY 定位于 M0

如何理解中国人民银行所强调的数字货币（数字人民币，e-CNY）定位于 M0？也有人质疑这一定位。中国人民银行已经就这个问题做了清楚的阐述，笔者仅在这里再做一点补充。

首先，中国人民银行强调研发数字货币是为了替代一部分现行纸钞，也就是 M0，这表明中国人民银行想把数字货币应用的重点放在零售环节，特别是借助互联网和移动互联网终端给大家提供更大的方便。

其次，中央银行作为一个很大的机构，像商业银行一样，其内部不同的业务由不同的部门管理。例如，对 M0 和 M1 的管理分属不同部门，研发费用、试点费用从哪儿出也是分别管理的。明晰数字货币替代 M0 的定位避免了各部门之间“打乱仗”，工作就容易推进了。举个例子，人们到银行换外汇，会看两个不同的牌价：一个是钞，一个是汇。这两个价格不一样，说明 M0 和 M1 在换汇时的汇率及其规则不一样，在管理上是有区别的。

最后，从改进空间看，虽然随着科技的发展，任何业务在提高效率、降低成本、增强安全性、提升纠错能力等方面都存在改善的空间，但客观来说，当前中央银行和金融体系中 M1 的运行是比较正常的，改善空间似乎不那么显著。因此，要尽量避免造成这样一种冲击：提出替代 M1 会造成一种误解，让人们觉得当前 M1 系统不太好用，未来 M1 的管理会完全改变，需要替代。

在数字货币发展早期，对“数字货币”这一概念，国际上曾经分成了两类观点：一种是以代币为基础，不用开设账户；另一种是以账户为基础，对账户进行实时处理。个人以为，其实还可以加上一种类似支票的，也就是以支付指令为基础，即先给出支付指令，但真正的支付行为是在其后定时轧差处理完成的。这种支付指令有点像美国等一些国家的做法，这些国家过去支票业务比较发达，个人买东西签支票就算支付了，但实际上这只是个支付指令，后面还有其他一些工作需要完成，而且这些工作并不简单，必须都完成了才算真正完成了支付交易。这涉及支付指令、结算、清算三者之间的关系和技术选择。信息科技的发展使得实时全额结算（real time gross settlement，RTGS）变得越发可行，但也不见得在各应用场景中都要用RTGS。当然，这还涉及支票账户。在美国，支票账户是M0，是现金，过去很多年同纸币一样，不付息，是一个接近纸币的可支付账户。但在中国，M0指的是流通中的现金，银行支付账户、支付宝等第三方支付账户中的资金都是M1。由此可见，不同的国家对M0、M1的理解不同，因此关于M0、M1之间的区分还有不少问题值得探讨。

另外，在数字货币发展早期，并没有特别急于替代金融市场交易的支付，如股票市场、债券市场、外汇市场等。当时有人提出，可以采用以区块链为基础的数字货币来替代这些金融市场的交易，将支付、结算、清算合为一体实现RTGS。这容易引起研发重点方面的考虑。例如，这是否意味着现行交易系统低效、过时？是否意味着要换成RTGS系统？会不会对现行系统造成某种冲击和混乱？等等。因此，将e-CNY聚焦于替代M0是有多方面观察和分析的。

事实上，M0和M1之间并不是隔绝和截然分开的，两者之间是有管道的。我们知道，M1如果合规使用，就可以提出来成为M0，特别是对居民来说。因此，在一定条件下，M0和M1之间有个连通的管道，近似等价，不会出现M0是中央银行货币所以就高度稳定、M1不是中央银行货币所以就不稳定的情况。

三、可否加快投放e-CNY，特别是跨境投放

有人提出，中国人民银行是否应该加快并更多地发行数字货币，尤其是跨境的数字货币？这与当前出现的地缘冲突相关，人们希望数字货币在这种情况下能起到一定的作用。怎么看待这个问题呢？

主要从应用方面来考虑。

货币印多少或许可以根据国家自己的愿望来掌握，但能否流通出去则取决于应用，取决于人们是不是肯用这种货币、用量有多大。有很多人不了解中央银行纸币的生产和管理过程，以为印钞机印完了就可以用了，其实不然。纸币印完后先堆放在大仓库中，然后通过运输、调配分到中央银行各个分支机构的现金库，再由商业银行根据需求来领取进入流动环节。商业银行领取或不领取取决于自己的 M1 供求差，这个 M1 供求差一般被称为存贷差，更严格地说，应该是现金存入和现金领出之间的差额。只有领出大于存入时才会导致现金流入社会，否则这些现金就在商业银行或中央银行的仓库里堆着，流通不出去。每年什么时候现金流通最多呢？是春节前。过去，很多人要带现金回家过年，但现在这种情况也减少了。一过完春节，这些现金大部分又被存入银行，大量地回笼到商业银行，导致商业银行现金积压太多，从而又退回到中央银行发行库。当然，在此过程中，还包含对残缺货币的处理等。总之，中央银行必须让发行的货币真正在市场上流通，特别是在零售市场上，要有运用货币的需求，只有市场对货币有需求，货币才发得出去，而不是说印了就能发出去。

此外，M0 和其他支付工具之间存在替代或竞争关系。如果其他转账型支付工具用得好，对 M0 的需求就会下降。例如，如果贷记卡和借记卡用得多，对 M0 的需求就会下降。再如，现在开发的第三方支付钱包大多是账户式钱包，里面并没有真正放入货币现金。如果这种第三方支付钱包用得好，人们就觉得不用拿那么多现金，从而替代了 M0。

前面提到，中央银行发行的货币是中央银行的负债。在国际会议讨论中，一些人常说，中国的数字货币发展得挺快，这是中国优质的资产，将来是“了不起的武器”。其实真正懂行的人都知道，货币发行是处在中央银行资产负债表中的负债方；也就是说，中央银行要通过制度、保障、承诺及后援支持等来保障自己发行的货币有购买力，到用的时候能用且好用，所以是一种负债。从这个角度来讲，想把数字货币应用在某些其他方面并不那么容易。

另外还有一种情况，国家可以赋予货币强制性命令，如什么样的交易必须用本国货币，这可能会使这些货币的地位有所提升，但也有可能只是走一个过场。也就是说，如果政府一定要求某类交易必须用某种货币，而实际上交易双方并不喜欢这种货币，往往会出现这样的情况：临到交易前，买方才兑换这种货币；交易完成后，收款方担心这种货币不牢靠，又马上兑换成别的货币。所以，最后这种货币可能只是一个走过场的过手中介。我国的边贸中就出现过这样的现象。我国鼓励在边贸中使用本币结算，既可以用对方的货币，也可以用人民币，但有的地方就是人民币好用、对方货币不好用。对方货币也有交易，只不过商户在收了对方货币以后，不管是采取 M0 形式还是采取 M1 形式，都会争取在当天下班前送回银行；银行也会争取在当天把货币转到对方国家，不保留这种货币的头寸。为什么呢？一般来说是因为担心汇率风险，但也有不少银行是因为上级行要求不准保留对方货币的头寸。也就是说，发展数字货币需要注重它的真实应用，不是说强制某类交易必须使用某类货币，这类货币就会真正起作用。从普通民众的角度来讲，最终还要看民众是否愿意把这种货币放在钱包里，今天用也行，明天用也行，收到钱后（不管是纸质的还是数字的）并不着急送还给银行。这其实是一个很大的考验。数字货币能否流行，也遵循这个道理，这也有助于理解数字货币成功与否的一大基础在于零售应用。

四、能否加快实现不同数字支付工具的互操作性

当前市场上存在多种方案、多种产品的竞争选优，要求它们具备互操作性或通用性，这实际上可能需要一个过程。应该如何把握这种关系呢？总体来说，我们要鼓励创新，鼓励新产品研发。在研发之后也应该创造一定的条件让它们进行试点：可以是某种设定范围的试点，也可以是沙盒试点。有了试点，有了多方案并且产生了竞争，就有了优胜劣汰。但要当心在“劣汰”的过程中造成社会问题、使用户遭受损失，毕竟货币领域不同于制造业的产品领域，货币可能更加敏感。同时，在竞争过程中要注意保证公平，不能恶意打压竞争对手，也不能破坏金融基础设施，因为轻易地替代和破坏金融基础设施可能会造成很大的风险。

竞争最终会带来优化趋同，好的东西会被选出来。但也要注意，创新过程中可能多方案并行，开始肯定欠缺通用性或互操作性，因而在一定阶段，需要主管部门、监管部门或协会来改进和加强通用性，制定一些通用性和互操作性的标准与规则，才能真正方便人们使用。

举例来说，彩色电视机业就经历过类似的多方案并存发展阶段。20 世纪 70 年代初，中国彩电业需要对信号制式做出选择，当时中国选用了 PAL 制式，美国和日本用的是 NTSC 制式，苏联及中东欧地区用的是 SECAM 制式，各种制式研发出来之后质量不相上下，也无法强制使用哪种、淘汰哪种，于是就出现了几种制式并存的局面。其间从国外买电视的人需要看清楚买的制式对不对，如果不对，就不能用。并存一段时间后，就有人开始研发新的集成电路来实现制式的可切换。开始是两种制式的切换，如 SECAM 和 PAL，后来是

三种制式之间的自动切换。到现在，人们都不需要知道曾有三种制式了，打开电视，不管哪种信号制式都能用。再如信用卡。21 世纪以前，中国信用卡在市场上不通用，有 VISA、Master 等不同的卡组织，也有不同的发卡银行，那时大商场同时在柜台上摆着八九部 POS 机，虽然功能基本一样，但就是不通用。后来，国家要求中国人民银行负责解决这个问题，要求一台 POS 机能实现多卡种并刷，于是就成立了银联，建立了跨行转接系统，大幅增强了信用卡的通用性。

数字货币也有可能经历类似的过程，不可能从一开始就强调高度一致性，也不可能事先就决定好由谁制定标准。先验的标准是无法凭空制定出来的，没有人能够坐在办公室里就事先把各类问题全想明白，只有在实践中允许多方案试点，竞争选优，到一定阶段后借由某些机构来增强通用性，强制性或半强制性地增进互操作性。这也正是当前我国对数字货币试点的一个选择。

总体来讲，如前文所述，数字货币有三个赛道：第一个是以代币为基础的赛道，其中比较热点的是以区块链或分布式账本技术为基础的去中心化产品；第二个是以账户为基础的赛道；第三个是以支付指令为基础的赛道。数字货币发展到现在，“钱包”这一概念用得比较多。实际上，“钱包”这一概念发展到最后也会有分别：有的装的是代币；有的装的是账户代码，连着银行或第三方支付账户；有的装的是类支票。当然，也可以有混合钱包。总之，不同的产品实际上是在不同的赛道上竞争。

从竞争的标准来讲，重要的一点就是安全性。首要问题是采取何种安全性技术。例如，二维码。早期的二维码易藏有木马病毒，容易变成诈骗工具，后来在中国人民银行的推动下对二维码进行了升级。也有大科技公司认为，二维码安全性等级不高，其寿命终究不会太长，也许再过若干年就会被替代。有的公司则大力推动近场通信（near field communication，NFC）方式，也有的主张蓝牙技术。此外，还有一项安全性技术就是密码。我们知道，数字货币的很多环节和过程都需要加密，如钱包资金、支付给商户的过程、商户上传交易信息等可能都需要加密。加密方法有若干种，这个领域也存在竞争。其中的一个问题是，用国产加密算法还是外国的加密算法？这就要考虑在极端情况下不同的加密算法安全性究竟如何。因此，安全性也可以算一个赛道。

总之，发展和竞争有很多不同的赛道，创新者包括大型科技公司和金融科技公司等最需要警惕的就是不要滑向挪用客户资金之路，否则是非常危险的。挪用客户资金存在两种情况：一是从设计系统时就想着挪用客户资金，但这属于少数；二是一开始正常运行，在运行过程中出现了各种财务问题，出现了窟窿，才铤而走险挪用客户资金。在实践中我们也看到，一些倒闭的机构，其初始愿望还是不错的，但是后来挪用了客户资金，犯了非法集资罪。

五、推行数字货币是否需要新的立法和国际标准

有人提出，推行数字货币必须立法先行，要有国际标准。这个愿望是好的，但如前所述，实际上不可能为还处于研发、创新过程中的数字货币制定先验的标准。

《中华人民共和国中国人民银行法》规定，中国人民银行负责“发行人民币，管理人民币流通”，同时“维护支付、清算系统的正常运行”。还规定，人民币由中国人民银行统一印刷、发行；如果中国人民银行要发行新版人民币，不管是硬币、纸币还是其他类型的货币，都要事先发公告；禁止伪造、变造人民币；任何单位和个人不得印制、发售代币票券。另外，中国人民银行负责回收、销毁残

缺、污损的人民币并管理发行库和发行基金。因此，如果数字货币属于人民币的一种，那么并未规定必须先专门立法，不立法就不能有数字人民币。因此，在冬奥会试点 e-CNY 并没有法律障碍。此外，从上述规定来看，如果第三方要发行货币或发售代币票券，按现行法律规定是不行的，必须先有立法支持。这在一定程度上挡住了可以随便发行代币产品的现象，因为法律规定任何单位和个人都不得印制、发售代币票券。当然，如前所述，商业银行和第三方机构可以创造 M1 之类的货币，但它们首先要满足一系列高监管标准。而发行 M0 或以代币为基础的票券，目前是不可以的。

另外，从《中国人民银行法》可以看出，发行货币是主权事项，是各国自己的事，不涉及国际标准。虽然人们希望国际组织能起到一定的作用，特别是在跨境支付中起到引导和建立秩序的作用，但并没有法律上的要求，没有说必须先有国际标准才能做。而且，现在也没有哪个国际组织能够在这方面发挥此作用。从实践和展望上看，国际组织未来能发挥一定作用的领域可能是跨境支付；但如果不涉及跨境支付，而仅是各国国内支付，其实也不需要国际组织干预。另外，跨境支付涉及包括汇率、资本流动、美元化等在内的诸多问题，对国际组织而言也是个大难题。因此，对这个提法大家要有清晰的认识。

六、SWIFT、CIPS、数字货币之间存在怎样的替代关系

不少人关心，在当前地缘冲突频发的情况下，SWIFT、CIPS、数字货币等会起到什么样的作用。人们对此已有很多讨论，在此笔者只澄清几个概念，从概念上厘清几个系统的功能。

首先，SWIFT 并不像某些媒体或社会人士所说的，是一个跨国支付系统。SWIFT 的全称是环球银行金融电信协会（Society for Worldwide Interbank Financial Telecommunications），它其实是全球性通信组织，不是跨国支付系统。也就是说，在支付之前需要先进行很多通信，而这些通信绝大多数走的是 SWIFT 系统和通道，而后续的资金支付、结算和清算仍然按照币种走各国自己的支付系统。对此，我们应该弄清楚。

CIPS 的全称是人民币跨境支付系统（cross-border interbank payment system），它是为人民币跨境支付而设计的，本质上是用于人民币跨境支付和结算、清算的系统。当然，这个系统也允许使用其他主要币种，即少数几种主流货币，但到目前为止并没有多少交易量。此外，这个系统中也融入了一些通信功能，但使用得不多。这些功能能否得以扩大使用，取决于参与市场的国际性金融机构的意愿与需求。这是现状，因此不能指望 CIPS 承担太多业务。

关于数字货币，前面已经提到，目前中国设计的 e-CNY 主要用于零售，是为了方便民众和商户，不是为了大宗贸易支付，也不是为了替代美元。当然，我们并不排除 e-CNY 未来承担跨境支付和贸易结算的功能，但其首先是在跨境零售领域得以应用，不是轻易可当作地缘政治工具来使用的。

其次，SWIFT 作为全球银行间通信组织，与贸易、投资、金融市场交易密切相关。在当前的地缘冲突环境下，某些国家已经受到制裁，资产被冻结，国际投资被限制，国际金融市场的交易（除了现有债务的还本付息）也基本被卡住，当前走 SWIFT 系统的主要是贸易相关领域。SWIFT 在国际贸易中起到了重要作用，因为在支付之前需要通过 SWIFT 解决很多贸易信息问题，包括合同、仓储、运输、保险、通关、税务、退货等，以及支付指令、保函、贸易融资、保理等金融信息，这些都需要事先沟通好。由于 SWIFT 开发并运行多年，系统做得比较好，因此不仅是银行，一些跟贸易结算或融资有点距离的业务也都走 SWIFT 系统进行通信。真正涉及支付的主要是传递支付指令，目前有大量的支付指令走 SWIFT 系统。应该明确的是，真正通过 SWIFT 系统进行跨境支付时，还涉及用哪个币种的问题。SWIFT 并不仅适用美元，它可以选择多种货币进行支付；至于哪个币种流行，是众多市场参与者选择的结果。如果选用人民币支付，则在支付指令传递后，还要走 CIPS。如果涉及多个币种之间的相互转换，还要走外汇市场并涉及汇率机制，因而汇率机制也是一个重要的贸易问题。

那么，在这种情况下，如果避开 SWIFT 系统，国际贸易还能不能做成？从理论上讲，应该是能做成的，因为国际贸易的基础是贸易，实在不行就退到原始的以物易物方式进行易货贸易。不过，易货贸易中最好两边是等额交易，否则如果有了差额，还要以货币为单位来记账。这种差额还可能是多边的记账贸易差额，像中国过去和经济互助委员会（已解散）的一些成员国的贸易差额就是以瑞士法郎记账并挂账的，这种记账货币并不是真实的瑞士法郎，而是一个与真实瑞士法郎价值有差别的记账符号。如果某国大量地把 SWIFT 系统作为制裁工具，一方面应该考虑到受制裁国一定可以找到其他通信渠道来继续完成贸易；另一方面也应该看到，这会牺牲 SWIFT 自身已经形成的效率和市场规模。一是参与的金融机构数量非常多，还有一些是非金融机构，因此 SWIFT 有规模效应，只要使用 SWIFT 系统，跟谁联系都很方便、高效。二是 SWIFT 系统在保密方面做得很好，过去用专门的加密机，现在也有很多严格的加密方法，很少在保密方面出问题。例如，2016 年孟加拉国中央银行发生了美元储备被劫案，最早各方怀疑是 SWIFT 系统的安全性出了问题，最后查出来是由黑客侵入和控制了孟加拉国中央银行计算机系统外连打印机环节造成的，并非 SWIFT 系统出了问题。三是

SWIFT 对信息分类后做自动化处理，大多数信息不用人为干预，效率高、差错少，因此具有很大的优越性。

如果避开 SWIFT 另辟通道进行贸易通信，首先可能会有一个过渡期，因为一开始新系统的参加机构太少，解决不了及时联系的问题，就会影响贸易效率。过去可能一周就可以完成的贸易，现在两个月都没做成，因为很多贸易事项都无法联系和对接。其次，新系统在安全性上会有所缺失，人工处理上也会存在出错的可能性。所以，SWIFT 不是不可替代，但要替代 SWIFT 还需要做很多事情，在成功替代 SWIFT 之前及过渡期间会有很多问题影响贸易的效率。笔者在清华大学服务经济与数字治理研究院举办的 2022 年会上提出，要防止冷战式贸易格局的再现。如果全球的支付体系或支付通信系统滑入某种冷战格局，那么对各国来说都会造成损失。

如果要考虑用某种数字货币来替代当前某种金融支付业务，道理也是一样的。要充分了解、论证新旧系统的功能、特点和优缺点，特别是在安全性、可靠性、效率、市场接受性方面。还要论证系统之间能否顺利切换及过渡过程中的各种问题，甚至要论证如何退回原系统。此外，是否易被黑客攻击及是否易被利用于暗网交易也是必要的论证要素。

（本文根据作者 2022 年 4 月 16 日在 2022 清华五道口全球金融论坛上的演讲整理而成。）

数字货币与跨境支付

何　东①

从 20 世纪 90 年代到现在，国际贸易和金融体系的一体化不断加速并达到了历史最高水平。然而，跨境支付仍然面临价格昂贵、流程缓慢、不透明等诸多问题，因而对许多个人和企业，尤其是低收入国家和新兴国家的消费者及小微企业而言，难以使用。受影响最大的是那些无银行账户人口比例较高、对汇款依赖程度较高、代理银行较少及外汇市场流动性较差的国家。

基于对 112 个国家样本的研究，国际清算银行（Bank for International Settlement，BIS）（2020）报告称，银行间 200 美元跨境汇款的平均总成本超过汇款价值的 10%。2022 年，全球对发展中国家的汇款达 6 300 亿美元，这一金额超过了对外直接投资和官方援助投资的总和。与此同时，在部分发展中国家，如撒哈拉以南的非洲、北非和中东等地区，无法使用银行账户的成年人人口比例超过 50%（BIS，2020），这就导致大多数人无法获得包括跨境支付在内的各类银行服务。

---

① 作者系中国金融四十人论坛（CF40）成员、国际货币基金组织货币和资本市场部副主任。

这些问题早已为人熟知，但迄今为止国际社会在解决这些问题上的努力还远远不够。各国在解决互操作性问题和创造跨境公共产品方面往往投资不足，是集体行动问题在国际层面的一种反映。

全球正在做出前所未有的努力来推动提高跨境支付效率。二十国集团（G20）已将加强跨境支付作为政策重点，对此金融稳定委员会（Financial Stability Board，FSB）制定了多阶段路线图，以分步实现具体的政策目标。

这些努力部分反映了最近数字技术创新应用的加速。新的数字技术充分利用了云计算和移动设备的普及、个人和公司大数据的爆炸式增长、人工智能、密码学的进步及区块链等分布式账本技术（distributed ledger technology，DLT）。这些技术之间的强大互补性正在催生一系列令人印象深刻的新应用，这些新应用涉及支付、融资、资产管理、保险和咨询等服务。现在，大型科技公司和金融科技初创公司可能会成为传统金融中介、市场和基础设施有力的竞争者。

这些努力的推动力还来自数字货币的兴起。例如，脸书(Facebook)曾经试图开发的 Libra 和 Diem，致力于改善跨境支付并服务无银行账户人口，提升金融的包容性。像 Libra 这样的全球稳定币的兴起可能会让人们回到私营部门在货币领域发挥相当作用的时代。大型科技公司不仅提供商品和服务，还提供支付工具，这可能会影响许多国家的货币政策。

本文将围绕数字技术对跨境支付的影响，深入探讨三大领域的问题：第一，概述数字技术的应用将如何影响金融服务和市场结构的经济框架；第二，跨境支付的现状，以及跨境支付系统随着数字化程度的提高而可能发生的演变；第三，数字货币跨境使用的宏观金融后果及其政策影响。

一、金融服务的组织——一个总体框架

让我们考虑一个简单的概念框架，它将帮助我们评估数字技术可能对金融部门产生的影响，并帮助我们设想政策和监管应该如何应对这些影响。

技术可以影响服务的属性（如速度、安全性和透明度）及服务提供商的组织架构（又称市场结构）（见图 1）。

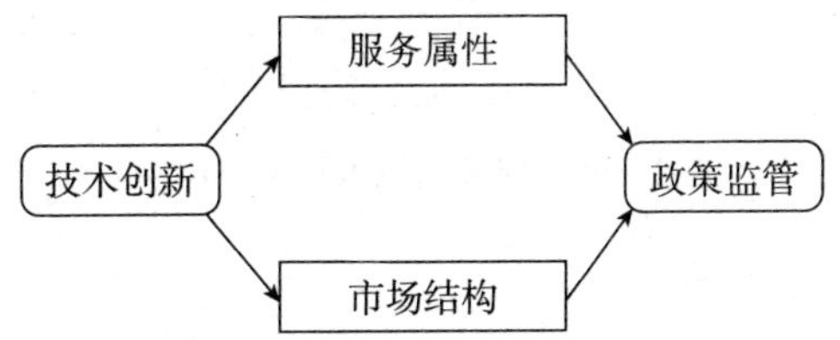

图 1 金融服务的总体框架

技术进步可以促进新服务的开发和采用，尤其是针对未被满足的用户需求，我们可以称之为服务上的“差距”或“缺点”。缺点越大，企业在技术进步允许的情况下改进服务的动力就越大，用户接受此类服务的速度也就越快。

技术也会影响服务提供商的市场结构。新技术是只会增加现有企业的利润和提高现有企业的效率，还是会产生更深层次的影响？例如，减少对金融中介的需求；推动中介机构改变其内部结构（可能导致合作和并购）；吸引新中介进入，同时取代旧中介。

技术可能会影响塑造市场中介的因素。技术可以弥补金融体系中普遍存在的市场缺陷，这加强了对可信的中介机构的需求，它们可以减少信息不对称（对交易对手的有限知识），促进交易各方的匹配，降低交易成本。技术还可以影响中介机构进行横向或纵向整合的动机（向最终用户提供多种服务，如全能银行或收购上游供应

商）。技术还可以改变新中介机构的进入壁垒，从而使新进入企业可以与现有企业进行竞争（见图2）。

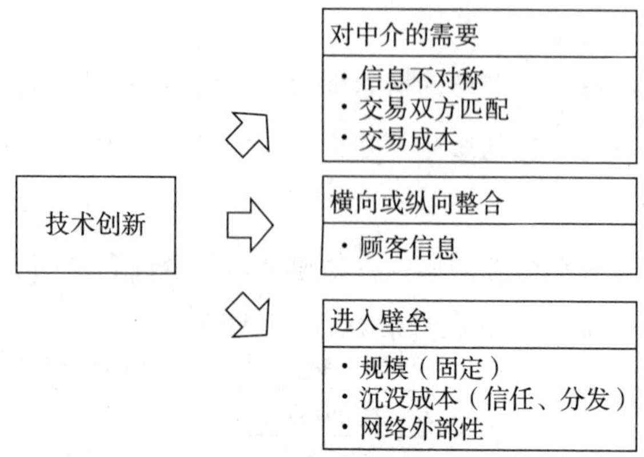

图2 金融服务的技术和市场结构

二、跨境支付的现状和未来格局

下面将金融服务的总体框架应用于跨境支付分析。这是一个特别需要变革的领域，可以从新技术中受益。当今的跨境支付体系存在重大缺陷——部分源于技术限制，部分源于高度集中的市场结构。

跨境支付与国内支付有很大不同，可以用一个简单的类比来解释。在互联网出现之前，在国内发送普通邮件或所谓的“蜗牛邮件”与在国际上发送邮件有着本质区别：定价明显不同，基础设施也不尽相同，跨境邮件的处理需要在邮资分配、包装、跟踪、处理和其他流程方面达成国际协议。然而，在互联网时代，发送给国内或国外收件人的邮件没有区别：两者都只需要单击一下按键即可。一条信息就只是一条信息，人们可能很快就会认识到，付款就只是一种付款，无论它的目的地指向何处。

在进行跨境支付时，各种类型的用户，无论是家庭用户、小企业还是大公司，都特别强调低成本、安全性、便利性、可预测性和透明度。

（一）跨境支付的短板

跨境支付服务存在巨大缺陷。跨境转账既昂贵又麻烦。此外，服务是不透明的；在大多数情况下，跨境支付的价格也是不透明的，在执行交易时也不可获知。并且跨境汇款速度很慢，付款在到达目的地之前可能会流经诸多银行，从而导致延误和额外费用的产生。这些缺点有技术、监管和市场结构等方面的原因（见图3）。

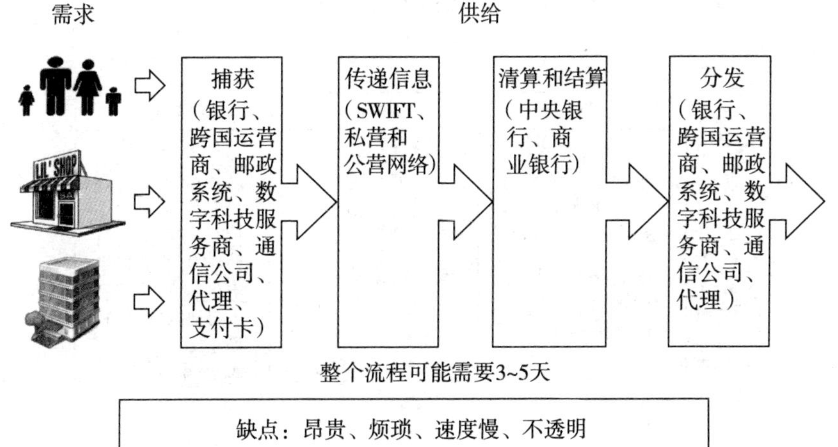

图3 跨境支付流程

（二）市场结构

现有的中介机构受益于高准入门槛，支付链中的每个环节都是高度集中的。在许多情况下，障碍源于较高的固定成本和沉没成本，如与用户建立界面、合规、建立客户对服务的信任、在代理银行运营大型后台所需的费用等。此外，规模对于这些机构管理流动性和交易对手风险很重要。同时，网络的外部性在信息传递及结算中都很普遍，双边头寸的相互抵消可以降低成本，可与多个交易对手同时联系则能促进交易的达成。

在此背景下，数字创新如何重塑跨境支付格局呢？新技术可以在多大程度上通过支持市场平台而不是中介、重塑商业计划和公司边界及鼓励市场准入来改善服务缺陷并改变市场结构呢？监管又该如何应对？人们只能在某种程度上对结果做出推测，但最终的结果在很大程度上取决于技术应用的场景。

可以考虑三种场景，每种都以基于数字线性磁带技术（DLT）的应用程序为中心。按照潜在影响的递增顺序，应用程序可能针对以下领域：后端流程、合规、支付方式（见图 4）。

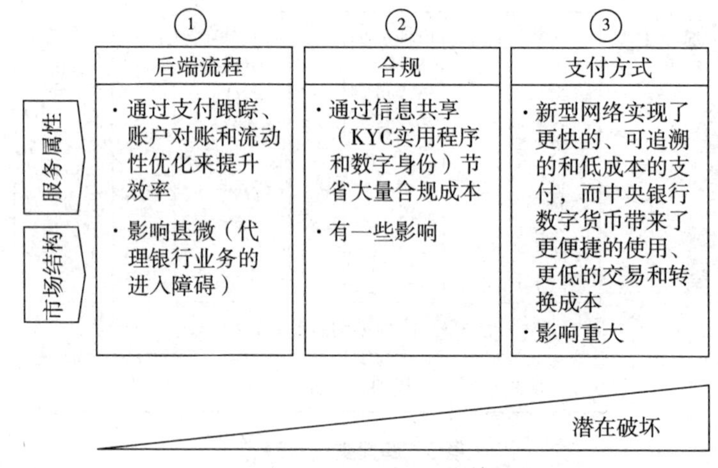

图 4　三种基于 DLT 的场景

1. *后端流程*

DLT 可以应用于跨境支付的各种流程。例如，代理银行可以参与经许可的共享 DLT 平台，从而实现自动跟踪支付，并优化流动性和风险管理。

在效率方面的增益最为明显，并且对市场结构几乎没有影响。从理论上讲，较低的固定后台办公成本会削弱规模经济，从而推动新的玩家入场，包括新型服务提供商。然而，进入代理银行业务的其他许多障碍仍然存在。

终端用户可能仍会受益。通过代理银行结算的付款将变得更加透明和可追溯。然而，对终端用户的速度和成本的影响尚不清楚。代理银行可能仍处于寡头垄断地位，因此成本降低的收益不太可能转到终端用户身上。

2. 合规

DLT 与其他技术结合使用时，有可能显著降低合规成本。特别是，KYC 的实用程序和数字身份可以促进信息共享并有助于降低合规成本，包括在反洗钱和反恐融资监管及与制裁相关的控制方面。然而，在合规领域使用新技术可能会受到更广泛的问题的限制，包括监管允许金融机构外包客户尽职调查的程度。

市场结构不会毫发无损。数字身份可以让最终用户更轻松地在服务提供商之间自由切换，从而减少中介机构从客户专有信息中获取的范围经济效应。但这将取决于现有服务提供商共享此类信息的意愿，除非法规要求它们这样做。

新的合规技术可以使最终用户受益，但也可能产生隐私和安全问题。服务可能会变得更便宜、更具包容性。然而，基于 DLT 的合规应用程序可能会引发对账本上个人信息的隐私和安全性的担忧。此外，数字身份的安全性将是一个需要解决的重要问题（如数字身份可能被第三方窃取和滥用）。

3. 支付方式

DLT 可用于支持一种全新的支付方式。随着虚拟货币或加密资产的出现，这种情况已经发生。这些支付方式是在市场参与者之间以电子方式交换代币，类似现金，通过基于 DLT 的无许可（开放）或许可（完全私有或联盟）网络进行。这些系统的使用有效地将支付从基于存款的系统转变为基于代币的系统（见图 5）。

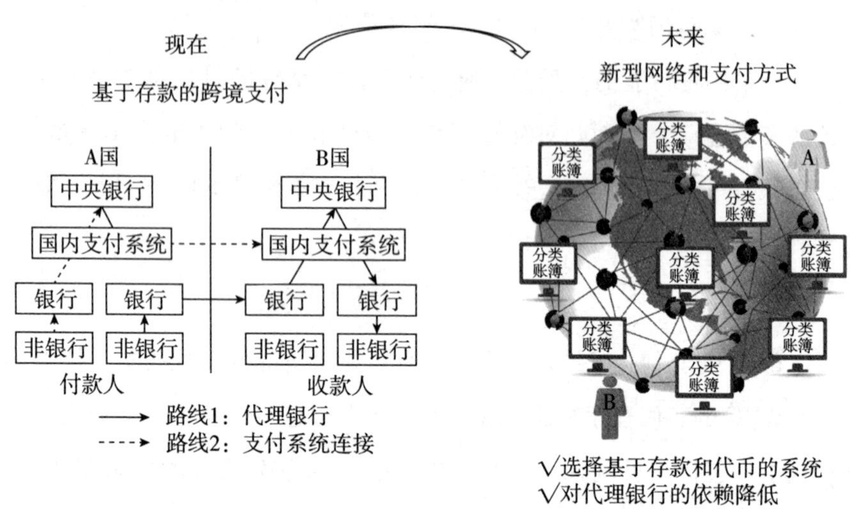

图 5　演变中的跨境支付格局

DLT 作为支付方式的应用与跨境支付直接相关，其中一种情形涉及私人运营的辐轴型支付网络（见图 6）。用户通过自动取款机、销售点终端、在线界面或其他方式将法定货币兑换成数字钱包中的虚拟货币或加密资产（基于 DLT 的代币）。然后，这些代币可能会通过加密资产的安全网络跨境转移到收款人的数字钱包中。最后，根据需要，通过与上述相似的方式将代币兑换成外国法定货币。

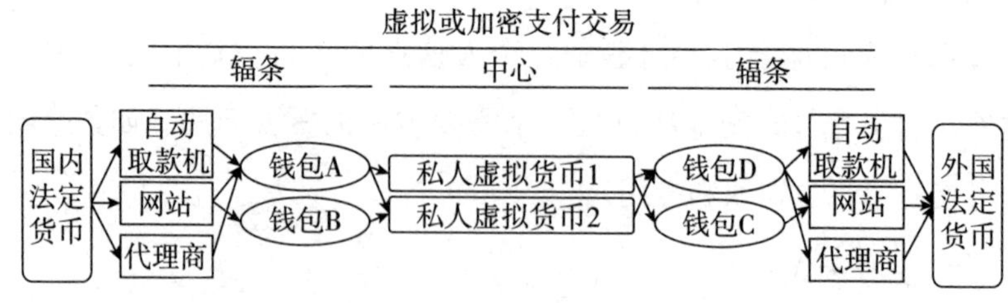

图 6　辐轴型支付网络

这对市场结构的影响很大。缩短传统支付链的压力将越来越大，用户将不再需要以中央银行货币或借助代理银行进行信息传递和结算。然而，在捕获和分发领域，虚拟货币或加密资产交易所和钱包供应商将争夺客户，可能会从其他参与者手中夺走大量业务。

跨境支付可能会变得更快、更可追溯且更易于使用。从终端用户的角度来看，辐轴型网络提供的支付服务的属性看起来很有吸引力，但有三个重要的问题需要警惕。

第一，虚拟货币或加密资产潜在的不稳定估值会带来风险，并可能限制辐轴型网络的运用，至少对大额支付而言是这样。鉴于虚拟货币对法定货币的汇率波动性，在当前的形势下，虚拟货币作为价值储存的手段远远不够。

第二，对辐轴型网络缺乏信任可能会削弱它们的价值。正如在传统的基于令牌的支付系统中需要信任纸质账单的真实性一样，对辐轴型解决方案的信任也是必不可少的。这主要出于三个原因：一是交易对手需要获取对虚拟货币所有权转移的法律确定性；二是交易对手需要信任虚拟货币底层技术的稳定性和安全性，这也意味着对虚拟货币发行规则（或支持）的信任；三是用户需要信任虚拟货币交易所和钱包供应商的安全性，而它们是提供交易准入及交易管理的重要环节。用户可能会担心他们的数据的安全性，以及其他人访问他们的钱包的能力。同时，监管机构可能需要考虑对虚拟货币交易所和钱包供应商的监管方法，以充分保护消费者，并解决反洗钱和打击恐怖主义融资问题。

第三，网络之间缺乏互操作性可能会使辐轴型支付的价格居高不下。如果网络缺乏互操作性，网络外部性可能会很强，供应商可以利用市场影响力收取高额费用。旨在解决反竞争问题的监管可能有助于缓解这一现象。

DLT 跨境支付应用的另一个场景涉及在大型电子商务或社交网络平台使用全球稳定币（global stablecoins，GSC）。GSC 是一种私人数字货币，由大型科技公司发行，具有广泛应用的潜力。在大型科技公司中，脸书及其合作伙伴曾经宣布打算推出 Libra/Diem，这是一种基于区块链、以储备货币计价的数字货币。其他大型科技公司可能会随之效仿。

与第一代虚拟货币或比特币等加密资产相比，稳定币寻求通过将其估值与法定货币或其他现有资产挂钩的方式来最大限度地减少价格波动，其发行依托具体的资产（包括单独或一揽子全球使用的官方货币），或者通过算法来精准地管理供给。

可能存在“数字货币区域”的概念，其中稳定币的使用不是由地理边界决定的，而是由使用它的电子商务或社交平台的边界决定的。这样的数字货币区域可以定义为一个网络，人们在其中使用一种特定货币以数字方式进行支付和交易。换句话说，要么网络运行一种供参与者在内部使用的支付工具，要么网络使用一种不同于现有官方货币的自有记账单位。

（三）全球稳定币的货币效应

全球稳定币的使用可以增强跨境支付，并可以将个人交易产生的大数据广泛应用于其他跨境金融服务。

然而，全球稳定币可能会导致货币替代，影响使用国货币政策的传导。此外，全球稳定币可以为大型科技公司生态系统内的经济活动和贸易联系提供便利，有助于重塑商业周期同步模式，可能会降低货币政策应对冲击的能力。

如果一种具有独立记账单位的全球稳定币在全球被采用，可能会使各国受制于一家私营公司的货币政策。尽管过去私人发行的货币曾以多种形式流通，但全球稳定币的影响力将是前所未有的。因此，其影响可能会超过以前任何一种私人货币。

此外，由于人们更容易获得全球稳定币的使用机会，因此全球稳定币可能会加剧银行和零售借款人之间货币错配带来的脆弱性。如果没有适当的保障措施，全球稳定币可能会促进货币的非法流动，并使监管机构更难执行外汇限制和资本流动管理措施。如果全球稳定币与法定货币挂钩的可信度变得令人怀疑，也可能会影响金融稳定性。

因此，各国当局在平衡全球稳定币带来的机会和风险方面面临重大挑战。为应对这种挑战，中央银行可以提供自己的数字货币。

三、中央银行数字货币的跨境使用

中央银行数字货币（central bank digital currencies，CBDC）是由中央银行发行的数字形式的法定货币。它汲取了数字技术的最新发展及其带来的成本降低等成果，如云计算和移动设备的普及，这些成果极大地提升了个人和公司对以前仅能由金融机构使用的支付工具的可获得性（如通过中央银行的实时转账）。同时，区块链等分布式账本技术使得使用数字代币在点对点系统上进行价值转移，不需要再经过商业银行这样的中介机构进行转账。

国际清算银行对 21 个发达经济体和 45 个新兴市场经济体的中央银行进行的一项调查表明，大约 80% 的中央银行正在从事与 CBDC 相关的工作，40% 的中央银行已经从分析研究推进到实验或概念验证的阶段。

就发行 CBDC 的动机而言，尽管各国有所不同，但根据上述调查结果，主要动机包括：（1）提供一种现金的替代形式，确保公众能够获得国家担保的支付方式；（2）降低在领土辽阔或交通不便的国家处理现金的成本；（3）促进金融包容性，特别是针对没有银行账户的人群；（4）提高国内尤其是跨境支付的效率和安全性。大型科技公司发行的稳定币可能在全球范围内采用，这也可能会助推人们对 CBDC 产生兴趣。同时，在后疫情时代，CBDC 被认为可以作为一种能将政府财政支持迅速传递给家庭和公司的手段，以及一种比现金更卫生且符合社交距离需要的支付手段。

目前，很多国家的 CBDC 研究和试点项目主要集中在国内使用的场景。是否允许 CBDC 在国际上使用是一项政策选择和技术设计方面的问题。一些中央银行的实验已经证明，使用 CBDC 进行跨境支付是可行的。相关选择既有好处，也带来了一定的挑战。

从概念上说，使用 CBDC 进行跨国支付的优势非常明显，因为它可以大幅降低对代理商业银行双边关系的依赖，从而降低交易成本，使终端用户受益，特别是对小额交易而言。不过，对 CBDC 的成本优势进行量化分析还为时过早，从而很难进行净收益分析。例如，为保证网络安全和使风险最小化而进行的投入，可能会带来不确定的、较高的额外成本。

这里我们探讨 3 个问题：第一，CBDC 如何改变货币的国际使用的传统动因？CBDC 如何改善跨境支付的方式与效率？第二，CBDC 将对使用国和发行国产生哪些宏观金融影响？第三，CBDC 可能会有哪些政策含义？

（一）市场动态和应用场景

货币的跨境使用一般分为两类：在第一类使用中，一国货币在国际贸易和国际金融中作为交换媒介、价值储存和计价单位；在第二类使用中，外国货币取代本国货币用于国内交易，这种情况通常被称为货币替代。

一般来说，推动一国货币成为主要国际货币的因素包括发行国的经济体量、贸易规模、货币的安全性和流动性、金融的关联度及地缘政治因素等。另外，由货币不同功能的协同所强化的网络效应或外部效应，也会影响货币的国际使用。一种货币一旦成为主要的国际货币，就会被大量用户使用，进而吸引更多用户接受和使用该货币。国际货币不同功能的协同可以自我强化并促进该货币的广泛使用。例如，美元作为供贸易计价和支付之用的国际主导货币，增强了美元在国际金融中的作用，反之亦然。

使用国的经济特征会影响外币在国内交易中的使用——货币替代。国内宏观经济政策不完善、对政策机构缺乏信任等，都会促使国内用户持有他国发行的货币。恶性通货膨胀和汇率波动也会迫使用户改用外币作为交换媒介、价值储存和计价单位。

除了这些传统的推动因素，CBDC 的一些特性也会通过不同于上述传统动因的方式推动货币的国际使用。具体来说，CBDC 能够降低交易成本、提升获取便利性。CBDC 还具有可编程性，包括通过使用智能合约进行编程，有助于降低外汇交易成本，并可以通过更大规模的资产通证化来降低证券发行和交易成本。

如果 CBDC 容易获取且使用方便，那么其便可成为有吸引力的周转或媒介货币。例如，CBDC 可以让没有银行账户的外国居民和企业持有该货币；CBDC 可以在全天候运行的点对点系统上转账。因此，CBDC 的使用可以促使传统的多级代理银行结构变得更加扁平化，缩短支付链，减少交易时间，提升透明度，并促进货币服务商之间的竞争。由此，跨境支付可能变得更便利、更普惠，尤其是小额汇款人会受益较大。

CBDC 的接受和使用程度主要取决于其设计特性。便捷、低成本、安全、有弹性、停机零容忍及能够离线使用等，都是 CBDC 应具备的理想特性。与此同时，监管和执法部门需要实施反洗钱和反恐怖融资措施，也需要实施一定程度的匿名和隐私保护措施。

CBDC 用于跨境支付有不同的方式。一国中央银行发行的数字货币既可以直接用于与他国的资金往来，也可以在他国国内用于支付。此外，如果能够确保各中央银行发行的数字货币的互通性以连接整合不同的系统，则 CBDC 的跨境支付和跨货币支付能力会大幅提升。例如，可以建立专门的走廊网络，如货币桥，实现多种CBDC在实时相互支付的基础上进行交易和交换，并实现在不同类型的分类账中同步支付。

（二）宏观金融效应

CBDC的国际使用对货币政策和金融稳定的影响取决于其被接受和使用的方式与程度。与传统渠道的货币替代或"美元化"相比，如果一国发行的数字货币在他国被允许直接使用，因为其更便利、更容易获取，则发生货币替代的速度可能更快，规模可能更大。如果使用国的经济周期与发行国的经济周期不同步，则使用国利用货币政策应对冲击的能力将受限，并带来显著的宏观经济影响。

使用外国CBDC可进行有效的跨境支付，同时绕过传统支付系统，而后者通常是一国执行外汇管制和资本流动管理的渠道。如果CBDC的采用促进了资本流动或增加了资本流动的波动，则可能会加剧"不可能三角困境"，使货币政策的实施和汇率管理变得复杂。

从积极的一面来看，CBDC原则上可以通过特定的技术设计实现对现有外汇管制和资本流动管理措施的合规，如通过智能合约将限制性措施纳入设计或编程。举个例子，通过设计，在余额不足或交易元数据不满足某些要求的情况下，价值转移会被拒绝。

CBDC的跨境使用也可能会影响发行国货币政策的实施。例如，如果对CBDC的外部需求引起大量资本流动，而本国金融市场又缺乏深度和广度，那么货币政策的实施就会更复杂。发行国中央银行需要考虑CBDC跨境使用所带来的回溢效应是否符合其国内政策目标，以及为他国担当最后贷款人是否符合其国家利益。

在金融稳定方面，相比局部"美元化"的经济体通常面临的货币替代，由直接使用外国数字货币引发的货币替代可能会加剧货币错配风险。在金融危机时期，使用他国数字货币也可能会加剧国内银行的挤兑风险，这是因为，如果向数字钱包转账比向境外银行账户转账更快、更方便，那么银行面临的储户挤兑风险就会上升。

总体而言，我们的初步分析表明，数字货币的宏观金融影响将取决于其被接受和使用的程度与方式。从由量变到质变的角度看，CBDC 不会从质上改变推动货币的国际使用的基本经济力量，但从量上可以增强货币替代和货币国际化背后的动因。换言之，有很多决定国际货币地位的基础因素，如货币和金融政策的公信力、金融市场的广度和深度、决策机制的透明度等。CBDC 只是其中之一。单靠发行 CBDC 很难从根本上改变已有的国际货币使用格局。

各国面临的主要政策挑战是：在实现更高效的跨境支付结算的收益的同时，需要思考如何维护货币和金融稳定。而要应对这些挑战，需要各国中央银行密切合作及国际社会的支持。

要在实现收益、减少风险和降低溢出效应之间保持良好的平衡，办法之一是通过建立货币桥等方式来促进不同 CBDC 的互通性。互通性非常重要，它可以推动各类数字货币共存和互补，推进能实现自动化交易的外汇市场的发展。为了实现互通性，需要对 CBDC 新的功能和特性制定相关标准，并需要各中央银行紧密合作。

四、结论

数字技术的加速发展为解决数十年来跨境支付效率低和成本高的问题提供了独特的机会。多年后，我们回顾这段历史，可能会看到现在是一个转折点，以后跨境支付与国内支付将逐渐无法区分。

支付和金融服务可能会越来越多地与数字经济整合，后者是通过互联网和移动手机组织起来的。数字货币的兴起可能会改变游戏规则。当前的国际货币格局基于分布在全球不同地点和时区的银行系统，或许在一定程度上会被重塑。

由于数字货币可以通过全天候运行的点对点系统进行转移，因此它们的使用可以使多层级的代理银行结构变得扁平，缩短支付链，减少交易时间，并促进服务供应商之间的竞争。由此，跨境支付可能会变得更便宜、更具包容性，特别是小额汇款将从中受益。

CBDC 可以在改善跨境支付方面发挥重要作用。与其他方案相比，CBDC 的一个关键优势是没有遗留问题，因为它最初就是被设计用于跨境应用的。

CBDC 跨境应用面临的主要政策挑战是如何在不放弃其益处（包括更高效的跨境支付和更容易使用国际资本市场）的情况下，保持货币和金融稳定。

确保不同数字货币之间的互通性将是平衡收益和控制风险的关键。应对这项挑战需要国家间的密切合作，以及包括国际货币基金组织在内的国际政策界对这项任务的坚定持久的投入。

国际中央银行数字货币研发态势与启示

姚 前[1]

近年来，全球主要经济体不断加大对 CBDC 的研发力度并取得了诸多阶段性成果。其中尤为引人注目的是美元、欧元、日元等主流国际货币先后发布数字化计划和相关报告。它们的加入意味着全球 CBDC 格局将发生根本性变化，意义重大，影响深远。本节试图总结和分析数字美元、数字欧元、数字日元等 CBDC 项目的政策背景、主要动机和技术特征，从中得到有益的政策启示。

一、数字美元

（一）汉密尔顿计划

汉密尔顿计划（Project Hamilton）是美国波士顿联邦储备银行与麻省理工学院合作开展的 CBDC 创新研究项目。这项计划已持续开展数年，但细节并不为外人所知。2022 年 2 月 3 日，美国波士顿联邦储备银行发布题为“为中央银行数字货币设计的高性能支付处理系统”（A High Performance Payment Processing System

---

① 作者系上海新金融研究院（SFI）学术委员、中国证监会科技监管局局长。

Designed for Central Bank Digital Currencies）的技术报告，总结了汉密尔顿计划第一阶段的进展。

汉密尔顿计划第一阶段的第一个目标是探讨 CBDC 系统的性能，即从技术上研发一种高吞吐量、低延迟和富有弹性的 CBDC 交易处理系统。具体性能目标包括两个：一是在 5 秒内完成 99%的交易，包括完成交易验证、交易执行及向用户确认交易，处理速度与美国现有银行卡支付及银行间即时支付系统的相应指标不相上下；二是根据美国目前现金和银行卡的交易量及预期增长率，该系统每秒至少处理 10 万笔交易，且能随着后期支付量的增长不断扩展。

第二个目标是探讨 CBDC 系统的韧性。为维持公众对 CBDC 的信任，CBDC 系统必须确保服务具有连续性且资金可用。系统韧性的研究重点在于，当多个数据中心发生故障时，如何保证系统访问不中断、数据不丢失。

第三个目标是探讨 CBDC 的隐私保护。汉密尔顿计划认为，最安全的隐私保护方法是从交易伊始就减少数据收集，因此在 CBDC 交易系统中设计了一种尽量减少交易数据留存的方案。

（二）美联储数字货币原型系统设计

1. 币的形式：未花费的交易输出

汉密尔顿计划有三类参与者：交易处理器、发行方和用户。交易处理器记录 CBDC，并根据指令验证和执行相关交易。同比特币一样，汉密尔顿计划采用“未花费的交易输出”（unspend transaction output，UTXO）的货币表达式。CBDC 仅能通过发行方的行为进出系统，发行方的铸币操作会增加交易处理器中的资金，赎回操作则会减少交易处理器中的资金。用户执行资金转移操作，以原子方式变更资金所有权，但存储在交易处理器中的资金总额不变，变化的是资金的权属。用户使用其数字钱包的公钥/私钥来处理和签署交易。在资金转移交易过程中，使用付款方的未花费资金就是交易输入，生成新的未花费资金就是交易输出——包括收款方和找零给付款方的未花费资金。一项有效交易必须保持平衡：交易输入值之和须与输出值之和相等。

可以将 UTXO 定义为三元组 $UTXO=(v, P, sn)$。其中，v 为金额，P 为安全锁锁头（encumbrance predicate，可以理解为持有者公钥），sn 为序列号（serial number）。发行方的铸币操作会创建新的 UTXO，并将 UTXO 添加到交易处理器存储的 UTXO 集合中；赎回操作则从 UTXO 集合中删除已有的未花费资金，使其不可重复使用。发行方必须为新铸 UTXO 选择唯一序列号。将其设置为均匀随机数或单调递增计数器值（发行方铸造第 i 个 UTXO 时，会将其序列号设置为 i）均可。

2. 分离验证与 UTXO 压缩

在汉密尔顿计划中，交易处理器验证交易的正确性，并通过删除输入和创建输出来执行交易。验证分为交易局部验证（无需访问共享状态）和存在性验证（需要访问共享状态）。对于这种分离，汉密尔顿计划设计了专用组件——哨兵，专门用于接收用户交易并执行交易局部验证。交易局部验证内容包括：核实交易格式正确；确认每个输入都有适用于其花费输出的有效签名；确认交易保持平衡（即交易输入值之和等于输出值之和）。如果交易符合标准，哨兵将向负责存在性验证的执行引擎转发交易，否则就仅向用户提示交易错误。

存在性验证主要核验 UTXO 是否存在。为了实现隐私保护，汉密尔顿计划将资金作为不透明的 32 字节哈希值存储在 UTXO 哈希集合（unspent funds hash set，UHS）中，$h=H(v, P, sn)$，而不是存储完整的 $UTXO=(v, P, sn)$。其中，H 是一个哈希函数，汉密尔顿计划使用了 SHA-256 算法。通过不存储详细资金信息的 UHS 集合替换 UTXO 集合，不仅有助于隐私保护，而且可以减少存储要求并提高系统的性能。

为了进行存在性验证，系统需要预先将通过交易局部验证的交易转换为应用于 UTXO 哈希集合的交易，该过程被称为压缩。具体而言，由哨兵计算输入 UTXO 的哈希值，并将输入 UTXO 与输出安全锁和价值一起，导出输出 UTXO 的序列号，从而计算输出 UTXO 的哈希值，然后将这两个哈希列表发送给保存 UHS 的交易处理器，进行存在性检查和执行。

3. 存在性验证与 UHS 互换

假定某交易已通过交易局部验证并进行了压缩转换，交易处理器将按如下方式更新 UHS 集合：检查 UHS 集合是否存有所有交易的输入 UTXO，如果有输入 UTXO 缺失，那么中止进一步处理，否则处理继续进行，交易处理器从 UHS 集合中删除该交易的输入 UTXO 对应的 UHS，并将新创建的与输出 UTXO 对应的 UHS 添加到 UHS 集合中。一删一增，汉密尔顿计划将这一操作称为互换。

4. 高性能架构

为实现高吞吐量、低延迟及高容错性的交易处理，汉密尔顿计划设计了两种架构：第一种是中心化的原子服务器架构，系统利用排序服务器为所有交易创建线性的历史记录；第二种是两阶段提交（two-phase commit，2PC）架构，系统并行执行数笔无冲突交易（那些不会支付或收到同笔资金的交易），而不创建统一排序的交易记录。

在这两种架构中，UHS 都可以实现跨服务器分区，提高吞吐量并不断扩展。执行单笔交易通常涉及多个服务器，每种架构使用不同的技术协调一笔交易在多个服务器中的一致应用。中心化的原子服务器架构使用 Raft 协议对所有经哨兵验证过的更新排序，然后将这些更新应用于全系统。2PC 架构则利用分布式共识节点来执行原子交易和可串行化所需的锁定，使用不同资金的交易不会冲突，可以并行执行；一旦某有效交易的资金被确认为未花费，交易就能连续进行，可同时批量处理多笔交易。

（三）汉密尔顿计划第一阶段的实验结果

汉密尔顿计划在第一阶段开发了两套完整的计算源代码或代码库。一个是中心化原子服务器架构的代码库，每秒能够处理大约 17 万笔交易，其中 99%的交易尾部延迟不到 2 秒，50%的交易尾部延迟为 0.7 秒。由于原子服务器无法跨多个服务器进行分片，因此尽管可以将原子服务器状态机中的功能简化为只对一小部分交易进行输入排序和去重，但该架构的系统吞吐量仍然有限。也就是说，对有效交易进行强排序的设计会限制吞吐量。另一个是 2PC 架构的代码库，每秒能够处理 170 万笔交易，其中 99%的交易可在 1 秒内完成，50%的交易尾部延迟不到 0.5 秒，远高于设定目标需要达到的每秒 10 万笔交易的基本要求。此外，2PC 架构若添加更多共识节点，还可进一步提高吞吐量，且不会对延迟产生负面影响。

以上代码已经开源，汉密尔顿计划称之为“开源中央银行数字货币”（OpenCBDC）项目，目的是促进人们在 CBDC 研究上进一步合作。

（四）特征分析

1. 与电子现金的比较分析

1982 年，美国计算机科学家和密码学家大卫·乔姆（David Chaum）发表了一篇题为《用于不可追踪的支付系统的盲签名》的论文。论文中提出了一种基于 RSA 算法的新密码协议——盲签名。利用盲签名构建一个具备匿名性、不可追踪性的电子现金（E-cash）

系统，这是最早的数字货币理论，也是最早能够落地的试验系统，得到了学术界的高度认可。其中有两项关键技术：随机配序和盲化签名。随机配序产生的唯一序列号可以保证数字现金的唯一性；盲化签名能够确保银行对该匿名数字现金的信用背书。

汉密尔顿计划采用了与 E-cash 相似的思路：一方面，通过全局唯一且每次交易都需要系统验证的序列号，保证货币（UTXO）的唯一性；另一方面，采用中央处理模式，并利用加密算法实现系统的安全与抗攻击性。但汉密尔顿计划克服了 E-cash 的不足。在大卫·乔姆建立的 E-cash 模型中，每个使用过的 E-cash 序列号都会被存储在银行数据库中。随着交易量的上升，该数据库就会变得越来越庞大，验证过程也会越来越困难。而汉密尔顿计划通过分离验证和压缩处理，尽可能减少交易处理器的存储计算压力，并利用分片技术和高性能架构，大幅提升交易性能。

简而言之，已花费的交易输出与未花费的交易输出，是两种相辅相成的设计思路。后者优化了前者面临的数据无限膨胀的问题，这也是比特币超越 E-cash 的精髓所在。显然，汉密尔顿计划对此早已知晓。

2. 与比特币的比较分析

与比特币相似，汉密尔顿计划对币的设计也采用了 UTXO 模式。但两者的区别在于：比特币的区块链存储了所有 UTXO 信息；而汉密尔顿计划没有采用区块链模式，币不可简单追溯，且其交易处理器并未存储 UTXO 的明细信息，仅存储 UTXO 的哈希值。尤其是汉密尔顿计划的信任基础与比特币的分布式共识机制完全不同，其平台将由可信任的中心机构管理，共识算法仅用于协调系统中各分区服务器的一致性，更类似第三方支付后台的分布式系统设计。

在防止双重花费、防止重放攻击等威胁方面，比特币采用的是工作量证明机制（proof of work，POW）；汉密尔顿计划的设计则依靠哈希算法，且高度依赖发行方和交易系统的安全可信。具体来说，对于汉密尔顿计划交易处理器中的每次转移，其 UTXO 输出的序列号都是经过哈希算法处理后确定的，只要从原始铸币交易开始的序列号是全局唯一的，后续递推得到的每个 UTXO 序列号也将具有全局唯一性，不会与过去或未来 UTXO 集合中的任何其他项重合。序列号的全局唯一性不仅是一个技术细节，而且可达到两个效果：一是无双重花费。互换操作会将 UTXO 永久标记为已花费。由于序列号是唯一的，因此任何 UTXO 只能被花费一次，且在花费后不能被重建。二是防止重放攻击。因为每笔交易都对应具有全局唯一性的一个或多个 UTXO 输入，其签名将覆盖整个交易，包括相关的所有输入和输出，因此，一个交易的签名对除此交易外的其他任何 UTXO（包括未来创建的 UTXO）都无效，而且交易无法被复制，同一笔交易也不能被多次执行。汉密尔顿计划设计的风险点在于：中心机构是否一定可信？发行方铸币的序列号是否全局唯一？交易处理器是否足够安全从而可保证存储的 UHS 集合不被篡改？

简而言之，虽然比特币和汉密尔顿计划都使用了 UTXO 的数据模型，但汉密尔顿计划维护的是一套中心化的哈希登记系统，而比特币维护的是一套分布式的区块链哈希登记系统。

3. 其他比较分析

汉密尔顿计划的技术报告引用了笔者在 2018 年国际电信联盟法定数字货币焦点组第二次会议上的工作论文。该论文主要是对数字人民币原型系统的综述，核心思想为“一币、两库、三中心”的技术架构[1]，以及基于银行账户与数字货币钱包分层并用的双层业务架构[2]。

① 姚前. 中国法定数字货币原型构想［J］. 中国金融，2016（17）.

② 姚前. 数字货币与银行账户［J］. 清华金融评论，2017（7）.

汉密尔顿计划当前的整体架构可以表述为“一币、一钱包、一中心”。其中，“一币”指的是数字美元，即中央银行签名发行的以UTXO数据结构表达的加密数字串；“一钱包”是指个人或单位用户使用的数字货币钱包，也是存储用户公私钥的载体；“一中心”是指交易登记中心，记录存储数字货币未花费交易资金的哈希值，完成数字货币产生、流通及消亡全过程的权属登记。

在数字货币设计方面，汉密尔顿计划与笔者提出的数字货币原型系统这两个原型项目都强调加密数字串的货币属性和中央银行负债的属性。在流通环节，两个原型项目都以钱包为主要载体，强调用户对数字货币的拥有和操作权限。在交易确权登记方面，两个原型项目都设计了交易登记中心，也设计了“网上验钞机”。总体来说，两个原型项目在设计理念层面有相通之处，均采用了中心化加密货币思路，交易处理“一次一密”，充分考虑了数字货币的安全性。技术路线又不囿于区块链技术，既吸纳了其中的先进成分，又摒弃了可能的技术堵点。两个原型项目的不同之处在于，汉密尔顿计划第一阶段没有探索中介的技术角色及如何实现用户隐私与合规性的平衡；笔者提出的数字货币原型系统则考虑和设计了中介机构的角色，并提出了认证中心和登记中心分离的设计思路，既可以实现隐私保护，又能满足监管合规要求。值得一提的是，汉密尔顿计划通过层层哈希计算，在登记服务器中存储的是交易信息的哈希值，而不是明文信息，从而降低了系统开销，在隐私保护的考虑上更加精细。

二、数字欧元

（一）欧洲国家对数字欧元的态度：从审慎保守到积极进取

总体来说，欧洲国家同美国一样，对CBDC的态度相对保守。

在 2020 年之前，只有少数国家对 CBDC 感兴趣，主要是英国和瑞典。2016 年，英格兰银行副行长本·布劳德本特（Ben Broadbent）讨论了 CBDC 可能带来的狭义银行影响。对此，英格兰银行的两位经济学家库姆霍夫和诺恩在 2018 年发布工作报告，提出了 CBDC 的 4 项核心设计原则，包括“CBDC 利率自由浮动、不与准备金互换、不与银行存款按需兑换、仅对合格债券发行”，以避免 CBDC 对商业银行的冲击；并依据 CBDC 系统内参与者的不同，构建 3 种不同的系统模型，建立 CBDC 交易所。英格兰银行自身没有启动 CBDC 的研发工作，但在英格兰银行的建议下，研究人员提出并开发了一个名为 RSCoin 的 CBDC 系统。瑞典则于 2017 年 3 月启动“E-Krona”项目，探索电子克朗的应用。

一直以来，欧洲中央银行似乎更关注数字货币技术的应用潜力，其与日本中央银行在 2016 年 12 月启动了一个名为“Stella”的联合研究项目，该项目旨在研究 DLT 在金融市场基础设施中的应用，评估现有支付体系的特定功能能否在 DLT 环境下安全高效地运转。但对于是否研发数字欧元，欧洲中央银行则秉持审慎态度，这或许与其领导者有一定的关系。2018 年 9 月，时任欧洲中央银行行长马里奥·德拉吉（Mario Draghi）表示，由于基础技术缺乏稳健性，欧洲中央银行和欧元体系没有发行 CBDC 的计划。德国中央银行行长延斯·魏德曼（Jens Weidmann）在 2019 年 5 月的德国中央银行研讨会上表示，CBDC 的推出可能会破坏金融体系稳定，加剧银行挤兑风险。2019 年 11 月，克里斯蒂娜·拉加德（Christine Lagarde）出任欧洲中央银行行长，则大幅扭转了欧洲中央银行对 CBDC 的态度。拉加德在担任国际货币基金组织总裁时就高度关注数字货币的潜力。2020 年 5 月，法国中央银行宣布已成功完成了有关数字欧元的首次测试。2020 年 10 月，欧洲中央银行发布数字欧元报告。2021 年 7 月，欧洲中央银行宣布启动数字欧元项目并开展相关调查研究。根据新闻公告，欧洲中央银行将在 2 年内与成员国中央银行组成欧元系统，对数字欧元进行设计开发，并决定是否发行数字欧元。

（二）Stella 项目

迄今为止，欧洲中央银行与日本中央银行联合开展的 Stella 项目共开展了 3 个阶段：第一阶段是 2017 年 9 月探索 DLT 在大额支付场景中的应用；第二阶段是 2018 年 3 月在 DLT 环境中实现券款对付（delivery versus payment，DVP）；第三阶段是 2019 年 6 月探索基于 DLT 的跨境支付创新解决方案。

第一阶段的具体试验包括测试交易节点数量、节点间距离、有无流动性节约机制（liquidity sawing mechanism，LSM）、节点故障、格式错误对系统性能的影响，主要得到以下结论：一是基于 DLT 的解决方案可以满足 RTGS 的性能需求，且常规的 LSM 在 DLT 环境下是可行的。二是网络规模和性能之间存在此消彼长的关系，增加节点数量将导致支付执行时间增长。至于节点距离对性能的影响，则取决于网络的设置条件。三是 DLT 网络可以较好地应对验证节点故障和数据格式错误的问题。

第二阶段探讨了两种基于 DLT 的 DVP 模式：单链 DVP 和跨链 DVP。得到以下主要结论：一是 DVP 能够在 DLT 环境下运行，但受到不同的 DLT 平台的特性影响。二是 DLT 的“跨链原子交换”功能为分类账之间的 DVP 提供了一种新的实现方法，可以确保相同或不同 DLT 平台的分类账之间的互操作性，而不必要求它们之间的连接和制度安排。三是跨链 DVP 的安排可能会带来一定的复杂性，并可能引发额外的挑战。

第三阶段提出了一种泛账本协议，即在不同种类的账本之间通过协议实现支付的同步，同时评估了不同跨账本支付方式的安全性和效率影响。

（三）推出数字欧元的动机

2020年10月欧洲中央银行发布的《数字欧元报告》是其发布的首份有关数字欧元的综合报告。该报告阐述了设计数字欧元的核心指导原则，分析了发行数字欧元的原因、影响、法律、功能和技术方面的考虑及相关后续工作。

《数字欧元报告》指出，尽管目前现金仍然是主要的支付手段，但随着新技术的出现及消费者对即时性支付的需求增加，欧洲公民的支付方式正在发生改变。因此，为了确保消费者能够继续不受限制地获取中央银行货币并且满足其在数字时代的需求，欧洲中央银行理事会决定推进有关数字欧元发行的工作。从报告的口吻看，推出数字欧元的必要性似乎不是立足当下，而是面向未来。该报告基于一系列的可能情景分析了发行数字欧元的理由，并提出不同情境下要实现既定目标数字欧元所应满足的条件，具体如下。

1. 促进经济数字化

数字欧元应紧跟最新科技，最佳地满足市场在可用性、便捷性、速度、性价比及可编程性等方面的要求。为使数字欧元可用，整个欧元区应当实施标准的、可互操作的前端解决方案，并且数字欧元应可与私人支付解决方案互操作。

2. 应对去现金化

目前现金支付仍是欧元区的主要支付方式，份额在一半以上。但在新冠疫情防控的新形势下，人们对非接触支付方式的偏好可能会上升。数字欧元应匹配现金最关键的特征，如使用价格低、安全、无风险、易于使用、允许快速支付等，允许公民继续像现在一样用现金完成更多的支付。

3. 应对货币竞争

许多国家中央银行正在研发本国中央银行数字货币。同时，包括大型技术公司在内的私人机构正在开发以非欧元计价的支付解决方案，如全球稳定币。这些发展可能会导致货币替代，挑战欧洲货币主权和稳定。为此，有必要发行数字欧元，确保欧洲公民能够享受基于前沿技术的支付服务，保持欧元的全球声誉。数字欧元应具备技术上的前沿性特征，在吸引力方面足以匹配外国货币或非监管实体发行的货币。

4. 提升货币政策有效性

中央银行数字货币可以帮助消除政策利率零下限，从而在现金短缺时增加在危机情况下可用的政策选择。虽然目前尚不明确数字欧元是否可以成为加强货币政策的工具，但未来数字欧元可能会在进一步分析的基础上因国际金融体系的发展而具备该作用。

5. 后备支付系统

私人卡支付计划、在线银行业务及自动取款机现金提取服务一旦中断，可能会严重影响零售支付并在总体上削弱人们对金融系统的信任。在这种情况下，数字欧元可以与现金一起构成应急机制，这样即使没有私人解决方案，人们也可以继续进行电子零售支付。

6. 增强欧元国际地位

欧洲中央银行如果不跟上全球中央银行数字货币的研发步伐，欧元的国际地位将受到损害。同时，通过增强不同货币支付体系的互操作性，数字欧元可以帮助填补现有跨货币支付基础设施尤其是汇款转账的空白，或者解决其低效问题。

7. 改善货币支付系统

设计良好的数字欧元可能有助于降低欧元区支付系统的总体成

本和生态友好。

（四）数字欧元的特征

数字欧元是欧元体系的直接负债，是无风险的中央银行资金，它可以与欧元的其他形式（如钞票、中央银行储备和商业银行存款）同等程度地兑换。

《数字欧元报告》着重强调了欧洲中央银行对数字欧元的控制。一是在数量上，数字欧元应始终处在欧洲中央银行的完全控制之下。二是在技术上，提供数字欧元的后端基础设施可以是集中的，所有交易都记录在中央银行的分类账中，或者将责任分散到用户和受监督的中间商身上，提供不记名数字欧元服务。但不管采取何种方式，后端基础设施最终都应该由欧洲中央银行控制。该报告还强调，终端用户解决方案提供商和参与提供数字欧元服务的任何私营部门都应与欧洲中央银行的后端基础设施连接，以确保最高形式的保护，防范未经欧洲中央银行授权擅自创建数字欧元的风险。

根据技术模式，数字欧元方案可分为集中模式与分散模式。在集中模式中，终端用户可以在欧元体系提供的集中化数字欧元基础设施中持有账户。这类账户将允许终端用户通过电子转账方式在其他形式的货币之间存取数字欧元，并以数字欧元进行支付。分散模式则采用 DLT，或者通过本地存储方式（如使用预付卡和移动电话功能，包括离线支付），允许终端用户之间转让不记名数字欧元，中间不需要授权第三方在交易中扮演任何角色。

根据私营部门的角色，数字欧元方案可分为直接模式与间接模式。在直接模式中，中间商只是“看门人”，提供最终用户与欧洲体系基础设施之间的技术连接，并验证最终用户的身份，处理“了解客户”等活动；而在间接模式中，中间商扮演着更重要的角色，包括结算代理、代管客户的中央银行账户、代表客户执行数字欧元交易。

三、数字日元

（一）日本中央银行与欧洲中央银行亦步亦趋

从现实行动看，日本中央银行在 CBDC 研发方面似乎选择了跟随策略，与欧洲中央银行保持高度一致。日本中央银行与欧洲中央银行联合开展了 Stella 项目。在 2020 年之前，日本中央银行同欧洲中央银行一样，对发行 CBDC 持保守态度。但随着欧洲中央银行政策态度的转变，日本中央银行也在 2020 年 10 月继欧洲中央银行发布《数字欧元报告》之后，发布了日本 CBDC 方案。

2021 年 4 月，日本中央银行启动 CBDC 的概念验证实验，测试 CBDC 所需的核心功能和特性的技术可行性。概念验证分两个阶段：第一阶段，日本中央银行将为 CBDC 系统开发一个测试环境，并针对 CBDC 作为支付工具的核心基本功能（发行、分配和赎回）进行实验。第二阶段，日本中央银行将在第一阶段开发的测试环境中实施 CBDC 的附加功能，并测试其可行性。2022 年 1 月，日本中央银行行长黑田东彦在众议院预算委员会会议上表示，关于是否发行数字日元问题，将在 2026 年进行判断。

（二）推出数字日元的主要动机

关于推出数字日元的动机，日本 CBDC 方案的表态与《数字欧元报告》如出一辙，认为“暂时没有必要引入零售型 CBDC，因为流通现金在名义 GDP 中的占比很高，约为 20%”，但“考虑到技术创新的迅速发展，未来公众对 CBDC 的需求可能会激增。尽管日本银行目前尚无发行 CBDC 的计划，但从提高整个支付和结算系统的稳定性和效率的角度来看，日本中央银行认为，做好充分准备，用适当的方法应对情况变化很重要，因此决定发布零售型 CBDC 的方案”。

所谓的“提高整个支付和结算系统的稳定性和效率”，一方面是指发行 CBDC 有助于解决各类支付平台的互操作性难题，尽管这并不一定是最优选择；另一方面则是指发行 CBDC 可以顺应技术发展新趋势，打造一个适合数字社会的新型支付和结算系统。

（三）数字日元的特征

根据数字日元报告，数字日元是一种新型数字中央银行货币，与中央银行的活期存款不同。它是一种支付工具，由中央银行直接负债。数字日元的发行拟采用中央银行和私营部门的双层运营架构，也就是说，日本中央银行通过中介机构间接发行数字日元。日本 CBDC 方案指出，数字日元所具备的核心功能包括以下特征。

1. 普遍获取

为了让所有人都可以使用 CBDC，用于转移和支付的设备或卡片应具备易用性和可携带性。此外，很重要的一点是确保设备或卡片可免费使用或极其便宜，这样所有人都用得起。

2. 安全性

如果要发行 CBDC，则需要克服在线服务使用计算机网络固有的弱点，因为它可能会遇到伪造和欺诈等网络攻击。非法活动会导致人们丧失对货币的信心，这也是中央银行面临的一个重大风险。因此，要实现安全的 CBDC 支付，就必须使用防伪技术并增强安全性以防止各种非法活动。

3. 韧性

为了使 CBDC 实现随时随地使用，应保证终端用户始终可以全年无休地使用 CBDC 系统。考虑到日本频繁发生自然灾害，能做到在系统和网络故障及停电时支持脱机使用也很重要。

4. 即时支付能力

作为中央银行货币，CBDC 应具备交易的结算最终性和类似现金的即时付款功能。此外，CBDC 应可以满足与现金相同的诸多交易类型需要，包括个人对企业支付和个人对个人支付。为了使终端用户能够快速结算经常性支付，CBDC 还需要具有足够的处理能力和可延展性，以为将来的广泛使用做好准备。

5. 互操作性

CBDC 可以充当数字社会特有的有别于现金或中央银行存款的支付平台，因此，CBDC 系统必须确保与其他支付和结算系统的互操作性，并具有灵活的体系结构以适应未来的变化，包括私人支付服务的发展。

四、主要启示

欧、美、日等全球主流经济体及其中央银行对 CBDC 的态度正从审慎保守转向积极进取，数字美元、数字欧元、数字日元等全球主流货币的入局，势必将大大加速全球 CBDC 的研发，CBDC 时代将不再遥远。各中央银行普遍认为，CBDC 是中央银行的直接负债，并强调中央银行对中央银行数字货币的数量管控。新加坡的 Ubin 项目、加拿大的 Jasper 项目及欧洲中央银行与日本中央银行联合开展的 Stella 项目进展迅速，已基本完成，这些实验基本上延续了“从批发支付到券款对付再到跨境支付”的思路。它们最关注如何将 CBDC 用于改进跨境支付及改善现有金融市场基础设施，开展更加开放、灵活和高效的券款对付。在 CBDC 的技术路线上，各中央银行采取高度开放的思路，不拘泥于某种预设路线。技术模式可以是集中的，也可以是分布式的；可以基于账户，也可以基于代币；可以直接运营，也可以双层运营。美联储的汉密尔顿计划不仅充分吸收了 E-cash、比特币等加密货币的优点并规避了可能的缺点，而且有效吸纳了分布式系统的高性能、高容错架构设计。

从已开展的实验项目看，各中央银行高度关注 DLT 及加密货币可编程性的应用潜力。美联储的汉密尔顿计划还秉持开放、众智、敏捷的现代研发理念，主动将第一阶段代码进行了开源，创建了 OpenCBDC 项目并在 GitHub 上公开。目前，汉密尔顿计划仍积极寻求外界对开源代码库的贡献并吸纳新的工作组成员，旨在与各方一起共同推进 CBDC 研发。汉密尔顿计划这种开放式创新模式，无疑值得各国在 CBDC 研发实践中学习借鉴。

中央银行数字货币的机会与局限

黄益平[①]

一、中央银行数字货币的新起点

2020 年 10 月，国际清算银行与美联储、欧洲中央银行等 7 家中央银行联合成立的中央银行数字货币工作组发布了报告《中央银行数字货币：基本原则与核心特征》。该工作组联合主席明确表示，报告的宗旨是为各国中央银行提供参考，帮助它们在数字货币领域赶超私人部门。虽然在参与工作组的几家中央银行中，除了瑞典中央银行，都还没有明确的发行 CBDC 计划，但这份报告的发布，标志着中央银行数字货币正式进入国际组织与主流中央银行的视野，未来几年可能进入一个竞相研发 CBDC 的时期。

各国中央银行对数字货币的关注始于 2009 年比特币的问世。时任中国人民银行行长周小川在 2009 年 4 月发表了一篇文章，对美元承担国际储备货币功能的可持续性提出了疑问，这就是所谓的“特里芬两难”：随着国际经济交易的增长，对美元的需求日益高涨，而这反过来又会造成美国外部债务持续积累，最终令国际投资者对美

① 作者系中国金融四十人论坛（CF40）学术委员会主席、北京大学国家发展研究院副院长、北京大学数字金融研究中心主任。

元价值的信心产生动摇。2008 年美国次贷危机爆发并迅速蔓延至全球，美元的可持续性问题被摆到了台面上。这就是 2009 年比特币诞生后受到全球市场热烈欢迎的基本背景。

比特币首次利用区块链技术，具有匿名、去中心化的特征。其中最吸引人的一项设计是总量给定，一共 2 100 万枚，无法超发。不过，比特币诞生以后，各国中央银行并未大力推动 CBDC 研发，主要是因为中央银行官员普遍认为比特币缺乏内在价值，很难真正发挥货币的功能。因此，它至多也就是一种数字资产，而不是真正的数字货币。2014 年，周小川行长开始在中央银行内部讨论 CBDC 问题，这在全球范围看也是十分超前的。周小川行长的先见之明，促成了今天中国的数字人民币研发领跑主要国家中央银行的局面。

2019 年 6 月是各国中央银行对 CBDC 态度的一个分水岭。如果用一个词来概括这个变化的原因，应该就是“竞争压力”。2019 年 6 月 18 日，脸书发布《Libra 白皮书》。在此之前，几乎所有人都认为比特币只是一种数字资产，不可能真正替代正在使用的货币。但 Libra 不一样，它是以主权货币作为价值支持的稳定币，因此它其实是有内在价值的。更为重要的是，如果 Libra 成功发行落地，它将瞬间成为跨境支付的系统，因为脸书有 30 亿名用户，可以在很多国家铺开；同时，如果大家愿意用起来，Libra 可能成为国际货币。这对各国中央银行来说都是一个直接的问题，将来人民币的国际功能或许也会受到挤压。甚至不排除有的国家当前加大力度研究数字货币，如果成功便先行一步，而有的国家如果后行一步或干脆没做，那么机会就没有了。这不仅是私人货币、主权货币和数字货币的竞争，同时也可能是国家之间的竞争。

因此，《Libra 白皮书》的发布可能是数字货币市场形成竞争压力最直接的触发因素。后来 Libra 改名为 Diem，最后该计划被放弃了。从大的背景来看，数字货币与自身金融部门和支付体系数字化有关。

同时还存在中央银行竞争压力，即大多数国家的中央银行都不愿让其他中央银行在 CBDC 的竞争中占得先机。自 1944 年布雷顿森林体系建立以来，国际储备体系一直由美元主宰。尽管过去几年美元在国际货币体系中的比例不降反升，但现在国际市场对美元的长期地位产生了怀疑。长期来看，新的国际货币的竞争难以避免，而 CBDC 有可能是这场竞争的主战场。数字化是货币发展的新趋势，在发挥国际化功能方面有一定的优势，而且其“赢者通吃”的特性更加突出，各主要国家中央银行应该都不愿意缺席这场新的竞争。

二、中央银行发行数字货币是权衡利弊后的结果

从经济学分析的角度看，中央银行是否要发行数字货币，至少需要关注以下三个方面的影响：

第一，对金融中介的影响。也就是对现行金融体系会造成何种冲击和影响，包括对信用创造、银行挤兑、金融稳定等方面造成的影响。

第二，对投资的影响。这一点涉及宏观经济，金融中介支持经济活动很重要的一点是投资，对此，要考虑发行 CBDC 会对企业投资和总的社会投资造成什么样的影响。

第三，对总体福利水平的影响。在学术研究中，可以通过建立理论模型来分析发行 CBDC 对净福利是增加了还是减少了。

实际上，这个问题在学术研究中的结论并不清楚，最终的分析结论与所处的市场环境和 CBDC 的具体设计机制高度相关。例如，发行 CBDC 有可能导致银行受到冲击，这会减少福利。但如果一国的银行体系竞争不足，那么提供一种新的工具反倒有可能增加福利。

由此带给我们的启示是，在设计 CBDC 时，首先要考虑具体的市场环境，根据具体情况进行因地制宜的设计，才可能达到预期的目的。各国情况不一样，考虑不一样，重点也不一样。

根据国际清算银行对全球中央银行的调查，发展中国家和发达国家对 CBDC 的关注重点不一样。具体来说，发展中国家更多关注 CBDC 在国内的支付效率与安全性，以及其突出的普惠性问题；发达国家则更多关注 CBDC 跨境支付的效率和跨境安全问题。两类国家关注重点不一样，原因是各自的痛点不一样。

当前，很多国家的现金使用比例正在下降，数字支付的比例大幅上升，这时要考虑的就不再是要不要数字化的问题，而是中央银行要不要参与数字化的问题。例如，我国已经有了移动支付，那么为什么中央银行还要做数字货币支付系统？有一种学术观点是，私人部门所做的支付系统有效率，却存在一些诸如负外部性这样的较难解决的问题，而这些问题可以由公共机构来化解。因此，私人部门的支付系统虽然能解决大部分问题，但不一定是全局最优的。在一些问题的解决上，中央银行的系统可能更加有效。

三、e-CNY 对金融体系的影响

中国人民银行研发的数字货币原先叫数字货币/电子支付，现在改称 e-CNY，其所指向的基本功能是清晰的，即主要用于替代 M0，也就是流通中的现金，而不会替代银行的存款（狭义货币 M1 和广义货币 M2）。根据这个基本定位加上独特的双层发行机制可以猜测，设计者的一个重要考量是不对商业银行造成脱媒效应。这可以从两个方面来看：一是不会造成大量的存款转化为 e-CNY 的现象，因为持有 e-CNY 没有利息收入，持有存款则多少会有一些收益；二是作为授权机构，一部分商业银行也会研发自己的数字货币钱包，参与 e-CNY 的运营，个人不能绕过授权机构直接向中央银行兑换 e-CNY。

因此，e-CNY 直接冲击的就是支付，特别是移动支付。e-CNY 发挥支付功能确实有一些独特的优势。一是，e-CNY 是由中央银行发行的，因此具有法偿性，也就是说基本上不存在违约的可能性。但对消费者来说，这个优势可能没有那么重要，毕竟根据一般判断，支付宝、微信支付破产的概率也非常低，而且现在它们所有的备付金都已经被中央银行收缴了，它们对用户的负债是由存在中央银行的储备金全额覆盖的。二是，e-CNY 支付的成本可能比移动支付还要低，老百姓用主权货币支付，应该不需要付费，但中央银行或钱包设计方会不会向商家收取费用，目前还有待商榷，而且移动支付收取的费用非常少。三是，e-CNY 有可能拥有一些更加普惠的特性，如近场交易，以及方便文化水平低、年龄大的人士甚至残疾人士使用的一些功能。

因此，e-CNY 一定会对移动支付造成冲击，但目前并不清楚会造成多大的冲击。一方面，今天用户使用移动支付，不仅是因为它们的支付功能，更重要的是围绕支付工具的一整套生态系统，用户可以利用支付工具安排自己的日常生活，从买机票到订酒店，从付电费到叫出租车。虽然现在中央银行让商业银行等和支付宝、微信支付这两家移动支付服务商一起设置数字钱包、参与竞争，但商业银行如果想成为有力的竞争者，首先需要建立一套有吸引力的生态系统，否则很难留住大量的活跃用户。另一方面，即使 e-CNY 能席卷支付市场，也并不意味着支付宝或微信支付就会退出这个市场。恰恰相反，更可能的情形是将来的支付钱包中存放的不仅是传统的与银行账户连接的电子人民币，同时也会有 e-CNY。

其实，e-CNY 带来的最根本改变可能是支付系统中数据的收集与分析模式。中国现在已经有一个庞大的数字金融体系，包括移动支付、大科技信贷和线上投资等，这一体系在很大程度上是以大科技平台、大数据、云计算、区块链和人工智能等数字技术作为支撑的，其中大数据的收集和分析是不可或缺的重要环节，而移动支付在客户与数据积累方面，发挥类似金融基础设施的功能。目前，移动支付的基本模式是支付宝和微信支付各自建立一个支付系统，其他机构加入不同的阵营，最后构成移动支付市场上的“阿里系”和“腾讯系”，它们分别自成一体，互不相关。这个格局不是最理想的状态，但好处是移动支付机构可以完整地跟踪资金流动的全过程，收集所有的数字足迹，形成大数据，然后通过大数据分析衍生出一系列新的经济、金融业务。目前的大科技信贷、数字保险、线上投资等业务，大多是从支付业务中衍生出来的。

但 e-CNY 落地之后情形或将不一样。将来是“一个数字货币、九个钱包”的状态，其好处是相互之间都可以交易，坏处是从此每家机构都只拥有整个交易的一部分数据。例如，一笔 e-CNY 从支付宝数字货币钱包进了中国工商银行数字货币钱包，支付宝并不知道钱最终去了哪儿，中国工商银行也不知道钱从哪儿来。未来可能只有中国人民银行能拥有完整的大数据。这本身可能不是坏事，完整的数据握在中央银行的手中，可以避免资本的无序扩张。但这也产生了一系列问题，如大数据是否还会被有效地挖掘并利用？数字金融发展的轨迹会不会从此被彻底改写？

e-CNY 也可能会对货币政策的作用产生一些影响。随着 e-CNY 的落地，将来对于广义货币供应量等货币政策中介目标的定义也许会逐步发生改变。老百姓和机构持有的钱是存放在银行还是存放在 e-CNY 中央银行数字货币钱包中，抑或以 CBDC 的方式直接投资到货币市场与资本市场？如果以 CBDC 的方式直接投资到货币市场与资本市场，M2 的含义可能就需要修改。这些问题必然会影响将来货币政策的制定与实施。此外，在新冠疫情暴发期间，政府需要支持低收入群体和中小微企业，但事实上中央银行和财政部都缺乏有效的手段来将定向的货币政策落实到微观层面，但将来若 e-CNY 数字货币钱包普遍落地，中央银行就有可能直接为中小微企业和居民提供流动性支持，结构性的货币政策就成为可能。但是，一旦这一设想成为现实，那么货币政策的形态会不会就此改变？货币政策到底是宏观层面的还是微观层面的政策工具？货币政策和财政政策之间的界限是否还像现在这般清晰？所以说，e-CNY 的发行落地确实有可能改变货币政策的形态和作用机制。

四、e-CNY 如何参与 CBDC 竞逐

e-CNY 可能还不能被看作完全意义上的 CBDC，其主要功能还只是零售领域的小额支付，没有批发的功能；而且由于人民币还没有实现自由兑换，更不是国际货币，因此 e-CNY 尚无法真正参与 CBDC 的竞逐。中国如果不想缺席新的国际货币竞逐甚至国际货币体系规则的形成，就应加快 e-CNY 落地、资本项目可兑换及人民币国际化再出发政策的协调推进。

实现人民币国际化、参与 CBDC 竞逐，不仅是为了在国际货币体系中发挥更大的作用，同时也是保障国家金融安全的重要手段。一方面，近年来外部经济冲突频发，美国动辄出手实施金融制裁，依仗的便是美元在国际货币体系中的主导地位。将来如果人民币能够成为国际货币，就可以在一定程度上绕开美国的控制。另一方面，许多发展中国家发生国际收支危机的一个重要原因就是资产与负债之间的货币错配，资产大多是本国货币，负债却以美元为主。一旦信心动摇，本币大幅贬值，很容易造成资不抵债、金融危机。人民

币国际化的一项重要功能就是将来使资产负债表中的资产和负债都可以是人民币。

货币数字化并不意味着它自然就成为国际货币。但在 e-CNY 落地之后，有两个问题值得关注：一是 e-CNY 是否有利于推动跨境贸易、跨境结算和跨境投融资？过去使用实物货币，现在使用数字货币，这样的转变是否会更加方便？人民币国际化进程是否会更加容易？这些都是值得观察的。二是货币不可兑换，在现有的监管政策和金融体系下，将人民币拿到美国无法兑换美元，因为没有地方可以兑换。但将来 e-CNY 落地以后，很容易把它带到国外，如越南和老挝，因为它其实就是一组密码。如果在一些国家，当地的老百姓和企业愿意使用 e-CNY，是否就意味着存在局部范围内可实现兑换的可能性？如果这种可能性是存在的，那么是否就意味着形成了一条新的人民币国际化的民间道路？

在未来一段时期，不同国家的 CBDC 有可能会相互竞争、共同存在，但国际储备货币最终应该还会集中到一种或少数几种 CBDC 上。百花齐放的基本前提是不同数字货币在功能和特质上有所差异。例如，比特币应该会长期存在，因为它和 CBDC 不同，可以作为一种特殊的投资资产存在；稳定币也可能会存续相当长的时间，它是主权货币与民间资产的一种混合，CBDC 很难完全将其替代。未来的国际货币可能是美元数字货币，也可能是人民币数字货币或其他国家的数字货币，甚至有可能是一种超主权的数字货币。国际储备货币本身是一种基于主体信誉的货币，并且它所发挥的功能与主权数字货币是一样的，而数字技术的基本特征是长尾效应。因此，将来的国际货币之争，最终应该会向一个或极少数个 CBDC 集中。e-CNY 参与这场竞争的一个基本前提是需要完善自身的功能。

五、三个值得关注的问题

（一）数字货币对商业银行等金融机构脱媒的冲击可能会被低估

当前我国中央银行对数字货币的功能设想是零售、不付利息的，也就是替代 M0，并认为 CBDC 的发行对银行中介的冲击是不太大的，不会对商业银行造成脱媒效应。但是像支付宝、微信钱包里的钱也是不付利息的。按道理，理性的人不会把钱放在支付宝、微信钱包里，但实际上支付宝、微信钱包里的钱是很多的。考虑到将来人们对数字货币的一个很重要的需求就是方便，愿意在支付宝、微信钱包里存放很多钱，也许将来数字货币对金融中介的冲击会很大。

（二）如果数字货币跨境支付体系建立起来，可能会成为与国际支付体系包括 SWIFT 竞争的并行系统

发达国家非常重视跨境支付的效率和安全问题。中国的 CBDC 主要是做境内支付业务，当前也开始尝试与香港地区金管局、中东国家等进行跨境支付测试。将来有没有可能使用数字货币在各国之间进行点对点的跨境支付？数字货币是否有可能构建一种新的跨境支付构架，或者成为一个新的基础设施？因为数字货币支付是点对点的形式，基于这种形式，在跨境支付中，数字货币也许会成为一种国际新系统，从而使现行国际支付体系包括 SWIFT 的重要性有所下降。

（三）需要厘清 CBDC 的发行对数据的采集、分析和保护的含义

有文献指出，一个国家数据保护的好坏对该国居民使用 CBDC 的意愿有很大影响。也就是说，如果数据保护得好，人们使用数字

货币的意愿就很强烈；如果数据保护得差，人们使用数字货币的意愿就会弱很多。这项研究的出发点只考虑了从现金到 CBDC 的转型，但我国的情况与此有所不同，因为我国已经有支付宝、微信支付这种私人部门的支付系统，支付数据已经在私人部门的支付系统里了。用户使用支付宝、微信支付时，数据在系统中处于闭环状态。支付宝虽然不掌握全中国的支付数据，但掌握其内部全部的支付数据，这为支付平台提供其他基于支付数据的金融服务（如大科技信贷）提供了可能。

我国 CBDC 使用双层系统后，将来对数据收集、分析和保护会产生怎样的影响？数据对于 CBDC 来说是个大问题，各个国家情况不一样，有些国家原本使用现金，它们的变化是从过去的没有支付数据到现在的有支付数据，而目前包括我国在内的大多数国家已经有了数字支付，相当于数据从原来的支付机构转移到另一类机构中。因此，现在迫切需要厘清 CBDC 对数据的采集、分析和保护的含义。

数字人民币的隐私与安全的平衡之道

穆长春[①]

数字人民币由中国人民银行发行，指定运营机构参与运营，兼容基于账户、基于准账户和基于价值三种方式，以广义账户体系为基础，支持银行账户松耦合功能，与实物人民币 1∶1 兑换，共同构成法定货币体系，具有价值特征和法偿性。

数字人民币支持可控匿名。作为数字人民币的一个重要特征，可控匿名一方面体现了数字人民币 M0 的定位，保障了公众合理的匿名交易和个人信息保护的需求；另一方面也是防控和打击洗钱、恐怖融资、逃税等违法犯罪行为，维护金融安全的客观需要。

一、数字人民币定位于 M0，应满足个人匿名支付需求

（一）数字人民币的设计需要保护个人隐私

大数据时代，消费者对个人隐私的保护日益重视。以移动支付为代表的电子支付比传统现金支付更加便利，但是仍然有消费者选

① 作者系中国金融四十人论坛（CF40）成员、中国人民银行数字货币研究所所长。

择现金交易，一个重要原因是现金交易具备匿名性，对消费者的隐私形成天然保护。

数字人民币主要定位于流通中的现金（M0），是零售型中央银行数字货币，其推出立足于国内支付系统的现代化及我国电子支付尤其是移动支付的快速发展，以满足公众支付手段的多样化需求。

因此，数字人民币的设计应满足个人匿名交易的合理需求，加强对消费者隐私的保护：一是应符合日常小额现金支付的习惯，确保相关支付交易的保密性；二是应明确匿名对象，确保消费者使用数字人民币进行交易时，其个人信息不被商户和其他未经法律授权的第三方获取；三是应加强个人信息的使用和保护，确保运营机构收集的客户基本信息、产生的交易和消费行为信息不会被泄露。

在未来的数字化零售支付体系中，数字人民币和指定运营机构的电子账户资金具有通用性，共同构成现金类支付工具。然而，实物人民币具有其他支付手段不可替代的优势。因此，数字人民币将与实物人民币长期并存。只要存在对实物人民币的需求，中国人民银行就不会停止实物人民币的供应或以行政命令对其进行替换。

（二）数字人民币的双层运营体系，有利于保障非经依法授权不得查询、使用个人信息

数字人民币采用双层运营体系：中国人民银行把数字人民币兑换给运营机构，由运营机构向公众提供兑换流通服务。运营机构收集服务与运营所必需的个人信息，由钱包服务产生的个人信息由运营机构收集和存储。中国人民银行为满足跨机构交易和对账等需要，仅处理经过互联互通平台转接的跨机构交易信息。

同时，数字人民币钱包之间采用匿名化的技术处理，所有钱包之间有关个人信息的数据对交易对手方和其他商业机构匿名。对于公众正常的交易和消费，上述主体均无法获取完整的交易信息和消

费行为信息，以保护消费者的个人隐私。在正常交易的情况下，任何单位和个人均无权获取相关的交易信息。只有当遇到涉嫌可疑交易等法定情况时，有关权力机关才可以依法向运营机构查询、使用用户个人信息，严格将知悉和使用范围控制在法律法规授权范围内，并采取安全保护措施。

中国人民银行内部严格遵守《中华人民共和国网络安全法》《中华人民共和国个人信息保护法》等法律法规，通过先进的技术手段和严格的管理机制，确保个人信息安全。

在技术层面，采取权限访问控制安全技术措施和多重身份认证技术等业内先进技术手段及其他必要措施保护数据安全，防止数据遭到未经授权的访问、披露、使用、修改、损坏或丢失。

在管理机制上，内部设置防火墙，通过专人管理、业务隔离、分级授权、岗位制衡、内部审计等制度安排，严格落实信息安全及隐私保护管理。将数字人民币相关信息加密封存，对所有客户信息进行去标识化处理，非经合法授权，无论中国人民银行内部人员还是外部的任何单位和个人，均不得随意查询、使用；未经授权查询或使用个人信息的，将依法追究法律责任。

因此，无论是运营机构还是中国人民银行内部，都将严格按照法律法规的要求，建立个人信息保护制度和内部控制管理机制，履行客户信息保护的管理流程，确保个人信息安全。

（三）数字人民币的钱包矩阵设计遵循“小额匿名、大额依法可溯”的原则

传统的支付工具，无论是互联网支付还是银行卡支付，都与银行账户体系绑定，由于银行开户实行实名制，因此无法满足公众匿名开立支付工具的诉求。数字人民币钱包与银行账户的松耦合减轻了交易环节对金融中介的依赖，从技术上实现小额匿名。

数字人民币钱包可以按照客户身份识别强度、载体、权限归属和子钱等不同维度进行分类，形成钱包矩阵，遵循“小额匿名、大额依法可溯”的原则，实现线上线下全场景应用，满足用户多主体、多层次、多类别、多形态的差异化需求。

1. 将数字人民币钱包按照客户身份识别强度进行分类

数字人民币钱包按照客户身份识别强度分为4类，各类钱包被赋予不同的单笔、单日交易及余额限额。这4类数字人民币钱包仅用手机号就可以开立。根据《中华人民共和国网络安全法》《中华人民共和国个人信息保护法》等相关法律法规的规定，电信运营商不得随意将手机号对应的客户信息披露给包括中国人民银行在内的第三方。因此，用手机号开立的4类钱包实际上处于匿名状态。这4类钱包对标小额现钞消费场景。根据中国人民银行发布的《2021年第二季度支付体系运行总体情况》报告统计，非现金支付业务下银行卡笔均消费金额为603元，而4类数字人民币钱包单笔支付限额为2 000元，符合公众在日常生活中小额、便民类支付的匿名需求。数字人民币一类、二类、三类钱包为实名钱包，单笔支付限额随着实名强度的增强而提高，一方面满足公众大额支付的需求，另一方面对于大额交易能够有效追踪，防范风险。对比电子账户开立需要收集九要素信息，数字人民币体系收集的客户信息更少。

2. 将数字人民币钱包按照载体进行分类

数字人民币钱包按照载体分为软钱包和硬钱包，在钱包矩阵下4类软钱包和其所属的硬钱包均为匿名钱包，能够满足公众线上和线下小额匿名交易的需求。此外，准账户模式的硬钱包发行时不与使用者身份相关联，充分发挥硬钱包在小额匿名支付领域的积极作用。北京冬奥会期间就推出了数字人民币准账户模式的硬钱包，为相关人员提供服务。

3. 将数字人民币钱包按照权限归属进行分类

数字人民币钱包按照权限归属分为母钱包和子钱包，用户可以在母钱包下开立子钱包并用于电商平台支付，也就是钱包快付产品，以保护个人隐私。此前，公众在电商平台购物时，在支付环节需要提供相关的用户支付信息，这种方式会导致电商平台获取所有的个人信息。而数字人民币对所有用户信息进行去标识化处理，除开通子钱包时用于关联电商平台账号的用户手机号码外，不会向电商平台提供其他用户信息，如银行卡号、银行卡有效期等信息，有效保护公众个人隐私。

4. 数字人民币根据客户意愿仅收集必要的个人信息

基于双层运营体系和钱包矩阵的设计，数字人民币遵循自主、透明、最小化原则，根据用户意愿，仅收集与处理目的直接相关的必要个人信息。

首先，用户有权随时关闭相关权限。当用户关闭相关权限时，数字人民币 App 将立即停止有关个人信息的处理活动，充分保障用户自主管理相关权限。对于用户选择拒绝提供权限的，数字人民币 App 将严格执行。

其次，数字人民币 App 没有采用让用户一揽子授权的方式获得相关权限，而是根据具体业务和场景，在合理、必要的情况下，在向用户明确告知使用目的后，单独向用户申请有关权限，在取得用户同意后才会获得相应的权限。通过详细列明提供服务所需开启的权限及对应的业务场景，使用户全面了解其需要授权的权限情况。

最后，数字人民币仅获取与处理目的直接相关的必要个人信息。数字人民币 App 仅收集处理必要个人信息，确保注册、登录、密码修改及找回等基本账户功能的实现；运营机构向用户提供数字人民币钱包服务时，同样仅收集必要的身份信息和交易信息，确保数字人民币支付等基本业务功能的实现。

此外，为确保用户财产安全，数字人民币仅收集风险控制所需信息，用以加强对用户数字人民币钱包被盗、恶意挂失、网络欺诈等风险的识别。总之，数字人民币对用户隐私的保护，在现行电子支付工具中是等级最高的。

二、数字人民币应满足反洗钱、反恐怖融资国际标准及国内法律法规要求

（一）实现风险可控基础上的匿名是国际标准设定组织和各国央行的共识

“没有约束的自由不是真正的自由”。如果仅关注个人隐私保护，而对中央银行数字货币的匿名性不加管控，忽视数字时代金融产品和服务便利化、规模化、跨地域所带来的风险，那么中央银行数字货币将被违法犯罪行为所利用，产生严重后果。

为维护金融安全和稳定，各国中央银行、国际组织在探索中央银行数字货币的匿名性时均将防范风险作为重要前提，无法满足反洗钱、反恐怖融资及反逃税等要求的设计将被一票否决。

中央银行数字货币的匿名是以风险可控为前提的有限匿名，完全匿名的中央银行数字货币不存在可行性。国际清算银行总裁奥古斯汀·卡斯滕斯（Agustín Carstens）在《数字货币与货币体系的未来》一文中明确指出完全匿名的概念不切实际，完全匿名的系统不会存在。绝大多数使用者会接受由一个可信任的机构（如银行或公共服务部门）来保管基本信息。保留一定的身份识别对支付系统的安全、反腐败、反洗钱、反恐怖融资至关重要。在便利性和可追溯

性之间需要寻求平衡。①

无独有偶，国际清算银行与欧洲中央银行、美联储等 7 家中央银行共同编写和发布的《中央银行数字货币：基本原则与核心特征》报告同样否决了中央银行数字货币完全匿名的可能性。该报告指出："虽然有人认为中央银行数字货币可能带来的主要好处是某种程度的电子支付匿名性，但完全匿名是不合理的。虽然反洗钱和反恐怖融资的要求不是中央银行的核心目标，也不会成为发行中央银行数字货币的主要动机，但中央银行数字货币的设计应符合这些要求。"②

此外，欧洲中央银行在《探索中央银行数字货币的匿名性》报告中也深入探讨了保护隐私和防范风险的平衡，并指出"数字化对支付生态系统构成重大挑战，要求电子支付在一定程度的隐私及遵守反洗钱和反恐怖融资法规之间取得平衡，包括在一定程度上为用户的小额交易提供隐私保护，同时确保大额交易遵守反洗钱和反恐怖融资的要求"。

可以看出，完全匿名从来不在各国中央银行数字货币的考虑范畴之内，只有在符合反洗钱和反恐怖融资等监管要求前提下的有限匿名才是国际共识。

（二）中央银行数字货币需要满足相关的反洗钱、反恐怖融资要求

中央银行数字货币的匿名探索不能违反反洗钱、反恐怖融资及反逃税等监管规定。金融行动特别工作组（Financial Action Task Force，FATF）在其《FATF 就所谓稳定币向二十国集团财政部长

---

① CARSTENS A. Digital currencies and the future of the monetary system [R]. Hoover Institution Policy Seminar，2021：7－8.

② Bank of Canada，European Central Bank，Bank of Japan，Sveriges Riksbank，Swiss National Bank，Bank of England，Board of Governors Federal Reserve System，Bank for International Settlements. Central bank digital currencies：foundational principles and core features [R/OL]. 2020：6.

和中央银行行长报告》（以下简称《FATF 报告》）中明确指出："一旦建立了中央银行数字货币，与中央银行数字货币交易的金融机构，包括指定的非金融机构以及虚拟资产提供商，将承担与法定货币或现金相同的反洗钱和反恐怖融资的义务。使用中央银行数字货币进行的客户交易将遵守与使用法定货币进行电子交易相同的客户尽职调查义务。"①

此外，FATF 还在上述报告中特别针对虚拟货币提到："未来仍将持续评估和监督虚拟货币及其虚拟资产提供商的反洗钱、反恐怖融资的合规情况，尤其是'数据转移规则'的遵守情况，该规则要求虚拟资产提供商之间应传输重要的身份识别信息。"②

为确保相关信息在不同机构之间传播，且相关机构能够履行相应的反洗钱义务，中央银行数字货币也应该遵守数据转移规则等相关要求。

国际清算银行虽然承认中央银行数字货币具有替代现金的作用，但也明确要求各主体履行"三反"义务（即反洗钱、反恐怖融资、反逃税），其《中央银行数字货币》报告指出："尽管在某些情况下中央银行数字货币可能会替代现金，但是发行中央银行数字货币必须确保满足反洗钱和反恐怖融资的要求，以及其他监管和税收方面的要求。"③

英国中央银行在《中央银行数字货币：机遇、挑战和设计》报告中也持有同样的观点。④

值得关注的是，中央银行数字货币具备数字化的特征，过分强

---

① The Financial Action Task Force. FATF report to the G20 finance ministers and central bank governors on so-called stablecoins [R/OL]. 2020：27.

② The Financial Action Task Force. FATF report to the G20 finance ministers and central bank governors on so-called stablecoins [R/OL]. 2020：21.

③ Bank for International Settlements. Central bank digital currencies [R/OL]. 2018：1.

④ Bank of England. Central bank digital currency：opportunities challenges and design [R/OL]. 2020：22.

调与实物货币同等水平的匿名性将产生极大的风险。《FATF 报告》中提到："与现金相比，中央银行数字货币可能带来更大的洗钱和恐怖融资风险。中央银行数字货币可以让公众以零售付款或作为账户使用，并且在理论上允许匿名的点对点交易。在这种情况下，中央银行数字货币能够提供接近现金的流动性和匿名性，又因为使用者不需要随身携带现金，因此较现金更具有便携性。中央银行数字货币由于会得到其司法管辖区的中央银行的支持，因此有可能被广泛接受和广泛使用。匿名、便携性和广泛使用的结合对于以洗钱和恐怖融资为目的的罪犯和恐怖分子极具吸引力。"①

这是因为，利用现金进行违法交易的成本很高。大额的现金交易需要运输、清点、交付等环节，同时存在盘点错误、损毁、丢失、假币等风险。随着现金交易金额的增加，其成本的增长是非线性的。而在数字化时代，无论交易金额大小，其交易的成本基本相同。可见，现金不便于携带的特点反而为洗钱和恐怖融资等行为增加了摩擦，所以人们对现金的匿名性的容忍度相对较高。而中央银行数字货币便携性更强，如果提供与现金同样的匿名性，将极大地便利洗钱等不法交易行为。因此，中央银行数字货币不应具有与现金同等的匿名性。

（三）数字人民币需要防范电信诈骗等风险

近年来，利用互联网、电信等的新形式违法犯罪活动愈演愈烈。数据显示，当前全国范围内从事网络诈骗活动的犯罪嫌疑人达 100 多万人，每年造成直接经济损失 1 000 多亿元。各类网络赌博案件也层出不穷，2022 年全国公安机关共侦办跨境赌博及相关犯罪案件 1.7 万余起，打掉网络赌博平台 2 200 余个。党中央、国务院高度重

① The Financial Action Task Force. FATF report to the G20 finance ministers and central bank governors on so-called stablecoins [R/OL]. 2020：26.

视打击治理电信网络诈骗犯罪工作，采取专项行动打击电信网络诈骗、网络赌博等违法犯罪活动。在查处的电信网络诈骗、网络赌博等案件中，大部分涉案资金都是通过虚假开立的银行账户、支付账户等渠道进行转移的。

在传统的银行账户体系下，银行为客户开立账户需要进行实名验证，在业务存续期间还会采取持续的客户尽职调查措施，按照客户的特点或账户的属性等因素划分风险等级，定期审核客户基本信息。然而，即便采取了严格的客户尽职调查措施及持续的尽职调查、交叉验证等风险防控手段，仍然无法避免不法分子利用银行账户进行网络赌博、电信诈骗等犯罪行为。

由此可见，不法分子始终紧盯反洗钱的薄弱环节和漏洞，各种违法犯罪行为不断流向政策洼地。中央银行数字货币收集的客户信息少于传统银行账户和电子支付，数字货币又较实物现金更加便携，如果匿名程度过高，将为不法分子提供新的犯罪土壤，大量的非法交易将从电子支付流入中央银行数字货币，数字货币将沦为电信诈骗、网络赌博、洗钱、毒品贩卖甚至恐怖组织犯罪的工具，也将无法满足 FATF 等国际组织的要求。

因此，数字人民币并不完全适用实物现金流通的监管规则。数字人民币反洗钱体系应按照其业务实质确定应采取的监管措施，遵循“实质监管”原则，在发生利用数字人民币进行电信诈骗等不法活动时，能够协助有权机关挽回损失，守护公众财产安全，维护社会稳定。

（四）明确各主体的“三反”责任，遵循“风险为本”原则

中国人民银行高度重视健全数字人民币反洗钱体系，已针对数字人民币建立了分工清晰、职责明确的管理监督体系，实现“事前评估、事中监测和事后监督”的闭环管理。

数字人民币业务方案需要经过反洗钱、反恐怖融资职能的独立评估，确保符合 FATF 等国际标准，符合国内反洗钱、反恐怖融资法律法规的要求，并就评估的潜在风险制定相应的风险缓释措施。

运营机构作为直接面向客户提供数字人民币服务的主体，是数字人民币反洗钱的义务主体，需要全面履行客户尽职调查、大额交易及可疑交易报告等反洗钱和反恐怖融资的核心义务。

根据 FATF 的相关原则和我国反洗钱要求，在客户尽职调查方面，运营机构和其他商业机构可通过与委托合作机构签订协议的方式，委托合作机构对客户实施尽职调查，而客户尽职调查的最终责任分担问题需要进行相关理论研究。在可疑交易报告方面，由于可疑交易无论所涉资金金额或资产价值大小，均需要进行监测和识别，因此，对于数字人民币小额匿名交易，为防止不法分子通过批量开立匿名账户、拆分交易、小额高频转入转出等方式逃避监管，运营机构和其他商业机构仍然需要在非实名的情况下进行可疑交易监测和报告。

目前，包括数字人民币在内的一些中央银行数字货币的设计主要是为了满足国内零售支付需求。而跨境及国际使用相对复杂，涉及反洗钱、客户尽职调查等法律问题，国际上正在深入探讨，中国人民银行也参与了相关研究。

三、数字人民币的下一步计划

（一）加强立法，完善顶层制度设计

为确保数字人民币可控匿名要求的有效落实，需要在顶层制度设计上做出四项相应安排。

一是建立信息隔离机制。明确运营机构开展数字人民币运营业务的独立性，并通过设立数字人民币客户信息隔离机制和使用限制，规范数字人民币客户信息的使用。数字人民币运营机构需要建立健全客户信息保护内控制度和客户信息保护监测工作机制，只有在可能涉及洗钱、恐怖融资和逃税等违法犯罪交易时，才能申请获取相关客户信息进行风险分析及监测，以履行“三反”义务，确保客户信息在最小范围内使用。二是明确数字钱包查询、冻结、扣划的法律条件。只有法律授权的有权机关基于法定事由，才能够查询、冻结、扣划客户数字人民币钱包，否则运营机构有权予以拒绝。三是建立相应的处罚机制。监管部门可以依职责对违规处理数字人民币客户信息的运营机构采取处罚措施，强化监管。四是完善数字人民币反洗钱、反恐怖融资等法规制度。结合 FATF 的相关原则和数字人民币的特点，研究并适时出台数字人民币反洗钱和反恐怖融资等监管规定。

（二）强化科技应用，提升风险防控能力

新兴技术的应用为传统金融风险管理提供了新的活力和创新点，通过科技手段提升风险管理能力成为趋势。为加强数字人民币风险监控，特别是在反洗钱、反恐怖融资等方面的风险监控，需要应用更多的科技手段来提升风险监测和防控水平。

数字人民币监管将强化监管科技应用实践，积极利用大数据、人工智能、云计算等技术丰富金融监管手段，提升跨行业、跨市场交叉性金融风险的甄别、防范和化解能力，并在客户尽职调查、可疑交易和异常交易监测、监管报送等关键环节进行广泛应用，增强数字人民币风险预防和处置能力。

四、结语

综上所述，数字人民币作为中国人民银行发行的法定数字货币，会充分尊重隐私与个人信息保护，并在此基础上做好风险防范，以防止被不法分子利用。数字人民币具备与电子支付工具同等的便携和快捷等特性，但又具备了电子支付工具所不具备的可控匿名设计，一方面可以满足公众对于个人信息保护的需求，另一方面也有助于防范和降低不法分子利用数字人民币进行违法犯罪活动的风险，维护金融安全，实现保护个人隐私和打击犯罪的平衡，符合各国中央银行和国际组织的共识。需要强调的是，在实物货币依然发行的前提下，公众仍然可获得实物货币所提供的完全匿名性，且不会因数字人民币的发行而被剥夺；同时，可控并不意味着控制和支配，而是防控风险和打击犯罪，这是维护公众利益和金融安全的客观需要。总之，数字人民币的可控匿名安排可以为公众提供体验更好、更加安全的支付服务。

（本文刊发于《当代金融家》2022 年第 9 期。）

数字人民币推动第二波数字金融革命

魏尚进①

在数字人民币出现之前，中国第一波数字金融革命的标志性事件是 2004 年支付宝和 2013 年余额宝的相继诞生。

用经济学家约瑟夫·熊彼特（Joseph Schumpeter）的“创造性毁灭”一词描述这两个里程碑事件，“毁灭”的是旧金融秩序中的低效率与次服务，而“创造”的是更高的总体社会经济效益。

在第一波数字金融革命中，受到冲击的是传统的金融企业，特别是银行，而受益者包括居民、小微企业、科技巨头企业等。在此之前，中国的老百姓习惯将大部分流动资产存在银行，获得的利率回报非常低。

但在金融科技企业的倒逼下，银行推出了数量众多、灵活便捷的理财产品，大大拓展了居民投资理财的渠道。

在企业融资方面，数字金融企业分析并准确判断企业风险的能力，使小微企业无抵押信用贷款成为可能。当然，数字金融企业巨头自身通过成功上市和市值上涨，获得了一波又一波的利润。

如果说在第一波数字金融革命中，科技巨头企业扮演的角色是

① 作者系中国金融四十人论坛（CF40）学术顾问、哥伦比亚大学金融学教授。

“创造性毁灭者”，那么在第二波数字金融革命中，它们可能会转变成数字人民币要颠覆的对象。

在此期间，不但居民和企业能从中获得收益，传统的金融企业也有可能找到新的发展机会。

一、中国数字经济“蛙跳”的动能

在21世纪初，中国在数字经济和数字金融方面的发展不仅远远落后于美国、日本、德国等发达国家，而且落后于印度。中国在数字经济和数字金融方面能实现“蛙跳”，主要依靠以下三大动能。

（一）企业家精神

在21世纪初，中国居民能享受的金融服务种类少、成本高、质量低，许多小微企业有融资需求但无处融资。哪里有不被满足的需求，哪里就有利润。当时就有许多年轻人从中看到了商业机会，而中国的改革开放给企业家精神提供了非常好的土壤。

（二）中国加入WTO

加入WTO对中国数字经济的发展同样重要，这一点或许很多人都未曾意识到。今天数字经济领域许多成功的公司创始人在起步阶段大都缺少资金和政治背景，他们去银行申请贷款，却拿不出可抵押资产，因此很难融资。而中国加入WTO给他们带来了一个意想不到的条件。

中国经过十几年的艰苦谈判，于2001年加入WTO。对方国家的企业根据自己的比较优势对中国提出这样或那样的开放要求，特别是在部分发达国家具有比较优势的金融领域。

考虑到国外竞争者进入对国有商业银行利润的影响，国外商业银行准入的时间是中国加入 WTO 5 年以后，外资投行也要在中国加入 WTO 3 年后才能逐步进入。因为当时中国不存在国有 PE/VC 基金，所以海外的 PE/VC 机构被允许第一批进入国内市场。正是这些进入国内的风险资本和私募股权基金成就了无数的数字经济企业。这些新创企业在起步阶段向海外 PE/VC 机构成功融资，体现了中国加入 WTO 的意义：不仅使贸易壁垒降低、实物商品的进出口更加通畅，更是造就了今天中国数字经济的崛起。

因此，开放对中国数字经济的后来居上功不可没。中国未来积极推动加入《全面与进步跨太平洋伙伴关系协定》等区域合作协定，坚定不移推进高水平对外开放，也需要将其对今后经济增长的推动作用纳入考量。

（三）数字金融、数字经济和智能手机的发展存在相辅相成的关联

中国三大互联网公司（百度、阿里巴巴、腾讯，合称 BAT）在自身业务蓬勃发展之后，利用“数据＋算法”的优势，成为资金提供方，开始支持很多数字经济小微企业的发展。

到了今天，中国数字经济巨头企业的数量和规模位居世界前列。全球最大的 10 家数字经济企业中有 5 家美国企业、5 家中国企业；全球最大的 25 家数字经济企业中有 14 家美国企业、9 家中国企业。中国能走在日本、德国、法国、英国、印度之前，非常了不起。

中国虽然已经是世界第二大经济体，但人均收入仅达到美国的 1/5 左右。2022 年中国的人均收入差不多达到全球中位数，和世界领先水平还有不小的差距。

从这个意义上说，中国企业能在全球最大的 25 家数字经济巨头企业中占 9 席，表明中国在数字经济中实现了飞跃。

数字经济的飞跃也助力中国总体的经济增长实现了飞跃，为成

功跨越“中等收入陷阱”打好了基础。在数字经济这一创新领域，发达国家和中等收入国家的起点基本相当；但同时因为基础设施、技术能力和人才要求等门槛，相对落后的国家要追赶中等收入国家也比较困难。因此，数字经济和数字金融的出现给部分中等收入国家提供了一个从落入“中等收入陷阱”转为向“中等收入飞跃”的机会。

要在数字经济领域继续保持世界领先地位，中国需要维持并不断改善有利于企业家创新的营商环境，在避免过度监管的同时也避免科技巨头企业的垄断滥用。

拉古拉迈·拉詹（Roghuram Rajan）和路易吉·津加莱斯（Luigi Zingales）在《从资本家手中拯救资本主义》（*Saving Capitalism from the Capitalists*）中提及，创新的企业一旦做大，就有可能会通过垄断地位打压新的创新行为，因为它们不希望其他劲敌出现。此时，公共政策的设计就需要在对这类巨头企业的行为进行限制（也就是避免垄断）与继续鼓励创新之间找到平衡。同时，深化改革、继续开放、管控系统性风险也至关重要。

二、数字人民币改变博弈局面

要理解数字人民币为何会对现有的数字科技巨头企业造成比较大的冲击，就需要清楚目前数字经济中的成功企业是如何华丽转身同时成为数字金融领域的巨头企业的。

以蚂蚁集团为例，它向消费者和小微企业提供大量信用贷款的前提就是利用“数字足迹＋算法”，计算出潜在贷款者的坏账概率，给出较精准的信用评分。当在线商户无法成为银行贷款客户时，数字金融企业通过分析其既往的收支流水，判断其成本、利润和未来增长，再分析客户对产品和服务的评分、退货率等“软信息”，判断其偿还信用水平，因此能够在处理信贷申请、分配贷款和收取还款方面，比银行更便宜、更快捷。

相比之下，传统银行不掌握这些信息，评估小微企业信用的成本过高，无法为这些企业提供无抵押贷款。实践告诉我们，这些数字金融企业迄今为止的贷款坏账率比传统银行要低很多，这也是它们在短短几年的时间里快速崛起的重要原因之一。

官方对数字人民币特征的归纳，可以概括为 12 个字：等同现金，双层运营，可控匿名。“双层运营”是指中国人民银行先把数字货币兑换给一些大型国有银行或其他运营机构，再由这些获得授权的机构兑换给家庭或企业。与仍处在讨论阶段的其他一些中央银行的数字货币不同，中国的家庭和企业不会在中央银行直接拥有数字人民币账户，可以避免风险过度集中到单一机构，这样万一运营中出现问题，也与中央银行有一定的距离。

“可控匿名”中的“匿名”是相对的，中央银行可以查看任一单元数字货币的整个流动历史，包括每个环节是从哪一方到哪一方的。“可控匿名”中的“匿名”部分是指授权机构只能看到一部分个人或企业的数字足迹（如在它们使用数字人民币存取资金时），但无法获取更多信息，也不能让信息保留的时间超过所需。

由“可控匿名”观察到使用数字人民币的数字足迹，可以让中央银行通过算法对潜在借款人进行坏账率判断。中央银行的信息与现有的数字金融巨头企业相比各有千秋。中央银行可以观察到个体在整个经济中使用数字人民币的行为，这是任何数字金融巨头企业都办不到的；而数字金融巨头企业拥有的“软信息”，中央银行目前也是无法得到的。

经验表明，如果大数据能够涵盖足够多的个人或企业的数字足迹，那么信用评分就可以相当准确。然而，在数字人民币可控匿名的机制下，中央银行将具备与数字金融巨头企业相似的获取和追踪数据的能力。假设中央银行选择以低成本或零成本的方式向商业银行分享这样的信用判断，就可以改变商业银行与现有的数字金融巨头企业之间的博弈。

虽然商业银行的融资成本要比任何数字金融企业都低，但是商业银行在发现客户、寻找客户、放款成本、信用判断上有很多劣势，而数字人民币原则上可以弥补这些劣势。

因此，一旦数字人民币普及，未来 10 年左右，中国经济中一个重大的改变就是现有的数字金融巨头企业和现有的其他金融企业之间博弈的相对力量可能会发生较大的变化。

我们还可以注意到的一点是，数字人民币的推广具有正回馈性。一方面，越希望得到信用贷款的企业或个人越愿意使用数字人民币，让自己的"数字足迹"收录到"系统"里。他们认为这样做可以将信用评估的结果量化，提升金融机构向他们放款的意愿。这会使数据的完善性不断提高。另一方面，自我评估信用越高（预期坏账概率较低）的企业或个人，暴露自己的数字足迹的意愿也就越高。这会使信用评估的准确度不断提高。

在数据安全方面，数字人民币面临的挑战与支付宝和微信支付面临的挑战差不多，原则上虽然做不到完美的数据安全，但在技术上基本可以做到风险可控，至少目前支付宝和微信支付都没有出现较大的数据安全事件。蚂蚁集团和腾讯在这方面可以做到的事情，中央银行原则上也可以做到，而且中央银行可以和蚂蚁集团、腾讯等企业进行合作，向它们汲取经验。

数字人民币目前通过随机发放免费红包推行试点。在全面启动阶段，可以通过用数字人民币进行政府和国企员工的工资发放，及政府采购支出、扶贫补助、经济刺激消费券的发放来普及数字人民币。如果再进一步推广的话，数字人民币可以逐步进入企业、自然人纳税的场景。

三、数字人民币会改变什么

中国人民银行前行长周小川曾多次公开明确表示，发行数字人民币的主要目标是提高零售支付的便捷度，将每年印发现金纸币和硬币（M0）的成本节省下来。节省的金额目前预计可达到每年几十亿元。而以数字人民币挑战美元的国际地位，不是中央银行的主要目的。

人民币国际化的速度主要取决于两点：一是跨境资本流动的便利度与成本。在中国资本账户管制的情况下，境外的企业和个人不愿意使用人民币，即使是数字人民币也无法改变这一局面。二是可投人民币流动性资产的深度与广度。当前，以人民币计价、可供境外投资者投资的流动性资产的数量，与可投资的美元资产的数量差很多。

目前有非常大的流动性美元资产市场可供投资，并且其他货币与美元进行兑换没有限制，便捷、低成本，这也是支撑美元国际地位的重要因素。而支付宝、微信支付等线上支付方式的普及对国内消费者来说十分方便，但对来到中国的海外消费者而言，由于现金使用场景的减少，反而带来了很多不便。这并不是支付宝、微信支付等平台技术上的问题，背后反映的其实是资本账户管制的影响。由于中国对外汇资金实行严格管控，支付宝、微信支付等第三方支付平台不被授权全面开展人民币外汇交易业务。

数字人民币未来也可能会遇到同样的问题，只要有资本账户管制存在，汇率转换就会有一定的成本。如果资本账户能够进一步开放，人民币（包括数字人民币）的国际化水平就会提高。

因此，人民币的国际化进展取决于这些政策性因素，而与货币的形式（数字或非数字）关系不太大。决定人民币国际化进程的最终因素是中国金融深化的速度、资本账户开放的速度和经济体量增长的速度。随着中国在全球贸易和金融领域的重要性不断增强，将有更多的交易以人民币结算。中国国有企业可以坚持以人民币结算部分国际交易，中央银行也可以签署更多使用数字人民币的互换协议。

不过，我们也不能忽视数字人民币对美元地位的间接影响。假设数字人民币能够提高中国的银行在国内的竞争力，其也会间接提高这些银行的国际竞争力，相对削弱美资银行的国际地位。因为美资银行的国际地位和美元的地位是有关系的，所以从这个意义上来说，间接作用也不能忽视。当然，美国自己的行为也会影响美元主导地位的维持。例如，美国频繁利用美元的全球特权地位实施各种跨境金融制裁，也会使很多个人、企业或团体寻求非美元货币作为替代，造成国际金融体系非美元化。

中央银行数字货币的普及对负利率政策执行和防止地下经济非法交易的作用比较有限。因为对很多发达国家来说，执行负利率政策已经变成一个非常现实的问题。哈佛大学肯尼思·罗格夫（Kenneth Rogoff）教授曾提出，一个国家一旦运行数字货币，就可以实现两件目前无法实现的事情：第一是实行负利率，第二是防止地下经济犯罪。

笔者认为这一观点不太能站得住脚。罗格夫教授所提的假设实现的前提首先是数字货币完全替代传统货币，其次要保证交易不能以本国数字货币以外的其他价值物执行。例如，某国要执行负利率，假如部分企业或个人不接受，他们完全可以找到外币、黄金、艺术品等其他有价值的东西进行交易，从而部分规避负利率的影响，所以负利率的执行并非易事。同样地，对犯罪集团而言，在本国全部运行数字货币以后，也可以使用外币或黄金等有价值的物品进行交易。

当前，全球地下经济中使用最多的货币是美元，一半左右的美元现金（M0）在境外流通，且主要在境外的地下经济中流通，这反过来告诉我们，数字货币的实行本身对减少地下经济犯罪的作用有限。值得注意的是，各国中央银行不会对数字货币使用虚拟加密形式，保持匿名可控性对中央银行的反恐等活动仍然非常重要。任何可能破坏可控性的功能，中央银行都不太可能采用。

（本文刊发于《复旦金融评论》2021 年第 12 期。）

第四章

数字金融的监管框架与规则

构建适用、有效的数字金融国际监管框架与规则

肖　钢[①]

一、数字金融国际监管的概况和挑战

（一）数字金融国际监管的概况

从各国的数字金融发展状况看，我们认为数字金融具有三个基本特征：一是数字化，二是场景化，三是普惠化。安永《2019 全球金融科技采纳率指数》报告指出，全球金融科技服务采纳率逐年上涨，从 2015 年的 16％提升至 2019 年的 64％，说明数字金融的发展还是很快的。

从全球各地区看，北美地区金融科技发展在全球居于领先地位，亚太地区成长迅速。2019 年，北美占全球金融科技市场的 40.8％，其次是亚太地区、西欧和其他地区。

从美国、英国、印度和中国金融科技发展的数据来看，对中国来说，截至 2020 年，数字金融用户总数超过 10 亿名，居全球第一，移动支付、数字信贷和数字理财等领域均发展迅速，有的甚至领跑

---

① 作者系全国政协委员、中国金融四十人论坛（CF40）资深研究员、中国证监会原主席。

全球。

当前，各个国家包括国际组织在内，对数字金融提出了一系列监管原则和措施。我们对其进行了归纳，提炼出全球数字金融监管六大共同特征：

第一，战略上，各国积极拥抱技术，将支持金融科技发展作为提升金融市场国际竞争力的核心战略。

第二，理念上，鼓励金融与科技融合创新，守住金融风险底线，为数字金融发展营造包容、审慎的法律和监管环境。

第三，方式上，以纳入传统金融监管框架为主，对发展较快的金融科技领域进行补充立法，在保持监管框架一致性的同时，提升现有监管框架的有效性。因为数字金融是新业态，原有监管框架有些已经不适用了，所以在原有监管方式的基础上加以完善。

第四，路径上，践行“开放银行”理念，以机构合作和数据开放促进行业竞争，释放数据价值，激发创新动能。这是一个普遍趋势。

第五，机制上，创新探索“监管沙盒”，在防范风险和鼓励创新之间寻求有效平衡。

第六，工具上，鼓励监管科技和合规科技发展，积极推进监管数字化，丰富监管工具手段，提升监管效率。

（二）数字金融国际监管面临的挑战

数字金融的发展给国际监管带来了六大新挑战：

第一，部分新业态、新模式在功能和法律界定上有其特殊性和复杂性，难以划拨到已有业务类型、纳入现有监管框架。

第二，金融机构全面数字化转型，数字技术成为支撑经济金融发展新的技术底盘，以风险为导向的传统监管指标适配性下降。

第三，金融与科技之间的边界越来越模糊，金融机构与科技企业之间的合作更加广泛深入，需要更加公平开放的监管理念和更加有效的跨机构监管协同。我国在协同合作方面做得还不够。

第四，数字支付带动新型全球支付网络加速发展，数字货币催化全球支付基础设施的竞争性重构，数字金融监管急需更加广泛的国际协同与合作。

第五，数据开放共享与跨境数据流动成为新常态，数据安全、隐私保护、跨境治理等成为金融监管需要关注的重点问题，同时也是一个薄弱环节。

第六，行业创新日新月异，传统监管工具的局限性更加凸显，急需加快数字化监管能力建设，发展新型监管工具。

二、构建数字金融新型监管框架

（一）数字金融监管模式现状

对于当前金融科技和数字金融的监管，一些国际组织和各国监管机构已经采取了一系列措施，如对一系列法规进行修订，弥补短板，以此应对金融科技的快速发展。但总体来看，不管是国际组织还是各国监管机构，构建新型监管框架都还处于探索阶段。也就是说，目前来看整个新型监管框架并没有真正形成。

目前各个国家的基本监管思路还是坚持技术中立的原则，即针对各类创新的数字金融业务，根据其金融功能分别纳入现有监管体系中，坚持对金融科技和传统金融的一致性监管。这是当前的一个总体思路，无论是发达国家还是国际组织，都想方设法要把新的业务纳入现有框架中。换句话说，数字金融处于快速发展中，全球监管部门密切追踪其发展趋势，对于已经发生的变化，采取了在传统框架之上不断进行修修补补的监管模式。

这种不停“打补丁”的模式的优点是比较稳妥，符合现阶段监管部门的稳健思路。但是，我们研究认为，这种模式存在三方面的问题。

1. 缺乏前瞻性

目前，监管基本上是跟在科技发展趋势的后面走。科技可能给金融体系乃至整个经济带来颠覆性、革命性影响，当前监管部门对于这一点可能认识不足，过多地强调按照一致性监管要求，包括如何准入、归类监管等，这都是前瞻性不足的体现。过去关于互联网金融的发展存在一个争论。有观点认为，互联网金融只是金融利用互联网技术这个工具来提高效率，极大地降低成本，这是工具论；也有观点认为，互联网金融是一种新业态，笔者认为这是一个颇具前瞻性的观点。如果按照后者的思路，延续旧有的监管框架，就无法再把新业态纳入其中进行监管。

2. 缺乏有效性

目前，监管处于一个被动应付的局面，难以适应金融科技的特征。尤其是，由于金融科技的发展造成了金融风险外溢性增强，而且风险的表现形式是未知的，因此监管范围也被迫扩大。从各国研究来看，目前还没有出现由于技术发展造成的系统性风险，P2P 可能算一个，但它不是真正的科技，它是借互联网的名义从事一些违法违规的业务。真正的科技造成重大风险的事例现在还没有出现，但我们需要未雨绸缪，因为当前监管的法律、机制、手段、指标都不能适应科技发展趋势，很难真正实现监管的有效性。

3. 缺乏全局性

金融科技、数字金融的发展已经超出了金融的范畴。这是一个很大的变化，它是横跨多个学科的生态体系建设，不仅涉及技术和工程学，还涉及政治学、社会学、文化、民族、道德伦理等；同时，它又是一个需要全球共同应对的问题，如气候变化、恐怖袭击、疫情等问题，都是全球性的。本质上，未来对数字金融的国际监管是一种全球性的公共产品，由此来看，目前的监管思路缺少全局性。

（二）数字金融新型监管框架的内容

基于以上认识，构建新型数字金融监管框架，需要突破亦步亦趋、修修补补的监管模式，力争从跟跑模式转变为并跑模式，要与快速发展的技术并跑，甚至要引领技术发展，实现创新性、适应性、前瞻性的监管形式。由此，我们研究构建新的框架，可以概括为双导向、三支柱、多元共治的新体系。

所谓双导向，就是风险导向和技术导向并重。

所谓三支柱，一是审慎监管，二是业态监管，三是技术监管。审慎监管包括宏观审慎和微观审慎，强调资本充足率、流动性、杠杆率等。业态监管是数字金融发展起来之后形成的一种新生态。和以往传统监管框架不同的是，传统金融监管注重“大而不能倒”，数字金融发展注重“小而不能散”。数字金融具有长尾性，属于普惠金融，那么对于小而分散的风险，如何强调业态的完善、监管的健全及各个行业的行为监管，就非常重要，所以只有审慎监管就不够了。技术监管是新体系的核心内容，就是对金融科技的技术监管。

多元共治的内涵是超越金融、全球合作。实际上，我们共同面对的挑战已经进入社会、民族、文化、道德伦理都需要治理的阶段，只靠金融机构的努力难以应对这一挑战。

在这样一个框架下，我们提出四大任务：一是构建新理念；二是构建新机制；三是完善新工具；四是构建新标准和新指标。

和传统金融机构框架相比，数字金融监管框架理念有三个很重要的不同点：一是创新赋能，包括业态创新、指标创新、机制创新、方法创新；二是技术导向，包括技术标准、产业应用配套政策、科技赋能监管等方面；三是共治共享，包括全球支付清算网络、数据开放与数据治理、数字货币体系发展、监管协调与国际合作等方面。

在构建新型监管机制方面，我们提出以中央为主的监管模式。因为科技的发展是跨时空、跨地域的，应该采用以中央为主的监管模式，建议研究统一数字金融监管的机构设置问题。在构建新型监管工具方面，我们提出：针对数字金融面临的技术风险，如网络安全，同时完善立法监管政策工具和行业自律监管工具；针对长尾性特征，设置差异化、个性化的监管政策工具。例如，根据产品资金规模，采用差额准备金率或流动性比率，或者根据用户收入水平和资产总量，对不同的用户群体进行差异化准入限制和交易金额限制等；针对数字金融产品系统性风险，分行业建立相关危机救助机制和设置救助资金池，以应对次生风险引发的共振反应；针对人工智能应用引发的共振性风险，根据统一标准为各类智能投顾或智能交易系统制定“熔断”机制，以减少市场波动，防止当各方急于控制损失时出现多米诺骨牌效应。

在监管标准方面，我们提出构建技术导向的数字金融监管体制，并提出如下政策建议：一是鼓励技术创新，建立监管沟通机制；二是保护金融数据安全，建立风险隔离；三是加强科技监管，开放数据接口；四是建立行业标准，提高准入门槛；五是加大力度建设数字金融基础设施。

目前，国际上尚未有成体系的数字金融技术标准框架，一些技术领先的机构或企业起到了引领标准发展的主要作用。下一步，数字金融技术标准应以政府指导、企业承担、多方协作的方式建设。

在创新监管指标方面，我们在《巴塞尔协议Ⅲ》主要监管指标体系（见表1）的基础上，提出了构建全球数字金融监管创新指标。

表 1 《巴塞尔协议Ⅲ》主要监管指标体系

<table>
<tr><th>指标体系</th><th colspan="2">具体指标</th><th>《巴塞尔协议Ⅲ》要求</th></tr>
<tr><td rowspan="6">资本充足率</td><td rowspan="3">微观审慎</td><td>普通股核心资本</td><td>最低 4.5%</td></tr>
<tr><td>一级资本</td><td>最低 6%</td></tr>
<tr><td>总资本</td><td>最低 8%</td></tr>
<tr><td rowspan="3">宏观审慎</td><td>资本留存缓冲</td><td>2.5%</td></tr>
<tr><td>逆周期资本缓冲</td><td>0～2.5%</td></tr>
<tr><td>系统重要银行附加资本</td><td>1.0%</td></tr>
<tr><td>杠杆率</td><td colspan="2">核心资本/未加权表内外资产</td><td>最低 3%</td></tr>
<tr><td rowspan="2">拨备率</td><td rowspan="2">宏观审慎</td><td>拨备/信贷余额</td><td>最低 2.5%</td></tr>
<tr><td>拨备覆盖率</td><td>最低 150%</td></tr>
<tr><td rowspan="2">流动性</td><td rowspan="2"></td><td>流动性覆盖率</td><td>最低 100%</td></tr>
<tr><td>净稳定融资比率</td><td>最低 100%</td></tr>
</table>

指标的设计理念包括：一是监管指标的个性化与动态化；二是监管功能的一致性原则；三是重视数据安全和消费者保护；四是聚焦行业监管和系统性风险；五是增加技术监管相关指标。

此外，我们在数字金融新业态法律定性、技术标准和技术立法上也提出了建议。

三、三大热点探讨：支付监管、全球数据治理和数字货币监管

我们选取三个当前数字金融监管的关键领域和热点问题进行探讨。

（一）支付监管

我们回顾了当前各国在数字支付领域出现的情况和面临的问题。

数字技术给支付领域带来了三大核心变革：一是支付工具和支付体验创新，让支付更加高效、普惠和安全；二是搭建全球支付清算网络，成为当前数字金融国际竞争的主阵地；三是研究数字货币，为构建面向未来的新型支付基础设施探路。

当前数字支付发展面临的主要挑战有：一是全球非现金支付渗透率挑战，欧洲现金占所有交易笔数的78.8%、占所有交易金额的53.8%；二是全球支付账户渗透率挑战；三是全球支付费率挑战；四是跨境支付费率和效率挑战。

关于国际支付监管的发展方向，我们提出按照创新赋能、技术导向、共治共享的方向来进行，同时对完善数字支付领域监管也提出了建议：一是对新兴金融业态包容监管，把握好创新与风险之间的平衡；二是考虑对支付服务进行重新分类，通过不同牌照对支付机构实施差异化监管；三是推动全球范围支付清算监管开放，强化市场竞争；四是在跨境支付和数字货币领域重视国际协调合作。

（二）全球数据治理

作为数字经济中的关键生产要素，数据的经济属性和价值属性不断受到国际社会的关注和重视。有效的数据治理是一个机构（企业或政府部门）执行数字战略的基础，有助于释放数据潜能、促进经济高质量发展。国际数据管理协会认为，数据治理是对数据资产管理行使权力和控制的活动集合。数据治理不同于数据管理，治理过程是对管理活动的评估、指导和监督。

数据资源开发和治理仍面临突出问题：一是政府数据开放问题；二是个人信息保护问题；三是数据流通中的问题；四是数据跨境流动问题。

关于未来全球数据治理需重点关注和研究的问题，我们认为：一是数据权属问题需要深入研究，包括如何界定个人数据和非个人数据；二是非个人数据规制需要逐渐展开；三是技术应用相关立法趋向聚焦；四是数据治理方面的国际博弈日趋激烈，不管是发达国家和发展中国家之间，还是发达国家之间，都存在博弈。当前，针对美国驻欧盟机构的数据传输和存储问题，欧盟最高法院裁定一项被广泛使用的名为“隐私盾”（privacy shield）的欧盟—美国数据传输协议无效。由此可见，欧盟与美国在数据传输问题上的博弈也在升级。

（三）数字货币监管

关于未来数字货币监管需重点关注和研究的问题，我们认为：一是全球法定数字货币加快研发；二是跨境支付成为重要方向；三是监管制度加快完善；四是国际合作深入推进。

数字货币发展可能会改变过去货币竞争的格局。过去的货币竞争主要取决于GDP总量、对外投资和贸易实力的强弱，这些实力强则货币竞争力强。未来数字货币发展以后，除了上述方面，技术发展、用户发展也可能会成为新的关键竞争因素，从而改变过去的传统货币格局，可能会形成一些新的数字货币区。

四、发展监管科技，提升监管效率

监管科技旨在利用科技手段优化金融监管模式，提升金融监管效率，降低机构合规成本。提升监管科技的意义是更好地应对金融风险新形势，提高金融监管的有效性和效率，降低机构的合规成本，释放数据资源的潜在效能。

如何提升监管科技，让其发挥潜在效能？一是加强统筹规划，做好顶层设计；二是做好监管规则数字化翻译；三是充分应用科技手段，增强监管的智能化和穿透性；四是结合不同地区实际情况，因地制宜地阶梯化发展；五是探索监管合规业务的新商业模式，提高科技公司参与的积极性。

［本文为中国金融四十人论坛（CF40）报告《创新型数字金融监管——构建适用、有效的国际监管框架与规则》的简版。］

数字金融监管重构

黄益平[①]

一、数字金融行业新监管框架重构

2020年11月3日晚，在数字金融巨头蚂蚁集团计划首次公开募股（IPO）前的大约36小时，上交所宣布暂停其上市计划。随后，蚂蚁金服迅速暂停了在香港联交所的双重上市，原因是监管的变化会给未来蚂蚁金服的财务表现带来新的不确定性。在IPO之前暂停上市，确实是一件非同寻常的事情，更何况这是中国有史以来规模最大的IPO。国内、国外的投资者也都在努力理解这个变化的深刻含义。数字金融行业的监管框架还在变化，监管环境也将发生翻天覆地的变化。

这反映了当下中国数字金融行业的尴尬境地：虽然中国在移动支付、在线投资和数字信贷等多个业务领域已经处于全球领先地位，但监管框架尚未完善。第一，监管机构最初对数字金融创新采取了友好的立场，因为它们看到了这些新业务存在普惠金融的价值。第二，目前的监管框架在不同监管部门之间是隔离的：谁颁发许可证，

① 作者系中国金融四十人论坛（CF40）学术委员会主席、北京大学国家发展研究院副院长、北京大学数字金融研究中心主任。

谁就应该负责监管。目前尚不清楚哪家监管机构应该监管数字金融机构。第三，由于数字金融行业应用先进的数字技术，传统的现场、非现场检查等监管手段可能不足以检测风险。此外，金融监管机构是政府的一部分，监管政策的制定和实施往往受政治决策的驱动，这通常会导致“运动式”监管：在完全不采取监管行动和同时采取所有行动之间剧烈摇摆。

数字金融行业新监管框架的重构至少应遵循两大原则：第一，数字金融行业与传统金融行业一样，应全面纳入金融监管，以降低金融风险，包括过度套利导致的金融风险。第二，在监管标准一致的情况下，监管者也应积极寻求数字金融监管的创新，以平衡效率和稳定性。

目前，详细的监管计划仍在制定中。一些悬而未决的问题可以相对较快地解决，另一些则难以解决。

（一）整个数字金融行业都应遵循相同的监管政策，最好有一家牵头监管机构

由于金融交易的最大问题是信息不对称，因此金融业是监管最严格的经济部门，数字金融也不应例外。同样重要的是，传统金融行业和数字金融行业的监管应该统一，否则可能会导致严重的套利行为。监管缺失或监管过度均不利于数字金融行业的健康发展。鉴于不同数字金融业务之间存在相互联系，能够通过共享平台、大数据和现金流相互影响，政策协调比传统行业更重要。中国人民银行自然是统一协调监管者的候选人，但其制定和实施监管政策的职能仍需加强，且有待制度化。

（二）为了跟上数字金融创新的步伐，监管创新也是必要的

由于数字金融线上交易规模庞大、速度惊人，传统的监管方法

在管理金融风险方面已经严重不足，更不用说解决金融风险问题了。监管机构应通过应用数字技术来履行监管职能，从而提升其技术能力。当监管机构看到一些创新的好处但不确定其风险和后果时，可以采用“监管沙盒”等新做法，在监管机构的监督下进行有条件的实验。中国人民银行已于2019年年底启动了中文版“金融科技创新监管工具”，监管部门也应积极推进监管创新，支持数字金融业快速健康发展。例如，大科技信贷模式非常有效，因为其借款人众多，获得贷款的速度非常快，贷款质量高。然而，大科技信贷的贷方往往面临一个重要的制约因素：资金供应不足。监管机构可以通过允许远程开设银行账户，促进大科技信贷的贷方从银行间货币市场或资本市场借款，以及鼓励大科技信贷的贷方与传统银行之间的合作，来帮助缓解这种限制。

（三）中国迫切需要制定一套完整的数据政策

大多数数字金融业务都是大数据驱动的。过去，政府颁布了许多关于数据的法律或法规，如为了保护个人隐私。然而，它们中的大多数要么不够充分，要么没有正确实施。数据滥用在中国非常普遍，包括在数字金融行业。近来，中国政府决定将数据视为一种生产要素，与劳动力、资本和土地一样。换言之，数据可能进入生产函数以促进经济增长。为了实现这一目标，政策制定者需要在许多领域制定明确的规则。第一，谁拥有数据？个人用户还是平台？如果两者在大数据积累中都有一定的权利和投入，那么决策权和利益应该如何分配？第二，可接受的数据交换方式有哪些？与劳动力或资本不同，数据可以被多方拥有和使用，理想的交换方式应该能够保护原始数据所有者的权利。第三，统一的数据标准是数据交换的重要条件，但谁来负责制定数据标准？政府还是私营部门？第四，数据的定价机制是什么？如果不能有效解决这些问题，数据就很难作为新的生产要素正常发挥作用，也很难实现数字金融行业持续健康发展。

另外，迫切需要针对包括数字金融行业在内的数字经济相关行业制定新的反垄断政策。近来，中国监管机构开始调查垄断问题，如在移动支付领域。然而，与传统经济不同，市场份额可能不是判断垄断的最可靠指标。由于数字技术具有规模经济和范围经济的特点，大科技平台自然而然地成了市场上的大玩家。事实上，这是数字金融行业实现普惠金融的技术基础。判断垄断地位的一个更合适的指标是“可竞争性”——新玩家是否仍然可以进入，并与现有玩家竞争。在中国数字经济领域，可竞争性非常明显。在电子商务领域，淘宝是第一个领先的平台，京东紧随其后。而在近几年，新平台拼多多迅速出现并在某些方面超越了淘宝。在社交媒体方面，虽然微信仍然占据主导地位，但它一直面临来自微博的竞争，同时其市场份额也正在不断被字节跳动蚕食。鉴于数字经济领域的动态，特别是商业模式的快速演变，主导地位和市场力量很难持续存在。在这个阶段，监管政策应该更多关注公平竞争和消费者保护，而不是狭义的反垄断。

（四）从长远来看，政府需要制定数字金融监管的国际战略

尽管一些领先机构开始“走出去”，但中国大多数成功的数字金融业务都在国内。鉴于中国当前正处于一些数字金融创新领域的前沿，制定数字金融监管的国际战略至关重要。随着时间的推移，在边境对数字金融交易实施限制将变得越来越昂贵，甚至不可能。国际战略可能包括交流有关数字金融创新的经验和知识、监管政策的跨国协调，以及国际数字金融市场的整合。金融监管机构或许没有能力完全掌握中国数字金融国际化的进程，但将中国数字金融行业与世界其他地区永久隔离不是可取的做法。因此，

促进监管者和从业者与国外的同行互动，从而寻求有效的知识共享和业务合作方式，非常重要且必要。

二、数字金融发展新阶段

过去 10 年，中国数字金融行业经历了飞速发展。虽然大多数数字金融业务模式始于美国或英国，但中国现在在多个领域——至少在客户群和交易量方面——处于领先地位。中国人民银行可能是世界主要中央银行中第一家发行自己的主权数字货币的中央银行。中国数字金融快速发展的一个重要原因是传统金融市场的不完善，大多数低收入家庭和中小企业的金融服务不足。中国应用数字金融的核心之一是应用数字技术辅助风险管理，这促进了普惠金融的发展，从而弥补了中国金融市场的不完善。

数字技术为金融部门带来了创新。理论上，基于传统经济学中广泛接受的“规模报酬递减”假设，同时接触大量的需求及特征各异的“长尾”客户的成本很高。如今，数字金融降低了这一成本：每个领先的移动支付服务提供商都拥有大约 10 亿名用户；人工智能和云计算以前所未有的规模和速度处理金融模型，从而实现及时的个性化服务；由大型科技公司发明的大数据支持的信用风险评估模型不仅在预测贷款违约方面更可靠，而且能够向没有银行账户的大众提供贷款。目前，贷方每年可以向数千万个低收入家庭和中小企业借款人发放贷款，大科技信贷的不良贷款率普遍低于传统银行发放的同类贷款。

更广泛地说，数字金融可能会改变金融和宏观经济格局。量化指标显示，数字金融服务的区域差距大幅缩小。多项研究发现，数字金融能够支持创新、就业和收入，尤其是低收入家庭和村民的收入。大科技信贷采用大数据支持的信用风险评估方法，弱化资产价格与银行贷款的联动性，即所谓的“金融加速器”。大科技信贷的货币政策传导速度普遍快于银行贷款。此外，数字金融还可以使区域市场更加紧密。例如，移动支付促进了电子商务和物流，从而增强了宏观经济稳定性，包括价格稳定性。

以上是数字金融影响宏观经济和宏观金融的一些例子，完整的图景仍在绘制中。

金融监管在中国数字金融发展中究竟扮演什么角色，是一个有争议的话题。从积极的方面来看，监管机构对数字金融创新采取了更宽容的态度。然而，这究竟是因为监管机构看到了金融创新产生的金融普惠性的价值，还是因为它们无法决定如何应对这一创新，这一点尚不清楚。无论如何，数字金融机构有足够的空间和时间来尝试新的金融产品和流程，否则，大科技公司将很难启动和发展支付与贷款业务（两者目前都是成功的案例）。不利的一面是，监管的缺失会导致“野蛮增长”，在某些情况下，还会积累重大的金融和社会风险。例如，P2P 借贷在经历了短暂的大幅上涨后突然崩盘，引发了重大的金融和社会风险。

蚂蚁金服突然暂停上市，可能标志着数字金融监管的转折点已经到来。监管机构正在努力为数字金融行业构建一个全面的监管框架。2015 年，以中国人民银行为首的 10 部门发布了一份文件，概述了数字金融发展和监管的官方立场；监管部门随后出台了一系列数字金融业务政策，包括 2015 年非银行移动支付、2016 年 P2P 借贷、2020 年互联网银行贷款等的相关政策。但仍有一些棘手的问题有待解决。第一，如何将数字金融业务置于统一的监管框架下，避免过度套利行为，同时又留有足够的创新空间？第二，传统的政策手段和工具可能不足以监管数字金融行业，如何应用数字技术辅助监管？第三，如何对数字金融控股公司进行监管，尤其是在其内部不同业务之间建立数字中国墙？第四，所有权、权利、标准、定价和交换的最佳数据策略是什么？第五，判断垄断的最佳标准是什么？数字金融行业反垄断政策的重点是什么？这些问题的答案均有助于塑造未来的数字金融监管框架。

中国数字金融革命仍是现在进行时，但它已经产生了重要的全球影响。第一，为促进普惠金融提供了有效模式。借助数字技术，金融机构有史以来第一次能够以惊人的速度为海量客户提供金融服务。第二，数字技术正在迅速改变全球金融格局。中国的经验为理解数字金融创新，尤其是为理解新兴数字金融参与者与传统金融机构之间的动态互动提供了重要案例，这些机构也正在经历重大的数字化转型。第三，目前全球数字金融市场可能分为三个：美国、中国和世界其他地区。一项很大的挑战是如何在业务和监管层面整合这三个市场，或者至少形成某种合作。

可以预期的是，中国的数字金融发展即将进入新的阶段。如果说过去的数字金融主要是野蛮生长，那么下一步将进入监管全覆盖的阶段。如果说过去数字金融创新的主角是科技公司，那么未来传统金融机构包括商业银行可能会成为创新的主力。如果说过去最活跃的业务主要是移动支付与数字信贷，那么未来智能投顾、跨境交易将成为值得期待的新领域，而中央银行数字货币也已推出。如果说过去主要依托消费互联网创新金融服务，那么在下个阶段，包括产业互联网在内的各种物联网将成为数字金融创新的主要载体。

推进伦理治理护航金融科技行稳致远

李　伟[①]

近年来，新一轮科技与产业革命风起云涌，数字技术与经济社会各领域融合发展趋势日益显著。在此背景下，金融科技与数字经济发展得如火如荼，催生了移动支付、直销银行、智能投顾等一批新业态、新模式，为经济金融发展注入了强劲动力，同时也给经济金融的安全与稳定带来了新挑战。

源洁则流清，行端则影直。科技既是经济金融发展的利器，也可能带来新的伦理风险，强化伦理治理对于数字经济、科技创新驱动发展具有重要战略意义。“十四五”规划提出，探索建立金融科技等监管框架，完善相关法律法规和伦理审查规则。2021 年 12 月，中央全面深化改革委员会第二十三次会议审议通过了《关于加强科技伦理治理的指导意见》。金融业要充分认识金融科技伦理治理的重要性和紧迫性，把握伦理问题的矛盾根源与本质规律，有的放矢，化挑战为机遇，建立健全符合我国国情、与国际接轨的金融科技伦理治理体系，为金融数字化转型加速推进、行稳致远保驾护航。

---

① 作者系中国人民银行科技司司长。

一、金融科技成绩卓越，但也带来新安全问题

（一）金融科技成绩卓越

从历史发展看，金融科技并不是新事物。相反，由于金融与科技拥有相同的数字基因，两者的渊源由来已久。

总体来说，我国金融发展经历了三个阶段。第一阶段是金融业务电子化。20 世纪 80 年代后期，我国金融业开始探索电子技术在金融领域的应用，逐步实现金融基础设施体系从无到有、从小到大、从分散到集中，促进了金融业务处理从手工到自动化的变革。第二阶段是金融渠道网络化。进入 21 世纪，金融机构将互联网作为信息流、资金流的重要入口，以及与客户连接的关键纽带，把传统业务搬到互联网和移动端，为公众提供全天候、一站式的金融服务，大幅提升了资金配置效率和服务质量。第三阶段则是金融科技新时代。

近年来，信息技术在金融领域扮演着越来越重要的角色。大数据、云计算、人工智能、区块链等新技术在金融业的应用，优化了传统金融的经营模式、风控模型、投资策略，在拓展金融服务覆盖面、完善金融产品供给、提升金融服务能力等各方面发挥了重要作用，取得了新成效。

（二）金融科技带来新安全问题

金融科技虽然成绩卓越，但也存在一些不足，如金融科技人才结构失衡、从业人员金融素养薄弱、大数据应用水平参差不齐、同质化竞争日趋严重等，尤为值得关注的是金融科技带来的新安全问题。

1. 金融业务交叉风险逐渐提升

金融科技促使跨市场、跨行业、跨机构的金融业务相互交叉嵌

套，使得信用风险、流动性风险等传统金融风险呈现出外溢效应，风险扩散更快，破坏性更大，增加了风险防控难度。一旦发生风险事件，可能会产生“蝴蝶效应”，引发金融市场震荡甚至带来系统性风险。

2. 业务创新合规性风险不断加大

金融与科技的深度融合使金融服务更加数字化、虚拟化，为传统金融业务披上了一层神秘的面纱。部分机构在利用技术创新业务模式、提升服务效率、改善用户体验的同时，在一定程度上简化了业务流程，削弱了风控强度，掩盖了业务本质，危害用户资金与信息安全，偏离了金融健康发展的轨道，给企业经营带来了较大的合规性风险。

3. 网络和信息安全问题突出

通过网络的不断开放，IT 风险高度聚集，单个网络节点出现安全问题就可能“牵一发而动全身”，增加了金融网络安全隐患，同时机构间的安全意识、防控水平参差不齐，风险洼地效应明显，导致整体应对网络攻击威胁的能力不足。此外，大数据技术与金融业深度融合，导致海量金融数据不断汇聚、高度集中，“鸡蛋都放在了同一个篮子里”，增加了数据集中泄露的风险，威胁个人隐私，损害机构信誉，甚至可能危及国家金融安全。

4. 技术依赖风险不容忽视

金融业务与技术的紧耦合带来了金融创新高度依赖技术的潜在风险。有的机构过分迷信新技术，在技术未成熟时就开始炒作概念，拔苗助长、急于推广，导致信息泄露、资金盗刷等风险；有的机构对技术了解不深、掌握不透，在应用时张冠李戴，既浪费了大量资源，又带来了不确定性风险。

二、深刻剖析金融科技发展面临的伦理挑战

（一）数据安全不容忽视

在数字经济背景下，数据已成为最具时代特征的生产要素。金融数据具有高完备性、高价值度，应用不当易造成金融科技伦理失范危机。在数据采集方面，部分机构未经授权私自收集个人信息或设置“不授权就不能使用”的霸王条款，超范围过度采集用户个人身份、行为、偏好等隐私数据，致使用户被置于“隐私裸奔”的尴尬境地。在数据使用方面，以“精准定制、个性化服务”为名肆意描绘和使用用户画像，将大数据作为杀熟、过度营销、诱导消费的工具，侵害金融消费者合法权益。在数据共享方面，将所掌握的金融数据甚至未经脱敏的个人金融信息作为利益交换的筹码，在未经用户同意的情况下随意共享或售卖数据资源，拓展衍生业务非法牟利。

（二）算法滥用日益严重

当前，算法已深度融入生产生活的方方面面，催生了更丰富、智能的金融产品服务，但也带来了更多复杂的伦理问题。部分机构或利用算法黑箱特性隐藏定价规则，将不同用户群体“标签化”并实施差别定价，严重损害金融公平性和普惠性；或与同业者达成“算法共谋”，形成市场垄断，将低收入人群、民营小微企业等拒之门外，以“防范风险”之名行“牟取利益”之实；或利用基于智能算法的信息推荐技术，违反金融消费者适当性原则，蓄意构建充斥高风险金融产品服务的“信息茧房”，以算法优势排除和限制市场竞争，阻碍消费者自主选择，导致“劣币驱逐良币”。

（三）无序竞争亟待规范

近年来，基于技术手段的流量挟持、市场垄断、监管套利等问题严重扰乱市场竞争秩序，损害社会公众利益，引起广泛关注。部分平台公司在经济利益的驱使下，滥用市场支配地位，凭借在电商、社交等领域积累的用户群体规模优势、数字渠道流量优势或闭环商业生态优势，利用网络效应进行不公平竞争，甚至强迫用户“二选一”，造成线上服务高度集中，形成“赢家通吃”的垄断局面，甚至引发“大而不能倒”风险。更有甚者，违背金融科技初心使命，打着科技创新的幌子模糊业务边界，层层包装产品，掩盖风险本质，开展无照或超范围经营，绕过现有资本充足率、资产负债率等监管要求，从而游离于金融监管之外，利用监管空白套利，致使潜在风险伴随失德行为蔓延滋长。

（四）“数字鸿沟”有待弥合

“数字鸿沟”一直是关系社会公平公正和可持续发展的重要伦理议题。我国老年人、残障人士、少数民族、农村偏远地区人群等群体人数众多，受理解能力弱、接受度低、适应性慢等因素制约，不少人不会上网，不会使用智能手机，在预约出行、电子支付、网络购物等场景中面临很多困难。然而，一些智能化、数字化金融产品在设计时缺乏“老吾老以及人之老”“金融服务一个都不能少”等具有伦理意蕴的设计理念，没有抓住特殊群体需求痛点，有针对性地优化金融服务体验及流程，使得数字时代的“弱势”群体无法充分享受智能化服务带来的便利，导致“数字鸿沟”伦理问题日益严峻。

三、正确树立金融科技创新应用的伦理理念

（一）以人为本

习近平总书记指出，要坚持把实现好、维护好、发展好最广大人民根本利益作为一切工作的出发点和落脚点。金融科技工作要始终坚持以人民为中心的发展思想，从人民群众实际金融需求出发，尊重并维护人民群众尊严和利益，切实通过技术创新着力解决人们金融服务痛点难点和急难愁盼问题，增强人民群众金融服务获得感、安全感、幸福感，满足人民群众对美好生活的期待与向往。

（二）科技向善

金融科技的本质是金融，科技仅是金融服务提质增效的手段和工具。金融科技伦理治理的关键核心是厘清金融与科技的关系，坚守金融为本的底线，明确科技赋能的定位，坚持科技创新以遵循金融发展规律、履行金融天职使命为前提，确保技术应用不偏离金融服务实体经济的正确轨道，严防“有技术就任性、有数据就滥用”的伦理失范行为，让科技创新成果更安全、更可持续、更具生命力地在金融土壤中生根结果。

（三）权益保护

消费者权益保护是金融转型发展的内在要求，也是维护金融稳定的基石，对于促进社会公平正义、和谐发展具有重要意义。在运用科技手段为消费者提供便捷多元的金融服务的同时，从业机构要充分尊重和保障消费者的隐私权、自主选择权、依法求偿权等合法权益，坚持公开透明、公平公正的行为准则，以消费者知情同意为

服务前提，严格履行适当性义务，严防技术应用带来的数据绑架、算法歧视、“信息茧房”、隐私泄露等问题，严禁以侵害金融消费者合法权益为代价攫取不当商业利益。

（四）责任担当

从业机构只有真诚回报社会、切实履行社会责任，才能真正得到社会认可，实现自身更有效率、更可持续的发展。这就要求从业机构通过科技伦理治理深入贯彻落实中央和国家战略部署，围绕新时代经济社会发展的战略目标、战略重点，始终把社会效益放在首位，坚持社会效益和经济效益相统一，牢固树立绿色发展、可持续发展理念，用“负责任”的科技创新打造“有温度、有情怀”的金融服务，促进经济发展、社会进步、民生改善与碳达峰碳中和目标的实现。

四、多措并举强化金融科技伦理的规范治理

（一）健全纲目并举的伦理制度

不以规矩，不能成方圆。完整严密的制度体系是金融科技伦理治理的重要任务，也是治理工作取得实效的重要保障。一是加强科技伦理重点领域顶层设计和立法研究，适时将重要的科技伦理规范上升为法律法规，借助法治手段的刚性约束划定伦理底线、明晰责任边界，为健全科技伦理治理框架、巩固治理成果提供法律遵循。二是加快研究出台金融科技伦理管理办法，明确金融科技伦理治理的总体目标、基本原则和工作要求，从事前审查把关、事中动态监测和事后评估优化等全流程各环节强化对金融科技创新活动的伦理监管。三是配套制定金融科技伦理相关行业标准，从应用范围广、

创新活跃度高、对生产生活影响深的领域入手，细化伦理治理的具体要求和操作规程，以标准为支撑、以评估为手段，进一步强化科技伦理治理力度，引导伦理道德要求落地见效。

（二）构建协同高效的治理体系

金融科技伦理治理是复杂的系统工程，需要监管部门、从业机构、行业组织等各司其职、密切协作，携手构建多元主体共同参与、协同共治的新格局。监管部门做好科技伦理治理工作的统筹协调和监督指导，探索建立行业级科技伦理委员会、专业性科技伦理审查机制，提升科技伦理审查结果互认水平，强化对敏感领域高伦理风险活动的跟踪评估和伦理事件应急处置，严肃查处科技伦理违规行为。从业机构切实履行金融科技伦理管理主体责任，研究设立企业级金融科技伦理委员会，加强内部科技伦理审查，做好信息公开，自觉接受外界监督，积极运用数字手段强化伦理风险监测预警，提前预防、有效化解金融科技伦理问题。行业组织充分发挥贴近行业、机制灵活的优势，汇聚多方智慧，广泛借鉴经验，通过自律公约、行动倡议、宣传教育等手段，构筑纵向有序衔接、横向灵活联动的伦理自律防线，营造科技向善的行业创新氛围。

（三）加强金融创新的伦理规范

科技驱动的金融创新是对未知领域的探索，若缺乏有力的规范手段，则可能偏离守正向善的伦理航线。为此，要充分发挥金融科技创新监管工具的作用，进一步明晰金融科技“有所为，有所不为”的伦理边界，有效规范金融科技创新活动。一是通过信息披露、声明承诺等方式充分披露创新机理与服务内容，凝聚监管机构、从业机构、行业组织等多方力量深入剖析创新实质，综合研判伦理风险，切实保障金融创新不触碰科技伦理红线。二是运用监管科技强化创新应用监测，畅通投诉建议渠道，完善风险补偿机制，提前识别、预警潜在伦理风险，及时纠正伦理违规行为，严防无牌经营、虚假场景、资金脱实向虚、数据泄露滥用等乱象，切实维护消费者财产安全、依法求偿、监督建议等合法权益。三是健全以守正向善为导向的创新测试指标体系与评价机制，通过数据流式分析、资金链式分析、关系谱式分析等方法引导测试机构打磨满足伦理要求、兼具经济价值和社会价值的创新产品服务，为数字经济、碳达峰碳中和、乡村振兴等国家战略的实施提供有力支撑。

（四）提高科技人才的伦理素养

习近平总书记多次强调，坚持正确用人导向，坚持德才兼备、以德为先。金融科技从业者的品德操守水平决定了金融创新究竟是增进人民福祉的“助推器”，还是经济社会发展的“绊脚石”。因此，要将科技伦理深度融入金融科技人才工作，引导从业人员将伦理要求内化于心、外化于行。在高等教育方面，研究将科技伦理作为本科生、研究生教育的必修课，完善科技伦理教育相关教材和课程，增强青年学生的科技伦理意识和求真向善理念，培育更多兼具专业知识和伦理素养的金融科技人才后备军。在职业培养方面，强化在职人才培养的伦理导向，加强入职伦理培训和职业操守教育，研究制定企业级科技伦理守则并开展常态化宣贯培训，不断提升从业人员科技伦理素养，打造德才兼备的金融科技人才队伍。在人才评价方面，将伦理道德作为衡量人才综合素质的“定盘星”，发挥伦理因素在人才选、用、育、留中的决定性作用，让品行兼优的人才脱颖而出、大显身手，让违背科技伦理要求的行为无处遁形，为金融科技健康有序发展打下坚实基础。

健全多方参与、协同共治的金融科技伦理治理体系

李东荣①

《金融科技发展规划（2022—2025 年）》明确提出，坚持促进创新与防范风险相统一、制度规范与自我约束相结合原则，加快出台符合我国国情、与国际接轨的金融科技伦理制度规则，健全多方参与、协同共治的金融科技伦理治理体系。这为“十四五”期间加强金融科技伦理建设明确了方向、提出了要求。在此背景下，本节对当前金融科技伦理治理的国际经验和中国实践进行系统梳理，并就健全多方参与、协同共治的金融科技伦理治理体系提出若干政策建议。

一、加强金融科技伦理治理迫在眉睫

从理论上讲，金融科技伦理是伦理思想在金融科技领域的应用，是金融机构、金融科技公司等从业机构开展金融科技活动需要遵循的价值理念和行为规范。随着经济社会数字化转型进入快车道，立

---

① 作者系中国互联网金融协会会长。

足中国金融科技发展的历史阶段和金融文化特点，加强金融科技伦理治理具有重要性和急迫性。

（一）加强金融科技伦理治理是金融业落实科技伦理要求的题中应有之义

我国历来高度重视科技伦理及其治理体系建设工作。2019 年 7 月，习近平总书记主持召开的中央全面深化改革委员会第九次会议审议通过了《国家科技伦理委员会组建方案》，旨在加强统筹规范和指导协调，推动构建覆盖全面、导向明确、规范有序、协调一致的科技伦理治理体系。2021 年 7 月，在国家科技伦理委员会的领导下，科学技术部研究起草了《关于加强科技伦理治理的指导意见》并向社会公开征求意见。该指导意见明确了科技伦理治理的总体要求、体制机制和政策措施，提出了增进人类福祉、尊重生命权利、坚持公平公正、合理控制风险、保持公开透明五项科技伦理原则。金融业作为典型的科技驱动型行业，在运用科技手段提升金融产品和服务质效的过程中，应严格落实国家科技伦理要求，有效防范金融科技创新可能带来的伦理风险。

（二）加强金融科技伦理治理是破解金融科技伦理失范问题的现实要求

当前，人工智能、大数据、云计算、区块链等数字技术在金融领域的应用日益广泛。根据中国互联网金融协会对纳入中国人民银行金融科技创新监管工具测试的创新项目分析，截至 2022 年 1 月底，共有 150 个创新项目纳入测试范围，人工智能（68%）、大数据（66.67%）、区块链（28%）、物联网（11.33%）等数字技术应用相对较为广泛，应用程序接口、多方安全计算、可信执行环境、5G、联邦学习、边缘计算等数字技术也有所应用，涉及的应用场景包括综合金融服务、小微金融、供应链金融、农村金融、保险服务、支付转账等金融业务，以及营销获客、运营管理、交易处理、风险防控等业务环节。在数字技术广泛应用的同时，数字鸿沟、技术排斥、算法歧视、隐私泄露等科技伦理挑战日益凸显，“算法”变成“算计”、“套餐”变成“套路”等伦理失范乱象屡见不鲜。加强金融科技伦理治理，有助于实现对苗头性和倾向性伦理风险“打早打小”，为金融科技创新营造依法合规、诚实守信、公平公正的良好氛围。

（三）加强金融科技伦理治理是金融科技规范可持续发展的重要基础

近年来，在金融管理部门、地方政府、从业机构和行业协会等多方的共同努力下，我国金融科技应用与发展取得积极成效：金融科技监管规则和创新监管工具深入实施和应用，目前已有 150 项金融科技创新应用“入盒”测试或进入公示阶段，“入盒”项目服务实体经济和普惠金融的导向明显；金融机构信息科技投入持续提升，2020 年银行、证券、保险机构的信息科技总投入分别为 2 078 亿元、263 亿元和 351 亿元，同比增长均超过 20%；数字化渠道对金融消费者的覆盖面不断扩大、便利性不断提升，截至 2021 年年底，网络支付用户规模增至 9.04 亿人，金融类 App 下载总量超过 976 亿次。迈向新的发展阶段，金融科技要实现行稳致远，必须筑牢伦理道德底线，培育“金融为民、科技向善”的文化理念，在做好“技术活”的同时，也要做好“良心活”。

二、全球金融科技伦理治理仍处于起步阶段

放眼全球，美国、英国、新加坡、欧盟等部分金融科技领先国家（或地区）结合自身金融科技发展与治理实际需要，在金融科技

伦理治理领域以“建组织、明原则、出规则、做审查”为切入点采取了一些政策举措，但总体仍处于起步探索阶段。

（一）成立金融科技伦理治理组织，加强伦理治理工作的统筹协调

比如，欧洲保险和职业养老金管理局于 2019 年 9 月成立数字伦理咨询专家组，作为该局保险科技领域的政策顾问，协助其制定保险行业相关数字伦理原则和规范，从公平和道德的角度，应对保险新商业模式、保险科技和保险数据使用中存在的风险与挑战，并重点关注保险定价和承保环节的伦理治理问题。该咨询专家组的成员主要来自欧盟成员国的保险公司、高等院校、会计师事务所、律师事务所、咨询公司、金融媒体、行业协会（如欧洲精算师协会、欧洲消费者联盟）等。该咨询专家组于 2021 年 6 月发布《人工智能治理原则：向欧洲保险行业道德和可信人工智能迈进》，提出了保险领域应用人工智能的六项伦理原则：比例原则、公平性与非歧视性原则、透明度和可解释性原则、人的监督原则、可追溯的数据治理原则、稳健性和性能原则。

（二）出台金融数据、人工智能应用等伦理规范，为金融科技活动提供道德标尺

例如，美国消费者金融保护局于 2017 年 10 月发布《关于消费者金融数据共享和整合的指导原则》，明确将有权获取金融数据的主体由金融消费者扩大到金融消费者及其授权的第三方机构；明确消费者可自主授予第三方访问和使用其数据的权限，也可停止其授权并要求第三方删除个人可识别数据；明确第三方在获得授权后应将获取、存储、使用消费者数据的情况以消费者能够充分理解的方式高效地披露给消费者；明确金融数据共享应保障数据的安全性、透明性、准确性。此外，欧洲银行管理局采用欧盟委员会人工智能高

级专家组于2019年4月制定的《可信人工智能伦理准则》，主要包括以下伦理要求：（1）人的管理和监督。人工智能系统应受人的基本管理并支持人的基本权利，从而使公平社会得以实现，而不是减少、限制或误导人类自治。（2）稳健性和安全性。可信赖的人工智能要求算法足够安全、可靠和稳健，能够处理人工智能系统在各周期阶段的错误或不一致问题。（3）隐私和数据治理。公民应对自己的数据拥有完全控制权，且这些数据不会被用来伤害他们；还应设置适当的数据治理机制，实现数据合法访问。（4）透明度。应确保人工智能系统的可追溯性，人工智能系统及其决策应以合适的方式向利益相关者解释，使其意识到自己是在与人工智能系统交互。（5）多样性、非歧视性和公平性。人工智能系统应考虑人类的各种能力、技能和需求，避免偏见和不公平，并确保其系统的可访问性。（6）社会和环境福祉。应通过人工智能系统促进积极的社会变革，增强可持续性和生态责任。（7）问责制。应建立机制确保人工智能系统及其结果的可问责性，确保有充分的无障碍补救措施。

（三）开展金融科技伦理审查评估，促进伦理要求在从业机构落地实施

例如，新加坡金融管理局于2019年11月与金融行业合作创建Veritas评估框架，旨在帮助金融机构根据公平、道德、问责和透明（fairness，ethics，accountability and transparency，FEAT）原则评估其人工智能与大数据分析解决方案。2020年5月，新加坡金融管理局启动Veritas第一阶段，制定信用风险评分和客户营销两个场景的公平性指标，帮助金融机构评估其人工智能与大数据分析解决方案的公平性。2021年1月，Veritas第一阶段结束，《FEAT公平性原则评估方法》随之发布。该评估方法主要从系统目标、数据和模型、系统影响度量、个人数据使用、持续监测五个方面开展公平性评估。

（四）将伦理要求落实到监管制度，促进柔性的道德约束上升为刚性的监管要求

例如，新加坡金融管理局于 2018 年 10 月将责任性、稳健性、公平性等人工智能伦理要求落实到智能投顾监管规定中，在《提供智能投顾服务的指南》中专门对算法监管进行了明确规定。（1）智能投顾公司的董事会和高管负有对底层算法的监管责任，高管必须保证有足够的资源控制或监督算法的效果，智能投顾公司应配备足够的专业人员以开发和检验算法。（2）智能投顾公司应确保算法是稳健的，能够收集支撑投资建议的所有必要信息，并建立投资者适当性管理机制。（3）定期对智能投顾算法进行监测，如果发现算法存在错误、偏见等情况，可采取暂停为客户提供建议的控制措施。此外，近年来，部分国家在推进使用"监管沙盒"等金融科技创新监管工具时，注重将促进竞争、数据隐私、权益保护等伦理要求作为评估和遴选"入盒"项目的重要指标。

三、中国金融科技伦理治理已有基本共识

当前，随着金融科技的快速发展和广泛应用，我国金融界对加强金融科技伦理治理的必要性和紧迫性日益形成共识。根据 2021 年 7 月中国互联网金融协会与毕马威中国面向全国 200 多家金融科技企业的调查数据，认为金融科技伦理建设很有必要的受访企业占比超过 90%。目前，我国金融科技伦理治理体系建设主要有以下几个特点。

（一）顶层设计日益完善

早在 2019 年 8 月，中国人民银行发布的《金融科技（FinTech）

发展规划（2019—2021 年）》就明确提出金融科技发展的基本原则，其中，守正创新、安全可控、普惠民生等原则均涉及伦理道德方面。“十四五”规划明确要求，要探索建立无人驾驶、在线医疗、金融科技、智能配送等监管框架，完善相关法律法规和伦理审查规则。中国人民银行于 2021 年 12 月发布的《金融科技发展规划（2022—2025 年）》将加强金融科技伦理建设作为推动金融科技高质量发展的重点任务。

（二）标准规范加快研制

中国人民银行于 2021 年 8 月启动《金融领域科技伦理指引》行业标准立项，探索提出了守正创新、以人为本、诚实守信、公开透明、权益保护、安全合规、公平普惠、社会责任等伦理原则，并在此基础上针对开展金融科技创新的从业机构提出了落地上述伦理原则的标准要求。目前正在抓紧推进该行业标准的研制发布流程。

（三）将伦理规范落实为监管要求

我国金融管理部门在制定金融科技领域相关监管规则时，注重将关键伦理要求贯彻落实到具体的监管条款中。例如，银保监会于 2020 年 12 月发布的《互联网保险业务监管办法》明确要求，保险机构开展互联网保险业务，应符合新发展理念，依法合规，防范风险，以人为本，不得损害消费者的合法权益和社会公共利益，同时在信息披露、销售管理、服务管理、运营管理等领域的监管规则中将以人为本、公开透明、权益保护、公平普惠等伦理要求具体化和可操作化。

（四）伦理自律先行先试

行业自律是行政监管的有效补充和有力支撑，也是金融科技伦理治理的重要组成部分。中国互联网金融协会成立之初即发布《会员自律公约》和《互联网金融行业健康发展倡议书》，明确依法合规、诚实守信、科学创新、防范风险、公平竞争、团结协作、自我约束、健康发展等会员自律的基本原则，通过自律惩戒机制将相关伦理要求落实到行业自律管理中。

四、政策建议

与国际先进经验相比，中国金融科技伦理治理既与国际共识规则衔接，也具有典型的中国特色。但同时也要看到，中国金融科技伦理治理在成立伦理治理组织、开展伦理审查评估等方面仍有进一步提升的空间。为此，笔者就如何贯彻落实《金融科技发展规划（2022—2025年）》要求，健全多方参与、协同共治的金融科技伦理治理体系，提出以下政策建议。

（一）深化伦理研究

建议支持相关研究机构、社会组织等围绕中国特色金融科技伦理治理体系建设，充分吸收金融科技伦理领域的国际先进研究成果和治理经验，重点围绕算法伦理、数据伦理、职业伦理等领域，前瞻研判科技发展给金融业带来的规则冲突和伦理挑战，明确开展金融科技活动需要遵循的价值理念和行为规范，并积极为国际金融科技伦理领域的重大议题研讨和重要制度设计贡献中国智慧。

（二）健全组织机制

建议在国家科技伦理委员会的总体框架下，由金融管理部门牵头成立金融科技伦理委员会或明确由某一组织机构牵头统筹金融科技伦理治理职能，推进金融科技伦理审查监督、信息披露、监测预警、违规处理等制度建设，依托行业组织探索建立行业伦理审查中心、高伦理风险项目登记、伦理风险线索举报等工作机制。同时，注重压实从业机构对自身科技伦理治理的主体责任及机构管理层的首要责任，探索建立企业级金融科技伦理委员会，倡导将伦理治理纳入公司治理、信息科技治理、数据治理等，建立健全落实伦理审查、信息披露监管自律要求的常态化工作机制。

（三）研制标准规则

建议通过制定金融科技伦理应用指南、审查评估标准和行业自律公约，实现以人为本、守正创新、安全可控、公平普惠、诚信透明等共识性伦理原则的细化落地，引导督促从业机构安全合规地开展金融科技活动，筑牢金融科技伦理自律防线。同时，根据行业规制的客观需要，及时将一些行业普遍公认的底线性伦理要求从相对柔性的道德约束转化为更加刚性的监管约束，强化对违反金融科技伦理要求的有关行为的责任追究。

（四）加强教育培训

建议将金融科技伦理作为高等院校金融科技专业的重要教学内容，研发金融科技伦理通识教材，教育高校学生树立科技伦理意识。探索将金融科技伦理纳入金融科技人员入职、人才认证等培训，引导其自觉遵守科技伦理要求，开展负责任的金融科技研究和创新，抵制违背金融科技伦理要求的行为。同时，支持研究机构、社会组织等搭建金融科技伦理宣教平台，充分运用数字化手段传播科技伦理知识，帮助社会公众提升科技伦理意识和伦理风险防范能力。

第五章

数据治理与个人信息保护

做好数据要素市场的顶层设计

黄奇帆[①]

随着大数据、云计算、人工智能、区块链等新一代信息技术在各行业的普遍应用，数字经济迎来了蓬勃发展的时期。数据是数字经济发展的基础性、关键性、决定性生产要素，但当前还存在数据权属和交易规则不明确、交易不活跃、贸易规则不统一等诸多问题，需要进一步完善相关理论体系。

一、数据的本质与六大特性

（一）数据的本质

在辨析数据的本质之前，可以先思考一下人类是如何认识世界的。辩证唯物主义认为，世界的本质是物质，世界上先有物质后有意识，物质决定意识。在人类认知产生以前，从物质的最小单位夸克到原子、分子、生物大分子、细胞乃至生态系统，构成了客观的物理世界。而对于上述客观物理世界未经处理的原始记录，就是数据。

---

① 作者系中国金融四十人论坛（CF40）学术顾问、重庆市原市长。

人类诞生以后，将客观世界的数据以编码的形式表现出来，就形成了信息。数据强调的是客观记录。信息强调的是对客观记录的解释，是一种已经被加工为特定形式的数据，如文字、语言、音乐等。而知识是人类基于认知模型，对信息进行结构化重组而形成的更高级别的系统性认知。

知识有两个特征：第一，它是有逻辑的，是人类基于数据和信息自主进化的产物；第二，它可以独立于数据与信息而存在，表现为抽象且没有实体的客观知识，如文学、艺术、科学理论、经济交往中的商业模式等。显然，数据不是信息，信息不是知识。

（二）数据的特征

通常来说，数据有六大特性。

1. 数据是取之不尽、用之不竭的

与土地、劳动力、资本等生产要素不同，数据作为客观世界的“符号”，随着客观世界的演化而不断产生。从这个角度，我们可以将数据看成客观世界“熵”的反映。数据的这个特性意味着数据是无穷无尽的，因此要充分发掘数据的潜力，将数据转化为信息、知识、智慧。

2. 原始数据是碎片化的、没有意义的

知识的产生要经历数据、信息两个阶段，这意味着如果没有人类的组织、加工，数据本身对社会毫无意义。而只有将数据组织起来，从中探索出信息、知识，才能更好地推动人类文明进步。

3. 数据不可能完全“原始”，其加工过程就是由无序到有序的过程

数据并非独立于思想、工具、实践而存在的。恰恰相反，从人类的视角来看，数据的出现就意味着处理、分析流程已经在运作。数据就是信息本身。因此，不存在先于分析的或作为客观独立元素

的数据。数据的加工过程，就是将处于原始状态的数据，即无序的数据，变成有序的数据的过程。有序是极为重要的概念。

4. 数据产生数据

与其他生产要素相比，数据的一个主要特性是呈指数式增长，并且呈现数据产生数据的特征。于是，衡量数据规模的指标不断按照一个数量级增长，不久之前是PB，现在是EB，未来很快是ZB。

5. 数据在利用过程中产生价值与产权

数据经过人工与机器处理成信息，然后变成知识，再变成决策判断、信用判断的工具，为数据平台带来了商业利益，从而创造了价值。同时，在创造数据价值的过程中，数据的产权归谁，利益如何分配，也是数据利用所面临的一个重大课题。

6. 数据可以多次转让和买卖

数据是无形的，作为一种非消耗性资源，使用越多，产生的数据越多，其可能带来的价值就越大。经过人类解释后的数据，如果仅被个别人使用，那么它能够产生的知识就相对有限，产生的价值就大打折扣。

二、数据交易中的产权和价值界定

数据产权归属是数据产业发展需要解决的基本问题，它决定了如何在不同主体之间分配数据价值、义务和责任。与其他生产要素不同的是，数据的产权问题仍未解决。土地、资本或劳动力等要素有专属性，但数据很复杂，目前在确权方面缺乏实际的标准规则。

基于对数据、信息、知识的转化模型，笔者认为数据涉及以下五项基本权利：管辖权、交易权、所有权、使用权、财产分配权。

（一）数据的管辖权、交易权由国家所有

数据是一个国家的新型基础性资源，具有高度价值，对经济发展、社会治理、人民生活都有重大而深刻的影响，这意味着任何主体对数据的非法收集、传输、使用都可能构成对国家核心利益的侵害。数据安全已成为事关国家安全与经济社会发展的重大问题，与切实维护国家主权、安全和发展利益密切相关。

因此，各类数据活动的管辖权、交易权应当归属于国家，内部的任何数据活动都应该遵循国家数据安全法规，可以成立中央数据部门对国内的数据活动进行统一管理。国家确立总的管理规则后，主要城市可以设立定点数据交易所，类似在北京、上海、深圳设立的证券交易所，而其他的一般省会城市、地级市不能设立。

（二）数据的所有权由双边交易的主体所共有

数字经济时代，全球数据量呈现爆发式增长，数据的资源属性不断增强。通过大规模的数据收集、处理和分析挖掘，大数据应用产生的经济价值不断显现。

个人基于自己的行为产生的各种信息及由此而形成的数据，自然专属于个人，个人理应享有所有权。但原始状态下的零碎信息几乎没有价值，过多地讨论这类信息的权属问题反而会引起复杂的法律争议。在数字化时代，个人数据需要参与到各类网络双边交易中，在平台上经过加工、处理转化成为信息、知识，对交易双方才有意义。当某个平台通过大数据、云计算、人工智能，把千千万万条碎片化的、毫无价值的信息通过导流加工成有方向的、有意义的数据时，这个平台应该拥有相关数据的所有权。

因此，个人或企业自身参与社会活动的可识别数据，可以隐私或知识产权的形式存在，产权归属于数据产生者。但双边交易中产

生的数据，关系到参与各方，数据产权原则上由参与各方共有，参与各方均拥有所有权和处置权。基于数据所有权的共有原则，平台自然不能基于强势地位擅自进行大数据“杀熟”，也不能未经个人同意非法将个人数据转让给其他主体。

（三）数据转让后的主体仅拥有使用权，不得进行再度转让

数据使用权即使用指定数据的权利。一般来说，物品的使用权由物品的所有者行使，但也可依据法律、政策或所有者的意愿将物品的使用权转移给他人，典型的使用权转移是国有土地使用权的转移和影视、音乐等使用权的转移。由于数据能够低成本复制无限份，同时在使用的过程中一般也不会造成数据的损耗和数据质量的下降，反而还会因为数据的使用创造新的经济价值，因此数据的使用权转移是一种多方共赢的行为。

但是，数据在使用权转移的过程中，往往已经被加工成了相应的数据产品和数据服务，成为类似影视、音乐的知识产权。人们在娱乐平台观看、欣赏影视和音乐后，是不被允许将作品私自下载再转售给他人的。与此类似，使用者通常不允许转授，即数据所有者将指定数据的使用权授予使用者后，使用者不能将数据转手倒卖获利。

（四）数据的所有者享有数据的财产分配权

互联网平台采集个人数据形成了产品和服务，在这个过程中，个人扮演了“数据贡献者”的角色，平台对个人数据进行了二次加工，也付出了人力、物力、财力，最终呈现的数据产品或服务是两者共同创造的，所以理论上由此产生的收益应当分配给参与生产环节的各相关者，不应由任何一方独享，因为这样有违公平原则。例如，互联网金融平台将数据导流以后卖给银行等机构，卖给银行产

生的收益如果全归平台便不合理，产生原始数据的用户也应该拥有财产分配权。

应该如何进行数据定价才比较合理呢？由于数据的特殊性，它既有商品（如煤炭、石油等各种大宗物资）因为供求关系而形成的垄断定价特征，也有因为可重复交易而享有边际效应递增的特征。因此，数据的定价机制与一般商品是不同的，数据的定价机制更可能和专利、知识产权类似。

首先，数据的定价一定是市场化的，即发挥市场在数据资源配置中的决定性作用。如果数据本身没有主体愿意使用，那么它就没有价值；如果有很多主体愿意反复使用，就证明其具有较高的价值，这时就由交易双方确定数据的价格。

其次，数据最终产生的收益应当由数据所有者共享。数据的原始贡献者与二次加工者都应当享有数据的财产分配权。数据财产权的分配比例，可以大致模仿知识产权的分配模式。美国《拜杜法案》出台后，形成了知识产权收益 1/3 归投资者、1/3 归发明者、1/3 归转化形成效益的转化机构及技术经理人这一基本格局。《拜杜法案》的逻辑在数据交易方面同样适用。因此，作为拥有大量个人数据的平台，也应当将数据交易收益的 20%～30%返还给数据的生产者。政府是为人民提供公共服务、履行法定义务的执行机构，因此由政府作为个人数据财产分配权益的受让主体更加合理。同时，政府也可以将这部分收益用于加强数字化基础设施建设，从而反哺数据生态系统。

三、推动数据产业发展，打造高水平数据开放生态

传统的要素市场，如资本市场、债券市场、期货市场、大宗商

品市场等，已经发展了几十年甚至几百年。而对于数据要素市场，欧美发达国家虽然信息技术局部领先，但在数据要素市场的规则制定、体系建立上，由于没有经验可以借鉴，各国几乎处于同一起跑线上。2020 年 4 月发布的《中共中央 国务院关于构建更加完善的要素市场化配置体制机制的意见》将数据要素市场作为与土地要素市场、技术要素市场、劳动力要素市场和资本市场具有同等重要性的国家级要素市场，对推动大数据产业发展、释放数据红利、助力数字经济高质量增长具有十分重要的战略意义。

（一）做好数据要素市场的顶层设计，构建完善的大数据交易规范

近年来，我国数据交易市场整体呈现蓬勃发展态势，交易平台的数量和市场规模大幅增加，各类衍生服务如数据清洗、数据托管、数据技术交易等已经趋向成熟。但与此同时，国家层面缺乏统一的大数据交易规范和交易规则，交易主体、交易标的、交易方式和交易定价都尚处于探索阶段。因此，有必要厘清一些关键的原则性问题，为数据要素市场的发展奠定良好的基础。

1. 数据交易所必须由国有资本控股

数据交易所可以由政府直接出资，也可以由国有的数字化企业投资，在股权设计上可以采用多元化股权、混合所有制结构，但一定要国有控股。国有资本对数据交易所的管控可以保证数据安全，还能进一步建立信任，打破数据孤岛，在交易中确保公平公正，杜绝灰色交易的发生。

2. 明确数据交易所的法律地位

数据交易所是所有数据交易的枢纽。一方面，通过统一的数据交易平台进行各类数据交易，可以增加数据交易的流量，加快数据的流转速度，提高数据交易效率。另一方面，统一的数据交易平台

还能在一定程度上解决货不对板、买卖双方互不信任的问题，打击地下非法大数据交易。统一的数据交易平台还可以为数据商开展数据期货、数据融资、数据抵押等衍生业务提供便利。

3. 确立数据交易所的平台职能，做好登记、撮合、交易、监管等各项服务

数据交易所不仅提供信息发布、交易撮合等服务，还可以根据实践的发展，参与大数据交易的资金划转、结算，进行数据商品的交付。对于平台上的各类交易，数据交易所有着不可推卸的监管职责。在市场主体准入方面，数据交易所要对交易主体进行备案，对交易数据的真实性、来源合法性进行考察；在数据安全方面，数据交易所要对交易的数据和行为进行适当监管，确保涉及国家安全的数据不被非法交易和转移。

（二）激活数据要素市场，建立“1+3+3”的数据产品体系

当前，我国数据交易平台存在活跃度低、交易数量不足等情况。究其原因，除了当前数据交易处于起步阶段，还有就是数据交易产品、服务尚不完善。为了更好地激活数据要素市场，可以建立“1+3+3”的数据产品体系。“1”就是数据交易中心；第一个“3”和各类数据处理中心有关，指的是交易数据处理中心的通信能力、存储能力、计算能力；第二个“3”，是指算力、算法、系统性的解决方案。

一切数据交易的前提是要素数据化、数据要素化。各种场景的数据在原始状态下，往往是碎片化的、支离破碎的。在这种情况下，数据要经过加工导流以后才能形成具备要素质量的数据，一般是人们生活中的数据和企业活动中的数据。各类场景数据全空域泛在，每时每刻连续地存在。同时，数据要发挥作用，也要统一数据标准，变成具有要素市场质量的数据。

这样的数据经过加工，通过各类数据中心进行通信、存储、计算。数据交易中心的通信能力、存储能力和计算能力有时候也决定了数据资产的质量，所以这三项能力也可以作为数据交易的标的。未来国家之间数字化能力比拼的基础就是数据中心、服务器的数量。在此基础上，形成的数据资源越强大，国家的数字核心竞争力就越强。预计到 2025 年，在“新基建”的推动下，我国将新增超过 2 000 万台服务器。数据处理中心如果有闲置的通信能力、存储能力、计算能力，可以在数字交易所挂牌买卖。但目前大量的中小企业在数字化转型升级下缺乏这三大能力，而另一些互联网企业数字化资源丰富。两者应该在数字交易平台的撮合下，实现资源优化配置。

另外，在数据处理中心的通信能力、存储能力、计算能力的背后，实际上还涉及软硬件方面的算力、算法、解决方案。中国目前有 13 个超算中心，很多超算中心的算力并没有得到充分利用，应该将一部分超算资源腾出来进行交易；很多数学家、程序员开发、优化的算法也可以交易；数字信息处理的系统性解决方案、数字软件都可以在数据交易所中进行成果的资产变现。

（三）建立健全行业规制政策，营造良好的产业生态

随着数据流通及服务的商业模式和市场业态为全社会所认知，在利益诱导和监管缺失的情况下，数据交易及服务面临的问题也越发凸显：数据侵权、数据窃取、非法数据使用、非法数据买卖已成为行业乱象。目前，我国出台了《中华人民共和国数据安全法》《中华人民共和国个人信息保护法》等相关法律，需要不断根据行业发展情况进行修订。要让数据在阳光下按照公平、公正的原则交易，需要安全可靠的信息科技系统和行业规制政策来支撑。

1. 建立可交易数据的可追溯系统

无论是数据的管辖权、交易权、所有权、使用权还是财产分配权，都需要数据有全息的可追溯过程，并且保证这一过程是不可更改的，区块链在这方面很有价值。

2. 建立数据价值分类体系

目前在世界范围内这方面都是相当落后的。例如，有的数据天然就是资产，有的数据需要加工之后才有价值；有的数据价值具有长期性和稳定性，有的数据价值存在显而易见的时效性。这就需要有一套对数据进行分类的操作标准和评估体系，以便数据的后续利用。待条件成熟时，应研究出台大数据资产方面的法律法规。

3. 在上述基础上，培育可信市场主体

以后参与数据领域加工交易的市场主体都应该像金融机构那样，是持牌的、有资质的。只有持牌机构才能对政府数据、商业数据、互联网数据、金融数据等进行系统的采集、清洗、建模、分析、确权等，参与市场交易，促进数据资产的安全交易、数据资源的优化配置。

4. 大力发展人工智能技术

社会经济运行中的各种数据每时每刻都在产生，理论上是呈指数式增长的。要让数据产生更加有价值的数据，离不开人工智能技术的持续进步和不断迭代。实际上，人工智能本身就是大数据“喂养”出来的结果，也必将给数据的加工和利用模式带来新的革命。没有人工智能，即使存储、通信、算力再强，也没有办法应对爆炸式增长的数据，无法让数据真正产生价值。

（四）推动国家之间的服务贸易协定，形成统一的数字贸易规则

在未来的国际贸易中，服务贸易会占主导地位，而在服务贸易

中，广义的数字贸易将成为相当重要的组成部分。数字贸易是数字化和全球化发展到一定时期形成的一种新型贸易模式。尽管数字贸易发展迅速，但目前国际社会对数字贸易的具体规则并未达成共识，在数据跨境流动、个人隐私保护方面还存在较大分歧。例如，美国积极推动跨境数据自由流动，陆续出台一系列确保数据自由流通的方针政策，宣扬信息和数据自由的立场，明确反对数据存储本地化。欧盟则对跨境数据的自由流动更加审慎，更加注重对个人隐私和国家安全的维护，其核心主张为，跨境数据自由流动的前提是数据能够得到有效的监管，同时要求跨境数据应在境内存储，只有其他非欧盟国家或地区对数据的监管或保护达到一定的条件，才会向其传输。数字贸易究竟应该秉承什么样的原则？笔者认为可以把握以下几点。

1. 数据终端销售全球一体化

对于有记忆能力、通信能力、计算能力、存储能力的智能电子产品，应该规定可以在全球进行自由贸易流通。某些国家基于莫须有的国家安全考虑禁止网络产品、通信产品在本国流通，这是对WTO、对全球贸易统一市场的破坏。

2. 数据资源属地化

凡是智能终端产品，只要有操作系统、通信功能、存储功能，就一定存在“后门”，关键在于将服务器属地化，进行物理隔离。例如，苹果公司、特斯拉公司的数据库都在中国境内运营；而中国企业在美国建设的 5G 基站，其背后链接的云、服务器也都在美国境内。

3. 有序推动跨境数据资源互访

截至 2022 年 6 月，我国网民规模为 10.51 亿人，互联网普及率达 74.4%。在互联网流量、带宽付费量、互联网搜索量等各项指标上，我国均处于全球领先地位。但在数字经济市场规模上，我国约为 5.36 万亿美元，与美国的 13.6 万亿美元还存在不小的差距。在全球互联网的访问指标上，我国甚至低于俄罗斯。核心的问题是跨境数据访问存在壁垒，这种壁垒阻碍了数字经贸交流，也不利于我国互联网企业在数字贸易竞争中抢占全球市场份额。

数据在交流中增值。在实际科研活动中，由于跨境访问本国数据存在障碍，因此海外的跨国公司很少在国内建设高端研发中心、核心研发中心。而国内的科研院所、大专院校也难以访问海外科研资源，严重阻碍了科研活动的开展。未来我国应该对接国际高水平经贸规则，在保证国家安全、数据安全的基础上，促进数据这一生产要素自由便利地流动，推动数字贸易高水平开放，增强我国在全球数字经济中的话语权和竞争力。

总而言之，数据作为和土地、资本、劳动力、技术一样的生产要素，在数字经济不断深入发展的过程中，将居于越来越重要的地位。合理分配好数据的管辖权、交易权、所有权、使用权、财产分配权，能够有效促进数据资源转化为数据资产，有利于保护数据主体权益并维护数据安全；厘清数据交易平台的基本原则、交易规范、交易产品，能够健全市场发展机制，拉开国内大数据交易的序幕。

最后，在数字贸易方面，我国也要不断增强发展中国家在数字经济政策、跨境数据流动规则方面的话语权，推动区域经济一体化升级和数字贸易全球规则的制定，推动数字产品嵌入全球价值链，实现数字贸易的全球化、全产业链发展。

数字金融发展中的数据治理挑战

沈 艳[①]

随着互联网、大数据、云计算、区块链、人工智能等技术在金融业的广泛应用，我国数字金融市场蓬勃发展。根据银保监会和中国人民银行发布的《2019年中国普惠金融发展报告》，2019年全国使用电子支付的成年人比例达82.39%。在新冠疫情的冲击下，我国互联网银行对小微企业发放的贷款及时帮助小微企业摆脱困境，发挥了灾害情况下的经济稳定器作用。我国数字金融的一些业务模式也已经走在世界前列。根据国际货币基金组织的测算，我国数字金融公司估值已经超过全球总估值的70%，其中2021年我国移动支付总额达527万亿元，是美国的11倍；我国最大的移动支付提供商的处理能力大约是美国同行的3倍。总体来看，我国对数字金融在助力普惠金融、促进经济高质量增长方面寄予厚望。

但要促进数字金融市场进一步健康发展，不能忽视金融基础设施中的短板。近年来，数字金融市场发生的风险事件，表明与大数据相关的金融基础设施不足是新金融业态存在新风险隐患的主要原因之一。例如，我国P2P网络借贷在过去的十多年经历了萌芽、繁

---

① 作者系中国金融四十人论坛（CF40）特邀成员、北京大学数字金融研究中心副主任。

荣、兴盛和衰落的过程。仔细梳理这一过程可以发现，虽然满足个人旺盛的金融需求、帮助中小企业解决“贷款贵、贷款难”问题的初衷良好，但在我国数字金融基础设施还比较落后，尤其是缺乏广泛可靠的个人征信系统的情况下，构架于其上的业务模式不可持续，而最终的失败也难以避免。

在金融基础设施中，与数据要素密切相关的是信息基础设施（涉及信息记录、数据分析和计算能力三个方面）和监管基础设施中的数据隐私监管。而与金融人数据治理相关的问题主要有四个：一是如何构建金融大数据要素市场；二是如何做好数据隐私和信息安全管理；三是如何甄别和处置数据垄断；四是如何做好模型算法等方面的管理。对于前三个问题，相关研究和讨论已经展开。政府和业界对打破数据垄断也有探讨，但是对数字金融市场中的算法治理讨论较少。

对模型算法讨论的缺失，导致在数字金融发展过程中存在一些认识上的误区。例如，一些观点认为，采用金融大数据一定比采用传统数据更好，基于金融大数据的分析更科学、更公正，基于机器学习模型设计的产品因为没有人工干预，所以比传统决策体系更优越，进而将“零人工干预”作为业务的一个主要优势加以宣传。但上述观点是否成立，既取决于对大数据的作用是否有充分恰当的评估，也取决于对金融决策中人的作用的理解。由于目前机器学习算法重视相关关系，而不重视基于挖掘金融内在发展规律的因果关系分析，如果在决策中高估大数据分析的模型算法优势而忽略人的作用，就会带来新的金融风险隐患。

本文旨在从对模型算法治理的角度来讨论数字金融发展中需要应对的大数据治理挑战，分析金融领域“大数据自大”的潜在危害，讨论忽略大数据算法模型等数据治理可能产生偏误的原因，并提出相关政策建议。

一、“大数据自大”的潜在危害

2014年，大卫·拉泽（David Lazer）等提出的“大数据自大”(big data hubris)，针对的是高估大数据分析的作用而忽略其中潜在问题的现象。大卫·拉泽等是在《科学》杂志发文讨论谷歌公司流感趋势预测出现重大偏差的原因时提出上述观点的。2008年11月，谷歌公司启动了谷歌流感趋势（google flu trends，GFT）项目，目标是预测美国疾控中心报告的流感发病率。2009年，GFT团队在《自然》杂志发文称，只需分析数十亿个搜索中45个与流感相关的关键词，GFT就能比美国疾控中心提前两周预报2007—2008年流感的发病率。但2009年GFT并没有预测到非季节性流感A-H1N1；并且从2011年8月开始的108周里，GFT有100周高估了美国疾控中心报告的流感发病率，高估程度达1.5倍甚至2倍多。

大卫·拉泽等认为，这些估计偏差反映了“大数据自大”这样一个理念，即大科技企业认为自己拥有的“海量数据”就是“全量数据”，采用这样的数据做分析，比在科学抽样基础上形成的传统数据更优越、更可靠、更接近客观真理。但他们对GFT项目的评估表明，这样的看法并不正确。

在数字金融领域，如果没有恰当的模型算法治理，那么基于金融大数据分析的产品和业务模式可能会产生决策“知其然而不知其所以然”“算法歧视”等问题，甚至可能产生算法腐败。

二、忽略算法模型治理可能产生偏误的原因

基于金融大数据的预测模型的具体执行步骤可以分为三个过程：

学习过程、测试过程和应用过程。以预测贷款人是否会逾期这一机器学习任务为例，第一步是获得历史的贷款数据，其中既包括有逾期的人员，也包括没有逾期的人员。第二步是将这一数据分为两部分：训练集和测试集。第三步是先用训练数据训练模型，得到相应的参数；再用测试数据检验预测能力的高低，进而调整参数，得到最好的模型。最后，预测能力最强的模型会被用于实际场景中。

从上述步骤可知，在实际应用中，基于金融大数据模型的优势需要满足以下三个条件：第一，实际应用数据和历史数据没有重大结构变化；第二，训练数据有充分的代表性；第三，模型有可解释性，并且应用者能及时评估模型的适用性。如果这三个条件不能满足，那么基于金融大数据的模型就可能会带来额外风险。在实际应用中，由于存在以下三种情况，导致忽略算法模型可能会产生偏误。

（一）历史数据和未来数据不相似

金融大数据至少有两个不同于传统数据的特征：一是结构变化更难检验；二是金融大数据的生成机制更复杂多变。这就容易导致用于训练和测试的历史数据与用于预测的未来数据不相似。

1. 金融大数据结构变化更难检验

金融大数据存在不易检验的结构变化。由于我国数字经济和数字金融领域运用大数据的时间还比较短，因此跨越较长经济周期、体量大、颗粒度细的大数据系统尚在建设之中。而大数据分析所依据的机器学习或深度学习模型都假定了训练数据的生成机制和真实数据的生成机制是相似的，即不存在重大结构变化。和传统数据不同的是，大数据难以在不同研究机构之间分享，不少算法模型如同“黑箱”，难以用经典的检验数据结构变化的模型去识别数据是否产生了重大结构变化。在这样的情况下，当经济和金融领域出现重大结构变化时，算法所依据的模型无法快速发现这种变化，因而继续沿用过去运行良好的模型，就会出现预测不准的现象。

2. 金融大数据的生成机制更复杂多变

金融大数据的生成机制受到生成平台的运营状况的影响。

和传统数据的生成机制不同，大数据不再由政府特定部门或特定机构主持收集，而是经济社会主体运营中产生的副产品，因此大数据生成受到平台自身运营状况的影响。例如，在金融大数据分析中，不少模型加入个体的社交媒体信息作为风控的额外维度，对这类数据的分析常常建立在一个假定之上，即社交媒体上用户的多少、活跃度等客观反映了人们对社交媒体的使用状况。但实际收集的用户数据是用户自身因素和平台运营管理共同作用的结果。例如，最初某旅游信息平台记录保存客户信息的动机仅是本公司发展业务的需要，并没有对客户采取分层定价，但在精准营销下采用了大数据“杀熟”，提高了对优质客群的定价。客户在发觉后选择离开该平台，导致客群整体质量下降。因此，客群整体质量的下降并不是由于经济金融状况恶化造成的，而是由于该旅游信息平台自身的利益诉求造成的。如果不能识别这一变化原因，金融机构在与该旅游信息平台合作时，就可能会在相应的借贷决定中产生偏差。

金融大数据的生成机制还受到算法调整的影响。例如，某支付平台的主要目标是帮助用户实现方便快捷的支付。为了实现这一目标，数据科学家与工程师不断更新算法，让用户拥有越来越好的体验。这一策略在商业上非常必要，但在数据生成机制方面却导致不同时期的数据不可比。如果数据分析团队和算法演化团队没有充分沟通，数据分析团队不知道算法调整对数据生成机制的影响，就会误将数据变动解读为市场真实变动从而产生误判。

（二）金融大数据的代表性需要验证

目前，金融科技公司和金融机构之间的助贷和联合贷款，在发挥金融科技公司的技术优势、金融机构的资金优势以提高资金配置效率方面，发挥了重要作用。但不容忽视的是，金融科技公司和金融机构都有其特定的客群，因此适用于某一平台的客群分析或适用于某一地区金融科技公司和金融机构的合作模式是否可以外推到其他地区，也就是金融大数据是否具有代表性，需要进一步验证。这一问题的重要性可以用 2020 年人工智能领域热议的事件来佐证。当时，使用者输入贝拉克·侯赛因·奥巴马（Barack Hussein Obama）的低分辨率照片后，PULSE 算法输出了高分辨率的白人照片，而对这一偏差最主要的解释，就是训练集中的照片大多数是白人照片。如果金融科技公司的特定客群数据和训练集中的白人照片类似，而金融机构的目标客户群和奥巴马的照片类似，那么就会出现代表性不足的问题。例如，新冠疫情暴发之初，对餐饮行业影响较大，如果采用某餐饮行业平台产生的大数据分析得到的小微企业冲击严重程度，进而指导某地区其他行业小微企业的贷款发放，就可能会高估贷款不良率。

（三）不少金融大数据分析模型可解释性弱

基于金融大数据分析的模型在极大地提高了运算效率的同时也有代价，模型解释性低就是一个主要问题。其中，常用的模型包括逻辑斯蒂模型、决策树模型（如随机森林、梯度提升模型）、支持向量机模型、卷积神经网络模型等。这些模型的共同特征是致力于寻找最优的预测，因此探寻不同经济金融特征与预测目标之间的因果关系，并不是机器学习模型分析的重点。这就产生了两个不容忽视的问题：一是“知其然而不知其所以然”，除逻辑斯蒂模型对数据生成机制做出了较为清晰的假定、参数含义较为清晰外，其余模型从输入到输出都表现为“黑箱”；二是忽略了模型结果实际存在的主观性。

以金融机构是否需要给个人发放贷款这一决策为例。将大数据中成千上万条客户数据作为输入内容录入模型后，模型最终会给出对具有某些特征的人可以发放贷款，而对具有另一些特征的人不应发放贷款的预测。在传统金融模式下，贷款发放与贷款责任人之间有密切的关系，这就要求信贷员对于自己发放贷款的理由有清晰的认识。但基于机器学习的模型只给出了“发”或“不发”的决策建议，并不会给出“为什么发”或“为什么不发”的原因，这就会让“知道你的客户”失去抓手。另一个常见误区是，既然贷款发放决策由机器学习模型决定，那么这一决策一定比人做出的决策更客观。但较为复杂的机器学习模型需要由人事先设定参数。模型越复杂，需要设定的参数越多。例如，用一个卷积神经网络模型做有监督的分类决策可能需要事先设定上百万个参数。在参数过多的情况下，设定会存在较强的主观性，导致更复杂的机器学习模型结果未必更好的现象。

在介绍自身的大数据分析优势时，不少平台强调“零人工干预”带来的效率改进。上述分析表明，在数据体量大、不容易识别结构变化、数据代表性不清晰、数据生成机制变化有经济金融之外的因素、模型可解释性弱的情况下，应当慎言“零人工干预”。这是因为，在金融大数据分析还存在上述诸多挑战的情况下，如果大量贷款决策都是“零人工干预”，也就是将决策责任从人身上转移到机器身上，那么当模型预测能力下降时，就难以分辨预测能力下降的原因究竟是数据问题还是算法问题、是外部环境问题还是内部治理问题，出现既不了解自己的客户又不了解自己的现象。这样的数据治理架构的金融安全隐患显然不容小觑。

三、加强金融大数据治理的建议

（一）提高大数据使用的透明度，加强对大数据质量的评估

由于大数据体量大、分析难度大等，不仅大数据的收集过程可能是“黑箱”，而且大数据分析可能存在过程不透明的现象。例如，在GFT的案例中，研究人员指出，谷歌公司从未明确用于搜索的45个关键词是哪些；虽然谷歌公司工程师在2013年调整了数据算法，但是谷歌公司并没有公开相应的数据，也没有解释这些数据是如何收集的。与透明度相关的是大数据分析结果的可复制性问题。由于谷歌公司以外的研究人员难以获得GFT使用的数据，因此难以复制、评估采用该数据分析结果的可靠性。这种数据生成和分析的“黑箱”特征，容易成为企业或机构操纵数据生成过程和研究报告结果的温床。推动金融大数据分析的透明化，建立健康的数据分析文化，是夯实金融信息基础设施的重要步骤。

（二）解决“信息孤岛”问题

在保护隐私和数据安全的基础上，可以通过加大传统数据和大数据的开放共享力度来解决单个企业数据颗粒度较细但代表性不足的“信息孤岛”问题。在具体执行上，可以根据数据的所有权属性差异分层施策。对作为公共产品的数据，政府部门需要在不涉密的情况下，尽可能向社会和公众开放政府数据。对大数据征信产品这类准公共产品，可采用俱乐部付费式的产品模式，并推动政府主导设立的公司和相关金融科技公司联合开发相关征信数据。对基于大量个人数据、数据所有权界定困难的大数据，可以通过安全多方计算、同态加密、联邦学习等技术研发，允许拥有数据的各方在不向

其他机构公开数据敏感信息的情况下，实现数据共享与利用。最后，可进一步探索开放银行模式和数据信托模式等在不同场景中的适用性。

（三）推动数据和模型算法审计工作

要求企业发布经审计的财务报表是国内外保障金融市场健康运转、保护相关方利益的通行做法。这一做法的逻辑是：由于公司内部运作状况对外部投资者来说也像“黑箱”，经理人可能会滥用对投资者的这一信息优势；通过要求企业提供经过第三方独立审计的运营情况报告，可以在一定程度上遏制这一现象。由于大数据分析的算法模型等也有类似的“黑箱”特征，欧美等发达国家和地区的监管机构已经开始探索数据和模型算法审计相关工作。例如，欧盟的《通用数据保护条例》就要求企业能够解释它们的算法决策过程。要应对数字金融治理问题带来的相应金融风险，我国应提早布局，探索金融大数据相关的算法审计的可行性，推进对算法模型审计人员的培养。

加强算法模型治理，是夯实数字金融基础设施的重要一步。由于金融大数据的算法和模型涉及计算机科学、机器学习方法，因此在使用相应模型时，不应高估“零人工干预”的重要性。事实上，良好的算法和模型治理机制需要将人的创造性、主观能动性和机器与大数据的优势相结合。通过推动精通计算机科学、机器学习方法、金融专业乃至心理学、行为经济学、伦理学等多个领域的专业人士的共同努力，可以实现及时识别与解决算法模型相关问题的目标，促进数字金融市场的稳健发展。

（本文刊发于《清华金融评论》2021 年 3 月刊。）

开放银行模式下的数据共享与个人信息保护

朱　隽　王　灿[①]

“开放银行”的概念最早由英国提出，是指银行等传统金融机构与金融科技公司之间通过应用程序接口开放数据的访问及使用权限，实现机构间数据共享，促进金融服务的数字化发展。开放银行有助于打破大型金融机构的数据垄断，使中小银行及初创金融科技公司获得客户数据并提高金融服务质量，促进市场竞争。有鉴于此，许多经济体纷纷推动本国开放银行发展。本文从数据共享的类型、模式、立法等角度出发，比较分析中、美、欧、英、澳五个主要经济体在开放银行的模式及数据保护要求方面的异同，并对开放银行及数据保护的发展趋势提出几点看法。

一、开放银行模式下的数据共享类型

目前，主要经济体开放银行模式下的数据共享以金融数据为主，但在数据分类和共享范围上存在一定区别（见表 1）。具体来看，英国、澳大利亚、欧盟的监管部门对金融数据进行了分类。其中，英

---

① 作者朱隽系中国金融四十人论坛（CF40）学术委员、丝路基金有限责任公司董事长；王灿供职于中国人民银行国际司。

国的分类最细致，将金融数据分为公开数据、个人交易数据、个人参考数据、聚合数据、商业敏感数据五类，并规定除商业敏感数据外，其他数据均可共享。澳大利亚对金融数据的分类基本参考英国，但共享范围更窄，规定除个人数据和交易数据外的金融数据均无须共享。欧盟在《新支付服务指令》（PSDⅡ）中将金融数据分为一般金融数据和敏感金融数据两类，规定所有的金融数据均可共享，只是在共享敏感数据时需遵循更严格的保密和数据安全义务。中、美两国暂未对金融数据进行细致的分类。美国消费者金融保护局规定，所有个人可访问的金融数据均可共享；我国金融机构在实践中共享的数据多为账户信息和交易数据。

表 1　不同经济体开放银行模式共享的数据类型

<table>
<tr><th colspan="2">英国</th><th colspan="2">澳大利亚</th><th colspan="2">欧盟</th><th>美国</th><th>中国</th></tr>
<tr><td>数据类别</td><td>共享权限</td><td>数据类别</td><td>共享权限</td><td>数据类别</td><td>共享权限</td><td></td><td></td></tr>
<tr><td>公开数据</td><td rowspan="4">可以共享</td><td>个人提供数据</td><td rowspan="2">可以共享</td><td rowspan="2">一般金融数据</td><td rowspan="5">均可共享</td><td rowspan="5">规定所有个人可访问的金融数据均可共享，并未对金融数据进行细分</td><td rowspan="5">尚未出台金融数据分类标准，但从机构实践来看，共享的主要是账户信息和交易数据</td></tr>
<tr><td>个人交易数据</td><td>交易数据</td></tr>
<tr><td>个人参考数据</td><td>个人增值数据</td><td rowspan="3">无须共享</td><td rowspan="3">敏感金融数据</td></tr>
<tr><td>聚合数据</td><td rowspan="2">聚合数据</td></tr>
<tr><td>商业敏感数据</td><td>无须共享</td></tr>
</table>

值得一提的是，目前部分经济体的数据共享已从金融数据拓展到更广泛的数据类型。最有代表性的是欧盟，欧盟规定所有个人相关数据，如姓名、身份证号、定位数据、基因乃至精神状态等均可共享。澳大利亚将开放银行作为首个数据共享的应用场景，未来将逐渐拓展至能源、通信领域，可共享的数据类型也将随之扩展。我国规定，所有以电子或其他方式记录的与已识别或可识别的自然人

有关的各种信息，都可共享。①

二、开放银行模式下的数据共享模式

早期，开放银行的数据共享主要由机构发起数据共享请求，经个人授权后方可进行。这种模式的缺陷在于，多数大型金融机构往往缺乏数据共享的激励，因为它们可以利用数据资源方面的优势建立壁垒，阻碍中小银行和潜在新进入者与其抢夺市场份额，以攫取超额利润。从实践来看，多数情形下也都是中小金融机构主动与金融科技公司共享数据以寻求合作，共同开发创新金融产品，以弥补其在资金、技术和人力资源等要素上的不足。

目前，各经济体主要采取两种数据共享模式（见表 2）。第一种是由监管部门向金融机构施加强制数据共享要求。例如，英国竞争与市场管理局要求汇丰、巴克莱等市场份额最大的 9 家银行（合称 CMA9）必须与中小银行及金融科技公司共享数据。欧盟则更严格，要求所有商业银行都必须向第三方支付机构开放数据共享，以促进其发展。澳大利亚采取渐进式要求，规定大型银行率先共享数据，之后再拓展到中小银行和金融科技公司。中国和美国的开放银行则属于市场导向型，数据共享完全由金融机构自发开展，监管部门并不施加强制措施。

第二种是将数据共享的主动权由金融机构移交给个人。对个人而言，金融机构与金融科技公司之间进行数据共享可为其提供更加丰富的金融服务产品。例如，银行与提供信息服务的金融科技公司合作，可提供交易信息查询、信用卡还款提醒等服务，因而它们更有动机主

---

① 具体参见 2021 年 8 月颁布的《中华人民共和国个人信息保护法》第四条和第四十五条。

动要求金融机构共享数据。目前，欧盟、澳大利亚、中国的数据保护法中均已加入“转移权”规定，即只要个人提出要求，数据处理机构就必须向第三方公开数据，这有助于促进机构间的数据共享。

表 2　不同经济体的数据共享模式

英国	欧盟	澳大利亚	美国	中国
市场份额最大的 9 家商业银行开放数据共享，其他机构可自主决定是否共享数据	所有商业银行均应与第三方机构共享数据	大型银行从 2020 年 7 月起开放数据共享，中小银行及金融科技公司从 2021 年 7 月起共享数据	无监管要求，金融机构/大型科技公司遵循自愿原则参加	不限于金融机构，包括所有涉及数据处理的机构
公开数据：可直接共享，无须个人授权；交易数据、参考数据、聚合数据：必须获得个人授权后才可共享	所有数据均需获得个人授权后才可共享	所有数据均需获得个人授权后才可共享	所有数据均需获得个人授权后才可共享	所有数据均需获得个人授权后才可共享

三、多个经济体已立法平衡数据共享和个人隐私保护

数据安全和隐私保护是个人在共享数据时最关切的问题。2019 年，德勤对 3 000 名美国消费者的调查结果显示：近 70％的受访者对个人信息分享的首要顾虑是身份盗用；近一半的受访者担心数据

安全和隐私保护问题。值得一提的是，36 岁以下的人更愿意接受开放银行模式，53 岁以上的人则不太愿意共享数据。因此，明确企业和个人在数据使用方面的权责，是推动开放银行和数据共享健康发展的必要制度保障。

主要经济体对数据保护的立法已有近百年的历史。早在 1933 年，美国颁布的《联邦证券法》就对公司关于数据安全的保护措施做了规定。20 世纪 60 年代以来，美国颁布了《信息自由法》《隐私法》《公平信用报告法》等一系列法律法规，对个人信息的收集、处理、使用等做了规定。欧盟 1995 年的《数据保护指令》、英国 1998 年的《数据保护法案》均涉及个人信息保护的相关内容。不过，上述法律法规存在如下问题：一是立法较为分散，各法律法规往往只能覆盖特定行业或领域，不同法律法规之间可能存在冲突或监管空白，缺乏对个人信息保护的统一规定；二是随着数字经济的发展，数据的内涵和外延均有所拓展，但受限于时代背景，上述法律法规并不能充分覆盖；三是这些法律法规对数据处理机构及个人的权责划分不够清晰，难以充分保障个人信息安全。

2018 年，欧盟颁布了《通用数据保护条例》(General Date Protection Regulation，GDPR)，被广泛视为数字经济时代对个人信息保护立法的标志性事件。与此前的法律法规不同，GDPR 是针对所有数据处理机构的统一法律，给出了个人信息的定义和范围，并明确规定了数据处理机构的责任及个人权利，使个人信息保护真正做到了“有法可依”。因此，其他经济体在制定数据保护规则时或多或少都借鉴了 GDPR。

英国涉及数据保护的法律法规有两部：一部是《2018 年数据保护法案》(Data Protection Act 2018，DPA 2018)，因其在内容上与 GDPR 高度一致，因此也被称为“英国版 GDPR”；另一部是《数据共享行为准则》，与 DPA 2018 关注全面的数据保护不同，该准则更关注“数据共享”这一行为，目的在于推动数据共享的同时保护数据安全及个人隐私。澳大利亚的《消费者数据权利法案》也是参照GDPR制定的。美国目前尚无国家层面的数据保护法案，只有针对金融行业的《消费者授权的金融数据共享和聚合原则》，但加利福尼亚和弗吉尼亚两个州已借鉴GDPR制定了本州的数据保护法。我国的数据保护法有两部，分别是2021年9月起实施的《中华人民共和国数据安全法》和2021年11月起实施的《中华人民共和国个人信息保护法》。前者主要是对数据安全制度、数据处理机构义务等提出原则性规定；后者与主要经济体的数据保护法更加类似，是专门针对个人信息收集和处理规范的法律。据了解，目前针对个人金融信息保护的相关办法也正在制定中。

各主要经济体制定数据保护法案或规则的情况如表3所示。

表3 不同经济体开放银行模式下的数据保护法案或规则

英国	欧盟	澳大利亚	美国	中国
《2018年数据保护法案》《数据共享行为守则》	《通用数据保护条例》	《消费者数据权利规则》	《消费者授权的金融数据共享和聚合原则》	《中华人民共和国数据安全法》《中华人民共和国个人信息保护法》

从这5个经济体的法律规定和实践经验来看，数据处理机构主要遵守如下义务：第一，必要性和最小化。数据的收集和共享应基于明确且合理的目的，不应收集或共享与该目的不相关的数据。第二，告知义务。在收集或共享个人数据前，数据处理机构应提供详细信息，包括收集目的、用途、联系方式等。第三，透明度。数据共享流程应公开、透明，且便于消费者理解。第四，数据脱敏。数据处理机构应采取适当的技术和组织措施，对数据进行匿名化和加密化处理。第五，风险控制。数据处理机构要有相应的风控措施，

确保不会出现数据遗失和泄露，并且在数据遗失和泄露时，要立刻采取补救办法。中国、欧盟等经济体还要求数据处理机构任命数据保护负责人，负责监管数据分享与隐私保护。一旦数据处理机构违反数据安全和隐私保护的相关规定，将面临高额的罚款。

这 5 个经济体的法律法规还明确了个人隐私保护的相关权益。第一，可访问权。个人有权获悉数据处理机构处理数据的目的、数据类型并查阅自己的信息。第二，知情权。个人有权了解哪些机构可以获取或使用他们的个人数据。第三，撤回权。如果已授权共享数据的个人不希望继续进行数据分享，则数据处理机构必须停止共享并删除相关数据。第四，要求解释权。如果个人对数据分享有疑问，可要求数据处理机构做出解释。第五，更正权。如果发现信息有误，个人有权要求数据处理机构进行更正。第六，数据转移权。中国、欧盟、英国、澳大利亚均规定，个人有权主动要求数据处理机构向其他机构共享其数据，这赋予了个人对数据共享更大的自主权。此外，欧盟、澳大利亚等还规定，个人有权反对数据处理机构完全依靠自动化手段进行数据处理，或者利用数据对用户进行画像。

四、对开放银行及数据保护未来发展的几点思考

开放银行模式对于打破数据垄断、推动数据共享意义重大。目前，主要经济体实施的开放银行政策对推动商业银行开放数据共享发挥了一定作用，但也存在数据共享主体相对单一、数据共享激励不足等问题。综合国际经验来看，未来开放银行模式下的数据共享和个人信息保护可能存在如下发展趋势。

（一）数据共享的主体将更加多元化

此前，多数经济体主要要求大型银行向中小银行及金融科技公

司开放数据共享，这是因为在过去，大型银行往往在金融体系中处于支配地位，其数据垄断问题相对突出。但是，随着大型科技公司的崛起及其越来越多地从事金融业务，其利用平台优势和网络效应在短时间内积累了海量数据，在移动支付、小额贷款、货币基金等细分市场的影响力不断提高，进一步挤压了中小银行和初创金融科技公司的生存空间，由此引发的数据垄断问题不亚于大型银行，已经引起国际社会的广泛关注。因此，不排除各国未来会强制要求大型科技公司共享数据的可能性。

（二）数据共享的主动权可能从数据处理机构转向个人

如上所述，数据处理机构自身为了利用数据优势攫取超额利润，缺乏主动共享数据的动机，这不利于提高竞争效率、促进金融创新。目前，中国、欧盟等经济体的数据保护法已赋予个人要求数据处理机构共享数据的主动权，这或将发挥示范效应，使更多经济体在立法时将数据转移权赋予个人。

（三）数据分享与保护需要加强跨境合作

设立开放银行框架的初衷，是推动本国金融科技公司和金融机构分享数据，目前尚无跨境数据共享方面的安排。但现在，许多大型银行、大型科技公司都在积极开拓海外业务，其在部分海外市场拥有的数据量甚至超过了本土机构。未来，东道国政府可能会要求跨国银行和科技公司分享数据，从而推动开放银行框架下的跨境合作。但是，这也对各国在数据分类标准、数据保护法的具体要求及应用程序接口标准趋同等法律和技术问题方面提出了新的要求。

大型金融机构可先行开展数据要素市场化

吕仲涛①

数据治理是当前的热门话题。银行业本质上是经营数据的行业，承载着大量的客户个人信息和财产信息，且这些信息在银行的经营活动中发挥着非常关键的作用。笔者将结合新经济形势下出台的一系列政策和法律法规，从技术角度出发，联系自己在银行业的工作体会谈一谈数据治理问题。

一、数据治理面临的问题与挑战

（一）数据归属权和使用权的界定有待明确

目前，很多情况下数据的归属权不够明确。例如，客户姓名、身份证号、手机号等个人信息实际上可以被不同组织和机构在不同场合获取。各项业务的办理过程，如商品购买、财务处理等，也会产生大量数据，这些数据又可以进一步加工生成更多的衍生数据。

与一般生产要素不同，数据在物理层面并不具有唯一性和独占

---

① 作者系中国工商银行首席技术官。

性的特点：从技术角度来说，数据可以支持不同主体同时分别使用。因此，只有厘清各类数据的归属权与使用权，包括在一定条件下的转让权，数据才可能成为按市场经济规律进行配置的一种生产要素，才可能按照市场化方式进行交易和流转。

目前，我国已经针对数据安全、个人信息保护等问题出台了一系列法律法规，包括《中华人民共和国个人信息保护法》《中华人民共和国网络安全法》《中华人民共和国数据安全法》等。然而，考虑到当前对有效指导和规范市场主体运作的需求，依然有许多地方需要进一步研究明确。例如，《中华人民共和国个人信息保护法》对“个人信息”的定义是，“以电子或其他方式记录的与已识别或者可识别的自然人有关的各种信息，不包括匿名化处理后的信息”。而问题是，这一概念在实际操作中很难界定。根据法律规定，客户在银行办理转账业务时所产生的数据应该归属于客户，但银行能否合理地使用这些数据？应该在什么情况下使用？在统计分析时能否使用？在产品推介时能否使用？这些问题都有待厘清。

原先一般认为，银行原则上是可以将客户数据用于这些业务的。但细究起来，这种做法在操作层面存在问题。因为法律规定，银行使用客户的个人信息时，必须“明示”客户特定数据的使用目的和处理方式等，但银行使用这些数据的部分场景，如涉及复杂统计过程的精准营销，事实上很难详细、个别地向客户说明；可如果不能做到“明示”，就超出了银行对数据的使用权限。

此外，对于客户开户的三要素信息，即姓名、身份证号和地址，银行使用权的边界在哪里？实际上，很多基本数据经过不同的组合可以产生大量新数据，因此厘清银行对这些数据使用权的界限格外重要。这些都是银行在日常工作中经常需要面对的具体问题，在法律法规层面还需要进一步斟酌完善。

（二）数据流转制度和技术基础有待夯实

可流转是市场经济环境下生产要素的基本特征之一，但由于数据可以无限复制和传播，某一市场主体在通过交易形式转让数据后并不会完全丧失数据的使用权，从技术层面看，该市场主体仍可以继续使用甚至重复转让这些数据。有别于传统生产要素的交易和流转，目前还缺乏能够准确度量特定数据的价值和影响的有效手段，数据流转方面的市场定价标准、风险评估手段等也十分不足。笔者认为在这个问题上有三个方面需要关注。

1. 可流转数据范围有待明确

对于哪些数据可以流转、哪些数据不能流转、哪些数据在特定条件下可以流转，都需要有清晰的界定，同时还要考虑各种数据跨主体、跨国境等的流转情况。当前，部分互联网公司涉嫌信息披露违法违规而被调查，互联网平台的个人信息与金融机构“断直连”等，也在一定程度上反映了当前可流转数据范围存在的问题。

2. 数据交易市场的建立方式需要深入思考

这一问题在征信等垂直领域已经有了一些探索，部分地方政府也在推动建立数据交易市场。然而在必要的行政力量之外，对于如何构建市场化的交易平台，目前仍不清晰。此外，对于哪些数据应当以市场化的方式交易，哪些又必须基于特定交易主体进行交易，也有必要进行探索。

3. 数据要素市场化机制如何设计，如何定价以确保价格与权益相匹配，还需要探讨

数据市场要做活，必须激发各市场主体的积极性，其中最重要的一点就是定价。只有通过价格手段有效平衡各参与主体的成本、贡献和收益，数据才能真正流通起来，要素市场才能建立起来。另

外还需要考虑的是，如果要确保价格与权益相匹配，就不应当允许市场主体只支付一次就能无限制地使用数据甚至二次转让数据，这会对市场造成伤害。

（三）跨金融机构数据共享亟待深入推进

数据信息的合理利用与依法有序流动是商业银行数字化转型、有效防范化解金融风险的关键手段。虽然各家金融机构已在内部数据的挖掘方面取得了很大突破，获得了一些成果，但仅从金融风险防范的角度来讲，依然迫切需要开展跨金融机构的数据融合应用。

当前，不同银行间账户资金往来极其便捷，一笔资金可以在短短几分钟内流转到多家银行，同一位客户也可能在多家银行申请信用卡或贷款，频繁的资金往来为鉴定资金的真实来源和流向、规避恶意信用透支等风险带来了很大挑战。有时从单一银行范围来看似乎一切正常，可一旦从更高的视角进行全局观察，就会发现存在一些潜在的系统性风险。而靠各家银行目前的运行机制很难达到“风险联防联控”的要求。各家银行只有打通数据孤岛，实现跨行数据的共享，才有可能实现对系统性金融风险的防范。

除了这些共性问题，目前金融行业还普遍存在三个问题，那就是“不敢共享”“不愿共享”“不便共享”。

“不敢共享”方面，实际上金融数据具有一定的敏感性，涉及个人隐私、商业秘密甚至国家安全，因此在一些法律法规不太清晰的领域，商业银行进行数据共享时会顾忌法律风险，不敢轻易行动。

“不愿共享”方面，因为数据是银行的战略性资源和关键生产要素，所以数据持有方在缺乏相关利益补偿机制的情况下，主观上缺乏共享数据的动力。

“不便共享”方面，传统的数据共享方法面临很多制约条件，较长的实施周期也极大地限制了数据价值的发挥。例如，在共享数据时需要进行数据的脱敏、传输、复制、核对、贴标签等工作，各银行的合作难度很大，实现过程也相对复杂。

二、对数据治理工作思路的三个建议

（一）加快厘清数据归属权和使用权

要兼顾数据的安全保护与发展，就必须厘清数据的归属权和使用权。金融数据是价值资产，其作为新生产要素的社会推动作用必将日益凸显，我们需要在数据安全保护与发展利用之间找到平衡点，既要避免管得过紧，影响数据价值的发挥，又要避免管得过松，难以保护用户隐私且不利于数据要素的长期可持续发展。对于加快完善法律法规、厘清数据的归属权和使用权，笔者有以下四个建议。

第一，用户个人的自然属性数据，如姓名、身份证号、手机号等，归属权应当属于用户个人。数据采集主体可在用户授权范围内使用，但要防止过度索权、宽泛索权的问题。

第二，服务办理过程中产生的数据，如购物、支付数据，可由交易相关主体共同享有，因为整个交易过程涵盖了买卖双方的信息，只有将双方的信息整合起来才会生成最终的订单信息，所以这类数据应当由买卖双方共有，在各相关主体范围内可以自由使用。如需向任何其他主体提供该数据，必须由相关主体共同授权。

例如，对于平台类电商的购物数据，笔者认为平台不应拥有数据所有权，其可以在充分尊重数据人格权的前提下，根据相关约定对自然人的有关数据进行统计和所谓的客群分析，但不应采取精准营销行为，因为平台只是中介，并非真正的交易双方中的任何一方。除非经过交易双方的专门授权，否则平台在数据使用中不得追溯原始自然人信息，信息的所有权由交易双方共同享有。

与此同时，要严格管控非数据直接生成方开展有关主体的数据超融合，这一现象隐含了巨大的风险。现在有大量第三方公司自身不产生数据，却通过各种交易市场进行数据收集，并将之进行超融合。在这种情况下，追溯数据来源将变得非常困难。

第三，上述原始数据进行匿名化处理后得到的衍生数据，在确保数据不可回溯到自然人的前提下，可归数据加工方所有，并由其决定如何使用。在这个过程中，匿名化非常重要。很多人往往把“去标识化”和“匿名化”混淆，匿名化处理实际上并没有那么简单，即使使用了加密算法，数据也未必不能被破解。因此，对匿名化的判断要更加严谨。

第四，要明确数据的主权属性。数据主权应当是国家主权的一部分。对于境内或其他某些特定场景产生的数据，国家应当拥有最高权力，前述的数据归属权、使用权等都应该服从主权管理这个大前提。这与下文将谈到的系统性金融风险防范密切相关：如果从国家数据主权的角度出发，由国家特定机构负责推进相关事宜是没有问题的。

（二）探索适应数据要素市场化流转的制度与技术基础

数据要素市场化是新生事物，世界各国均无先例。我们可以在把握好风险底线的基础上，借鉴改革开放之初的特区建设思路，“摸着石头过河”，加快探索在国内建立多层次数据交易市场。

一方面，要对关系到国家安全、经济安全、社会稳定和公共健康的数据交易进行严格管控，或者规定市场交易只在特定的交易主体之间开展、在国家管理的特定场所进行。有关部门可以通过发布负面清单、完善相关规定，采用类似《征信业管理条例》的方式对市场进行规范。

另一方面，对于非受限数据，则可给予各地数据交易市场更大的空间。考虑到潜在的不可控因素，也可以借鉴“沙盒”机制，允许相关数据交易市场在一定数据范围内组织部分有代表性的市场主体，围绕数据定价、交易手段、权益界定、风险防控和技术工具建设等问题展开积极探索，争取在打造数据特区方面开辟一条可行的道路；通过阶段性总结特区经验，提炼形成深化数据要素市场化改革的政策框架与法律制度，为后续参与数字领域的国际规则和标准制定做好准备。

为此，笔者提出以下三条建议：

第一，要完善金融行业数据共享与治理的有关法规。《中华人民共和国数据安全法》第二十一条明确指出，“各地区、各部门应当按照数据分类分级保护制度，确定本地区、本部门以及相关行业、领域的重要数据具体目录，对列入目录的数据进行重点保护”。金融行业的主管部门理应尽快明确金融数据保护的有关管理规定，指导和规范各地区金融数据交易及各金融机构数据共享，现阶段可优先围绕金融风险防控来推进。

第二，要研究建立支撑金融行业数据共享与治理的配套实体。一方面要成立特定的交易主体，负责金融行业数据共享的日常组织和运营。另一方面要成立数据治理的监管机构，监管金融数据的跨行业、跨境流动，并着重从以下三个方面对金融行业数据共享的有关市场主体进行监管：（1）准确性与安全性，主要体现在数据来源是否合法有效，数据的获取、传输、存储是否安全；（2）透明度与公平性，主要体现在数据加工过程涉及的算法模型是否公正公平、是否具备可解释性、是否注意避免歧视特定人群；（3）消费者权益保护，主要体现在客户的知情权能否得到充分保障。

第三，要研究建立适应数据要素特点的监管能力和工作模式，建立涵盖事前、事中、事后的全流程监管机制。事前可研究建立由行业专家、领域专家、技术专家、法律专家等参加的听证制度，对数据共享的合规性和必要性进行评估；事中可通过配套的制度性与技术性安排，开展定期的审计评估，对数据共享和数据使用过程进行监督和监管；事后可建立与数据共享相关的争议仲裁及风险补偿机制。

（三）大型金融机构先行开展金融领域数据要素市场化试点

笔者大胆设想，我国可依托大型金融机构先行开展金融领域数据要素市场化试点。对于这一举措，笔者有以下三个方面的考虑：

第一，机构禀赋方面，大型金融机构的客户覆盖面广，业务和技术能力比较强，风险也比较可控。

第二，技术可行性方面，隐私计算等新兴技术已经取得进展，大型金融机构实际上已经有足够的技术储备来开展跨机构资金流向的追踪、查询、客户授信和审核等。特别是对于防范信贷资金的违规使用、客户多头开户和多头授信、交易流水变增等，目前都可以在技术上实现。然而，由于当前跨行数据流通面临制度障碍，这些措施无法实施。

第三，运作机制方面，可在中国人民银行的指导和召集下，依托特定交易主体进行试运行，逐步摸索相应的定价、运营和风控模式。这一举措从技术角度来看是完全可行的。

实际上，当前中国人民银行或银保监会已经掌握了主要金融机构的相关数据，有能力构建跨行资金流向知识图谱，透彻分析客户资金链路。

基于统一数据平台的资金流向监测，可构建资金流向知识图谱，利用图计算技术分析账户间资金交易笔数和金额信息，监测客户资金流向，从而强化资金风险的跨行管控能力（见图 1）。理论上，可通过这种方式对我国面临的许多重大交叉性风险（包括欺诈风险等）进行监管和防范。事实上，目前已经有技术平台具备了落实这一举措的能力，只是欠缺一个专门的实体。

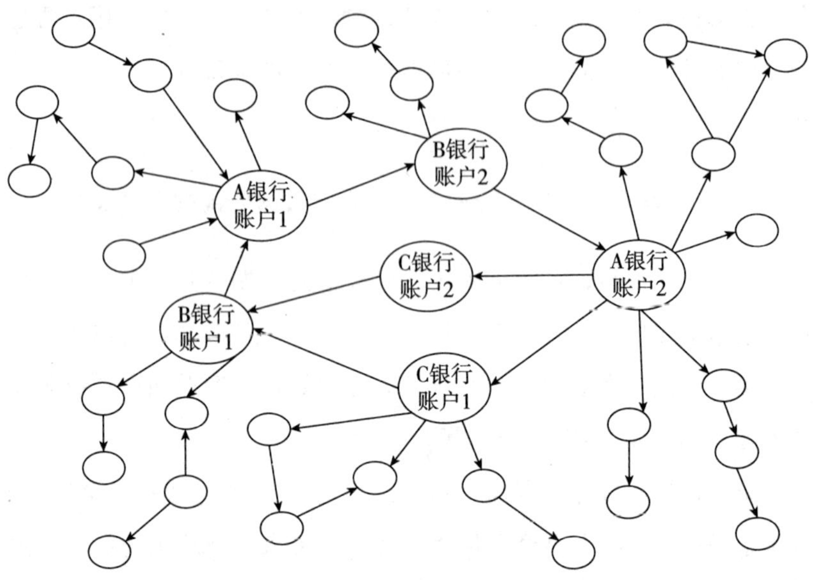

图 1　基于统一数据平台的资金流向监测

即便数据不流动，各商业银行也可以通过动态加密等隐私计算技术监测贷后资金流向，跨行协同判断信贷资金流是否违规，从而实现对信贷资金违规使用的防范（见图 2）。但这一工作的开展同样需要建立一个特定的交易市场主体。

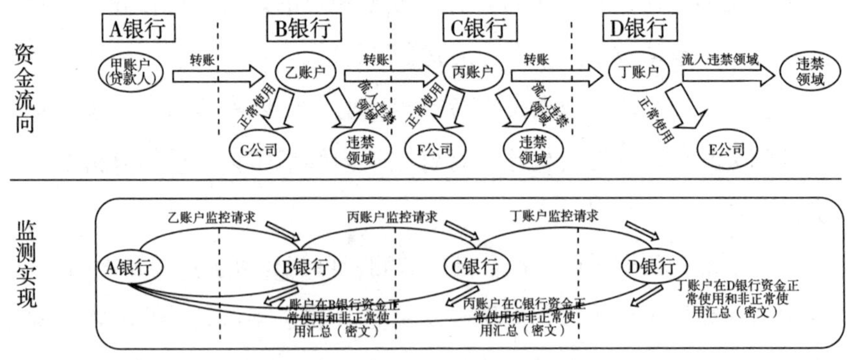

图 2　数据不出原始机构的资金流向监测

数字风控破局与数据普惠金融

金晓龙[①]

一、数字风控破局

数据化风控能力是网商银行的核心竞争力。网商银行以客户授权数据、客户自证数据和公开数据为基础，通过智能算法、区块链、云计算、大数据、安全计算等技术，构建了一套数据化、智能化的风控体系。同时，网商银行的信贷决策模式覆盖贷前、贷中、贷后，以解决小微客户无信贷历史或无抵押物的痛点。在信贷体验方面，网商银行建立了“3-1-0”的信贷服务体系，也就是客户 3 分钟申请、银行 1 秒决策、整个过程零人工干预，具有线上化、纯信用、高效率、低风险的特色。

正是基于这样的风控体系，网商银行成立 6 年来，服务了 4 000 多万名小微客户，其中包括 2 000 万名县域小微经营者和经营性农户。最为重要的是，网商银行保持了比较低的贷款不良率。

网商银行的贷款客户中 80%都是经营性贷款的“首贷户”。网商银行的主要客户是供应链上的小微企业或小微企业经营者，如卡车

① 作者系网商银行行长。

司机。“首贷”意味着很多此前未能获得信贷服务的客户获得了网商银行的贷款服务，并且可以从此累积信用记录。相比独占一些小微客户，网商银行更愿意看到的是，因网商银行的金融服务产生的效果，可以让更多的金融机构触达这些小微客户，看到这些小微客户的守约记录，未来这些小微客户可以从其他银行获得更多的金融服务。

网商银行的金融服务可以有效地带动就业。北京大学对小微企业的调研显示，2021 年第四季度每户小微经营者平均创造就业岗位 4.3 个，这意味着网商银行的贷款在帮助小微客户经营的同时，也间接拉动了就业。

在 2020 年新冠疫情暴发的艰难时刻，网商银行持续为小微客户提供金融支持，并给予了大量的免息优惠。2020 年，网商银行与中华全国工商业联合会、中国银行业协会等机构携手发起了“无接触贷款”助微计划，先后有 118 家银行加入该计划。在半年内，该计划助力超过 2 000 万家小微企业、个体工商户及农户等复工复产，累计发放贷款超过 8 700 亿元。在该计划中，网商银行及其联营贷款银行发放贷款的免息额就达到了 6.65 亿元。2021 年，网商银行再次与中华全国工商业联合会、中国农业发展银行、中国工商银行、平安银行、北京银行、重庆农商银行共同发起“稳就业、振乡村、兴科创”助微计划，通过专项信贷支持及减费让利政策，持续降低小微企业融资成本，提升金融服务质量。

以下几个案例可以更清晰地体现智能风控突破传统金融服务方式局限、有效服务小微客户的能力。

第一个案例：用卫星遥感技术为农民提供信贷服务。为了解决农村数据稀缺的问题，网商银行通过卫星遥感技术对获取的数据进行加工，基于深度神经网络和 AR 模型算法，建立了 28 个卫星识别模型。现在这些模型已经能够准确地识别水稻、小麦、玉米等大田的作物。2021 年 9 月，又新增了苹果、猕猴桃等经济作物的识别能力。

通过卫星，人们可以清楚地看到农民种植的作物、种植面积和作物的品质等，可以基本实现对农户风险的识别。当然，该识别模型还要与农户个人信用数据及农作物的行业品类的趋势分析相结合。这项极具创新的技术被称为“大山雀”，这项技术已经获得了 18 项专利，服务了数十万名种植农户。

第二个案例：网商银行基于核心企业和上下游小微企业的供应链关系，开发了一套数字供应链金融方案“大雁系统”，将供应链金融从“$1+N$”模式升级为“$1+N^2$”模式。传统的供应链金融在国内已发展了 20 多年，但其依赖核心企业的信用，甚至需要核心企业提供担保或存货抵押。随着数字化风控技术的进步，网商银行开展的数字供应链金融已突破传统模式的局限，不再依赖核心企业信用，不再依赖控货，也不再依赖回款闭环，只需要依据真实交易关系就可以做到纯线上信用贷款，让金融贷款因信任变得简单。

目前，网商银行的数字供应链金融方案“大雁系统”借助行业知识图谱能力，不仅能够服务上下游的 N 个小微企业，还可以把每个“N”也当作一个新的“1”去探寻和服务它们背后更多的“N”，服务“N^2”量级的用户。通过“大雁系统”，网商银行已与海尔、蒙牛等 500 多家核心品牌企业合作，对供应链上下游客群的授信覆盖率从以往的 30%提升到了 80%。

第三个案例：借助车辆的综合信息助力卡车司机的经营。中国有将近 1 500 万名卡车司机，他们的金融需求并没有得到充分地满足，如何精准、动态地评估他们的经营状况和经营能力，是信贷决策面临的核心问题。结合多方面的数据进行风控，包括客户授权的车辆轨迹、运单数据、车型、GPS 里程、地域和货物等信息，可以实时计算核验卡车司机的经营收入，并为其提供匹配的信贷额度。

二、数字运营提效

随着大数据和机器学习相关技术在金融行业的应用越来越深入，数据化运营的理念深入人心。网商银行一直持续探索和利用数据要素进行运营提效，参考、研究国外比较著名的数据驱动公司（如奈飞）和同行（如摩根大通）的数据驱动业务发展的组织和技术模式，结合自身的战略规划、业务运营模式和数据驱动文化，打造了一套全新的数据化运营体系。

这套数据化运营体系主要由 4 个支柱构成，对应 4 个主要工作职能的角色，分别是商业分析、数据科学、数据产品、智能算法。这 4 个角色的专业人员在组织上紧密协同，实现从顶层的运营决策到底层用户粒度的运营策略落地，全面实现数据化和智能化驱动。

（一）商业分析

商业分析团队主要负责收集、整合外部的宏观经济、监管方向和内部的经营信息，在深入理解银行未来战略发展目标的前提下，针对银行的各条产品线，通过高质量的数据分析报告的形式，洞察商业机会，对客户行为及画像进行研究，分析日常经营中的商业问题。同时，通过 KPI 的制定、运营指标体系的构建和定期的业务目标达成效果综合分析，为管理层和各业务条线的管理团队提供经营优化方向与产品发展目标的建议。商业分析团队的角色类似业务负责人的参谋，作为数据化运营的指南针，协助业务进行更精准、更长期的商业决策。

（二）数据科学

在管理层通过商业分析决策确定好方向后，真正落到执行侧的数据化运营，最核心的理念是通过线上随机实验平台的方式进行大量的A/B测试，持续探索提高业务转化效率和增强客户体验的方法。而这类工作的核心是数据科学家，需要熟练掌握统计学、因果推断、大规模互联网数据处理挖掘及可视化、实验设计和分析解读方法，同时还需要对所负责的业务条线的金融业务专业知识有足够的积累。

网商银行从2019年开始搭建数据科学家团队，初步获得服务网商银行各项金融产品数据驱动、迭代优化的能力，支持网商银行各业务团队在各个金融产品（如面向小微企业和个人经营者的信贷产品）的流程、用户界面、业务模块、产品性能等方面的协作，多层次、多维度地进行基于实验的数据化运营，大大提高了业务团队日常基于数据进行产品能力提升的决策效率和质量。

（三）数据产品

数据化运营是整个网商银行的工作模式和文化。一线的业务和产品运营日常有大量的看数据、用数据需求，通过人工方式很难做到人人都可以及时得到数据分析支持。网商银行在过去几年依托大数据计算平台和开发平台，构建了一整套支持业务从顶层决策驾驶舱到一线业务精细化运营看数据的数据产品矩阵，极大地提高了业务的决策效率，节省了成本。

（四）智能算法

智能算法已经越来越多地成为数据化运营的基础能力，网商银行基于机器学习训练和部署平台，结合各类离线、实时数据，在营销活动、客户体验及产品能力优化等方面使用智能算法进行优化。例如，针对不同的用户展示不同的营销权益以提高用户转化率；利用自然语言处理和意图识别算法，通过服务机器人的放松语态更快更好地解决客户的业务问题和诉求。

三、数据治理保障行稳致远

数字时代，数据成为最重要的生产要素，高效、长远、健康的数据运用离不开长效数据治理机制，这需要在顶层机制设计、数据标准规范、技术体系创新等多个层次夯实基础。

（一）顶层机制设计

在顶层机制设计方面，网商银行将数据治理纳入公司治理范畴，制定了数据治理相关战略规划，建立了自上而下、协调一致的数据治理体系。数据治理框架包括董事会、高级管理层、信息科技部、信息安全部、风险管理部、审计部和各业务条线，明确了数据治理各工作主体的职责与分工，建立了有效的管控机制；以重点数据的治理为切入点，借助应用系统重构与建设，推广数据模型和数据标准。

信息科技部作为全行数据治理归口管理部门，负责统筹实施数据治理体系建设，协调落实数据管理运行机制。同时，为了进一步理顺跨部门、跨领域的数据协作关系和协作流程，建立了高级管理层决策、数据管理部门统筹、全行参与的数据治理机制，由行长担任主任委员的信息科技管理委员会成为负责数据管理与应用工作的主要机构。

（二）数据标准规范

在数据标准规范方面，网商银行于2020年启动网商数据体系升级项目，通过网商数据架构治理、统一数据标准，构建网商核心业务中间层，更好地支撑重点业务场景，在带来更大的业务价值的同时，节省昂贵的计算存储成本。该项目的核心目的是构建网商银行统一数据标准，推行一份数据资产规范定义，包含中间层模型主题分类、用户画像、指标体系及应用层资产，并推广至全行，让全行数据人“讲同一种语言”。

在研发规范管理上，制定了新的中间层模型和应用层模型规范，在数据表的更新频率和数据生命周期管理上严格按照规范设置，并对模型发布进行管控，同时构建了统一的指标体系。

在数据全生命周期管控上，从数据研发态和运维态打造网商银行整体数据质量管控体系。其中，研发全流程管控包含数据质量测试、发布流程管控、数据灰度管理、变更流程管控；运维全流程管控包含数据质量监控、问题定位、数据故障应急、数据故障复盘及故障定级等。全方位构建了事前、事中、事后三道数据质量防线，在问题发现、故障定位、影响面评估、故障公告、应急“止血”、故障恢复整个环节建立了完整的应急处理机制，保障数据的真实性、准确性、完整性、连续性和及时性。

在规范数据安全合规使用上，建设了网商银行的数据权限管理平台，对全行离线数据的访问权限审批进行统一管控；建立了数据安全审批策略，根据数据分级指定不同的审批流程，遵循数据授权的“合理、必要、最小化”原则。

（三）技术体系创新

在技术体系创新方面，网商银行整体规划、设计、研发了行业领先的数据中台，引入和整合了阿里云、蚂蚁集团的大数据技术中间件产品，包括大数据计算平台 MaxCompute、流式计算平台 Kepler、图数据库 Geabase、机器学习平台 PAI、一站式数据研发平台 DataGo、数据洞察平台 DeepInsight，搭建了流批一体且高效支撑数据采集、处理、应用全生命周期的数据技术平台。基于数据技术平台，搭建了数据资产、数据治理、工程效能“一体两翼”的数据中台，沉淀了经营者画像、用户增长、金融同业、业务指标等数据资产体系，高效支撑了数字化风控、数字化运营、智能同业、智能营运管理、监管报送等上层业务。

在数据共享融合应用方面，网商银行积极探索隐私计算、共享智能等创新技术，应用了蚂蚁集团多方安全计算、可信计算环境等技术，联合合作机构共同探索行业云、数据实验室等机制，共建联合风控、联合建模等创新商业模式，在保障合作各方数据不泄露、保护客户隐私和权益、数据安全的前提下，实现多方数据的价值挖掘和融合应用，有效增强了服务小微客户群体的能力，促进了小微企业贷款业务的规模增长和健康发展。

四、数据普惠金融创造社会价值

网商银行在这些年的探索中，深刻地感受到了数字技术带来的好处与价值。

首先，数据和技术的应用颠覆性地提高了金融服务的能效。网商银行可以在高效率、低成本、无接触的模式下满足小微经营者的融资需求，这也是网商银行能够在 6 年时间内为 4 000 多万名小微客户提供信贷服务的根本原因。

其次，数字技术让风险定价越来越精准。客户越诚信，风险越低，贷款利息也就越优惠。这样，诚信经营的商家可以获得与其风险相匹配的贷款利率，也进一步激励了客户维护和提升自身信用，最终将推动社会整体信用水平的提升。

最后，随着消费生活的数字化、企业经营的数字化、社会治理的数字化，金融服务的能力也将随之延伸，越来越多的曾经无法获得金融服务或金融服务不足的客户，都将获得普惠金融服务。

第六章

平台发展与反垄断

信息不对称与平台经济

刘晓春[①]

一、如何理解信息对称与信息不对称

信息对称，是由信息不对称理论引发的。因为发现了信息不对称现象，所以人们希望达到信息对称的境界。

所谓信息不对称，是指市场中的人们对各有关信息的了解是有差异的。掌握信息比较充分的人在交易中往往处于比较有利的地位，并因此而获益。在市场中，交易各方都试图收集足够多的信息以确保自身的利益，这应该是市场必然的现象，即人人追求信息对称，而事实上信息总是不对称的。交易费用、交易成本等，是对因市场信息不对称而追求信息对称的另一种表述。

信息透明且公开，是不是就算信息对称了呢？未必。举个例子，法律条文往往都是非常严谨清晰的，可以说完全符合信息对称的要求，然而人们还是要请律师。信息对称，是指信息收集人与所要进行的评判及所收集的信息，在知识和能力方面处于同一个层次。也就是说，所谓信息对称，除了做评判所需要的信息足够多，还需要

---

① 作者系上海新金融研究院（SFI）副院长。

有对等的评判能力。这样的能力，在确定需要收集什么信息、如何收集信息、如何识别和使用所收集的信息的时候就已经体现出来了。“对称”，在这里是“对等”之意。两个交易对手，掌握同样的信息，谈判的结果不一定就是公平的，这取决于两人对信息的认识水平和判断能力。

理论上的 P2P 信贷，不失为一种好的信贷模式，现实中也有非常成功的案例。创业者有很好的技术或项目，但没有资金；投资者有钱，需要好的投资项目。创业者利用互联网平台，将有关项目的各种信息公布出来；投资人看到资料，很有兴趣，于是放贷收息，皆大欢喜。而 P2P 为什么最终会退出市场？当然有借贷方信息披露不充分甚至披露虚假信息的问题，但更为重要的是，大多数投资人没有识别项目信息的能力，不能识别项目信息，风险控制也就无从谈起。也就是说，投资人对信息的识别能力与信息本身不在一个等级上。

二、争取信息对称，依赖市场和分工

当人们收集与所要评判的事物相关的足够多的信息，并且具备相当的能力认知和运用这些信息时，也就是实现了信息对称时，一切问题是否就都解决了呢？做任何事是不是都必须做到信息对称？

信息对称本身不是目的。在信息对称的情况下，人们的目的是对事物做出判断，并对下一步行动做出决策。这些需要相关的专业能力。例如，在商业谈判中，一个人虽然掌握了足够的信息，但如果不善于谈判，就不一定能够得到最理想的结果，有时还可能因为谈判僵持而贻误商机。达到信息对称的过程，也是一个付出成本的过程。有时，为信息对称付出的成本，很可能远远超出因为信息对称在交易中所获得的效益。此外，争取信息对称不仅需要相当的能力和不菲的成本，在争取信息对称的过程中也充满了信息不对称。例如，为了信息对称，需要收集信息或购买大量数据，为此首先要解决这些数据的合法性、真实性、可靠性等信息不对称问题。银行外包风险控制时，科技公司的风控模型就有信息不对称问题。

可以说，信息不对称是市场和人类社会的伴生物，是分工和交换的结果。信息不对称问题在理论上固然可以由市场参与者自己解决，但大量的问题还是依赖市场和分工来解决。

三、数字经济必然伴随着各类大平台的产生

所谓中介、中心，就是为了有效解决信息不对称问题而产生并发展的。传统的集、市、墟、场等是中心、平台，律师、媒人、房屋中介、银行、交易所、商店等是中介；现在的各类科技平台是中介或中心。

因此，所谓的去中心化，实在是一个伪命题。去中心化的目的就是强化信息不对称，最后可能不仅导致中心的形成，而且中心将获取垄断利润。

让一个农民利用互联网自己完成育种、播种、耕作、收获、加工、包装、推广、销售工作，中间还有许多渠道维护、网店管理、客户交流、资金流管理工作，个别的靠一家人协作或许能做到，但一定不具备普遍意义。利用数字技术，更科学地耕种与收获，获取更多的如农产品期货价格一类的市场信息，更好地维护经销渠道，可能更具有普遍意义。可以说，精细的分工能提高市场参与者自身和社会的效率，而有效分工的前提是发达的中介。中介利用信息不对称获取利益，但降低了市场参与者克服信息不对称的成本。

然而，由于资本的趋利性，中介及所有市场参与者都试图强化信息不对称，各种形式的垄断就是这样形成的。为了盈利，资本会利用一切手段，包括市场的和非市场的手段，以达到这样的目的。

科技平台利用数字技术达到垄断目的，也是一种手段。这不是数字技术导致的，是由资本的本性决定的。古代的行会组织，就是一种垄断手段。亚当·斯密（Adam Smith）分析了各类进出口限制、殖民地贸易专营等，认为这些都是企业家们为了达到垄断的目的而编造各种理由、鼓动议员们制定的政策。因此，需要好的制度安排和有效的监管来抑制市场参与者的垄断倾向，发挥中介提升市场效率的作用。

由于以互联网技术为主的一系列数字技术的发展，数字经济已成为必然的趋势。在数字经济条件下，人类绝大部分的信息都将以数字化的形态产生、流转。这些数据在不断的产生、流转中，与人类的生活、生产、交易等所有活动相互作用，促进人类社会发展变化。

在数字经济条件下，同样伴随着信息不对称问题，需要通过中介服务来克服，从而提高数字经济的运行效率。数字技术和数字经济本身提供了解决信息不对称问题的技术条件。在传统条件下，中介越集中、规模越大，则效率越高；在数字经济条件下，更是如此。所谓万物互联，“互联”本身就是一个大平台、大中介。因此，数字经济必然伴随着各类大平台的产生。

四、科技平台公司发挥作用的关键：大数据

科技平台公司之所以能发挥作用，关键在于大数据的有效运用。因此，要创造一个大型科技平台公司与社会和谐相处的环境，就先

要理顺大数据的一些问题。

（一）需要更清晰地定义“数据”的概念

目前，关于“数据”的概念包含非常庞杂的内容，有时容易与传统的“信息”“资料”“情报”混淆。经过大数据技术采集、处理之前的“数据”与经过大数据技术采集、处理后输出的可以作为资产的“数据”究竟有没有区别？区别在哪里？经过大数据技术采集、处理之前的“数据”是不是资产？是否可以交易？对于这些问题的明确，笔者认为是非常重要的。这也是确认原始数据所有权、使用权及今后数据收益分享的前提。

许多人强调，大部分数据都是人们在交易、生活等行为中产生的，本来就无所谓归谁所有，如果科技公司不采集，就不能称其为数据。但与此同时，许多人又大声疾呼打通信息孤岛，实现信息共享，其目标不是这些行为数据，而是那些原始档案信息及个人、机构的身份等各类相关信息。不能不说，这是两类性质完全不同的数据或信息。可能只有分别讨论这两类数据，才能分清有关数据的一些法律边界等。

（二）需要分清可共享数据和不可共享数据

可共享数据需要确定相应的共享范围和期限。现在出台的新的法律要求对数据进行分级分类，是完全必要的。目前，不仅“数据”这个概念被泛化，“信息共享”也是一个非常泛化的概念。同样的信息或数据，对于不同的人、不同的机构，其意义、性质和作用是不同的。“共享”也不是一个绝对的概念，不是任何数据都可以全社会共享。不同的数据需要有不同的共享范围和期限，更不是所有数据都可以提供给市场交易。实际上，许多科技平台公司以“共享”的名义攫取数据后，都垄断数据，不仅不与社会共享，甚至也不与原提供数据的个人和机构共享。

（三）审慎对待数据资产和数据资产交易，区分数据服务和数据买卖

数据是“资产”，这同样是一个泛化的概念。因为这个概念，导致许多科技企业不择手段地去攫取各种信息，倒卖各种信息。以前，信息服务、咨询服务，甚至情报服务，都有一定的市场，但整体规模不大。今后，在数字经济、数字社会条件下，数据服务业应该会有非常大的市场空间。但是，数据服务与数据交易是否等同，需要进一步探讨和厘清。在厘清数据服务和数据交易的基础上，还需要厘清什么样的数据才可以作为资产。

前文讲要清楚地定义“数据”，分级分类，要区分可共享与不可共享数据，都与最终哪些数据可以作为资产进行交易有关。必须明确的是，可共享的数据是不可以交易的。例如，中国人民银行征信系统中的数据：银行将相关的信贷风险数据发送给中国人民银行征信系统，供参与的银行在业务范围内共享。这样的数据，中国人民银行是不能将其作为资产出售的，共享这些数据的银行也不能将其据为己有并转卖获利。前期一些地方搞数据交易中心等，之所以并不成功，就是因为没有搞清楚什么样的数据才可以作为资产进行交易。

（四）数据资产的会计处理

数据如果可以作为资产，就会带来会计记账和核算问题。现在会计科目中一般有资料费、咨询费等管理费用开支。如何认定数据资产的属性？肯定不是固定资产，也不是库存材料，因为数据资产与低值易耗品不同。数据作为资产的价值如何确定？是折旧还是摊销？是否按公允价值计算现值？数据如何记账，其背后的问题是，数据资产的市场价格是不是波动的？价格没有波动，市场交易就活

跃不起来。数据资产的质量如何认定？数据资产如果像黑箱或盲盒，就无法确认质量和评估价格，市场也不可能活跃起来，就如同赌石一类的另类市场。如果真是这样的话，数据资产对数字经济的促进作用就很难正常发挥。

(五) 数据资产的保存和使用

作为资产，数据是否可以出借或转让？如果可以出借，最初的买入还有意义吗？如果可以转让，接受方如何认定转让数据的价值？这里涉及数据未被使用而出借或转让、已被使用并留有备份而被出借和转让等情况。数据，对于最初的数据资产生产商又意味着什么？如果数据可以无限制地出借或转让，笔者觉得这个市场是不可持续的。因此，对于开放数据交易、建设数据交易市场，需要制度先行，而不能贸然先开放再说。

五、科技平台公司与社会和谐相处的五项制度安排

在厘清大数据问题的基础上，需要进一步就科技平台公司与社会和谐相处探讨相应的制度安排。

(一) 科学地看待科技平台公司的垄断

应该看到，同类业务在科技平台的集中，正是数字科技发挥协同效益的体现。在万物互联的大背景下，今后的物联网一定是相关行业或产业产、供、销各个环节的参与者都在同一个物联网平台，只有这样物联网才能真正发挥作用。目前的科技平台公司，应该说只是初级形态的平台。今后，不同领域还会出现形形色色的平台。

由此逻辑看，一方面要鼓励平台竞争，另一方面又不能以市场

集中度定性垄断。还是要从科技的两面性着手，平台的市场集中度不是必然负面的，真正的问题是平台实现市场集中的手段。以电信为例，电信公司是人们进行电信沟通的平台。要实现沟通，交流双方就必须能接通信号，所以人们一定会集中到互相能接通信号的平台。如果电信公司的电信通道不能互相接通，人们最后一定会集中到一两家电信公司。如果以市场集中度为由把这一两家公司定性为垄断，要求分拆，那么过一段时间，人们又会自然而然地集中到一两家公司。现在，电信公司之间的信号通道互相打通，用户可以带号转台，就有了竞争，但总体上人们习惯上还是会相对集中的。第三方支付平台、电商平台等也是同样的道理，政策层面出台办法禁止平台公司采取"二选一"等手段垄断经营是非常正确的。

（二）科技平台公司职能单一化

科技平台公司真正的垄断问题是利用平台垄断客户，垄断平台上的相关业务，如电商平台公司利用平台资源经营各类金融业务等。在数字经济中，各类科技平台公司既是商业机构，也具备公共品的属性。因为具备公共品的属性，为了保持公信力，科技平台公司的职能必须单一化。为此，互联网科技公司的平台服务业务必须与其他业务严格隔离，其他业务只能以同样的条件在平台上与其他参与者公平竞争。

（三）数据采集、治理、服务、交易持牌制

数据的产生与运用，大致可分为采集、治理、服务和交易这 4 个环节。由于数据的特殊性，可能需要对这 4 个环节分别考察和分别监管。

就采集数据而言，目前亟须规范数据采集资格和权限。现在可以说是各种机构、各种场合、各种 App 都随时随地在采集数据，尤

其是个人身份等数据，被采集者根本不知道采集者是谁、为什么目的而采集。采集者在采集个人身份等数据时，都号称按规定需要实名制，需要采集用户姓名、身份证号码、电话号码、人脸特征等信息，有的甚至还要求账户与银行卡绑定。当客户银行卡发生盗刷或资金损失时，银行认为是因为用户没有保管好自己的相关信息。但在到处都采集个人信息、交易个人信息的环境下，客户确实不知道如何保管好自己的信息，更不知道自己的信息被什么人、什么机构所掌握。因此，对于银行卡被盗刷或资金损失，客户觉得很无助。如果法院因此让客户承担资金损失的责任，无论是从法理还是从事实来说，都是说不通的。

因此，对采集数据必须有明确的规则，数据采集必须持牌。无资格者不得采集特定的数据。根据数据采集机构不同的经营目的，必须明确不同的数据采集范围。对一些场合必须确认客户真实身份等数据的，可以考虑集中认证机制。例如，公园门票，客户只要刷一下身份证或输入手机号等，系统会自动连接到公安等系统确认身份，公园本身不得采集、保存、应用、转卖相关数据。

就数据治理而言，毫无疑问，也需要持牌经营。对不同机构可以核准不同的数据内容。

就数据服务而言，对数据内容、数据服务形式、服务对象，需要有明确的规定。例如，征信公司可以为金融机构或贷款机构提供客户征信服务；今后的工业物联网平台，其数据服务对象只能是同一个平台上的相关企业，不能超出这个范围。

就数据资产交易而言，至少出售方必须持牌经营；购买方是否需要持牌，需要进一步探讨。这里的关键是，什么样的数据可以成为资产、可以上市交易。

这里之所以把 4 个环节分开来分析，是因为一般来说一家科技平台公司不会只经营其中的一个环节，但这 4 个环节可以有不同的组合。笔者认为，不能让同一家科技平台公司拥有所有这 4 个环节的业务，特别是数据服务业务和数据交易业务，不能由同一家科技平台公司经营。例如，征信公司只能为特定的客户提供数据服务，其所拥有的数据不得上市交易。前文讲到的共享数据，只能用于数据服务，绝不允许将其作为数据资产出售获利。有些企业采集数据，是为了研发产品、改善营销等。例如，汽车制造企业采集行车数据，是为了汽车技术的研发。为此，首先，需要规定这类数据的范围，如行车数据、路况数据等，但不需要定位数据。其次，数据只能用于自身研发，不得对外提供数据服务和出售相关数据。因此，汽车制造企业只能拥有采集数据和治理数据的牌照。

（四）建立专业的科技平台公司及数据行业监管体制

有关这方面的法律法规正在不断发布，还有许多深入的研究，这里不再赘述，只谈几点建议。第一，鉴于今后数字经济的发展，各类科技平台公司和数据行业会有很大的发展，这两个行业与传统行业有很大的区别，又具有公共品属性，风险和影响很大，可能需要设立专门的部门进行专业监管。第二，为了监管的专业性、公开性和有效性，需要引入如会计师事务所之类的第三方机构，依据监管要求，对科技平台公司和数据行业的业务、科技、算法模型等进行审计。第三，数据资产交易需要考虑场内交易和场外交易的规则和程序。监管，包括市场规则等，必须统一规制，不能各部门各搞一套适用于本系统的市场和规则，最后形成监管套利的混乱局面。

（五）各类科技平台必须开放

要建设科技平台与社会和谐相处的环境，消除垄断和赢者通吃现象，必须从制度上要求平台公平开放，让平台本身成为一个充分竞争的平台。以电商平台为例，一方面，平台的职能或功能需要单一化，就是提供一个有利于商品交易的高效率平台，真正让天下没有不好做的生意。另一方面，为了让平台上的人们好做生意，应该允许各类支付手段在平台上提供服务，充分竞争；让各类金融机构进入平台，直接面对平台上的各类客户提供金融服务，充分竞争。其他行业也是如此。如果该电商平台自己也要开展这些业务，可以设立专业公司，获得相应的牌照，与电商平台本身的业务严格隔离，与其他同业者在平台上公平竞争。许多大型商场都有银行网点进驻，银行只向商场业主支付租金，商场业主并不过问商场里的商家与顾客是否到这个银行网点办理业务，更不会代替银行确定贷款利率和收取引流费。银行在地铁站布设的 ATM 机，同样如此。如果银行需要平台提供相关的有偿数据服务，则平台提供的数据质量应该是可以鉴别的。平台提供的只是数据服务，客户仍然必须与银行直接洽谈相关业务和价格。

放眼人类历史，科技造福人类。数字科技及因数字科技而诞生的科技平台公司，也一定会造福人类。但历史也告诉我们，每当有重大科技产生，都会带来人类社会的重大转型。转型本身就是人类社会的发展与进步，但转型过程并不总会给当时的人类带来幸福，科技在转型过程中并不给人类带来平等与快乐，更多的是动荡、不平等甚至战争。如何让科技、大型平台公司在这样的转型过程中与社会和谐相处，减少转型期的社会摩擦，是当前百年未有之大变局中人类所面临的重大课题。

企业边界、萨伊定律与平台反垄断

谢 超 彭文生 李 瑾①

2021年2月7日，国务院反垄断委员会正式印发了《关于平台经济领域的反垄断指南》，明确提出了保护市场公平竞争、依法科学高效监管、激发创新创造活力、维护各方合法利益四条基本原则，并将保护市场公平竞争放在了第一位。

无独有偶，欧盟委员会在2020年11月10日发布的针对亚马逊的第二轮调查公告中也明确表示，必须确保像亚马逊这样的具有市场势力的巨头没有扭曲竞争。

不只是中国、欧盟，美国众议院反垄断委员会早在2019年就启动了针对脸书、谷歌、苹果、亚马逊等平台巨头的反垄断调查，并于2020年10月发布了长达450页的调查报告《数字市场的反垄断竞争》(Investigation of Competition in Digital Markets)，提出了分拆平台巨头等反垄断建议。

也就是说，针对平台企业的反垄断已经成为中、美、欧三大经济体的共同动向。保护竞争、分拆巨头也是传统反垄断框架下的常

---

① 作者彭文生系中国金融四十人论坛（CF40）成员、中金公司首席经济学家、中金研究院执行院长；谢超、李瑾系中金研究院分析员。

见理念和做法。

不过，传统的反垄断框架是否适用于平台反垄断？平台经济的广泛流行，是否正在对传统反垄断理念和实践形成新的挑战？在数字经济时代，究竟应该如何推进平台反垄断工作？对平台经济监管而言，当务之急究竟是反垄断，还是在其他方面？本文尝试对这些问题进行探讨。

一、反垄断的理念之辨

（一）保护竞争机制还是保护竞争者

维护竞争是中、美、欧三大经济体在推进平台反垄断时一致的目标，但对于维护竞争的内涵究竟是什么，似乎并没有那么一致的认识。

例如，社会各界在 2020 年一度热议的“互联网巨头正在夺走卖菜商贩的生计”问题，对阿里巴巴、腾讯、美团、拼多多等平台巨头开展社区团购业务而言，如果仅从市场竞争的角度看似乎并无不妥，但舆论的关注点在于这样一种竞争是否正在抢走小商贩的生计。因此，可以从这个案例中看出对维护竞争内涵的两种不同理解：应该保护竞争机制，还是应该保护竞争者？

事实上，这个矛盾也蕴藏在欧盟委员会对亚马逊的调查公告中。欧盟委员会在 2020 年 11 月 10 日发布的对亚马逊的第二轮反垄断调查公告中，提到了反对亚马逊利用未公开的第三方平台数据这一观点。就事实而言，亚马逊确实存在利用第三方数据谋利的问题。例如，亚马逊平台上的第三方卖家以约 40 美元的价格售卖 Rain Design 牌笔记本支架后，亚马逊利用自己对第三方数据的掌握，开发了这种支架，并以约 20 美元的价格进行售卖。

亚马逊利用第三方（未公开）数据的行为是否涉嫌违法，以及涉嫌违反什么样的法律，笔者留在后文讨论。此处仅从反垄断角度来探讨这项行为究竟是促进了竞争，还是阻碍了竞争。

就经济学本质而言，竞争的一个重要特点应该是增加产出、压低价格，这样才有利于提升消费者剩余。如果从这个角度来看，亚马逊的行为无疑是促进了竞争的。既然如此，为什么它会被欧盟委员会发起反垄断调查呢？

笔者进一步梳理了 2015 年以来脸书、亚马逊、苹果和谷歌四家美国平台公司所受到的单次金额 50 万美元/欧元以上的处罚。从金额上看，欧盟对这四家美国公司的累计处罚金额达到了 253 亿欧元，而同期美国只有 56 亿美元。而且美国主要从行为的角度对四家公司进行了处罚，欧盟对反垄断的兴趣似乎更大一些。如何理解这一差别？

在国家利益之外，还可能涉及反垄断理念的不同。

美国司法部资深反垄断专家沃登（Werden）曾撰文指出，欧盟委员会认为通过反垄断执法干预市场可以提升社会福利，所以在反垄断诉讼方面设置了比较低的进入门槛，允许原告通过声称自己利益受到了侵犯而发起反垄断诉讼。因此，可以在一定程度上认为欧盟委员会比较注重保护竞争者。

更注重保护市场机制和尊重竞争结果，而非保护竞争者，则是美国过去几十年反垄断执法的主要特点：如果反垄断执法能够提供的实际益处有限，则美国司法机构会慎重发起对市场的干预；如果在反垄断诉讼中，私人原告仅声称被告人对自己造成了伤害，则被美国法院驳回的概率比较大。研究表明，美国私人发起反垄断诉讼的成本越来越高，胜诉率却比较低。

既然如此，对平台反垄断而言，维护竞争的意义究竟是保护竞争机制还是保护竞争者？对于这个问题的回答可能已经超出了纯粹的经济范畴。

但我们至少可以发现一个有意思的问题：在平台经济发展方面，中、美是世界领先者，这通常被认为与人均 GDP 衡量的经济发展水平较高（如美国）或人口密度较大（如中国）密切相关。但人均 GDP 高于中国、人口密度高于美国的欧盟，为什么在平台经济发展方面却乏善可陈？答案尚无定论，但从经济角度看，至少可以认为存在这样的特征事实：在反垄断方面，更尊重市场竞争机制的美国，其平台等数字经济发展要远好于侧重于保护竞争者的欧盟。

（二）结构主义转向行为主义

当然，特征事实的背后并不意味着两者之间有必然的因果关系，美国这种尊重市场竞争结果、着重保护竞争机制的反垄断理念也不是固有的。自 1890 年《谢尔曼法》公布到 2000 年微软反垄断案第一次判决，在百余年的时间里，结构主义基本主导了美国反垄断司法实践，并在 20 世纪 50 年代形成了系统性的反垄断理论，即哈佛学派的结构—行为—绩效（structure-conduct-performance，SCP）分析框架。

哈佛学派认为，产业组织结构决定企业行为，进而决定市场绩效。因此，只要存在垄断结构，就难以杜绝垄断行为、难以提升市场效率。相应的政策含义是需要对垄断性的产业组织结构进行拆分，这样才能遏制垄断行为、提升市场效率。

前述《数字市场的反垄断竞争》所提的拆分平台巨头的建议，与 1911 年的标准石油公司被拆分、1984 年的 AT&T 公司被拆分一样，基本上都体现了这种结构主义的反垄断观念。受结构主义的影响，2000 年美国联邦地区法庭对微软反垄断案做出的第一次判决判处微软一拆为二，一家公司负责运营 Windows 操作系统，另一家公司负责其他软件和网络业务。

对于这个判决结果，弗里德曼、阿尔钦等芝加哥学派的代表人物均表示质疑和反对。事实上，在产业组织方面，形成于20世纪70年代的芝加哥学派，对哈佛学派的SCP分析框架进行了系统性的理论反思，否定了结构主义的反垄断政策取向。在芝加哥学派看来，探讨反垄断问题的关键是观察市场集中及其定价结果是否提高了效率，而不是像哈佛学派那样只看是否损害了竞争。兼并未必反竞争，高利润率并不一定是反竞争定价的结果，完全可能是高效率的结果。也就是说，是行为决定了结构，而不是结构决定了行为。

芝加哥学派行为主义的效率倾向，对美国的反垄断实践产生了较大影响。美国司法部在1982年版《兼并准则》中，更多地强调用效率原则来指导反垄断实践，相应地放松了反竞争的标准。

这项反垄断理论革新也潜移默化地影响了微软的命运。2001年，美国联邦上诉法院否决了地方法院对微软的拆分决定。2002年，美国联邦法官批准了美国司法部和微软的和解协议，在不拆分微软的同时，主要约束其行为，包括但不局限于要求微软向其他软件开发者提供资料以方便第三方开发能够在Windows系统上运行的软件等。这份具有行为主义倾向的协议，基本上印证了沃登的看法：美国反垄断理念是尊重市场竞争机制，尽量减少干预，而非保护竞争者。

二、思考平台垄断的两个维度

微软反垄断案的最终判决虽然标志着芝加哥学派对哈佛学派的胜利，但两派学者都没有着重从平台角度去理解微软。在微软反垄断案一波三折期间，梯若尔等发表了平台研究的开创性文章，并对7种平台经济进行了初步探讨，其中一种模式就是微软的操作系统。如果仅从理念上看，平台反垄断确实没有超出哈佛学派和芝加哥学派的讨论范围，如究竟应该保护竞争机制还是应该保护竞争者、应该怀疑还是尊重市场机制。但是，从反垄断的具体理论与实践层面看，平台经济蓬勃发展还是给反垄断带来了很多新问题。下面，笔者将从静态和动态两个维度进行探讨。

（一）静态维度：双边市场的巨头化与网络外部性

1. 巨头化：数字技术改变企业边界

（1）巨头化是平台企业的突出特点。平台企业给公众留下的最深刻印象莫过于巨头化，苹果、微软、亚马逊、谷歌、脸书等美国平台企业位于美股市值前列，阿里巴巴、腾讯、美团等中国平台企业位于港股市值前列（见表 1）。心理学上有种现象叫“巨物恐惧症”，是指即便巨物没有伤害人类，人类内心也难免对其有所畏惧。在美国南北战争后的镀金时代，巨头企业对公众不只是心理上的威慑，也侵犯了消费者、中小生产者等广大群体的实际利益，最终美国社会出现了持续的反垄断运动，促成了 1890 年《谢尔曼法》的出台。

表 1　美股、港股市值前 10 位中平台企业位居前列

美国上市	总市值（亿美元）	香港上市	总市值（亿港元）
苹果	22 360	腾讯控股	72 679
微软	18 380	阿里巴巴-SW	57 303
亚马逊	16 461	美团-W	26 580
字母表	14 268	工商银行	18 355
脸书	7 802	快手-W	17 260
特斯拉	7 643	招商银行	17 086
阿里巴巴	7 328	中国平安	17 019
伯克希尔-哈撒韦	5 760	建设银行	15 901
VISA	4 594	京东集团-SW	13 045
摩根大通	4 409	友邦保险	12 772

资料来源：Bloomberg，中金研究院，时间截至 2021 年 2 月 17 日。

不过，《谢尔曼法》高度原则化，措辞含义不清，在执法实践中产生了很多争议，导致它一度难以发挥反垄断的作用。例如，1897

年，美国最高法院在“跨密苏里”案中提出《谢尔曼法》自动谴责所有垄断性的交易限制，但是时任美国大法官怀特（White）认为，法律所针对的只是不合理的限制交易，合理的限制交易并不在法律制裁范围内。1911 年，怀特在“标准石油”案中进一步明确提出“合理原则”，并认为对所有相关案件的判决都需要考虑该原则。此后，合理原则逐渐成为反垄断执法的首要原则，是否合理成为反垄断执法中需要考虑的首要问题。

不过，怀特法官并没有对这项原则的内涵进行非常详细的阐述，大量法学或经济法学文献对合理原则的内涵进行了分析、阐述，这些法学层面的探讨并非本文重点，笔者更倾向于从经济学角度来理解反垄断执法中的合理原则。一方面，垄断首先是一个经济学问题；另一方面，法律等上层建筑是由经济基础决定的，从经济基础角度探讨有助于厘清对上层建筑的分歧。

从经济学的角度看，平台企业普遍巨头化实际上是企业边界的不断扩张。要回答这种扩张是否合理，新制度经济学的分析框架能给我们一些有益的启示。

科斯（Coase）作为新制度经济学的开创者，他在 1937 年发表的具有里程碑意义的《企业的性质》一文中提出，企业是一种通过行政指令来配置资源的机制，市场则是一种通过价格信号来配置资源的机制，两种资源配置方式都有各自的交易成本，企业的边界取决于两种交易成本的比较。从交易成本角度看，平台企业巨头化是数字技术带来的两种效应的共同结果，即双边市场规模的扩大和平台企业边界的扩大。

（2）传统企业边界缩小，平台企业边界扩大。从新制度经济学的角度看，建立企业之所以有利可图，是因为使用市场机制是有成本的，因此，数字技术所带来的交易成本大幅下降，意味着传统企业的边界存在缩小压力。

以出租车市场为例，在没有数字技术支持的场景中，打车人和司机之间的交易意愿可能会因为双方信息不对称而受到极大抑制，如打车人可能会因为担心司机的背景而不敢乘车。这时，组建出租车企业，并以出租车企业的信用为出租车司机进行“信用增进”，能够有效克服信息不对称情况下使用市场机制的高成本问题，促进交易的发生。在数字经济时代，数字技术显著降低了交易双方信用数据生产、传输、识别、跟踪等方面的成本，从新制度经济学的角度看，这意味着市场机制在出租车行业的使用成本大幅下降，以传统出租车企业的方式来组织供给的必要性下降，甚至可以通过个体经济这种“自由人”的联合方式来组织市场交易。

考虑到绝大多数传统企业的边界都建立在数字技术广泛使用之前，这意味着伴随着数字技术的逐步渗透，各领域使用市场机制的成本都存在下降的可能性。从定性角度看，这意味着传统企业的边界在数字经济时代都存在缩小的压力。

甚至可以做这样一个展望：伴随着工业互联网的逐步普及，传统工厂的边界也可能会缩小。不过，一个有意思的现象是，由于数字技术带来市场机制使用成本的下降，传统出租车企业的边界存在缩小压力的同时，滴滴、优步等组织出租车市场交易的新型平台企业的边界却不断扩张，甚至出现了市场企业化或者说企业市场化的倾向。这种倾向究竟是偶然还是必然？

对此，笔者仍倾向于从新制度经济学的角度来解读。梯若尔（2001）认为，绝大多数具有网络外部性的市场都是双边市场。因此，双边市场并非数字经济时代的新事物，杂志等具有网络外部性的传统市场也是双边市场。只是受限于实物形态产品的生产、运输等交易成本较高，传统双边市场边界比较有限。

数字技术的出现带来了两个重要的变化：一方面，数据本身的非竞争性意味着数字产品的复制成本几乎为0；另一方面，云计算、大数据、物联网、移动互联网等数字技术极大地降低了数字产品的搜寻、生产、运输、跟踪和识别等交易成本，极大地拓展了双边市场的边界。

在双边市场中，网络外部性是最根本的特点，市场中的网络节点越多，市场能够为参与者创造的价值就越高，这也是平台能够产生规模经济的根本原因。从传统产业组织理论来看，网络型市场确实未必意味着只能采取完全垄断或寡头垄断的产业组织结构，也可以采用追求垄断竞争或完全竞争的组织模式。在多家分散企业运营同一个网络型市场的情况下，签订一组网络互相开放的契约和设置一个监督相关契约执行的部门通常是确保分散经营条件下能够实现网络经济的必要条件。

不过，从新制度经济学的角度看，这种设想有时可能过于理想化。在普遍的信息不对称情况下，没有人能够对未来全知全觉，因此契约中对于未来的约定也必然是不完全的。在不完全契约背景下，一旦出现由契约未明确而引发的纠纷，这时就会产生市场化的协商解决成本与同一所有者行政干预成本之间的比较，两者的大小在一定程度上影响了企业的边界。

与传统的双边市场相比，数字经济时代的平台经济有以下几个特点：

第一，如前所述，数字技术极大地拓展了平台企业所处双边市场的边界，双边市场中的网络节点因此规模空前扩大，意味着节点之间互动的不确定性增强，构建完备契约的难度变大。

第二，平台经济对于交易的实时性要求通常较高，意味着相比传统的双边市场，平台经济对争端解决效率的要求更高。

企业作为一组契约的集合，其存在的一种必要性正在于应对不完备契约和及时解决不完备契约下的纠纷。因此，在数字技术下的平台经济中，双边市场的组织模式通常是通过市场企业化的模式来实现的，即由一家或少数几家平台企业来实现市场组织。这个市场企业化的过程，从企业层面看就是企业市场化和巨头化。

因此，从新制度经济学的角度看，数字技术对传统企业和平台企业边界的影响是不同的。一方面，数字技术降低了传统行业运用市场机制的交易成本，这意味着传统企业边界存在缩小压力；另一方面，数字技术增大了双边市场中构建完备契约的难度，提高了解决争端的时效要求，这对平台企业而言意味着企业市场化下的边界扩张。

2. 网络外部性：反垄断技术面临的新问题

除了关于企业边界扩大是否合理的讨论，在反垄断执法层面还有诸多技术问题需要解决。

2014 年中国最高人民法院审理的“3Q 大战”案（奇虎公司与腾讯公司之间的一起诉讼案）是一起具有里程碑意义的中国平台反垄断案，展示了传统反垄断执法中通常绕不开的三个重点技术问题：界定企业所处的市场范围；度量企业的市场支配地位；识别是否存在滥用市场支配地位的限制竞争行为。

由于双边市场具有网络外部性，这些反垄断技术层面的问题变得更加复杂，一些判决标准难免产生争议，意味着传统方法需要进行有针对性的改造才能适用于平台经济反垄断，有些方法甚至可能不再适用。

以限制竞争为例，在单边市场中，低于成本的价格竞争通常会被认为存在掠夺性定价嫌疑。但在双边市场中，价格竞争变得更加复杂。正如梯若尔所指出的，由于网络外部性的存在，双边市场中的价格竞争不只体现在价格水平方面，也体现在价格结构方面。

因此，如果某一侧消费者的价格持续低于平台为其提供服务的生产成本，那么很难将其作为认定这些企业存在限制竞争的违法行为的充分证据，需要同时考察双边的价格结构及双边加总起来的价格总水平。也就是说，对平台企业而言，网络外部性意味着包含交叉补贴在内的定价结构本身就是其固有的一种竞争策略。

（1）市场范围的定性界定：是否只有平台才能和平台竞争。双边市场给限制交易判定带来的上述新问题，在美国最高法院 2018 年对美国运通反垄断诉讼案的判决中得到了充分考虑。不过，美国最高法院在这起判决中提出，对美国运通这家在双边市场从事实时交易的平台企业而言，向商家侧和消费者侧“各自出售”服务必须同时完成，因此仅向一边“出售”服务的企业与运通公司不构成竞争关系，进而得出了只有平台才能和平台竞争的论断。虽然在这份判决的注释中，美国最高法院将这个对双边市场范围的界定谨慎地限制在交易型平台范围内，但问题依旧是明显的。

主要问题在于如何理解竞争。美国最高法院的这份判决在逻辑上显然更注重竞争的形式而非实质。就经济学实质而言，竞争意味着一家企业的存在对另一家企业的利润空间形成挤压。如前所述，在数字技术的作用下，传统企业的边界受到挤压，平台企业的边界不断扩大，这说明新兴的平台企业和非平台类的传统企业之间存在某种竞争关系。即使是在从事实时交易的双边市场中，以前述提到的出租车市场为例，滴滴、优步这类平台企业需要确保向双边“各自出售”的服务同时完成，但这个市场上的竞争关系明显不只存在于平台企业之间，也存在于平台与传统出租车企业之间。

另一个值得重视的问题在于平台企业的范围经济。数据作为一种虚拟资源，和石油这种实物资源不同，其通用性更强一些。任何一家数字类平台企业在积累了大量数据后，通常都会出现跨界经营，实现范围经济，这个过程本身意味着平台企业竞争范围的扩大。以信用卡公司为例，很多信用卡公司不只经营传统的支付中介业务，而且拥有信用卡积分兑换商品的 App。值得注意的是，这些 App 不仅支持信用卡积分兑换礼品，而且可以在 App 中用货币购买商品。

这说明信用卡公司的竞争范围已经超越了它的主营业务，进入网络商城领域。这意味着，从“只有平台才能和平台竞争”的狭窄视角去界定平台企业的市场范围是不合适的。

事实上，这样一种范围经济的逻辑，也是2014年中国最高人民法院在“3Q大战”案中驳回奇虎公司诉求的重要原因之一。在即时通信服务领域，可提供视频、语音和文字聊天三种服务功能，既存在只具有一种或两种功能的即时通信服务，又存在集成了以上三种功能的综合性即时通信服务。在奇虎公司发起的反垄断诉讼中，奇虎主张腾讯QQ推进的综合性即时通信产品及服务构成一个独立的相关商品市场。广东省高院和最高人民法院均认定奇虎公司对相关商品市场的界定过于狭窄，对该主张不予支持。事实上，腾迅QQ在积累了充足的数据之后，从单一即时通信工具逐步发展出了语音、视频等功能，之后又演化出了离线传输、QQ短信等功能。也就是说，它的竞争者不只存在于初期的即时通信软件领域，也逐步延伸至邮箱、电话、短信等领域。

总之，美国最高法院在“美国运通案”的判决中虽然初步认识到了平台经济的特殊性，并相应地对是否构成限制交易的判定准则进行了修正，但其所提出的“只有平台才能和平台竞争”的观点，没有充分反映平台经济的新特点，没有充分考虑数字技术给传统企业和平台企业边界造成的不同效应，也没有考虑因数字通用性较强而带来的范围经济，从侧面体现了平台经济的快速兴起给反垄断执法技术带来的挑战的复杂性。

（2）市场范围的定量界定：从SSNIP到SSNDQ。在传统的反垄断执法中，通常认为只有比较准确地界定了市场范围，才谈得上准确地界定市场势力，或者比较科学地判定是否存在交易限制。因此，反垄断案件涉及的各方对如何准确界定市场范围都格外重视，并逐步发展出了多种方法相互印证，既有前文定性的分析方法，也有定量的假定垄断者测试（hypothetical monopolist test，HMT），即在其他条件不变的情况下，通过目标产品特定变量的变化来定量观察目标产品与备选产品之间的可替代性。在司法实践中，最常用的方法是“小而显著的非暂时价格上涨”（small but significant and non-transitory increase in price，SSNIP）测试，通常是采用价格上涨 5％～10％的假设来测试。

应该说，这种看似比较精确的市场界定方法，在实践中存在数据可得性和弹性系数等测算误差较大诸多不足。但是，该方法之所以在传统的反垄断执法中依旧广为流行，主要是因为它非常好地契合了传统的反垄断理念，即以更低的价格供应更多的产品是增进消费者福利的主要方式，背后更根本的假设是产品无差异或差异不大。

但是，这种广为流行的传统方法在平台反垄断中面临着不再适用的问题。事实上，在“3Q 大战”中，奇虎公司对广东高院的一审判决并不认可，进而上诉至最高人民法院，一个重要的理由就是奇虎公司认为一审判决在该案中对 SSNIP 测试方法的使用是错误的。

应该说，奇虎公司的这一质疑不无道理。在传统的单边市场中，一分钱一分货，产品价格通常都是一个严格正的价格。但是在平台企业所处的双边市场中，一边用户的参与意愿取决于另一边用户的参与情况，这种双边互动的网络外部性是平台企业和双边市场的根本特征，也造成了平台企业普遍采取交叉补贴的定价结构，在很多时候某一侧消费者付出的价格是 0 甚至是负的。例如，当消费者用百度进行搜索、用抖音观看短视频的时候，无须为这些产品付费；当共享单车推出红包单车活动时，一些消费者“购买”相关产品的价格甚至是负的。平台企业这种独特的定价策略，让传统的 SSNIP 测试方法难以再适用。

从数学上看，SSNIP 测试方法的不再适用性是显而易见的。因为在初始价格为 0 的情况下，如果按照惯例涨价 5％～10％，价格依旧是 0；如果价格变为正的，则无论设置多低的正价格，价格涨幅都是无限大的，无法满足“小而显著的非暂时价格上涨”要求。然而，“3Q 大战”中的一审法院在判决中似乎没有充分考虑到平台企业的特殊定价结构带来的这个技术难题，因而遵循了传统反垄断中的 SSNIP 测试思路。对此，最高人民法院认为，一审法院未做变通而直接运用基于价格上涨的假定垄断者测试方法有所不当，应予以纠正，同时提出以“小而显著的非暂时质量变化”（small but significant and non-transitory decrease in quality，SSNDQ）作为变通的量化方式。经济合作与发展组织也认为，对平台企业的假定垄断者测试而言，传统反垄断案例中广为流行的 SSNIP 测试方法的适用性存在局限，需要改用 SSNDQ 测试方法。

（二）动态维度：萨伊定律下的创新悖论

无论是在反垄断理论层面还是在执法实践中，在明晰市场范围后，通常都少不了对市场势力的度量。所谓市场势力，是指企业将价格确定在边际成本以上的能力，通常用勒纳指数来衡量。不过，企业的边际成本究竟是多少，很难精确测定。在实践过程中，对市场势力或者说市场支配地位的定量测量，更多地采用市场份额的方式，常见的指标有行业集中度（如 CR4、CR8 等）、赫芬达尔指数及洛伦兹曲线和基尼系数等。

和前文对巨头化和网络外部性的分析一样，这些 SCP 框架下的常用指标也是对市场现状的静态观察，没有反映市场势力的动态变化。不过，作为哈佛学派的重要代表人物，以及将哈佛学派的理念应用到司法实践的主要推动者之一，美国法学家特纳（Turner）在思考反垄断问题时也会考虑时间维度的持久性。他认为，《谢尔曼法》适用于任何存续时间足够长的垄断势力。除此之外，新制度经济学的开创者之一、诺贝尔经济学奖获得者奥利弗·E. 威廉姆森

(Oliver E. Williamson)在思考反垄断问题时，也将持久性看成一个需要考量的重要因素。他认为只有满足两个条件，政府干预才是合理的：一是主导企业的市场地位牢固到市场本身无法动摇它；二是能够设计出有效的干预方式。

既然从时间维度思考反垄断问题是有道理的，那么对于从两个静态来看拥有相同市场势力的企业，在两者市场势力存续期限（的预期）不同的情况下，在反垄断方面进行区别对待应该是合理的。对平台企业而言，它与传统企业的一个重要差别，可能正体现在市场势力的动态稳定性方面。或者说，传统企业带有需求决定供给的特点，由此形成的市场势力比较稳定，而平台企业在一定程度上体现了供给创造需求的色彩，由此形成的市场势力具有内在不稳定性。详细分析如下。

1. 马斯克与巴菲特之争的启示

需要说明的是，由于供给和需求关系密切，因此无论是需求决定供给，还是供给创造需求，都不是绝对的，而是说有些行业更多地体现出某一方面的特点。马斯克与巴菲特之争有助于我们理解两类企业的差别。特斯拉公司的 CEO 埃隆·马斯克（Elon Musk）曾多次公开表达对沃伦·巴菲特（Warren Buffett）的不认可，说他做的很多资本配置和研究公司年报是无聊的事情，并表示“护城河”理论是过时的思路，创新才是决定企业竞争力的根本因素。而虽然巴菲特对于马斯克非常谨慎地表态“他的确做了一些了不起的事情”，但当被问及是否投资特斯拉的股票时，巴菲特则非常明确地表示否定。这就是马斯克与巴菲特之争，事实上代表了两者对两类不同公司的不同倾向。

众所周知，巴菲特非常青睐可口可乐这家企业，他的主要合伙人查理·芒格（Charlie Munger）曾在 1996 年的演讲中提到，假如有人在 1884 年想成立一家生产非酒精类饮料的企业，他应该这样展望："到 2034 年，预计全世界大概有 80 亿名饮料消费者，平均来看，这些消费者会比 1884 年的普通消费者更有钱。每名消费者每天必须喝下 64 盎司的水，也就是 8 瓶 8 盎司的饮料。因此，如果我们的新饮料和在新市场上模仿我们的其他饮料能够迎合消费者的口味，只要占到全世界水摄入总量的 25%，并在全世界能够占据一半的新市场，那么到 2034 年，我们就能卖出 29 200 亿瓶 8 盎司的饮料。如果我们每卖出一瓶能赚到 4 美分，那么我们就能赚到 1 170 亿美元。"这种从人类天然或既有需求出发，形成供给以迎合需求的行业，称为需求决定供给的行业。

在马斯克所处的科技行业，供给和需求的关系有很大的不同。作为马斯克的硅谷前辈，史蒂夫·乔布斯（Steven Jobs）在进行产品策划时，也有人提议应该先进行市场调查，搞清楚消费者的需求，以生产出能够满足消费者需求的产品。这样的提议和芒格对可口可乐的分析思路是一致的，事实上这也是最常见的产品策划思路。但乔布斯对此非常不赞同，他认为，在苹果公司拿出新产品之前，消费者根本不知道自己到底想要什么；苹果公司应该生产消费者未来需求的产品，而不是迎合他们当下的需求。乔布斯的这种理念被总结为：Jobs didn't believe in market research。因此，对乔布斯、马斯克所代表的科技型企业而言，它们的产品不是迎合消费者天然的或当下的明确需求，而是满足消费者现在还不明确但未来会有的需求，以至于当它们的产品出现时，具有一种"供给创造需求"的色彩。

这种产品层面的特点，虽然与萨伊定律在宏观经济学层面的含义并不完全一样，但从"供给创造需求"的角度看，两者有相通之处，因此我们姑且将供给创造需求的行业（主要是科技行业），称为萨伊定律所支配的行业。

平台企业不只是基于"云大物移"等数字技术的高科技企业。更为重要的是，长期以来，人类作为社会性动物，社会活动基本上建立在人与人直接接触的基础上，人与人之间的物理隔离会造成心理上的不适，因此平台企业所提供的无接触在线交易方式并非人类的自然需求。

事实上，在平台经济刚刚兴起的时候，这种供给模式是否符合未来的需求也是高度不确定的，因为当时的人们普遍将互联网看成一种匿名的工具，认为网络增加了信息不对称。与此同时，信任的普遍缺乏通常会被认为是不利于大规模交易达成的。

2. 创新悖论造成垄断内在不稳定性

究竟是需求决定供给，还是供给创造需求，对于企业竞争策略的选择具有本质上的不同含义。以芒格对可口可乐的分析为例，他明确表示："我们必须避免突然对产品的味道做出重大的改变。即使在双盲测试中，新的味道尝起来更好，换成这种新味道也是一种愚蠢的做法。这是因为，我们辛辛苦苦努力了那么久，我们原有产品的味道已经深入人心，改变味道对我们根本没有好处。那么，作为在消费者中引发标准的剥夺性超级反应综合征，会给我们造成很大的损失。"这里的逻辑是非常清晰的，因为在消费决定供给的行业，供给是用来迎合消费者的天然或既有需求的，而不是用来"创造"需求的，轻易改变只会得不偿失。

萨伊定律支配下的行业则不然，正如马斯克所讲，创新才是决定企业竞争力的根本因素。这是因为，这些行业的需求并不是天然存在的，而是被供给"创造"出来的。这种供求关系给企业带来的好处是，只要能够不断提供优质供给，企业就不会存在芒格所称的"80 亿×64 盎司"的需求极限天花板，或者说这种需求天花板的高度是由内在的企业创新能力决定的，而不是取决于一些企业不可控的因素，如自然或人类的生理原因。创新对于两类企业的不同含义，造成了两类企业支出结构的较大差异。以美国标准普尔 500 行业层面的数据为例，无论是研发投入占比还是资本开支，具有供给创造需求特点的半导体、互联网等行业都要远高于需求决定供给的消费品行业（见图1和图2）。因此，只有不断地研发创新和提供优质供给，平台等科技企业才会有持久的生存空间。

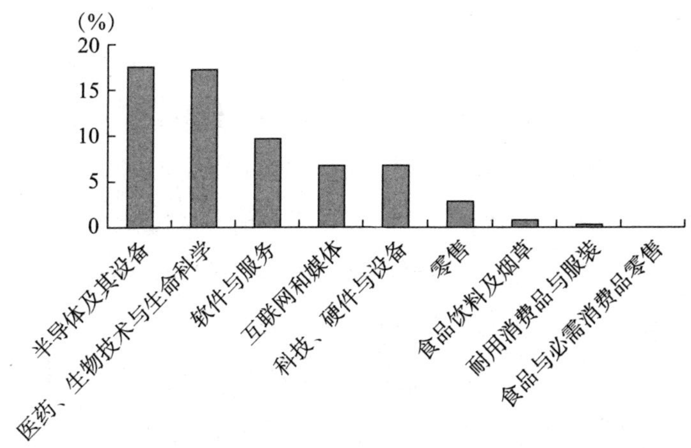

图1　标准普尔500行业研发投入/营业收入

资料来源：Bloomberg，中金研究院，2015—2019年平均值。

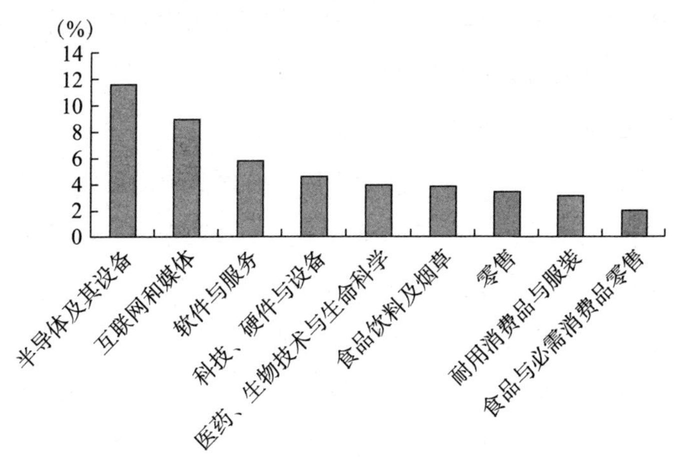

图2　标准普尔500行业资本支出/营业收入

资料来源：Bloomberg，中金研究院，2015—2019年平均值。

不过，创新通常是具有破坏性的。这种破坏性主要体现在两个方面：一是对竞争对手的破坏，二是对创新者自身的破坏。

第一个方面很好理解，也是被社会舆论关注最多的。例如，很多人都认为电商平台“抢”了实体店的生意，现在又要“抢”菜贩的生意。从更一般的意义上来讲，数字技术下传统企业边界的缩小和平台企业边界的扩大，就是一种典型的因为创新而对竞争对手形成的破坏。

第二个方面被社会舆论关注得比较少，但对我们理解应如何推进平台反垄断而言可能更重要一些。这是因为，这种破坏对创新者垄断势力的瓦解，可能比人为的反垄断干预更为有效。以柯达为例，在美国怀特大法官提出“合理原则”的20世纪初，柯达就屡次遭到反垄断调查，但这些调查似乎并没有显著瓦解柯达的市场势力；在此后的20世纪50—70年代近30年的时间里，柯达在专业电影市场的份额一直高达80%以上；20世纪60年代，柯达在个人爱好者市场的份额一度高达90%，以至于美国第二巡回上诉法院在1979年的判决中明确将柯达称为“行业的巨头”。不过，这个持续了长达百年的巨头最终在2012年宣布破产，原因与历史上遭受的多次反垄断判决无关，而是因为革命性的数码技术诞生了。

需要强调的是，数码技术之所以颠覆了柯达，并非因为柯达在数码技术创新方面落伍了。恰恰相反，柯达自身正是数码技术创新的先锋和初期多项技术专利的持有者。在一定程度上可以说，正是柯达的创新终结了柯达自己的垄断势力。类似的情况还有诺基亚。众所周知，诺基亚是传统手机时代公认的行业巨头，但随着触屏手机时代的到来，诺基亚的市场地位迅速下滑。值得注意的是，诺基亚的失败也不是因为它缺乏创新。事实上，作为一个典型的供给创造需求的巨头，诺基亚一直保持着大规模的研发投入，在技术专利方面也一直处于领先地位。例如，诺基亚在2004年就推出了基于触屏的智能手机，时间上领先苹果智能手机3年。

柯达和诺基亚两大行业巨头的没落，体现了一种创新悖论。创新具有供给创造需求的萨伊定律特征，即企业面对的需求是自身创新能力的函数。如果企业不创新，需求将萎缩，市场地位将下滑；如果企业持续创新，市场地位也可能被自己的创新所颠覆。

这种内在不稳定性，在两类行业的对比中体现得更加明显。以美国标准普尔 500 为例，在研发投入上占比越高的行业，企业市值排序的稳定性越差。1995 年日常消费品市值排名前 10 位的企业中，2020 年仍有 6 家位列市值排名前 10 位；但在信息技术行业，1995 年市值排名前 10 位的企业中，2020 年只有 3 家仍位列市值排名前 10 位。这意味着，对供给创造需求的行业而言，企业市场领先地位的稳定性显著低于需求决定供给的行业。

从逻辑上看，由创新悖论造成的垄断势力内在不稳定问题，可能具有一定的必然性。如果创新的成果是渐变性的，如诺基亚在传统手机框架下每年开发多个机型，这时的创新成果有利于企业现存机器设备等有形资产和品牌等无形资产利用效率的不断提升，可以起到范围经济的效果。一旦创新成果具有颠覆性，要么会因为企业在传统时代过于成功而出现路径依赖，甚至可以说，在旧模式下，企业越成功，就越难以摆脱旧路径的束缚，因而无法充分适应自己“有意无意”开创的新时代，如诺基亚对于自己“首创”的触屏智能手机抱有令人费解的怀疑态度；要么会因为创新成果的颠覆性导致企业出现范围不经济，如 IBM 在发展个人电脑、微软在探索互联网业务时，新产品的出现对两家企业的有形资产、无形资产乃至管理构架而言，都一度起到了范围不经济的效果。无论是路径依赖还是范围不经济，都将导致创新者无法准确领会或充分发挥颠覆性成果的价值。与此同时，一旦某些科技进步尤其是革命性成果出现，即使原有创新者无法有效发挥它们的价值，这些革命性成果也总会通过论文、专利、产品乃至科研人员等某种载体形成外溢，最终被其他企业利用，进而形成对原有创新者的“革命”。

三、推进平台反垄断的四个建议

综上所述，由于云计算、大数据、物联网、移动互联网等数字技术的广泛应用，造成了传统企业边界的不断缩小与平台企业边界的不断扩大，网络效应和多边互动的市场结构对一些传统反垄断技术形成了挑战。更为重要的是，由于平台经济具有供给创造需求的特点，相关企业面临着创新悖论，市场势力具有内在不稳定性。既然如此，还要对平台企业进行反垄断吗？笔者认为是有必要的，但需要高度重视平台企业的创新投入强度，更多地采取震慑性执法思路，即结构拆分为辅、行为监管为主，以约束平台企业的机会主义倾向，增强市场的可竞争性。

（一）将研发投入强度作为评判平台垄断是否合理的重要指标

如前所述，无论是基于美国标准普尔 500 中日常消费行业和信息技术行业市值龙头企业的稳定性差异，还是基于萨伊定律支配下的创新悖论，对具有供给创造需求特点的平台企业而言，其市场势力的可持续性大概率弱于消费决定供给的行业。在这种背景下，相比传统反垄断，思考平台反垄断时更应该重视如何看待垄断及垄断与创新的关系。

众所周知，科技是第一生产力。问题是，科技是如何进步的？就其短期和微观机制而言，并没有确定的结论，有时科技进步甚至是以某种可遇而不可求的偶然形式出现的。如果从经济史的长周期视角看，似乎可以得出一个基本结论：研发投入是科技进步的必要条件。

美国研发投入强度（R&D/GDP）在 1957 年就达到了 2%，此后一直维持在2%以上；中国则是在2014年才达到了2%以上，从研发投入强度看，中国落后于美国57年（见图3和图4）。支撑美国数十年持续高研发投入的因素主要有两个：从外部看，是第二次世界大战、“冷战”等激烈的国际竞争带来的压力；从内部看，企业部门是研发投入的绝对主力，约占美国总研发投入的70%（见表2）。

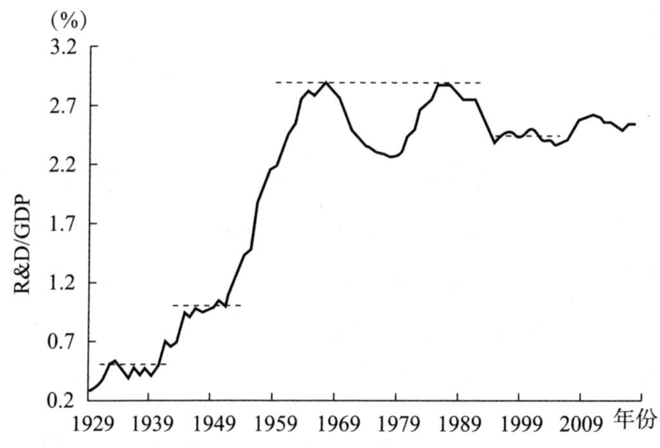

图3　美国历年研发投入强度（R&D/GDP）

资料来源：Wind数据，中金研究院.

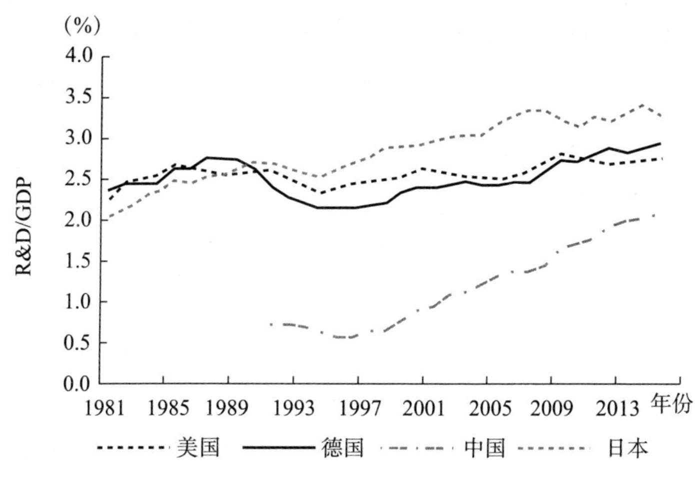

图4　各国研发投入强度（R&D/GDP）

资料来源：Wind数据，中金研究院.

表 2　美国 2018 年研发投入结构

部门	基础研究		应用研究		开发		总计	
	百万美元	比重(%)	百万美元	比重(%)	百万美元	比重(%)	百万美元	比重(%)
联邦政府	40.4	41.8	39.5	34.3	47.4	12.9	127.3	21.9
非联邦政府	2.5	2.6	1.6	1.4	0.6	0.2	4.7	0.8
企业	28.0	29.0	62.4	54.3	313.9	85.2	404.2	69.7
高校	13.1	13.6	5.7	4.9	2.3	0.6	21.1	3.6
其他非营利组织	12.5	13.0	5.8	5.1	4.3	1.2	22.7	3.9
总计	96.5	100.0	115.0	100.0	368.5	100.0	580.0	100.0

资料来源：CRS analysis of National Science Foundation，中金研究院.

把上述事实结合起来看，可以发现，科技是人类的第一生产力，对企业而言，研发、创新的社会价值可能远大于私人价值，即研发创新存在正外部性。对企业而言，尤其是对受萨伊定律支配的企业而言，并不是所有的创新成果都有助于企业盈利，有些创新成果甚至会成为企业自身的“掘墓人”，即前文所述的创新悖论。

但是，无论研发投入的成果对企业是正面的还是负面的价值，这些研发投入的社会价值几乎都是正面的，因为创新成果会通过研究人员、学术论文、相关产品、知识产权转让等渠道由原创企业广泛扩散到社会中去。例如，柯达和诺基亚各自在数码技术和触屏技术上的投入，虽然颠覆了自己的市场地位，但数码技术和触屏技术在全社会范围内广泛发展起来。

需要强调的是，对于存在正外部性的产品，私人的供给意愿通常是不足的。那为什么在美国却能看到企业有较高的研发意愿呢?垄断可能是一个重要的原因。

从经济学的角度看，垄断并非一个道德意义上的好或坏的概念，它只代表企业具有获取超额收益的能力；与此相反，竞争的重要表现就是压低企业的超额收益，完全竞争就意味着企业没有任何超额收益。

如果生产者数量越多、竞争程度越高越好，那么企业就无法获得超额利润激励。如何才能让企业克服对创新悖论的恐惧，从而充分提供社会价值远高于私人价值的正外部性产品呢？

事实上，正如熊彼特所提出的，任何投资都必须有某种保护行动，如保险或套头交易。在急剧变动的条件下，尤其是在新商品和新技术的冲击使任何时刻都会变动的条件下进行长期投资，就像打一个模糊且活动——颠簸地活动——的靶子。因此，有必要依靠这样的保护措施。

经济学家或政府代表都看到了掠夺性的价格政策和与损失生产机会同义的产量限制（在他们看来），却没有看到，在长期风暴条件下，这种类型的限制是长期扩张过程的附带事物，而且常常是不可避免的附带事物，它们保护而不是抑制扩张过程。新增长理论开创者之一、诺贝尔经济学奖获得者保罗·罗默（Paul Romer）也认为垄断利润是市场研发投入的发动机。

也就是说，垄断为企业克服创新悖论提供了保险机制，或者说只有靠垄断带来的超额利润激励，才能让企业有动力去充分提供创新这种具有高度正外部性的产品。

事实上，专利权保护制度的创建，正是利用垄断激励创新的典范。这在一定程度上部分解释了为什么相比注重保护竞争者的欧盟，更倾向于保护竞争机制和尊重竞争结果的美国，在平台经济等创新型经济发展方面要更胜一筹；也解释了为什么对于供给创造需求的企业，在反垄断执法层面应考虑市场势力持续的时间长度——如果企业刚刚获取一些超额收益就遭到反垄断打击，就不利于发挥垄断在解决创新悖论和正外部性问题方面的积极作用。

综上所述，我们不应该对垄断进行“污名化”认识，而是应该区分好的垄断和坏的垄断。

平台经济是萨伊定律支配下的经济形态，具有供给创造需求的特点，其边界扩大的合理性来自对新兴数字技术的大量应用。平台企业应该获取多少和多长时间的超额收益也取决于它在创新方面所做出的贡献。因此，与传统反垄断执法相比，笔者建议在平台反垄断执法中加入或者说给予创新贡献更大的考察权重，以此作为垄断好与坏的评判标准之一。举一个简单的例子，可以考察研发投入/营业收入来衡量企业研发投入强度。

具体而言，如果某企业研发投入强度明显低于国外对标企业，则无法认定该企业有充分的垄断合理性；如果某企业研发投入强度在一个较长时期内（如 5 年）呈现下降态势，则可以认为其垄断合理性正在减弱。如图 5 所示，在搜索平台中，百度与谷歌的研发、投入强度相当；在社交平台中，腾讯的研发投入强度远逊于脸书；在电商平台中，阿里巴巴、美团的研发投入强度虽然一度高于亚马逊，但在过去 5 年，亚马逊提升了研发投入强度，而阿里巴巴、美团的研发投入强度均出现了显著下降，京东的研发投入强度虽有所提升，但显著低于国内和国外对标平台企业。

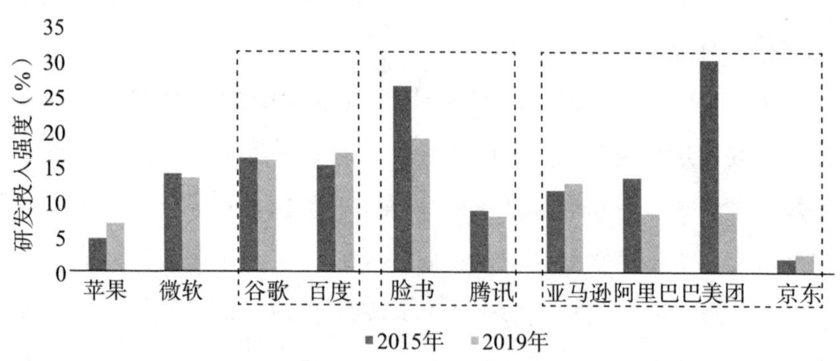

图 5　中美主要平台企业研发投入强度对标

资料来源：Bloomberg，中金研究院.

（二）重视震慑性执法，防范平台龙头的机会主义倾向

在反垄断研究领域，曾经有这样一个基于动态视角的统计：对

高度集中的市场结构而言，其自然瓦解所需的时间大约为 10 年，针对垄断势力的人为有效干预大约需要 8 年。如何理解这个统计结果的含义？反垄断执法究竟是否有意义？两年的差距是否意味着人为干预垄断比市场纠正垄断更可取？这个研究结果在当时就引发了激烈的争论。直到现在，执法机构和经济学家之间及两类群体内部之间，关于反垄断是否必要和是否有效依旧存在巨大的争议。尤其是当反垄断诉讼持续多年后，如果不了了之，或者原告诉求无法得到充分满足甚至原告败诉，无论是支持原告方还是支持被告方，都会有诸多观点认为发起反垄断调查是没有意义的。

例如，美国运通作为一家平台企业，对平台上的商户采取了类似“二选一”的做法。这种行为在单边市场中一般会被认为是限制交易的垄断行为，因此美国司法部和一些州政府将美国运通告上了法庭。对此，美国最高法院在充分考虑了平台企业所处双边市场的特殊性后，认为美国运通并不违法。此案起始于 2010 年，经过 8 年的长跑，美国运通作为被告似乎全身而退。那么，这一结果是否意味着该案件一直在浪费公共资源？事实上，即使在传统的反垄断领域，这种长期诉讼最后无果的情况也不罕见。例如，美国司法部在 1969 年就对 IBM 发起了反垄断诉讼，1982 年该指控被撤销，理由是没有依据。这场持续了 13 年的反垄断官司最终不了了之，是否也浪费了公共资源？

这涉及应该如何评价反垄断的必要性和效力的问题，对于如何认识平台反垄断成果尤其重要。在结构主义主导的时代，AT&T 和标准石油等经典反垄断案例让公众觉得，似乎不拆分巨头的反垄断就是失败的。如前所述，平台企业边界扩大具有经济上的合理性，盲目拆分并不合理。既然如此，推进平台反垄断的意义何在？笔者认为，一个可能的答案在于约束机会主义动机。要理解这一点，需要剖析一种从企业家精神角度为平台企业辩护的观点。企业家精神原本用于阐述企业家所具有的特殊人力资本，但在日常使用中，这个术语被泛道德化了。基于道德化的企业家精神去论述反垄断的必要性不足是不妥当的。

这一点需要从新制度经济学的角度去理解。新制度经济学认为，机会主义动机是普遍存在的。所谓机会主义动机，是指由于信息不对称的普遍存在，人们存在从事损人利己等不道德、不合法行为的动机。因此，如果将企业家精神泛化为一种道德概念，就存在否认企业存在机会主义动机的风险，从而导致对反垄断必要性的认知不足。事实上，按照新制度经济学的逻辑，约束机会主义动机可能正是平台反垄断执法的重要意义。如前所述，数据资产、数字技术的种种特点使平台企业边界扩大具有经济上的合理性，克服正外部性和创新悖论的约束也确实需要将垄断作为一种激励机制，因此对巨头和垄断采取污名化的做法是不妥当的。

但需要强调的是，虽然在短期和局部范围内，不乏不追求利润、只追求社会公益的企业，但是从长期和整体来看，资本逐利才是企业存在的意义，否则可以将企业改成非营利组织，不需要以企业的形式存在。

因此，就企业的本质而言，它是一种营利组织，创新等手段不过是企业用以营利的工具。由此而来的推论是，在信息不对称造成的机会主义动机的影响下，平台企业边界合理扩大之后的一切行为并不意味着合理，更不意味着平台获得有助于创新的垄断地位后就会把这种市场势力用于促进创新。

那么，如何约束平台巨头的这种机会主义动机呢？对企业家精神的泛道德化解读，必然会导致更多地从企业内在的道德约束上寻求解决方法。这和中国儒家的主张有些类似。儒家很早就发现了人群中普遍存在的机会主义倾向，但将人们约束自己的机会主义倾向的希望寄托在“慎独”的道德修养上，即在没有其他人监督的情况下，一个人的行为也应该合乎道德。

事实上，将企业家精神进行泛道德化的阐述，进而论证反垄断执法的必要性不足，其实质和寄希望于依靠“慎独”的道德修养去约束机会主义动机一样。然而，无论是从中国“外儒内法”的传统治理实践看，还是从新制度经济学的机会主义动机逻辑看，“慎独”的道德说教可能会约束若干人的短期的机会主义行为，但要约束整个群体的长期的机会主义倾向，只能靠制度和法治。

就平台企业而言，由于数字技术造成了平台企业边界的极大扩展，高度的范围经济、规模经济、网络经济，以及前所未有的大规模客户节点的存在，大大加剧了平台内部人和外部人的信息不对称，进而为平台企业从事机会主义行为提供了更加广阔的空间。

这意味着就具体案件而言，很难说执法部门或原告是否准确地抓住了被告人真正有问题、有危害的垄断行为。

因此，如果只将反垄断执法的意义看成针对某些具体行为的诉讼，那么 IBM、美国运通等反垄断案件似乎确实有浪费公共资源的嫌疑，因为持续了数年甚至十几年的反垄断案件，要么不了了之，要么宣判被诉垄断者无罪。但是，从约束机会主义倾向的角度看，长期反垄断压力下的平台企业，与没有外在约束的平台企业相比，前者的机会主义动机明显更有下降的可能性。

以似乎不了了之、劳而无功的 IBM 反垄断案为例，在美国司法部刚刚发起反垄断诉讼的 1969 年，尽管案件持续多久、法院最后将如何判决等问题均不明朗，但 IBM 很快就于当年宣布解绑它的软件服务与硬件销售业务，IBM 认为此举培育了规模庞大的软件服务业。类似地，作为一个当时几乎无所不能的科技巨头，IBM 在 1981 年推出个人电脑的时候，并没有寻求对个人电脑的完全掌控，而是首次采取了与其他公司合作的模式，其中芯片采购自 Intel，操作系统则采购自当时一家只有 32 人的小公司——微软。很明显，IBM 做出的这些改变，并不是基于反垄断的未然判决结果，而是受到了反垄断执法本身带来的压力的结果。笔者认为，这样一种震慑性的执法思路，值得更广泛地运用在平台反垄断中。

（三）结构拆分为辅：区分实体和金融平台巨头化

在 SCP 的结构主义框架下，拆分是传统反垄断理论与实践中应对巨头的常见方案，当前中、美、欧的反垄断行动中也不乏拆分的呼声。如前所述，从新制度经济学的角度看，平台企业普遍的巨头化受益于数字技术带来的两个效应：一是搜寻、生产、运输、跟踪和识别等交易成本的大幅下降，极大地拓展了双边市场的边界；二是双边市场结点数目越多，通常越意味着由结点互动而产生各种“意外”的概率越大，在线实时交易对处理各种意外的时效性要求也就越高，及时、有效应对信息不对称下的不完全契约问题正是企业存在的价值之一。因此，不应仅根据企业规模或市场地位就将拆分与否作为平台反垄断的重点。

不过，需要说明的是，前述分析都是基于实体经济范围的，并不涉及金融。之所以做这种区分，是因为金融是特许行业，必须持牌经营。从产业组织的角度看，所谓特许经营，是指一个行业的进入壁垒是由行政权力授予的。之所以在金融行业搞特许经营，是因为金融行业存在显性的或隐性的政府担保。

例如，在银行业，存款保险机制是一种典型的政府显性担保；在非银金融部门，2008 年美联储为应对危机而对贝尔斯登等投资银行实行救助，体现了政府对系统重要性非银金融机构的隐性担保。因此，对获得政府特许经营和隐性担保的金融平台而言，企业市场势力在一定程度上并非自然竞争的结果。

与此同时，如果金融平台利用数据通用性较强的特点将业务延伸至非金融领域，则是一种典型的杠杆效应（也称传导效应），即企业将其在某个领域所获得的市场势力延伸至另一个领域以谋求市场地位。当然，基于合理原则，并非所有的杠杆效应都需要进行反垄断干预，甚至在很多情况下，杠杆效应也是范围经济的一种体现。

但是，鉴于金融平台在金融领域的垄断地位并非完全基于市场竞争获得，而是在一定程度上受益于特许经营壁垒和政府隐性担保，而且市场机制很难突破非市场因素构筑的行业壁垒，金融平台向实体经济延伸的杠杆效应并非完全合理，需要进行反垄断干预。为了防止新型产融结合造成的不正当竞争，可能也需要一定的结构干预。

（四）行为监管为主：保护市场竞争机制

在对中国平台反垄断具有里程碑意义的“3Q 大战”案中，控、辩双方及两级法院将大量资源用于市场范围界定、份额计算等有关市场支配地位问题的论争上，应该说这是结构主义框架下最常见的反垄断诉讼程序。在二审判决中，最高人民法院在对这些市场结构问题进行详细分析后，驳回了奇虎公司关于腾讯 QQ 软件市场范围界定和依据份额认定腾讯市场支配地位的主张，但依旧对腾讯是否存在限制竞争的垄断行为进行了分析。这种做法并不常见，因为原则上，如果被诉者不具有市场支配地位，则无须对其是否滥用市场支配地位进行分析，可以直接认定其不构成反垄断法所禁止的滥用市场支配地位行为。

对此，最高人民法院认为，在相关市场边界较为模糊、被诉经营者是否具有市场支配地位不甚明确时，可以进一步分析被诉垄断行为对竞争的影响效果，以检验关于其是否具有市场支配地位的结论正确与否。即使不明确界定相关市场，也可以通过排除或妨碍竞争的直接证据对被诉经营者的市场地位及被诉垄断行为可能的市场影响进行评估。

因此，并非在每个滥用市场支配地位的案件中都必须明确而清楚地界定相关市场。所以，其二审中，最高人民法院虽然驳回了奇虎公司从结构主义视角认定腾讯存在市场支配地位的主张，但依旧认为有必要对被诉经营者垄断行为对于竞争的影响及其合法性进行分析，这体现了行为主义的逻辑。

虽然中国法律不属于判例法系，但最高人民法院在本次案件中关于市场结构与垄断行为关系的认识，对当下的平台反垄断而言，依然具有一些借鉴意义。如前所述，相比传统企业反垄断，平台企业带来的新困难恰恰在于比较难清晰地定性或定量界定市场范围，供给创造需求的创新悖论也意味着依据静态份额来评判平台的市场势力并不妥当。

在这种情况下，如果继续囿于 SCP 的结构主义框架，反垄断执法的技术难度将大幅提高，甚至会导致很多资源投入难以说清楚的市场结构分析中。因此，芝加哥学派的行为主义理念虽然不是因平台经济而兴起的，但在逻辑上更适用于平台反垄断。

问题是，在平台经济中，企业市场化和市场企业化造成了平台企业普遍巨头化，双边市场组织结构也越发呈现寡头垄断格局。与此同时，传统产业组织理论认为，按照集中度由低到高，通常可以将市场划分为完全竞争、垄断竞争、寡头垄断、完全垄断四种组织结构，并且市场集中度越高，企业之间的竞争行为越不充分，市场效率也就越低。既然如此，双边市场中较高的产业集中度是否意味着平台企业之间的竞争行为受到了抑制？“多聚焦行为，少谈些结构”的平台反垄断思路能够提升市场效率吗？

对于这种结构主义式的担忧，提出了“鲍莫尔病”的知名经济学家威廉·鲍莫尔（William Boumol）认为是不成立的。鲍莫尔在其开创的可竞争市场理论中，提出了这样的新产业组织理念：提升市场绩效的关键不在于市场当前的结构和现存竞争关系，而在于潜在竞争者是否可以自由进出这个市场。只要市场是完全可竞争的，那么潜在的进入威胁与现存企业之间的竞争行为一样可以有效约束现存企业的行为，进而确保合意、有效的市场绩效。

这也印证了前述“结构拆分为辅”的分析，即为什么对于金融平台企业的产融结合，不应只考虑行为监管，一定程度的结构干预可能也是必要的，因为金融的特许经营机制意味着这个行业并非完全可竞争。

四、超越反垄断的思考：准公共品与反不正当竞争

数据作为平台企业的核心生产要素，本身是非竞争性的，这和传统企业生产要素的竞争性特点并不相同。与此同时，数据的使用存在排他性，因此数据又不是纯粹的公共品，可以将其看成一种准公共品。另外，平台企业作为双边市场的核心组织者，担负着有效匹配大量生产者和消费者供求的责任，事实上在双边市场中扮演着管理者的角色。综合平台企业生产要素的准公共品属性和平台在双边市场所发挥的组织者、管理者角色，可以将平台企业配置数据资源的权力看成一种准公权力。与此同时，企业的本质是追逐利润，公权力的职责是为大众福利服务，这就意味着平台所拥有的准公权力内在面临着究竟是服务于企业利润还是服务于大众福利的矛盾与抉择。

当然，按照亚当·斯密的观点，市场上每个参与者主观上都是为了追逐私利而从事经济活动的，市场机制却让追逐私利的主观愿望变成了增进大众福利的客观结果。这就是著名的“看不见的手”原理。但是，这只手要起到这种积极作用，需要建立在法治和监督的基础上。如果种植罂粟并不违法，为什么还要种植粮食？至少在没有法治约束的纯市场机制下，罂粟的均衡种植占比要比当下高得

多。同样的道理，如果缺乏监督和约束，平台企业所拥有的准公权力并不必然确保对私利的追逐最后能增进大众福利。目前看，由准公权力的内在矛盾所衍生出来的问题，主要体现为侵犯公民隐私、侵犯知识产权等不正当竞争行为。不过，严格来讲，这些问题并非垄断问题，而是如何规范准公权力使用的问题。

（一）侵犯公民隐私问题

数据是平台企业的关键生产要素，排他性地占有大量数据是平台的核心竞争力之一。问题是，很多数据涉及个人隐私，这些敏感、隐私性的数据应该归谁所有？谁才有充分的处置权？一旦隐私数据泄露，谁应该承担责任？应当承担何种责任？这些问题都亟待明确的法律或监管规定。从当前曝出的多起侵犯公民隐私案例的主体来看，不只有平台巨头，也有小型平台企业；不只有企业，也有个人，甚至还有地方公权力部门。因此，从保护公民隐私的角度看，这些问题与其说是垄断问题，不如说是如何尽快推进个人隐私数据的严格保护和合法依规使用的问题。

（二）侵犯知识产权等不正当竞争问题

2021 年 2 月 7 日发布的《国务院反垄断委员会关于平台经济领域的反垄断指南》的一个亮点是针对社会热议的“大数据杀熟”问题进行了正面回应。该指南第十七条明确提出：“具有市场支配地位的平台经济领域经营者，可能滥用市场支配地位，无正当理由对交易条件相同的交易相对人实施差别待遇，排除、限制市场竞争。”并明确规定了分析是否构成差别待遇的三个因素，这有利于从反垄断的角度惩治“大数据杀熟”的不正当竞争行为。不过，需要说明的是，不正当竞争与垄断是两种有交集但并不完全一样的行为，巨头也并非不正当竞争的必要条件。除了滥用市场支配地位，平台经济领域还存在其他不正当竞争问题。

如前文提到的亚马逊利用其未公开的第三方数据“仿制”其他商家产品的问题，与其说这是滥用市场支配地位的垄断行为，不如说这是利用未公开数据的不正当竞争或侵犯知识产权的问题。这是因为，即使亚马逊不是一家平台巨头，如果没有严格的知识产权保护，它依旧可以仿制热销产品；现实中大量仿制侵权事件并不全部是平台企业或垄断企业所为。因此，对于通过仿制热销商品来谋利的不正当竞争行为，应该通过加强知识产权保护来解决。在我国市场经济法制化仍有待推进的当下，对维护包括数字经济在内的各行业公平竞争而言，打击不正当竞争的迫切性可能更具有广泛的现实意义。

数字时代的市场秩序、市场监管与平台治理

江小涓[①]

市场有效运转需要秩序。秩序可以内生于市场和社会，即自发秩序；也可以外生于监管和法治，即制度秩序。自发秩序内生于市场运行自身，是规范市场行为的基础，但时常不足以保护市场有效运转、消除市场产生的负外部性和保障社会公平正义。因此，制度秩序不可或缺。在市场经济中，市场监管就成为政府的核心职能之一，是维护市场秩序的重要力量。

数字时代，市场结构和运行模式发生重要变化。市场交易的密度、深度和广度前所未有，交易形态和交易内容的复杂程度前所未有，交易规则和交易关系的快速变化调整前所未有，传统市场秩序受到重大挑战，对新秩序需求强烈。特别是大型数字企业成长于宽松的监管环境下，超大规模平台受到反垄断法真实约束的情况罕见，数字企业收集的个人信息量呈几何式增长等。这些状况引发了社会对数字企业特别是平台企业的广泛担忧和不满，加强监管的呼声和期待日渐高涨。

市场经济在许多国家实践多年，大多都能维持总体有效运行。

① 作者系全国人大常委会委员、中国行政管理学会会长。

为什么在对数字平台监管“失效”问题上，各国表现出高度的相似性？根本原因是数字时代技术、产业组织和商业模式的重要变化对自发秩序和制度秩序有效发挥作用产生了广泛强烈的约束力量，给市场运行带来了巨大挑战。本文旨在从学理角度观察和分析这些变化和挑战，提出适应数字时代的秩序结构和监管目标，并提出若干政策建议。

一、传统市场秩序的三种形态及与监管相关的理论概述

所有社会都需要秩序，构成秩序的要件是规则，包括多种形态的道德规范、行为准则、行政命令和法律条文等。在市场经济中，秩序之所以重要，是因为事关交易和预期。市场经济是大量交易基础上的经济形态，而且有许多跨期交易，属于长期投资；更有许多创新投资，不仅长期而且高风险。对即时交易者而言，需要有规则来防止各种欺诈；对长期投资者而言，需要有规则来保护产权和执行远期合同；对创新投资者而言，需要有规则来分散风险和为成功者提供高回报。否则，交易中的各种避险行为会降低社会资源配置的总体效率。

（一）传统市场秩序的三种形态

市场秩序的形成、维护和再造有多种途径。在数字时代之前，最基础的市场秩序形态有三种：自发秩序、监管秩序和法律秩序，后两种统称为制度秩序。

1. 市场自发秩序：特点和效果

在市场经济中，自发秩序是市场秩序的重要组成部分，可以解

决许多问题。自发秩序是无数交易者在交易行为中自发形成的秩序，如交易自愿、讨价还价、遵守约定、履行合同等。不同细分市场上的交易规则并不相同，如先到者得（排队）、价高者得（竞价）、急需者得（急诊）、幸运者得（抽签）等。只要是交易者有选择自由、有可预知并能够被普遍遵循的规则，就能保障市场的有序运转。

竞争是市场自发秩序最重要的塑造力量，只需要满足两个基本条件就能大体有效：一是供给方竞争，二是重复博弈。前者解决市场中的信息不对称问题，使供给方不能以信息优势长期获取暴利。例如，消费者不清楚产品的制造成本，如果存在垄断，生产者就可能长期索取高价，只有生产者之间的竞争可以消除这种不当后果。后者使每次交易对声誉培养都十分重要。声誉是指通过社会成员披露产品与服务质量信息、揭露和惩罚欺诈行为（不信守质量、价格等事先承诺）而产生的社会评价及影响。当存在重复博弈时，信誉不佳会产生严重不利影响。因此，对声誉的珍惜可以激励和约束人们的行为，使之合乎社会规范和行为准则。纵观国内外市场经济发展史，市场竞争对于降低交易风险和长期合同风险、提升社会信任与合作程度，可以持久和普遍地发挥积极作用。

这里要强调一下市场自发秩序的基础性作用。自发秩序时常受到内外部因素的干扰，波动很大，存在的不合意、不合理问题很多，但自发秩序仍然是市场秩序的基础。自发秩序之所以普遍可行，是因为当交易对象有充足的选择时（这是防止垄断的理由），交换的基础是由个人能力差异和资源条件形成的互补与互利，各方都能从交易中获益，因而各方有足够的意愿和动力。对政府来说，其与市场主体之间并没有如同市场交换那样的广泛互利基础，需要依靠行政部门及其员工的公共立场来推动。但是，对于个体交易中的精细计算和各方剩余，非当事人无法感知，因此在规定他人之间的交易规则时，容易形成认识和利益偏差。

2. 监管秩序

既然市场能够形成自发秩序且颇有成效，为什么还会对政府监管有诉求？原因如下：

第一，防止劣币驱逐良币。大多数企业都愿意遵守规则，形成良好的声誉；但如果竞争失利的少数企业孤注一掷破坏规则，就会出现劣币驱逐良币的现象，如弄虚作假、欺行霸市、权力介入等行为时有发生。

第二，市场上的强势企业会因具备市场控制力而限制交易对方的自由选择和自愿交易能力，如垄断行为等。

第三，长期投资者需要更加稳定可信的制度基础，强制力和稳定性不够的业内规则、信誉约束等有时无法提供足够的保障。

第四，当企业发展国际业务时，自发秩序跨国发挥作用受到很多限制，因此，国际交易需要明文昭示的监管和法制秩序提供保障。

第五，有些行业关系到人类健康及安全，如汽车、航空器、食品和医药产品等行业。在这些行业中，企业一次性不当行为的后果严重，因此不能依靠重复博弈来形成市场信誉。

由于上述原因，市场秩序需要有外部力量即制度秩序的维护，使自发秩序不会因为少数人的私利和少数事的例外而无效。

3. 法律秩序

法律对维护市场秩序有重要作用，这里强调法律对市场秩序的一项重要功能：确定市场与政府的边界，定分止争。“定分”是指清晰界定政府与市场的边界、相关主体的权力和权利；“止争”是指防止市场与政府之间的权益之争。当市场自发秩序和监管秩序出现冲突时，就需要相应的法律框架。因此，通过法律规范两者边界和平衡两者博弈十分必要。

例如，从市场监管的流程来看，事先监管需要依法界定权力清单，事后监管需要法律提供执法依据。一般而言，法律秩序的形成相对滞后。立法是在尊重市场自发秩序和监管秩序的基础上，对于已经相对稳定成熟且得到多数认可的关系和规则，由国家制定并强制执行。因此，法律秩序的形成需要实践、需要时间，但形成之后，法律秩序更具稳定性和权威性。

（二）与市场监管相关的理论概述

1. 监管的定义

监管，作为被法学、经济学、管理学等领域广泛应用的概念，至今没有形成统一的定义。

在法学领域，《布莱克法律词典》将监管界定为“通过规则或者限制的控制行为或者控制过程”；英国著名法学家斯科特沿用赛尔兹尼克关于监管的界定，认为监管是“公共机构对那些社会群体重视的活动进行持续集中的控制，监管的核心含义在于调整行为活动，以实现公共政策目标”。

在经济学领域，有学者认为监管是对市场主体的微观行为进行监督和管理，以确保其行为符合政府事前制定的约束性规则，进而矫正可能出现的市场失灵。

在管理学领域，有学者提出监管是政府部门或法律授权的公共机构颁布一套具有权威性的规则，并基于具体实施机制来监督和促进市场主体遵守这些规则。著名公法学家托尼·普罗瑟（Tony Prosser）认为监管是根据既定标准或以产生大致确定的结果为目的，改变他人行为的持续且集中的努力，其中可能包含标准制定、信息收集和行为改变机制，这一界定相对可以涵盖众多的学科范围。

市场监管则是指对整个市场和市场规则的监管，比较普遍地被认为是为了减少或弥补“市场失灵”。市场失灵根源于不完全竞争、信息不对称、负外部性和公共物品等；由于政府拥有全体的社会成员和强制力，政府在纠正市场失灵时具备征税权、禁止权、处罚权和交易成本优势。有学者研究市场监管的范围，认为作为政府职能的市场监管涵盖产业领域、环境领域、卫生健康领域和安全领域，并且在市场经济体制下处于不断调试和加强的状态。监管模式分为提高效率和促进消费的监管、保护权利的监管、促进社会团结的监管、作为审议的监管四种类型。有学者认为，面对市场经济，政府执行的公共性职能突出体现在市场监管上。市场监管可以维持市场秩序，保障公平交易，保护市场参与者的合法权益，确保市场在资源配置中的基础性作用。市场监管以解决市场失灵、维持市场秩序为目的，基于规则对市场主体的经济活动及伴随市场主体的经济活动产生的社会问题进行干预和控制。

综上所述，市场监管是以政府为核心的公权力主体依靠法律、政策、规章、规则、技术等手段，对正在损害或潜在可能破坏市场秩序、损耗社会整体利益的行为、主体等进行的规制、引导、处罚、服务等，目的是保护产权和维护市场交易秩序，促进社会福利最大化，并尽可能公平配置资源和分配财富。

有一些观点不同程度地质疑政府的市场监管行为，或者对政府的市场监管行为提出约束条件。有学者认为，政府监管是顺应产业的发展需求而产生的，最终也会被管制的产业控制，即所谓的“俘获理论”。该理论认为，当一个行业积极寻求监管时，会有内在的利益需求并影响监管行为。监管作为规则是由行业获得的，其设计和运行主要是为了实现利益。有学者认为，规制作为一种法规，是为产业部门规则“需求”而设计操作的，以实现产业部门的利益。有学者通过对十大行业的监管机构设计进行对比（主要包括环境、食品、水务、通信等行业），将监管分为作为对私人干预的监管和作为合作事业的监管。监管机构与其他多层次治理主体（这里的主体主要研究监管机构与政府、欧盟）之间构成的复杂网络十分重要。也有学者认为监管有必要，但需要仔细区别监管的内容和手段，而且不能干预市场机制正常发挥作用，在这些问题研究清楚之前，市场失灵只是政府监管的必要而非充分条件，如果设计不当、操作不当，政府干预不但不能纠正市场失灵，反而会造成政府失灵问题，带来的新问题更甚于旧问题。

2. 中国有关监管的理论讨论

过去 40 年，我国处于从高度集中的计划经济体制向社会主义市场经济体制转变的过程中，从这个过程的起点看，政府本就具有全面管理经济活动的功能。因此，在市场经济发展中，市场监管一直在场且地位重要，并在不同阶段对监管重点、监管方式进行适时调整。根据一些学者的研究，可以将我国市场监管的变迁划分为行业主管阶段（1949—1992 年）、独立监管阶段（1993—2008 年）、统筹监管阶段（2009 年至今）。每个阶段的理念和做法都不相同，其背后的逻辑是政府、市场和社会之间角色和定位的转变，变化的主要特点有：

第一，监管方式从单一主体监管向多元主体合作监管转变，多种监管方式出现，形成政府、自律组织、消费者组织及公民等多个监督主体共同协调运作的格局。

第二，学习国际经验和国际合作监管成为推动监管模式转变和完善的重要力量。与其他领域一样，中国改革开放初期向国外学习借鉴市场经济的监管经验。特别是 21 世纪初中国加入世贸组织之后，在不同行业领域的发展越来越多地与世界接轨，与之相对应的市场监管问题已经超越了中国本土限制。例如，食品药品安全问题、出版物和视频娱乐产品版权问题、气候变化问题、产品质量标准化问题等一系列问题的解决需要通过制度化、程序化的方式加入全球的规制网络中。与之相对应，相关行政部门则颁布了不同领域的监管政策和法规，都强调要借鉴国际标准、积极参与国际标准制定等。

第三，近几年，加大“放管服”改革和改善营商环境成为市场监管领域的主导方向。具体包括：深入推进简政放权，让市场更多地配置资源；破除市场准入的不合理限制，降低就业创业门槛；推进减税降费改革，应对新冠疫情挑战等，在资源配置中让市场更多地发挥作用，同时加强事中、事后监管。

二、数字技术、平台企业及两者对市场秩序的挑战

数字技术的广泛应用给市场带来了深刻的变化。平台规模巨大，市场主体迅速增加，新的产品和服务大量涌现，商业模式创新层出不穷。这些变化迅速改变着市场的结构和运行规则，并对市场秩序产生重要影响。

（一）平台规模大，承载巨量商户和消费者

大型平台是数字时代新的市场主体类型。大体上讲，平台可分为两种类型：一类是需求匹配型平台，通过需求方搜索、供给方推送和平台智能系统，供需双方在平台上被精准匹配；另一类是技术支撑平台，这类平台上各方的交易关系原本就存在，技术平台的改进提升了用户之间的交互体验，如更好的支付系统、更精准的信用提供、产业链各方更优化的交互机会等。许多平台结合了这两种类型的功能，成为综合性平台。无论哪种平台，其规模之大、内部的多层结构和复杂嵌套，特别是巨大的市场影响力，都是传统市场主体所无法比拟的。

过去 6 年，我国数字平台经济呈现大规模发展态势。截至 2020 年

年底，我国市场价值超过 10 亿美元的数字平台企业有 197 家，比 2015 年增加了 133 家；2015—2020 年，我国市场价值超过 10 亿美元的数字平台企业总价值由 7 702 亿美元增长到 35 043 亿美元，年复合增长率达 35.4%，并呈现中型平台规模不断扩张且加速成长为大型平台的趋势（见图 1）。

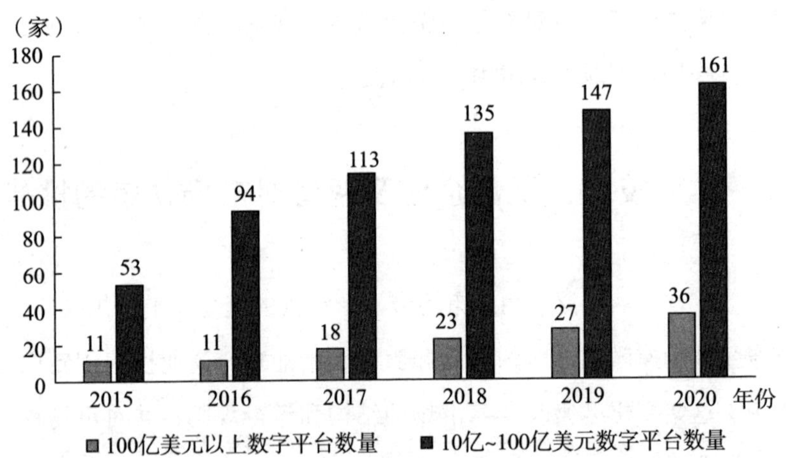

图 1　2015—2020 年中国百亿美元与非百亿美元数字平台的数量对比

资料来源：中国信通院. 平台经济与竞争政策观察（2021）.

大型平台不仅是规模巨大的企业，还是巨量交易场所和连接广泛的基础设施提供者。大型平台上有数以十万计、百万计的商家和以千万计甚至亿计的消费者，提供的商品和服务内容丰富、数量庞大，交易和交互数量巨大，是一个局部市场。同时，大型平台连接范围极广，接入大型平台成为企业参与分工和协同网络的基础条件，因此平台也具有基础设施的性质。表 1 所示是几个代表性购物平台上的企业/品牌商数量。

表 1　2016 年和 2020 年代表性平台企业/品牌商数量（万家）

年份	天猫	淘宝	京东	拼多多	唯品会
2020	35.60	1 065.61	23.64	860.00	3.50

续表

年份	天猫	淘宝	京东	拼多多	唯品会
2016	15.77	940.00	13.00	—	2.10

资料来源：笔者依据互联网公开资料和各平台相关报告整理而来，“—”表示未找到相关数据。

平台上汇聚着巨量用户。截至 2021 年 6 月，我国网上外卖用户规模达 4.69 亿名；网约车用户规模约达 3.97 亿名；在线教育用户规模达到 3.25 亿名（见表 2）。同时，几大代表性平台的用户数量不仅庞大，且呈现逐年上涨的趋势。截至 2021 年 6 月 30 日，阿里巴巴生态系统全球活跃用户数量达到 11.8 亿名，中国用户数量为 9.12 亿名，其中淘宝天猫平台月活用户数量为 9.39 亿名。拼多多平台平均月活跃用户数量为 7.385 亿名，京东平台活跃用户数量为 5.319 亿名。近 3 年几大代表性平台的用户数量均呈现逐年增长的趋势（见表 2）。

表 2　截至 2021 年 6 月代表性行业和平台的用户规模（亿名）

代表性行业线上用户规模		代表性平台用户活跃度	
外卖行业	4.69	淘宝天猫	9.39
网约车行业	3.97	京东	5.32
在线教育行业	3.25	拼多多	7.39

资料来源：笔者依据第 48 次《中国互联网发展状况统计报告》和各平台财报整理。

（二）新商户、新品牌、新产品急速涌现且快速迭代

新产品入市管理是市场监管的一项重要功能。在传统的市场监管体制中，新产品需要依据国家标准、行业标准或地方标准，由市场监管部门进行某种形态的准入监管。进入数字时代，平台上的新商户大量入驻，新品牌快速涌现，新产品、新服务的数量呈爆发式增长，而且快速上新、高速迭代，给监管带来极大挑战。

1. 平台上的商户不仅数量巨大且更迭频繁

相对于传统线下企业进入和退出市场的不易，平台上的企业进

退很便捷，商家你进我出、更迭迅速。从国内某平台 2019 年各月上、下线商家的情况来看，多数月份新上线和新下线的企业相加超过 100 万户，个别月份超过 1 000 万户（主要是新下线企业）。这是由于平台每年度都会对线上“僵尸”企业进行定期清退（见图 2）。

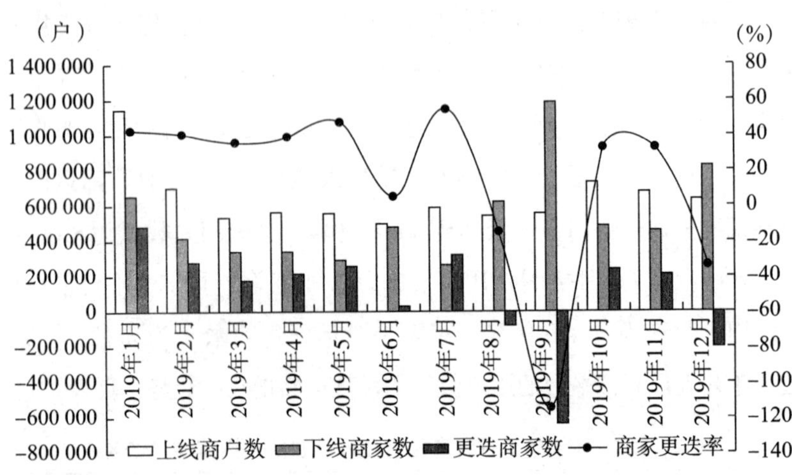

图 2　国内某平台企业 2019 年上、下线商家情况

资料来源：平台内部提供。

2. 品牌上新迅速

由于平台推出新品牌成本低、见效快，入驻平台成为新品牌特别是新消费品牌入市的主要渠道，新品牌产生活跃，呈现高占比。以京东为例，2019 年 4 月至 2020 年 3 月，15 个行业新晋品牌的数量占该行业全部品牌的比重均在 20%以上，有些行业高达 40%（见图 3）。

3. 产品上新迅速

由于平台上新几乎没有门槛、成本较低，因而无须对销售规模有较高预期，平台新品销售数量呈现爆发式增长，新品成为促进消费的主力军。2020 年，天猫新品总量已经达到 2 亿多个（见图 4）；京东年度上新数量超过千万个，新品销售贡献率 2019 年为 58%，2020 年上升为 62%。

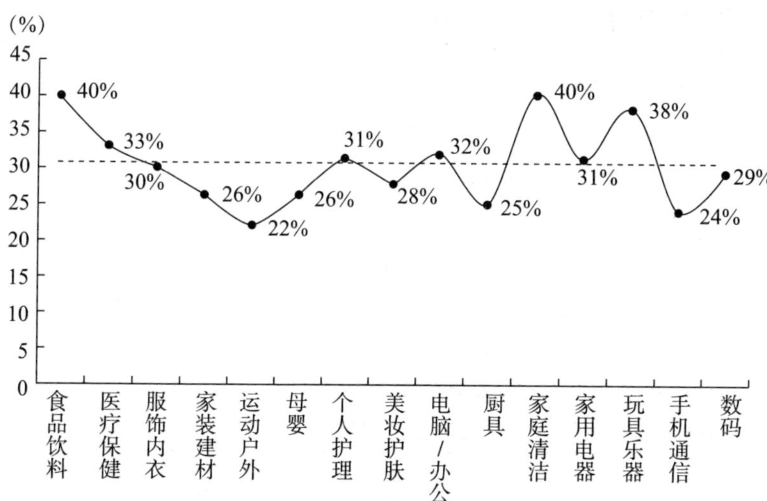

图 3　2019 年 4 月至 2020 年 3 月京东 15 个行业新晋品牌个数占比

资料来源：2021 京东小魔方年中新品消费趋势报告，2021－5.

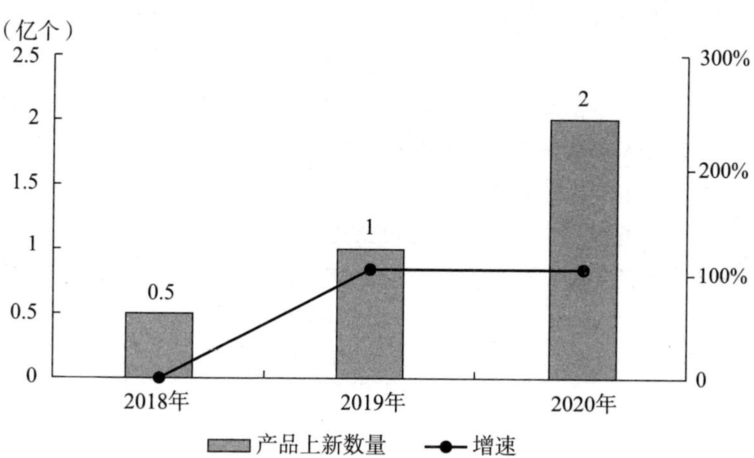

图 4　2018—2020 年天猫品牌新品总量及增速

资料来源：CBNData，天猫. 2021 线上新品消费趋势报告，2021.

4. 平台上新品孵化周期短

CBNData 线上调研数据显示，在新品孵化周期提速时间占比中，提速 1～3 个月、20 天和 4～18 个月的比例分别居前三位；不同行业头部新品孵化周期缩短 21～45 天，高潜新品孵化周期缩短 9～18 天

（见图 5 和图 6）。

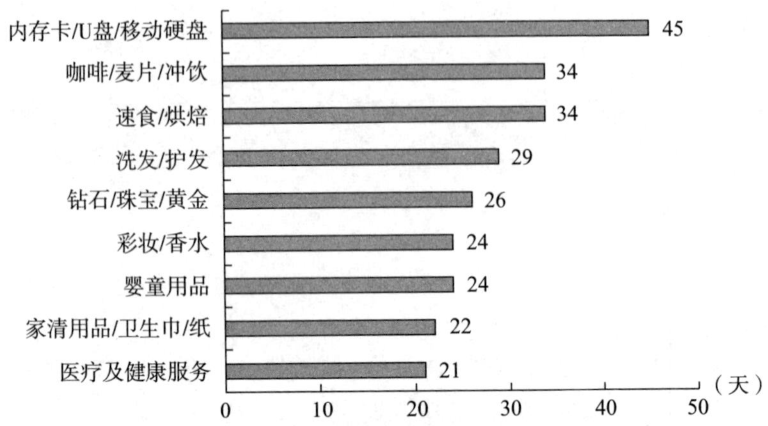

图 5　2020 年比 2019 年头部新品孵化周期缩短天数

资料来源：CBNData，天猫. 2021 线上新品消费趋势报告，2021.

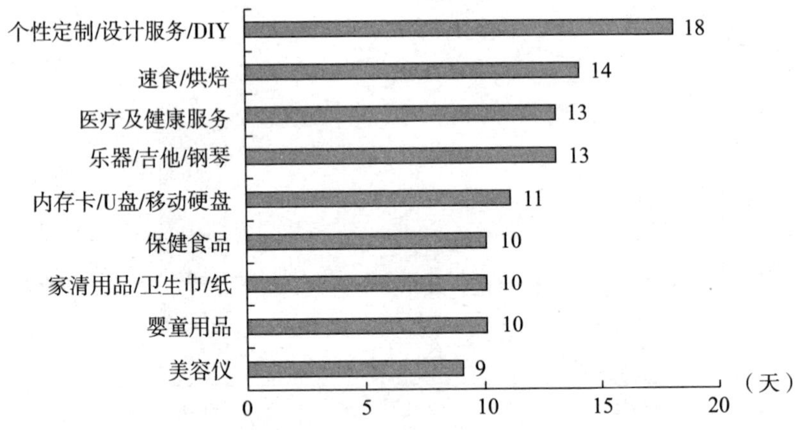

图 6　2020 年比 2019 年高潜新品孵化周期缩短天数

资料来源：CBNData，天猫. 2021 线上新品消费趋势报告，2021.

（三）内容类产品巨量闪现

文化娱乐产业是数字技术最重要的应用领域之一，各类网络视频、网络文学、网络音乐、网络游戏、网络新闻等用户量巨大。

2016 年 12 月至 2020 年 12 月，各类文化领域的用户规模和网民使用率均呈现较高值，各领域用户规模呈现直线增长趋势。例如，网络视频（含短视频）用户从 5.45 亿人增长到 9.27 亿人，网民使用率从 74.5%增长到 93.7%；网络直播用户从 3.4 亿人增长到 6.17 亿人，网民使用率从 47.1%增长到 62.4%。[①] 庞大的网络用户群体为线上内容的发展提供了巨大的市场空间。

内容类网站产品创新活跃。近几年，短视频受到大众的追捧。抖音、快手等平台网站用户月活率居高不下（见图 7）。由于短视频拍摄简易，快手、哔哩哔哩（简称“B 站”）、西瓜视频、抖音等平台每天不断上线视频，短视频用户规模已经超过 8 亿人。

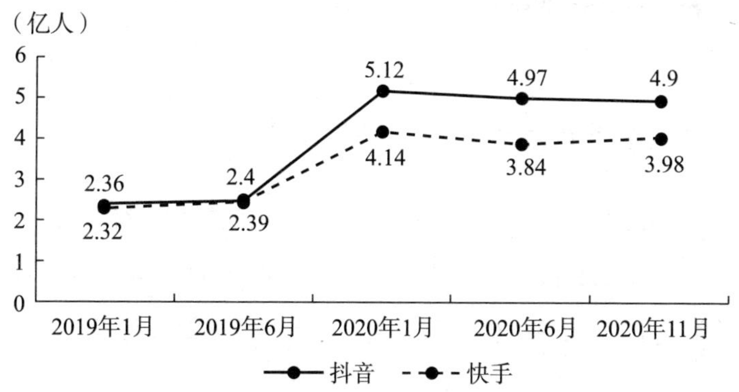

图 7 2019—2020 年抖音、快手用户月活跃率

资料来源：艾媒体北极星互联网产品分析系统.

每个平台都是新内容迅速上线，新产品市场占比在迭代中处于高位。以 B 站为例，B 站月均活跃主播（UP 主）数量和月均投稿数量 2018 年年初分别为 30 万人和 90 万个，到 2020 年第 2 季度，两者就分别增长到了 190 万人和 600 万个（见图 8）。如此数量的主播和上线内容，是任何线下娱乐形态都不可比拟的。

① 中国互联网络信息中心发布的历次《中国互联网络发展状况统计报告》。

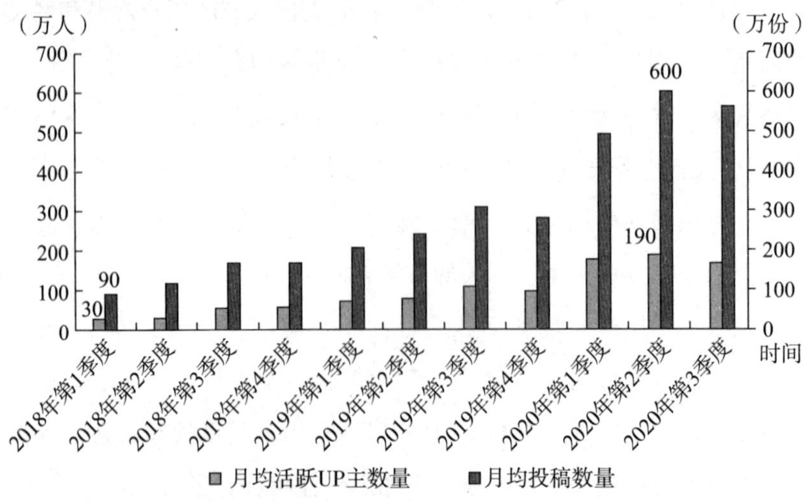

图 8　2018—2020 年 B 站月均活跃 UP 主数量和月均投稿数量

资料来源：艾媒体北极星互联网产品分析系统.

（四）平台特性导致市场“失序”问题

前文分析表明，平台作为一个新类型的市场主体，以其技术、规模、商业模式和市场影响力，成为传统秩序的“麻烦制造者”，导致传统制度秩序部分“失效”，干扰了市场的正常运行。

1. 海量多态交易带来挑战

市场主体和新产品、新服务数量剧增，导致市场交易量巨大。同时，新交易类型不断出现，交易类型创新频繁，支撑创新的算法等技术门槛很高。加之各平台的模式各异，统一的监管原则难以实施，如搜索平台、电子商务平台、社交平台、网约车平台等的交易类型、盈利或获益模式差异显著。另外，平台提供大量娱乐内容，由于人们对这类消费的需求构成很复杂，既有减缓压力、感受快乐、提高品位、陶冶性情、提升修养等需求，也有炫富、猎奇、攀比甚至嫉妒等意愿，两者都大量存在于网络内容中，有相当一部分的边界很模糊。

因此，在这种错综复杂的市场交易中，制度秩序的形成速度往往赶不上交易模式的变化速度，对于应该监管什么形成了巨大压力，对于如何监管更需深入观察和讨论。

2. 网络外部性带来挑战

网络外部性是指当一个网络的使用者数量增加时，市场出现更多的互补产品，使用某个数字平台的用户越多，愿意为这个平台提供应用程序的开发者就越多。为了使平台用户数量最大化，平台可能采取差异收费和交叉补贴的行为，这已经成为几乎所有平台而不仅是有垄断嫌疑的大型平台共有的商业模式。由此，大型平台除了传统的规模经济，再叠加网络外部性效应，有可能为消费者和商户双方带来更大的利益。平台可能不认可因规模大而侵害消费者利益的指控，不认可由于所谓的“低价”“补贴”等行为而存在垄断或不正当竞争的指控。

3. 多栖性、易模仿和快迭代带来挑战

一是“多栖性”为用户提供了多重选择。所谓“多栖性”，是指用户如果对一个平台不满意，可以转换到另一个平台。许多用户干脆直接在多个平台注册。美国使用视频流媒体服务中，96.1%使用YouTube，73.8%使用Netflix，很多用户在两个平台都注册了。因此，平台即使规模再大，也不敢高枕无忧，怠慢消费者。

二是“易模仿”抑制了排斥进入行为。平台的新商业模式并不受知识产权的保护，若某个新领域展示出潜力，很多平台都会迅速进入，拉近平台之间的服务差距。

三是“快迭代”抑制了优势迭加。数字技术创新迅速，今天的“霸主”明天就可能被替代，市场份额在较短时间内就可能出现明显变化。例如，国内的视频市场几年前还以爱奇艺、腾讯视频、优酷等几个平台为主，但近几年，门槛低、时长短、易传播的短视频受到了用户的追捧，并与长视频展开激烈竞争。

这些特点致使一些观点认为，即使平台规模再大，也是可竞争的，进而质疑了与市场规模相关的垄断指认。

4. 市场交易各方关系改变带来挑战

平台具有市场主体和局部市场规制者双重身份，这些变化使传统市场上的交易双方变为交易 N 方，交易形态也从“一手交钱，一手交货”变为“货、钱、数据、广告”等多种形态的组合嵌套，原有的市场自发秩序部分失效，不能满足平台企业对交易秩序的需要。

例如，交易前的合同约定变得十分复杂，平台在促成双方交易的同时获取各方相关数据；至于用什么服务换取哪些数据，大多数消费者对此并不清楚。再如，交易撮合型平台需要吸引消费者和商家登录平台，由于消费者和商户是两类不同性质的平台用户，且对平台的依赖度不同，因此，平台少有在双方之间“公平”分配运行成本的选择，而是选择对转平台成本高、依赖度高的一方（商户）多收费，对依赖度低的一方（消费者）少收费甚至免费。

同时，平台具有市场主体和市场基础设施提供者的双重身份，这使平台与其他市场主体交易时，有许多隐蔽手法形成事实上的不公平交易。

交易各方关系的这种新特点，导致平台与平台上不同类型用户之间的关系复杂多样，以规则透明和事前契约的方式规范各方关系的自发秩序难以运行。

（五）数据确权和交易带来挑战

数据市场与普通产品和服务市场的性质差别很大，具有多权属、可复制、交易形态隐蔽等特点。数据作为数字时代最重要的生产要素和社会基本元素，可以认为其具有一定的半公共品性质。数据市场的正当秩序是什么？什么样的权属界定和交易行为既符合其自身特点又合规合法？在哪类数据市场上允许自发秩序形成和发挥作用，又有哪类数据市场需要政府和法律制定规则与监管？这些都需要相关各方深入探讨。目前的监管实践主要针对社会反映强烈的两个突出问题，即个人信息保护和企业之间的数据权属。

1. 个人信息保护

2021 年 8 月，全国人大审议通过了《中华人民共和国个人信息保护法》，对个人信息处理规则、个人信息跨境传输、个人信息处理活动的权利、信息处理者的义务、监管部门职责及罚则、违法处理个人信息等都做出了明确规定。其中有几个重点：第一，对个人信息的处理规则做出了明确规定。知情、同意是法律确定的个人信息保护的核心规则，匿名化处理是个人数据使用的基本要求。第二，对社会普遍关心的问题进行了回应，对诸如“大数据杀熟”“公共场所数据采集”“人脸识别”等行为都有明确规定。

不过，从实践看还有许多要解决的问题，仅靠知情、同意这种方式难以有效保护个人信息，因为不同意就意味着消费者无法使用某项应用，而同意的后果也是绝大多数消费者难以知晓或推测的。从国外经验看，保护个人隐私是一个长期没有解决好的难题。因此，恰当有效地实行个人信息保护将是行政监管和法治监管面临的长期挑战。

个人信息也有不同的类型。与个人偏好被知晓并被大量的推送烦扰的情况相比，不利于个人社会评价和地位的信息被非法泄露带来的损害更大。法律的一项基本原则是个体为做错事而付出的代价要适度，但被泄露的个人信息将永远留存在网络上，受到损害的个人很可能不会再有改正和恢复正常工作生活的机会。因此，针对产生这类严重后果的信息泄露事件，应该给予特别重视和严厉打击。

2. 企业数据权属的确定和交易规范

与个人信息保护已有法律规范不同，企业数据权属和应用监管秩序仍在探索，并且处于持续调整完善过程中。对于企业运营中产生的业务数据（非个人数据），法院通过对典型案例（如“汉涛公司诉爱帮案”“大众点评诉百度案”“新浪微博诉饭友案”“淘宝诉美景案”等案件）的判决，探索和规范数据市场的运行秩序，明确了对企业数据权益的保护。从 2011—2019 年国内典型的关于企业数据和个人数据获取的判例来看，对数据要素的监管可以概括为以下几点。

第一，注重保护企业数据的价值创造属性，遵循贡献度原则对数据应用实施监管。企业在加工、整理数据的过程中对整体性数据投入了相应的人力、物力等，理应享有数据竞争性权益，企业在加工数据的过程中投入的成本越高，其贡献度就越大。从“汉涛公司诉爱帮案”“大众点评诉百度案”“新浪微博诉饭友案”“淘宝诉美景案”等多起案件的判决结果来看，法院对企业原始数据获取、加工等付出的大量劳动给予了肯定，认为胜诉方拥有数据产品的权益。

第二，注重不同数据的不同权属，确立双重授权原则和保护数据企业权益。一些先发展的平台，征得平台上个人同意后获得原始数据，并通过加工形成数据产品；一些后来发展、搭载在平台上的第三方应用商出现只征得个人同意就直接应用平台数据产品的行为，引发争议。在“淘宝诉美景案”“新浪微博诉饭友案”中，法院明确区分了用户信息、原始数据和数据产品的不同权属，规定第三方必须经过用户和平台的双重授权才能使用平台数据。

第三，注重数据分类分层，平衡在场企业和新入场企业的权益，倾向于促进数据流通和共享。随着时间的推移，大平台企业先到先得获得大量用户数据的优势日益明显。许多第三方企业认为，个人数据为个人所有，可以反复授权和使用，并不能被先行者所垄断。

而且数据可以多层开发、多次使用，用途不断拓展，如果先行平台垄断数据，将不利于创新和社会利益最大化。近几年，法院根据利益均衡原则，在判案实践中不断调整用户信息、原始数据和数据产品三者的权属关系。在 2019 年“微信诉抖音案”中，法院明确了网络平台及第三方对于整体数据资源与单一原始数据个体享有不同的数据权益。

可以看出，企业数据权属的法律规则始终处于调整变化之中。今后，随着数据要素市场建设的加速推进，看待数据问题的角度还会拓展，需要平衡的利益关系会更加复杂。总之，由于数据问题的新颖性和复杂性，可以预见，数据市场各类秩序的形成将长期处于探索、调整和变化之中。

（六）数字时代的监管挑战：若干学术讨论

随着网络经济、数字经济的发展，特别是大型平台的出现，双边市场理论及其运行和监管受到高度关注。

双边市场与以往相比有两个重要变化：一是成为复杂交易关系的缔造和参与者。平台上存在直接和间接网络效应，形成更加复杂的交易关系；而平台在作为平台服务提供者的同时，也参与交易活动和价格制定。二是成为局部市场秩序的提供者，通过平台协议、规则等，为平台各方提供交易秩序。梯若尔提出，需要政府规制的原因是“不对称信息、缺少承诺、不完美的规制者”，并构建了基于外部性理论的平台企业定价模型，考察了私人垄断和政府使用两种情形下企业收取使用费的定位问题，分析了垄断型平台的价格机制。在实践研究中，学者们将双边市场理论的重点应用于媒体行业、电商行业、广告行业、银行卡行业等的研究。以电商行业为例，学者基于电商市场构建最优模型发现，如果市场主体对平台而言并非关键因素，那么公共平台和私人平台都将被市场主体选择。

随着我国数字经济和平台企业的发展，相应的监管问题也引起高度重视。有研究提出，进入数字时代，政府的宏观调控、市场监管、社会管理和公共服务各个方面都有新的挑战和机遇，同时，合作监管日渐成为重要的监管模式。例如，在共享单车领域，在无序和强制两种状态下，在单独监管、少数主体合作监管、多数主体合作监管、超级综合监管四种模式中，超级综合监管发挥的作用最大，超级综合监管模式则是将多元主体监管纳入平台监管的典型策略。有学者认为，要实施“大系统支撑、大数据慧治、大监管共治”的新格局和新型监管方式。还有学者从政府与市场的边界和社会秩序的角度观察问题，认为进入网络与数字时代，政府与市场边界将持续处于调整之中。同时，在已有的自发秩序、监管秩序和法治秩序之外，又出现了第四种形态的“技术秩序”。综合而言，监管本质上是构建、维持一种良好的秩序，并在一定秩序之内实现各主体之间的利益。

总之，数字时代，市场结构和运行模式发生了重要变化。传统市场秩序受到多方面的挑战，对新秩序的需求强烈而紧迫。

三、技术秩序的出现及平台自治重点

大型平台构建了局部市场，大量生产者、消费者聚集产生海量交易。由于传统的自发秩序和制度秩序部分失效，平台只能承担塑造和维护这个新市场空间秩序的功能。之所以如此，是因为平台具有不可替代的技术优势。平台自治是以技术为基础的治理秩序，可以称之为技术秩序。

（一）技术秩序与平台自治

网络与数字技术带来了一种新的秩序：技术秩序。复杂平台的商业模式和自治能力都是特定技术架构的产物，包括海量数据的获取及一组特定的程序、算法等，它们的存在构成平台特定的运行模式。技术架构既塑造商业模式，也塑造治理能力，这种能力是极为宏观的图景和极为颗粒化的图像的有机统一。技术秩序主要体现在以下方面。

1. 技术能力支撑平台商业模式

算法可以理解、利用和引导偏好。通过线上场景的拓展，数亿名消费者的海量数据被获知，且能具象到每个个体的特性和行为，总体倾向和个体偏好都能够被精准感知；知晓了偏好就可以投其所好，提供更合意的产品、服务和信息。同时，算法还能通过各种显性和隐性导流设计，引导原本并无这些偏好的消费者关注和形成这种偏好。这方面的能力主要与商业模式有关。技术也可以成为形成市场控制力的手段，这种控制力有时决定了特定商业模式能否成功运转。系统可以被设计成排他性的分发渠道，或使用户难以跨平台链接信息，优先或歧视某些客户或消费者特别是自我优待（如为平台自有商户或关联商户导流等）。许多 P2P 文档在代码中嵌入了强制登录或强制分发要求，用户只有在登录时分享了个人信息或与好友分享了文件才能下载更多内容。总之，平台上的交易规则和平台商业模式的特点，都是依托技术能力形成的，是一种源自技术的市场秩序。

2. 技术能力支撑平台自治

平台自治并非传统的监管所能为，而是需要高度数据化、智能化。算法可以有效识别、筛选和排除特定信息，从而能够通过对消费者评论和投诉等信息的处理、对语言文字和图片的智能比对，以及更多对特定主体、特定行为和特定场景的智能处理等，有效识别违规违法及各种“非正常”状态。算法还能控制平台或第三方的经营风险。例如，用大数据技术对用户进行画像，对潜在贷款客户或商户违约概率进行估计，使平台违约概率维持在较低水平。如果有必要，平台还可以对多源异构的数据进行挖掘，获悉人与事件的潜在关联，以控制更多不当行为的出现。这些方面的能力构成了平台自治秩序的技术基础。相比行政监管和法规法律，技术秩序还有一个重要特点，就是其实施无需额外成本。例如，线上支付系统能大幅减少交易中的欺诈行为，信息审查和过滤机制能够在海量交易中保护知识产权。

3. 技术赋能其他市场秩序

技术赋能传统自发秩序中的“声誉约束”。在数字时代开启之前，由于信息的传播渠道和范围有限，声誉的影响力相对较小。进入网络时代，信息传递广泛且成本很低，特别是平台企业，能够高效汇聚和评价各方的声誉，这成为规范行为的重要手段。由于人数多、交易频率高，声誉的积累来源广泛且相对客观，声誉的产生速度较快，传播超越地域限制和特定关系人群的限制，其效果及影响远非此前时期可比。因此，许多平台都建立了用户评论、信誉评价、信用查询及问责制度等，帮助客户和消费者解决信息不对称问题，更好地做出选择。

技术赋能监管秩序。政府监管部门可以通过平台及更多技术手段得到市场活动中的大量信息，发现许多原来不易被察觉的失信行为，以及发现违法可能性较大的市场主体，有针对性地加强监管。例如，医保部门能够利用大数据技术，帮助医保系统识别和预防医疗欺诈，降低医疗成本。

（二）平台自治的重点

平台自治主要有以下几个重点。

1. 保护消费者权益

消费者是平台生存发展的基础。与线下消费者主要是购买者的身份相比，平台消费者具有购买者和信息提供者双重身份，地位更加重要。同时，平台上交易双方不见面，产品品质既不能事先查验，也不能在交易中“眼见为实”，商户稳定性差，如果没有平台的严格监管，交易中各种欺诈行为将呈现较高的概率。因此，在多个平台的协议中，关于保护消费者权益的内容都处于首要地位。表 3 所示是一些著名平台的协议中关于保护消费者权益的内容。

表 3　部分平台协议中关于保护消费者权益的内容

平台	关于保护消费者权益的内容
淘宝	淘宝不仅在规则体系中通过淘宝总则、交易管理、争议处理等保障消费者权益，更是出台了《飞猪旅行集市旅行用车商品消费者保障标准》《淘宝网隐私政策》等保护消费者在具体领域和具体内容上的权益，同时通过与卖家签订《消费者保障服务协议》等保证消费者享有相应的服务权益。
京东	规定商家有如实陈述的义务，保证发布的商品符合国家相关规定、发布的商品与实物相符。如果违反如实陈述的相关规定，京东平台有权对商家进行相关处罚。同时，京东还推出了“七天无理由退货”“正品保障”“自主售后”“遵守承诺”“履行消费者个人信息保护”“规定时间履行发货义务”等，进而保护消费者权益。
天猫	《天猫规则》第三章中的“交易与消费者保障”对消费者权益进行了规定，涵盖“基础服务保障”和“增值服务保障”，并通过《正品保障服务规范》《七天无理由退换货规范》《七天无理由线上换货服务规范》《天猫发票管理规范》《天猫物流时效管理规范》为消费者提供基础服务保障。 《天猫服务协议》第七部分对“消费者保障义务”进行了规定，具体涵盖“保障内容”和“保障责任及处理”两大部分。
网易严选	《网易严选服务协议》《网易严选隐私政策》《网易严选入驻商家争议处理规范》《网易严选入驻商家售后服务处理规范》均涉及对消费者（买家）权益的保护，具体涵盖“服务规范”“平台使用规则”“个人信息使用规范”“交易纠纷处理”“售后服务管理规范”“售后要求及违约处理”。

续表

平台	关于保护消费者权益的内容
美团外卖	美团外卖服务保障协议共推出“号码保护”“放心吃”“准时宝”极速退款”四项服务协议。其中在“号码保护”协议中为保护消费者，采用了虚拟号联系消费者，过期无法再联系消费者；在“放心吃”协议中，推出食品安全责任险，消费者遇到相应食品安全问题可以申请赔付。

消费者评价能够塑造声誉，也能成为卖家做假的手段。“刷单”作为一个电商衍生词，是指由店家付款请人假扮消费者，用以假乱真的购物方式提高网店的排名和销量，以获取销量及信用度，吸引潜在消费者。通过这种方式，网店可以获得同类门店靠前的搜索排名，进而更易被消费者在搜索引擎上抓取。处置这类问题依然要靠平台自身的智能技术。例如，美团每天产生约 300 万条新评论，其中 99.6％都可以通过人工智能审核，剩余 0.4％的“疑难杂症”则会由人工介入审核；美团点评有 300 多种算法进行评论筛选，可剔除 98％的虚假评价；美团医美“至美行动”在 2021 年 6 月的治理数据中，打击 6.1 万条虚假医美评论，前置审核拦截涉嫌违规商品和服务 3 375 个。

2. 内容合规审核

内容审核是文字信息和视频发布平台保障内容合规的重要自治手段。平台希望通过审核机制，能够规范平台上的主体行为，创造良好的平台环境和社会形象。通过对国内代表性短视频平台审核机制的分析，平台内容审核总体可以概括为审核原则、审核机制、内容评估、推荐机制等（见表 4）。以抖音为例，其通过机器检测、人工检测、用户反馈、叠加推荐等多重机制，努力实现对视频内容的把关，优荐劣汰。

表 4　代表性短视频平台内容审核机制对比

平台内容审核	B站	抖音	快手	西瓜视频
审核原则	√	√	√	√
审核机制	√	√	*	√
内容评估	√	√	√	√
推荐机制	√	√	√	√

注："√"表示明确有，"*"表示未找到明确界定。

资料来源：整理自各短视频机制内容文体。

3. 知识产权保护

网络内容可以复制传播，多数内容的切割组合极易操作。因此，在平台发展的较早时期，各种类型的知识产权侵权纷争不断，极大地影响了平台的信誉和发展。防止侵权等成为平台治理面临的巨大挑战。知识产权保护具有典型的公共事务属性，是政府市场监管的重要职能。但面对如此高频、巨量、多态出现的侵权问题，政府处置的能力远远不足。因此，多数平台都采取措施进行知识产权保护。

微信作为目前最大的社交平台之一，每天发布原创文章 3 万～4 万篇，平台通过标注"原创"印记实施品牌保护。截至 2019 年上半年，微信平台 3 年累计超过 1 亿篇文章被标明"原创"。对于侵权者，采取处理个人侵权账号、禁止使用朋友圈、向品牌权利人提供仿冒品信息线索等措施。微信平台 2019—2020 年知识产权维护情况如表 5 所示。

表 5　微信平台 2019—2020 年知识产权维护情况

处理项目	数量
向品牌权利人输送侵权线索	41 万条
处理个人侵权账号	7.1 万个
处理侵权投诉	12 万起

续表

处理项目	数量
处罚账号	4.7 万个
处理版权侵权信息	11 万条

资料来源：2020 年微信知识产权保护数据报告.

平台之所以能够有效处理如此巨量的知识产权问题，主要依托强大的技术优势，通过智能化系统实现。阿里巴巴作为一个具有几万亿元交易规模、5 亿名消费者、近千万个卖家和多种协作者的巨大市场组织，对“打假”等的需求强烈。阿里巴巴有专门的平台治理部门，依托智能比对程序处置疑似知识产权侵权问题。在天猫平台，97%的知识产权疑似侵权被主动预警拦截，平台主动防控删除的商品是权利人投诉的 24 倍。[①] 阿里巴巴以自身能力为政府赋能，2020 年与 29 个省、166 个地方公安部门协作，侦办制售假冒伪劣口罩等违法案件 1 711 件。[②] 在打假的同时，平台智能系统还能帮助企业回避不知情状况下的侵权风险。例如，阿里巴巴平台每天新品牌上线数以万计，新产品数以百万甚至千万计，品牌名称“撞车”的风险很高。阿里巴巴智能商标机器人“造芒”上线后，只需数秒就能生成符合国家商标申请要求的名称，从而最大限度地帮助商标注册人规避重名风险和侵权风险。

视频内容侵权也是平台的突出问题。2019 年至 2020 年 10 月，“12426”版权监测中心监测的电影、电视剧、综艺节目、体育赛事、动漫等类型的 4 894 件作品中，共监测到短视频疑似侵权链接 1 406.82 万条，平均每项体育赛事的短视频侵权量约达 2.67 万条；电视剧单部作品的短视频侵权达到 5 991 条（见表 6）。这些侵权问

---

① 阿里巴巴集团. 数字经济呼唤数字治理，阿里用数据技术推动知产保护变得更简单，2018 - 09.

② 阿里巴巴集团. 2020 阿里巴巴知识产权保护年度报告，2021 - 03 - 26.

题通过主流平台维权的成功率超过 95%。

表 6　2019—2020 年短视频侵权检测情况

作品类别	被侵权作品量（件）	短视频疑似侵权链接量（万条）	单独作品短视频侵权量（条）
电视剧	1 571	941.20	5 991
电影	2 075	35.55	171
综艺节目	904	301.77	3 338
体育	33（6 202 场）	88.09	26 695（场均 142）
动漫	153	36.09	2 359
其他	158	4.12	261
总计	4 894	1 406.82	2 875

资料来源：2020 中国网络短视频版权监测报告.

4. 交易纠纷处理

有交易就会有纠纷。平台交易数量巨大，因此纠纷和投诉数量也很大。平台通过建立纠纷解决规则和采取相应措施，为处理交易中的纠纷提供依据，进而规范交易流程（见表 7）。

表 7　代表性平台纠纷（争议）处理

纠纷（争议）处理	京东	淘宝	拼多多
处理依据	《京东纠纷处理规则（买家版）》	《淘宝平台争议处理规则》	《拼多多争议处理规则》
条目比较	一、总则 二、交易纠纷处理原则 三、举证责任 四、交易纠纷（先行赔付）	第一章　总则 第二章　争议受理 第三章　争议处理 第四章　撤销和中止 第五章　执行 第六章　附则	1. 总则 2. 交易规范 3. 争议处理 4. 举证责任 5. 附则

资料来源：依据各平台纠纷争议处理规则整理.

综合表 7 中代表性平台的纠纷（争议）处理规则及其具体内容，平台交易纠纷处理总体流程涵盖“举证责任”“交易纠纷赔付”“平台判定权力”三个方面。在“举证责任”方面，规定了不同类型纠纷中的交易各方负有举证责任和举证期限。例如，京东规定，平台有权要求“买家或商家提供证据证明，且有权单方判断证据的效力；买家主张未收到货的，商家应对其未收到商品的情形承担举证责任”。淘宝规定，“对商品或服务产生争议的，买家应当在交易成功后的15天内提出维权主张”。京东规定，“有权要求买家或商家提供证据证明，且有权单方判断证据的效力；卖家对于未收到货、签收商品不一致的买家需要承担举证责任”。在“交易纠纷赔付”方面，京东对于运费赔付实施“谁过错，谁承担”原则；对于先行赔付，在双方协商未果的情况下，京东平台介入，并根据纠纷规则和双方提供的证据进行处理，“交易纠纷规则没有明确规定的，由京东依其独立判断做出处理”。在“平台判定权力”方面，规定在双方纠纷处理中平台享有证据有效判定、结果判定等权力，如“有权单方判定争议结果”“有权根据卖家提供的图片证据直接判定”。总体来看，各平台都对投诉给予了高度重视（见表8）。

表8　部分平台总投诉量、回复率、完成率及响应时间

	总投诉量（起）	回复率（%）	完成率（%）	响应时间（小时）
平台一	188 916	45.74	33.44	49.42
平台二	105 565	100.00	65.84	2.76
平台三	23 890	100.00	93.10	0.76
平台四	2 338	99.70	53.98	27.21
平台五	2 015	99.86	73.49	16.17
平台六	1 178	99.75	70.76	64.66

资料来源：黑猫投诉网.

（三）平台自治的特点

前文的分析表明，在传统的自发秩序与监管秩序这两种分法的治理结构中，出现了“平台”这一新的治理主体和“技术秩序”这一新的市场秩序类型。技术秩序的形成，是通过自发秩序与制度秩序边界各自回缩而让渡的一个新秩序空间，其约束力量强于传统的市场自发秩序，又弱于行政和法律秩序。因此，平台自治具有以下特点。

1. 协商性

平台既是企业，又是平台上巨量市场主体和消费者交易服务规则的提供者；作为平台上企业的秩序提供者，部分替代了以往的政府监管者角色。由于不同主体有不同的诉求，平台又无政府和法律具有的强制力量，同时平台之间存在竞争，商户和消费者转换平台的成本较低，因此平台要力争使自己的管理规则最有竞争力，这样才能既保证自身的市场优势，又维护其他主体的利益。因此，治理的性质决定了平台治理秩序只能是各方协商形成，并最大限度地关注相关各方的诉求。

2. 灵活性

平台的规则设置灵活多样，评罚结合。从扣分扣点到罚款，再到评价体系和声誉机制；从搜索降权到搜索屏蔽，再到降低活跃度以至驱逐出平台，很灵活、很实用。表 9 所示是部分平台的主要处罚措施。

表 9 部分平台的主要处罚措施

平台	主要处罚措施
阿里巴巴	阿里巴巴对违规商户采用的措施有警告、下架、删除、降权、限制发布产品信息、店铺监管、账户限权、账户关闭和其他措施。 会员违规扣分累计达 12 分以上 24 分以下的，给予警告处理；扣分累计达 24 分以上 36 分以下的，给予限权 7 天处理；扣分累计达 36 分以上 48 分以下的，给予限权 15 天处理；扣分累计达 48 分以上 60 分以下的，给予限权 30 天处理；扣分累计达 60 分以上的，给予账户关闭处理。 被执行节点处理的会员，当其对应违规行为被纠正、违规处理期间届满、违规处理措施执行完毕，可恢复正常状态。

续表

平台	主要处罚措施
京东	京东对违规商户采取的措施有警告、下架、限制参与营销活动、单个商品搜索降权、单个商品搜索屏蔽、单个商品单一维度搜索默认不展示、全店商品单一维度搜索默认不展示、店铺屏蔽、支付违约金、关闭店铺。 卖家发生违规行为的，其违规行为应当及时纠正，京东将对该卖家扣一定积分且在卖家管理系统或卖家论坛等位置公布。自然年度违规扣分在次年的 1 月 1 日 0 时清零。
滴滴	滴滴通过服务合作协议和各类平台规则对司机实施管理。 《滴滴平台用户规则总则（试行）》对用户（驾驶员和乘客）进行管理，其中对驾驶员违反平台规定的，明确实施警告、暂停服务、永久停止服务、信用违约金、降低信用评分、观察改进、安全培训、评估考核八类措施。
美团	美团基础用户规则有 8 份，不同业务规则有 13 份。其中，《美团用户诚信公约》中规定，对多次在自家或亲友店铺写好评、发布大量不实评价养号刷分等 16 类违规行为实施扣分、封号等处罚。

资料来源：整理自各平台相关规则.

3. 本地性

每个平台的特点和需求不同，具体自治手段也不同。哈耶克等强调过“局部知识”的概念。在当代网络平台上，这类局部信息和知识的丰富程度、独特性质及变化速度等早已远非昔比。各平台的业务各具特点，治理需求也各具特色，侧重点也有所不同。因此，每个平台的规则和手段只适合这个平台的相关各方，即规则的本地适用性。强调“本地”这个概念，本质上是使相关各方的权、责、利边界一致，使规则制定和执行成本最低，治理更加高效。

4. 民主性

在平台的规制设计中，每个客户、每位消费者都能通过点评、反馈等方式参与到平台秩序治理过程中，为那些表现良好的企业点赞，提升它们的声誉，同时使劣质企业和产品得到曝光并受到惩罚。这种民主化治理对普通消费者来说大有裨益。面对损害较小的违法违规行为，个体消费者寻求行政和法律保护的成本可能过高，消费者通过点评等方式给予负面反馈的能力对商户的约束更简便有效。

5. 有限性

平台通过与平台上的商户及消费者签订协议来实现自治，并无政府的强制力量，也没有法律法规赋予的更多处罚权力，因此以“关闭店铺”“封号”等逐出平台的措施为最高处罚手段。遇到严重的违法行为，平台、商户和消费者只能向监管部门反映情况和投诉维权，向司法机关提起诉讼等。此外，平台上各方如果对平台的治理行为不满意，也可以向外部监管者提出控告甚至提起诉讼。

以上分析表明，过去 20 年，基于技术能力的平台自治广泛发挥作用，虽不完善和理想，但可用且有效，与行政监管和法治监管共同发挥作用，保障了各类平台大致正常的交易秩序。

四、监管政策：以解决“大而管不了”为重点的建议

在进入数字时代之前，一些大企业由于地位重要，即使出了问题，政府也会轻罚、放过甚至救助，即所谓的“大而不能倒”现象。数字时代，大企业监管难题前移，笔者称之为“大而管不了”。其根本原因就是技术秩序的加入，使大平台上的主体和交易量巨大，平台结构多层、多线交织，商业模式创新迅速，从而使监管存在“多而顾不上”“快而跟不了”“深而看不透”“新而读不懂”等问题。

大平台监管也是世界性难题，虽然欧盟和美国早有监管大平台的理念、政策和法律，但并未能有效遏制大型数字平台的市场力量。近几年，在欧盟和美国，关于“资本力量过于强大”“科技公司垄断市场”的质疑不断，监管部门也不断出台监管政策，但几

个大型数字平台的市值反而呈现快速上升趋势，可见数字时代平台监管的难度有多大（见图 9）。

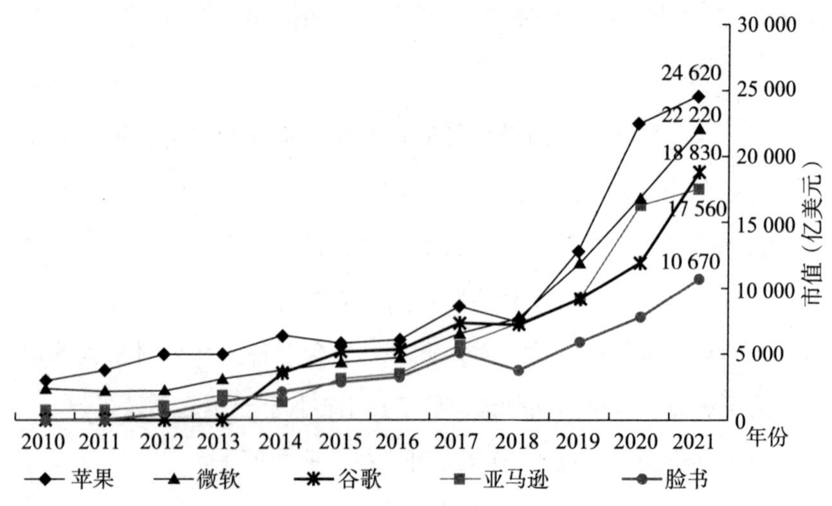

图 9　美国代表性数字平台市值

资料来源：整理自相关网站。

之所以“大而管不了”，是由于技术和商业模式复杂，规模超大，行政和法律对平台的监管不到位；平台在自治的同时，脱离监管问题突出，不当行为得不到及时发现和有效控制。因此，数字时代的平台监管，首先要解决“大而管不了”这个突出问题。据此，我们提出以下监管政策建议。

（一）全面推行平台合规管理，政府加强合规监管

合规管理是企业防控合规风险的内部管理体系。企业要建立一套旨在防范、识别和应对合规风险的自我监管机制，包含组建合规管理团队和建立合规风险的防范机制、识别机制、应对机制等。①

大型数字平台企业规模大，在全球范围内活动，内部组织结构

① 关于合规的定义，可以参考国际标准组织在 2014 年 12 月 15 日发布的国际标准 ISO 9600《合规管理体系指南》。

复杂，关联企业隐蔽性强，商业模式创新快，平台上的交易者众多，交易量巨大，交易内容和形态多元多样且变化迅速。平台的这些特点决定了外部监管者难以对平台上的每次交易进行主动监管或依举报监管。因此，要求企业内部建立合规管理体系，并由政府有效监管这个合规体系的建设、运行和效果，是一种有效的制度安排。从国际经验看，跨国企业的合规管理是企业形象和信用的重要标志，也是企业国际竞争力的重要方面。对数字平台企业来说，数据和隐私合规管理、消费者保护合规管理、算法设计合规管理、知识产权保护合规管理等都是必不可少的内容。

我国企业创新能力强，加上国内市场大、成长快，促使其成为国际市场上的有力竞争者。但是，有些企业由于缺乏国际市场竞争经验，加上合规管理意识不够、能力不足，经常成为其他国家或企业打击的对象。中兴公司自 2016 年 4 月以来，吸取过去在某些方面管理不合规的教训，高度重视出口管制合规工作。在出口管制合规组织体系建设上，中兴公司成立了总裁直接领导的合规管理委员会，引入和实施 SAP 贸易合规管制工具，组织覆盖 6.5 万名员工的合规培训，仅 2017 年就投入 5 000 万美元用于出口制合规项目。

在全面推动企业建设合规管理体系的同时，监管部门要加强合规监管，并将合规监管作为重要的常态化监管，包括确立合规管理标准，实施合规评估、检查等动态监管举措，促使企业增强合规管理的动力，不断提高防范合规风险的能力。

（二）对平台进行分类监管

维护竞争秩序，防止垄断及其他不正当竞争，是行政和法治监管的首要任务。对大型平台的竞争监管，比传统企业时代更重要，也更复杂。各个平台有共性，但更有个性，其行为各具特点，由此带来了监管的个性化要求。

1. 搜索性平台

百度等是通过广告推送实现盈利的搜索平台。对广告商来说，最大化推送和精准化推送是两个主要诉求；平台的主要动力是吸引尽可能多的消费者在平台上搜索。由于平台无法针对消费者收费，因此，平台要最大限度地阻止第三方广告商进入，将广告机会留给自己。市场份额与阻止进入是监管该类平台应关注的重点。

2. 电子商务平台

淘宝/天猫等作为电子商务平台，是典型的双边市场，需要吸引消费者和商户双边上平台，双向最大化，而两者的数量是相互加持的。因此，平台以免费服务吸引消费者，又以多种方式吸引商户上平台并在平台上唯一呈现，承诺以引流、费率或其他优惠与其唯一性捆绑。因此，限制选择（二选一）、补贴行为、优先向其自有品牌或合作品牌导流等是监管该类平台应关注的重点。

3. 社交类平台

微信、脸书等是社交网络平台，运行的基础是广告和各种利用平台的服务商。考虑到消费者的多样化需求，这类平台也允许第三方应用程序接入以便丰富平台内容。为了增强吸引力，这类平台有可能对不良信息和侵犯个人隐私的行为管控不够。同时，由于其接入范围极为广泛，当其关闭有潜在竞争性的新应用程序接入时，会带来所谓的由基础设施不开放产生的公平性问题。

4. 移动支付类平台

蚂蚁金服等移动支付类平台，运行的基础是提供便利的二维码支付服务，同时获得海量和实时用户数据，并由此识别判断个人信用状况，以“助贷”“信用查询”等名义与金融机构开展信贷业务合作，并对客户进行智能广告投放。这类平台希望能最大规模地占领市场并实现排他性经营。因此，其既排斥竞争对手进入平台提供相关服务，也不情愿支撑其他平台的支付业务，有可能限制竞争。此外，由于涉及金融业务，用户端市场规模巨大，金融端跨行业、多业态、多点连接，拥有巨额现金流、现金池等，这类平台有可能带来一定的金融风险。

总之，不同类型平台的垄断和不正当竞争问题表现不同，每种表现背后的复杂技术事实认定和法律适用性等都很专业。因此，建议政府依托专家队伍，明确不同平台的关键问题和监管重点，有针对性地设计监管对策。

（三）以公开规则为重点，加强算法监管

数据和算法在服务平台商业模式和平台自治的同时，也可能通过其所掌握的海量数据和自身引导能力，侵犯个人隐私、违背社会公平、塑造不恰当的价值观等，甚至干预政治选举。由于只有软件开发者真正知道这些算法如何运行，因此即使使用不当，也有可能许久都不被社会知晓。例如，金融平台公司可以在贷款业务中，运用大数据技术对用户画像，计算违约概率，保障贷款安全。在这一过程中，如果将民族、宗教、性别等因素“算入”，就有悖社会价值观。另外，政治选举时不得将特定信息推送给算法“算出”潜在支持者，也是一些国家的明确要求。因此，明确算法伦理并监管不当算法，是行政监管的重要内容。

政府要进行监管，就需要对技术架构有清晰的理解。对快速发展的数字技术而言，政府监管人员要理解解决这类技术问题并非易事。因此，政府对算法的监管不能仅靠一己之力，而要动员和依靠社会各方面的力量。技术规则的公开透明是外部监管所需的基本条件。例如，要求电子商务平台向社会说明平台产品推荐机制的公正性，外卖平台要向社会说明自己的配送机制合理兼顾了骑手、商户和消费者三方的利益。同时，该类说明要足够具体，使监管者、技

术专家和社会各方面都能理解。如果平台明知存在违背商业规则、国际惯例、社会价值或人类伦理等可能性或实际行为，平台有技术能力却在设计算法和程序时不予关注或故意放纵，就是不当行为，应该受到严格监管和严肃查处。

（四）维护平台之间的公平竞争，保持多方利益平衡

现在，行政和法律对几大平台的监管力度加大，引起地方政府和国有企事业单位的关注。为了避免风险，不少政府部门、国有企事业单位只选择与国有数字企业签订数字化服务合同，排斥非国有平台企业进入。这将带来另一种形态的不公平竞争甚至垄断行为。因此，对政府和公共部门这种行为的公平竞争审查制度也应纳入市场监管范畴，并且在对各级政府文件出台前的合法性审查中，要将该内容纳入其中，体现对各类所有制主体平等监管、平等保护这一根本性、制度性要求，保障平台之间的公平竞争。

同时，平台内部及相关各方的诉求分化程度远高于传统市场。产品和服务质量得到保障及不要受到虚假信息的误导，是消费者的首要和普遍诉求。另外，消费者、企业、投资者等的需求存在不同程度的分化。一些消费者对免费、普惠和多样化的服务感兴趣，能够接受广告推送，还有部分消费者愿意以付费获得更好的服务体验；企业期望得到可预期的竞争和监管环境，在场企业和新入场企业、想入场企业的诉求也并不相同；投资者关心信息披露的真实性；股东希望控制内部人滥用权力等。因此，在平台监管中，要关注各种诉求，从鼓励创新、保护消费者权益、保障公平竞争等多角度匹配监管权重，恰当组合监管的手段和方式。这对创新行为的平衡鼓励和约束十分重要。

同时，鼓励创新要求相对宽松的监管环境，以及对现存秩序的适度干扰和现有利益格局的重新调整。从这个角度看，在对各个平

台的底线进行严格监管的同时，可以考虑给平台必要的创新空间，允许不同平台在合规的前提下，探索不同的内部治理特色；允许平台之间有更多的竞争和博弈。

（五）注重外部性问题和社会价值观导向监管

平台不仅是大型企业，而且创造了新的社会基础设施和新的公共空间，因此平台行为具有明显的外部性。同时，平台上各类主体的言行具有一定的公共性，有可能影响其他公民的正常工作和生活，影响社会稳定和安宁。特别是内容类平台，连接极为广泛，人人都可以是网络内容的生产者、观赏者和传播者。社会学、心理学和传播学等多学科的研究及多国实践都表明，在无外部约束监督的情况下，网络内容会出现低俗、误导未成年人、造谣陷害甚至政治诱导等情形，进而形成错误的舆情和价值导向，破坏整个网络生态环境。因此，需要对网络内容实施监管，建设良好的网络生态，为全社会提供良好的价值导向和社会道德规范。所以，在外部性显著的领域，强有力的行政监管甚至直接干预是必要的。

同时，关系人体健康和生命安全的产品与服务也需要加强外部监管。在传统市场上，如食品药品和特种设备等市场，以及具有严重信息不对称问题并会造成群体性严重后果的市场上，如金融市场等，就不能允许通过市场上的重复博弈和竞争过程来进行规范，而是需要政府的严格监管。这些理念和规则对平台监管依然适用。同时，数字时代有更多的智能产品出现，如无人驾驶汽车、无人机、智能机器人等，都涉及人体健康与安全问题，需要政府在前端（准入）就加强监管。

（六）行政监管要迅速敏捷和及时迭代

数字时代，市场事态快速变化，挑战时时更新，敏捷就成为数字时代监管的重要理念。[①] 2020 年，世界经济论坛在《第四次工业革命的敏捷监管：监管者的工具包》（Agile Regulation for the Fourth Industrial Revolution：A Toolkit for Regulators）报告中指出，当前的监管需要以一种更快、更敏捷的方式管理新技术、商业模式和社交互动，使监管能够跟得上新问题、新产品、新商业模式的发展，应对好创新和部门管理之间的协调，应对好动态风险和责任管理问题。

在传统治理和监管理念中，政府政策和法规需要全面考虑，出台后长期稳定地执行，不能朝令夕改。然而，数字时代，一切都在快速变化，监管对象和监管环境日新月异，特别是平台规模大、数据交易量大，垄断问题和其他不正当行为易于产生，影响快速蔓延，如果监管迟滞，就会产生"大而管不了""大而不能倒"的问题。

以上分析表明，数字时代，市场结构和运行模式发生了重要变化。传统市场秩序受到多方面的挑战。平台经济作为数字经济的代表形态，以数字技术为基础，开发支持核心交易的算法程序，提供交易规则，监管交易行为，以此来降低交易成本，为交易各方和社会创造价值。由此形成了市场经济中新的技术秩序，不仅支撑平台发展和自治，也赋能行政监管和法治监管。与此同时，平台种种不正当竞争和其他损害社会公众利益的行为更不易被发现和及时管控，有效监管面临很大挑战，监管也需要加强和改善。总之，时代已经改变，要全景式地理解变化，在新秩序结构中寻求各种市场秩序、各类监管之间的最优组合，做到维护市场有序运转、多种主体利益平衡和整体社会效益的最大化。

（本文刊发于《经济研究》2021 年第 12 期。）

---

① 敏捷在国外最早是在软件开发领域提出的，它强调软件开发过程中的个体和互动，关注客户合作，以达到缩短开发周期、回应环境快速变化的目的。

加强金融科技领域的反垄断监管

张晓慧①

近年来，互联网、大数据、云计算、人工智能、区块链等技术加速创新，日益融入经济社会发展各领域全过程。数字经济发展速度之快、辐射范围之广、影响程度之深前所未有，正在成为重组全球要素资源、重塑全球经济结构、改变全球竞争格局的关键力量。

有鉴于此，2021 年 10 月 18 日，习近平总书记在主持中共中央政治局第三十四次集体学习时强调，要想把握住新一轮科技革命和产业变革的新机遇，推动构建中国经济新发展格局，建设现代化经济体系，构筑国家竞争新优势，我们必须站在统筹中华民族伟大复兴战略全局和世界百年未有之大变局的高度，充分发挥海量数据和丰富应用场景优势，促进数字技术与实体经济深度融合，赋能传统产业转型升级，催生新产业新业态新模式，不断做强做优做大我国数字经济。

在数字经济的背景下，如何充分发挥以数字金融、智慧金融为代表的金融科技在促进金融业加快转型升级、更好服务实体经济上的作用，是当下我国金融业必须直面的挑战。从近期我国金融科技的发展来看，可能有以下几个问题需要给予高度关注。

---

① 作者系中国金融四十人论坛（CF40）资深研究员、中国人民银行原行长助理。

一、平衡兼顾数据治理中的隐私保护与公平利用

数字经济固然可以提高经济效率，但前提是必须做好数据治理，特别是数据的隐私保护与数据的公平利用。当前我国在数据治理上仍面临较大挑战。

一方面，大型科技公司过度采集客户数据，在各产品条线上混用数据，侵犯客户数据隐私。为了获得平台公司的金融服务，我国消费者往往需要向其提供个人信息，过度采集数据的问题比比皆是。在2016—2017年“现金贷”高速增长期间，甚至出现了买卖借款人信息的情况。还有一些科技公司随意将用户数据在不同的产品条线上混用，加大了隐私保护的难度。这在发达国家是不被允许的。试想一下，如果谷歌、微软和亚马逊等公司可以随意调用个人信息开展金融业务，那么这些机构可能早就成为全球金融市场上最大的放贷机构了。

另一方面，大型科技公司在数据开放利用上存在不足。一些大型科技公司阻碍用户的数据向竞争对手迁移，影响了用户在不同平台之间的自由选择。而且，由于数据不能开放使用，一些商家无法将自己在平台上的数据开放给商业银行，由商业银行直接授信、放贷，而只能依靠大型科技公司的联合放贷或助贷。

欧盟在数字治理方面走得比较靠前，很多理念和方法被其他国家和地区所借鉴，包括《通用数据保护条例》及近年来制定的《数字服务法案》和《数字市场法案》。

一是对数据隐私进行最严格的保护，加强用户对数据的控制。《通用数据保护条例》提出了公平透明、目的限制、最小必要、准确、存储限制、完整及保密等个人数据处理原则，并强化了用户对

个人数据的控制，包括知情权、反对权、限制权、被遗忘权、可携带权等。

二是规定大型科技公司不得基于“核心平台服务”来整合个人数据。也就是说，大型科技公司不得将自己获取的个人数据与从其他渠道获取的及来自第三方服务的个人数据整合在一起，必须建立数据的防火墙，每个服务模块都要保护自己获取的个人数据。

三是大型科技公司不得使用商业用户产生的数据与这些用户开展竞争。商业用户在平台上提供或产生的数据一般属于商业机密。如果大型科技公司只有纯粹的平台业务，这不会扭曲竞争，但如果其在获取商业洞见之后开展自营业务，显然极不公平。

四是大型科技公司要为商业用户或经其授权的第三方机构提供数据使用便利。此举旨在消除大型科技公司对商业用户数据的垄断，类似开放银行原则在数据市场中的应用。

五是商业用户和终端用户向大型科技公司提供或产生的数据具有可携带性。《通用数据保护条例》已经引入了可携带性概念，《数字市场法案》更是将这一措施由自然人拓展至法人，为商业用户和终端用户在不同平台之间的自由切换提供了便利。

我国也应该借鉴欧盟的做法，在数据治理中努力平衡兼顾好隐私保护和公平利用的关系。不仅要明确区分数据作为私人产品和准公共品、公共品的边界，也要厘清各类数据的多重性及数据跨界混合使用可能产生的系统性风险和社会副作用；严格落实《中华人民共和国数据安全法》《中华人民共和国个人信息保护法》等法律法规，努力改进和提高监管能力，坚持制度规范和技术防护双管齐下，严防数据误用、滥用，切实保障金融数据和个人隐私安全。

二、对算法应实施公开透明监管

数字经济提升经济效率、改善客户体验主要依靠算法。实践中，大型科技公司的算法已在很大程度上影响了用户的消费行为。算法的复杂性及算法使用者的刻意隐瞒，使绝大多数人无法理解算法的工作原理，导致作为算法使用者的大型科技公司，特别是那些几乎控股了所有与个人生活行为相关的数字平台的公司得以处于事实上的支配地位，形成“算法霸权”，从而严重危害了算法相对人也就是消费者的合法权益。

应该说，算法已经成为大型科技公司控制市场的主要工具。打着保护竞争优势和商业秘密的旗号，算法在一定程度上为大型科技公司故意隐藏规则、操纵消费者和制造歧视创造了更多的灰色空间。

一是通过不公平排名，偏向自家产品或商业利益伙伴。例如，金融科技公司给出的资产配置偏向推荐与其自身利益高度相关的商品；还有一些平台会通过特定算法过滤质量较差的商品，但自家的商品或服务却在豁免之列。

二是存在算法歧视问题，包括价格歧视、身份性别歧视、教育歧视等。“大数据杀熟”就是价格歧视的一种表现形式，即为不同用户提供不同的商品定价。相较于传统歧视性行为，算法歧视往往更难加以约束。歧视性定价只有垄断企业才能做到，在充分竞争的市场上是不会存在的，这属于新型垄断行为。

三是通过诱导性信息与风险隐藏，诱导消费者过度消费和承担风险。智能算法往往容易掩盖金融风险的复杂性，不仅会引导过度消费和负债，还可能在金融投资领域误导投资者。

此外，大型科技公司在经营模式和算法上的趋同，很容易引发

"羊群效应"，导致市场大起大落。尤其是大型科技公司的服务对象多为金融专业知识和识别能力均较弱的社会公众，往往更容易引发社会群体事件，可能导致系统性金融风险。

有鉴于此，大型科技公司的主要算法需要实施外部监管和提高透明度。因为算法若对使用者（平台管理者）不利，他们肯定会马上做出改变；但若对消费者不利，则只有在被曝光或强制公开透明时，他们才有可能改正。

这一点已被监管部门充分认识，并且监管部门也采取了相应措施。在中国人民银行发布的《征信业务管理办法》中，第三十一条就要求征信公司必须公开个人信用评分算法模型。在有关部门发布的《互联网信息服务算法推荐管理规定》中，也针对"大数据杀熟"和"算法歧视"等问题，要求从业者完善算法管理制度，优化算法推荐，定期审核和评估算法模型，加强内容管理，促进算法应用向上向善。针对算法"黑箱"导致的算法推荐运作过程和决策机制不清晰的问题，有关部门要求算法推荐必须提高透明度，包括制定并公开算法推荐相关服务规则，并优化检索、排序、选择、推送、展示等规则的透明度和可解释性；以显著方式告知用户其提供算法推荐服务的情况，并以适当方式公示算法推荐服务的基本原理、目的意图、运行机制等。

总之，在算法监管上，必须确立公开透明原则，以保证用户受到公平对待，对自动化决策要事前做好风险或影响评估，避免算法滥用带来的风险。未来还应考虑将算法纳入反垄断监督。

三、对互联网消费信贷应与传统金融服务实施一致监管

互联网消费信贷的快速发展，客观上增强了金融服务的便利性，

降低了融资成本，有助于偏远地区、中小企业和普通家庭获得更多金融服务。但由于金融科技部分改变了传统金融服务的形式，因而出现了监管缺失和监管套利，并由此产生了一定的风险。

一方面，大型科技公司变相从事金融服务，却没有牌照。它们不仅提供信用卡服务、借贷服务、资产管理服务等，甚至还借助互联网等信息技术突破了跨行业、跨地域经营的限制，变相吸收公众存款。此外，互联网企业还以普惠金融为名，将客户资源推荐给持牌金融机构，由其提供放贷资金，在没有征信牌照的情况下从事信用信息及助贷服务。

另一方面，互联网消费信贷存在金融价值观扭曲和金融消费者保护不足的问题。众所周知，导致美国次贷危机的一个重要原因就是金融消费者保护不足，一些本不应该获得贷款的家庭在商业银行的游说下背负了沉重的包袱，累积了大量风险。一般而言，金融价值观倡导“种瓜得瓜、种豆得豆”，反对不劳而获、过度借贷、超前消费的享乐主义。然而近年来，部分金融科技公司在未能对客户进行充分评估的情况下，通过各类消费场景过度营销网络消费贷等金融产品，向学生等实际收入水平低、还款能力弱却又偏好通过借贷进行超前消费的群体大量提供放贷服务，存在误导用户的行为。

因此，有必要按照“相同业务、相同监管”的原则，对金融科技公司进行牌照管理，防止监管套利。

坦白地说，我国金融科技公司在发展早期享受了“监管红利”。有些机构此前从事与银行类似的存贷款业务，却不需要接受《巴塞尔协议》下的资本充足率、杠杆比例等监管要求。这不仅导致了金融科技公司和传统金融机构之间的不公平竞争，一定程度上放大了传统金融机构尤其是中小型金融机构的经营压力，同时也引发了激励扭曲，促使金融科技公司过度追求监管套利，削弱了其通过自身技术创新提升金融服务实体经济质量的动力。

四、防止大型科技公司的恶性竞争和跨界控股投资

基于“赢家通吃”的动机开展恶性竞争，是大型科技公司常见的手段。

由于网络效应的存在，金融科技领域通常会形成“赢家通吃”的局面。根据国际清算银行的研究，数据、网络效应、相互缠绕业务三要素之间会相互加强，并形成一个相互驱动的环链。一旦大型科技公司成为赢家，就会获取整个子行业的大部分收益。

为了追求“赢家通吃”，不少大型科技公司往往会使用不正当竞争手段。部分大型科技公司在进入新的行业领域后会利用垄断行业的利润去打“价格战”，通过“烧钱”、交叉补贴等不公平竞争行为，抢占市场份额，最终形成新的行业垄断，把“赢家通吃”的游戏继续下去。

一旦获取市场支配地位，这些大型科技公司就会进行排他性竞争并损害消费者利益。由于之前进行了大量补贴，为了回收成本，大型科技公司往往会通过涨价、高额抽成等方式去反向“收割”，并利用市场支配地位，通过逼迫用户“二选一”来阻止潜在竞争对手。

因此，必须加强对金融科技领域的反垄断监管，防止恶性竞争。一方面，应健全市场准入制度、公平竞争审查制度、公平竞争监管制度，建立全方位、多层次、立体化监管体系，实现事前、事中、事后全链条全领域监管；另一方面，要及时纠正和规范发展过程中损害消费者利益、妨害公平竞争的行为和做法，防止平台垄断和资本无序扩张，特别是要控制平台公司跨行业的控股投资，维护行业公平竞争，保护消费者合法权益。

当下，国内已有一些拥有数以亿计用户的超级平台既控股了银

行和保险公司，又控股了金融科技公司为中小银行服务。它们不仅参与各级政府的智慧城市建设，还控股了强大的云计算公司为金融机构提供计算存储服务，这其中可能发生的利益冲突、数据风险不容小觑。

目前，鉴于谷歌、亚马逊和微软已在云计算平台上托管了越来越多的银行、保险和市场业务，美国财政部、欧盟、英格兰银行和法国中央银行都提出，要加强对科技公司云技术的审查，以减轻银行等金融业机构过分依赖云计算平台的风险。我国中央银行和银保监会等管理部门也正在加紧研究如何规范和发展金融云服务市场（包括设立专门服务金融业的云计算和数据中心），银保监会还要求国有大型商业银行应免费向城市商业银行、农村商业银行提供金融科技服务。

针对平台垄断和资本无序扩张的监管十分重要。未来除了要明确平台企业的主体责任和义务、建设行业自律机制，还要开展社会监督、媒体监督、公众监督，形成监督合力。此外，可能还需要建立一个负面清单来防止和应对这类风险。

反垄断问题与大型互联网平台监管的复杂性

程　炼①

大型互联网平台监管的一个政策焦点是反垄断问题。目前，对相关议题的讨论绝大部分集中于平台基于市场地位的不当行为及其后果和平台垄断地位的界定与市场权力的测度方面，对于垄断概念本身在平台治理中的适用性则涉及甚少。

然而正如诸多文献所指出的，大型互联网平台所代表的金融科技与网络经济的结合是一种新的社会生产乃至生活组织方式，其分析和治理需要相关经济理论基础的进一步深化和重构。基于此，笔者将对垄断与市场结构合理性概念的经济理论基础做一个简单的回顾，并由此引出对大型互联网平台监管复杂性的思考。

一、垄断与市场结构合理性概念的经济学基础

市场结构合理性及相应垄断问题的经济学基础是市场失灵，而后者又可以追溯到一般均衡的存在性。实际上，由于生产技术的

---

① 作者系中国金融四十人论坛（CF40）特邀研究员、中国社会科学院金融研究所研究员。

凸性假设和对企业主体的忽略，至少阿罗-德布鲁框架中的福利经济学第一定理并未对市场结构有特定的要求，因此垄断的危害并不在于市场份额的不平衡，而在于厂商可能利用其市场地位扭曲产品价格，使得它不等于边际成本，而要素价格也因此不等于边际产出。换句话说，如果厂商能够安分守己地按照边际成本定价，那么市场结构或垄断本身并不是一个问题，因而边际成本是更加关键的指标。值得注意的是，要素报酬等于边际产出、产品价格等于边际成本这两个镜像条件对某些经济学派而言不仅是评价市场效率的标准，也是收益分配公平性的价值判断标准。因此，即使厂商偏离边际成本的定价行为不影响经济效率（如特定条件下的完全价格歧视），也是不可接受的。这一点大大强化了市场结构在产业政策中的地位。

然而，考虑到生产过程的复杂性和监管者与被监管者之间的信息不对称，边际成本等于产品价格这一条件对市场监管者而言并不是一个可操作的标准，加上自亚当·斯密以来人们对厂商面对超额利润时的市场操守根深蒂固的不信任，市场结构成为更加普遍的替代标准。在大部分情况下，评估市场结构只需要依托公开信息，并且有着成熟的客观技术指标，非常适于政策操作。这些便利成就了产业组织哈佛学派的 SCP 范式。实际上，SCP 范式居于主导地位的 20 世纪 50—80 年代，也是市场监管者的“黄金时代”（相对于后来的“混乱时代”），市场结构这一标尺不仅使反垄断政策简便易行，也给了监管者道义上的自信。

当然，正如产业组织教科书中所记述的，SCP 范式一直饱受争议。其主要的批评者包括芝加哥学派、可竞争市场理论和新制度经济学等。芝加哥学派强调，市场结构是（效率驱动的）市场竞争的结果而非约束条件；可竞争市场理论认为，市场的自由进入比完全竞争的市场结构更加关键；新制度经济学则基于交易费用，为企业兼并行为给出了非合谋动机的“合理”解释。虽然这些争论的焦点看起来是理论假设和范式上的分歧，但其实质在很大程度上仍然是关于市场有效性的信念之争。在实证研究尚不能就何种理论更符合现实做出判断的情况下，意识形态和惯性决定了争论的走向，使得SCP范式没有受到根本性冲击。直至20世纪80年代基于博弈论的新产业组织理论兴起，这种状况才发生改变。

新产业组织理论之所以获得学界的主导权，除了其理论对厂商行为具有更强的解释力及理论范式的包容性，还有一个重要因素是西方市场自由主义的回潮，这大大削弱了SCP范式背后的意识形态基础。尽管如此，SCP范式仍然在经验实证和政策领域占有重要地位。在学术领域，虽然新产业组织理论发展出了自己的经验实证技术，但是其研究数量与广泛性仍不能和基于SCP范式的经验实证相比。在政策领域，监管者也发现新产业组织理论远不如SCP范式那么便捷易用，尤其是它缺乏市场结构这样的可操作标准，需要依赖大量关于厂商生产与管理的隐含信息；并且关于厂商行为的福利效应判断不仅取决于特定市场情境，还对市场参数高度敏感。在这种情况下，SCP范式仍然被保留作为产业监管的传统工具。

鉴于本文的主题，需要特别指出的是，尽管直至目前仍有不少研究基于SCP范式对金融市场结构的合理性进行了分析，但相对于实体经济领域的产业政策，金融监管是一个完全不同的领域。由于流动性创造机构的存在，金融活动的“生产技术”并不满足凸性条件，竞争性金融市场的效率也没有瓦尔拉斯均衡存在性这样的基础性定理作为保障。事实上，即使是在局部均衡的框架中，竞争性金融市场的效率通常也未必是最优的。而在考虑系统性风险等因素之后，简单的市场结构指标更是远远不足以支撑金融监管的政策决策。因此，与金融领域的关联构成了大型互联网平台监管的一个重要复杂变量。

二、市场结构在什么情况下不是一个好的监管标准

理论上，一旦某个经济体的技术与偏好特征不符合凸性假设，或者市场中存在明显的交易费用，那么竞争性市场结构与运行结果的帕累托最优性质之间就失去了关联。换句话说，市场结构不再能够作为判断市场效率的标准。但是鉴于这一条件过于抽象与苛刻，下面将列举一些与大型互联网平台监管高度相关的市场情境，并讨论其中市场结构的（非）效率含义。

首先是存在创新行为的动态情形。为了给予厂商创新的动力，即使知道垄断可能会带来定价扭曲，政府也常常不得不授予创新者一段时期的垄断地位，以使其获得足够的收益来充分覆盖创新的成本。实际上，有观点认为创新者从专利垄断中获得的收益远远低于创新的社会收益，因此创新激励在总体上是不足的。对金融科技创新驱动的大型互联网平台而言，许多产品、业务模式甚至平台本身就是创新的产物，并且以巨额的投资为代价，如果事前得知无法获得相应的专有收益，那么这些创新可能根本就不会发生，进而从根本上影响相关消费者的福利与产业的国际竞争力。

其次是市场存在搜寻成本时的情形。如果消费者不能无成本地找到市场中价格最低的卖家或质量特征与自己的需求相吻合的产品，那么交易的达成就需要一个搜寻与匹配过程，这时完全竞争的市场结构通常不是最优的。一种常见的可能是大量涌入市场的厂商会提高消费者找到合意产品的搜寻成本，就像人们在淘宝平台搜索商品时，得到的搜索结果中经常充斥着无关的商品，而想要的商品反而被埋藏在数十个页面之后，这意味着新厂商的进入给既有厂商造成

了非价格外部性的情况，从而使竞争市场中的厂商数量高于最优水平。另一种典型情况是厂商有着自己的忠诚客户群且无法实施差别定价，这时如果激烈的市场竞争使它们难以吸引足够数量的其他客户群体，它们就会提高价格，以牺牲忠诚客户群的利益为代价来保障自己的生存。

再次是双边或多边市场的竞争情形。这也是大型互联网平台监管的焦点问题。网络效应本身很可能产生类似自然垄断这样的市场在位者优势，使得可竞争市场条件失效。不过，进一步的理论分析显示，通过适当的协调策略，具有更高效率的进入者也可以化解在位者的网络效应壁垒，成功进入市场甚至取而代之。在现实的高技术公司竞争中，也有许多市场"巨无霸"被"独角兽"掀翻的例子。这些理论分析和案例显示，网络效应对市场竞争的影响很可能被高估了。双边乃至多边市场及其中的复杂定价模式则使得市场结构对效率的影响更加错综复杂，市场集中度的提高带来价格下降和消费者福利提升的情况并不鲜见。不仅如此，在基于双边或多边市场的平台经济中，排他性定价、捆绑销售、合谋等传统"反竞争行为"的价格与社会福利效应也是不确定的，这也给监管带来了极大的困难。

最后需要指出的是，在传统的市场结构分析中，不同均衡的效率通常是帕累托意义上可比的，因此能够对市场结构的社会福利效应给出清晰的判断。但是在大型互联网平台的监管中，考虑到双边与多边市场的存在，不同市场结构经常会对应帕累托不可比的均衡，其中不同维度的市场主体有着不同的收入分配格局。这时，监管当局不仅存在社会福利判断上的技术困难，还要面对不同监管策略的公共选择问题。

三、监管策略的转向及其中存在的困难

（一）监管策略的转向

在新的市场组织与竞争形势下，传统监管理论与方法越来越捉襟见肘，监管当局也在尝试更加先进的监管理念与策略。综合相关的讨论，这些转变包括以下几个方面。

1. 由关注市场结构转向关注反竞争行为

这是芝加哥学派一直以来强调的观点。从前文的讨论可以看出，在双边或多边市场中，厂商行为与社会福利效应的关联要比市场结构更密切，因此也是比后者更为可靠的监管“锚”。

2. 由寻求社会福利最优转向寻求满意状态

传统监管手段对市场结构的干预，背后的潜台词是需要达到符合社会福利第一定理的状态，即帕累托最优。事实却是，假如技术和偏好都不满足凸性条件，实际上最优均衡是不存在的，基于这一目标制定监管政策也就成了空中楼阁，在这种情况下只能寻求次优目标，即“满意解”。

3. 由一般性判别标准转向“一事一议”

传统的 SCP 范式提供的是一般性的判别标准，监管当局只需要关注市场结构指标。但是，在市场结构与市场效率脱钩并且新产业组织理论无法提供替代性通用判定指标的情况下，监管当局只能根据特定的市场状态、厂商具体的行动策略来考虑应该采用怎样的监管策略。相应地，现代产业组织理论的研究也更类似由基于不同假设和行为框架的模型构成的案例集，为特定情形中的社会福利效应判断提供支持。

4. 由单纯的经济效率标准转向社会伦理标准

这一转变包括两个方面：一是监管当局和公众越来越关注各类监管政策的非经济效应，如收入分配、服务可及性、隐私保护等；二是大量“厚尾”客户群体的存在使公众更加积极地参与到传统上被认为属于经济专业领域的监管政策制定中，这也迫使监管当局更多地考虑监管政策的公众反应。

5. 由简单的禁止性措施转向更加精巧的市场/监管机制设计

这种转变源于两个层面的因素：一是在复杂的市场环境下，禁止经营、强迫分拆等传统监管手段不仅难以收到良好效果，还容易引发公众舆论的不满，迫使监管当局采用更加精细的策略；二是拍卖等机制设计理论的发展为监管当局提供了可选的工具。

（二）监管策略转向中存在的困难

不过，虽然上述监管策略转向的意愿和趋势已经初显，但要真正实现仍面临许多困难。

1. 产业组织理论的不完备性

目前，关于平台经济的研究可以说才刚刚起步，许多重要问题都尚未得到解答，甚至没有明确的方向，这就使监管政策失去了理论支撑。与此紧密相连的问题是，在平台竞争情形中，社会福利后果对市场与技术初始状态高度敏感，许多模型的假设只具有细微的差异，厂商行为的社会福利含义就截然不同。而在现实中，要判断哪种模型假设更接近现实存在很大困难，这也导致了监管者的茫然。

2. 精细化监管策略对于监管者专业能力的高要求

与传统监管方式下只关注市场结构指标不同，高度精细化的“一事一议”监管方式要求监管者基于最新的经济理论对当前情境下的市场状态和厂商行为及其效应做出准确的判断，这种标准即使专业的学者也很难达到。在产业组织领域存在许多模糊或迷惑性的情形，如看似促进竞争的最低价格匹配策略实际上是标准的合谋手段，如果没有经过专业训练，监管者很容易被误导。引入专家证人可以部分缓解这一问题，但是专家资源的可得性与相关的监管成本又成为新的难题。

3. 复杂监管策略的可实施性

虽然在公共资源的拍卖和公共部门规则等方面，制度设计已经有了许多成功的案例，但是失败的例子也并不鲜见。大部分制度设计都以理性人假设为前提，但现实中的市场参与者经常达不到模型中假设的“理性”程度，如不能正确理解与预测相关行动策略的收益和可能达成的均衡。在这种情况下，复杂的监管策略反而不如简单直接的手段有效。

4. 监管政策中的公共选择问题

如前所述，大型互联网平台的“厚尾”客户分布结构使得监管当局必须更多地考虑公众对监管政策的反应。当监管政策可能涉及不同市场群体的利益分配时，如网约车司机与乘客、外卖送货员与顾客、电商买家和卖家等，情况就会变得更加复杂。一方面，监管当局缺乏足够的资源和技术能力来平衡这些群体的利益，在很多情况下理论上的“卡尔多补偿”实际是不可实施的；另一方面，由于公众并非经济领域的专家，在复杂的市场条件下，他们很难正确理解监管政策对自身利益的影响，甚至可能抵制有利于自己的政策措施，这就要求监管当局具备更强的政策沟通能力。

四、结语

伴随着金融科技的兴起，大型互联网平台给市场监管部门带来了巨大的挑战。要实现对大型互联网平台的有效监管，不仅要求监管工具的改革与完善，还有赖于经济理论，尤其是产业组织理论的进步。从目前的情况看，政策与理论两个领域的进展都还没有达到应对挑战的要求，这也引发了一些不安和焦虑。不过，从另一个角度来看，“太阳底下无新事”，当前热议的双边市场、“厚尾”客户、网络效应等诸多现象，在历史上都曾经随着信息技术的进步和通信成本的下降而以各种形式出现过，并最终被接纳为市场的常态。基于这一视角，我们应该对社会发展的趋势和市场自我完善的能力抱有充分的信心，同时对不断涌现的创新给予高度重视，在不断探索中找到政府与市场的正确位置。

（本文刊发于《金融评论》2021 年第 3 期。）

中国数字金融平台的创新发展和监管

黄　卓　朱　丽[①]

一、中国数字金融平台的发展与特点

（一）中国数字金融平台的发展

数字金融平台（或称金融科技平台）是以数字技术为核心提供或赋能金融服务的平台型互联网科技企业或金融机构，它是平台经济发展的一个重要领域，并已经成为中国金融体系中的重要创新力量。当前，中国数字金融平台处于国际领先水平。

1. 移动支付、大科技信贷、互联网银行等业务规模领先

在澳大利亚知名金融科技风投机构 H2 Venture 和国际会计与咨询机构毕马威 2019 年对“全球金融科技前 100 家企业”的排名中，中国有蚂蚁金服、京东数科、度小满金融、陆金所 4 家企业上榜前 11 名。数字金融平台也带动了不同城市的发展。全球金融科技中心排名前 11 名的城市中，中国有上海、北京、深圳、广州 4 个城市上榜。

---

① 作者黄卓系中国金融四十人论坛（CF40）特邀研究员、北京大学数字金融研究中心副主任、北京大学计算与数字经济研究院副院长；朱丽系北京大学国家发展研究院助理研究员。

2. 技术和研发投入处于世界前列

世界知识产权组织的数据显示，“2020年全球金融科技专利排行榜Top100”中，中国平安以1 604项金融科技专利申请量位列全球第一，阿里巴巴以798项位列全球第二。这改变了中国金融行业长期以来向国外学习技术的形象，中国开始在技术上处于领先地位。

支付宝从第三方支付平台发展为综合性数字金融平台的过程，是中国数字金融平台发展的缩影。2003年，淘宝推出支付宝，最初是为了解决淘宝电商交易中的信息不对称问题。由于买卖双方缺乏互相信任，交易难以实现，因此淘宝推出支付宝作为担保工具。此后，阿里巴巴又通过线上支付工具推动电商业务的开展。当时市面上有很多在线支付工具，技术上也存在差别，因此支付成功率是很重要的评估指标。得益于支付的稳定性和便捷性，支付宝的市场份额不断提升。

2007—2013年，支付宝逐渐从在线支付向移动支付转变。2007年，除满足淘宝网的在线支付需求外，支付宝开始成为独立的第三方工具，为其他电商和支付场景提供服务。2009年，移动端兴起，阿里巴巴又推出了支付宝手机App，从在线支付发展为移动支付。2011年，二维码出现，打通了从线上到线下的支付环节，是移动支付发展的重要进步。

2013年以来，支付宝又逐步转变为综合性金融和便民生活平台。2010年，支付宝推出针对淘宝商户的网络小贷业务，根据商户流水进行风控。2013年，支付宝推出在线投资理财工具余额宝，并将其与支付相结合，使支付宝成为集合各种生活便民服务的工具。2014年，蚂蚁金服成立，推出网络消费金融业务花呗。2015年，支付宝推出个人在线无抵押贷款业务借呗，以及信用工具芝麻信用分。2018年，支付宝推出“相互保”在线保险服务，并推出了其他财富管理工具。

（二）中国数字金融平台的特点

中国数字金融平台具有发展快、规模大、聚合广、颠覆性强的特征。一是发展快，以 2013 年支付宝转型综合金融服务平台为起点，短短几年时间里，中国数字金融平台已经达到了国际领先水平。二是规模大，特别是在移动支付、大科技信贷、互联网银行等领域的业务规模领先。三是聚合广，聚合了支付、信贷、财富管理、保险等多项综合金融服务，甚至包含便民的生活服务，这在国际上是很少见的。四是颠覆性强，数字金融平台的发展对整个金融体系影响巨大，不仅金融机构自身发展速度快，而且推动了整个金融体系加速数字化转型。

国际数字金融平台主要有三种发展模式：一是以美国为代表的技术拉动模式，是以技术突破获得创新的金融业态；二是以英国、新加坡为代表的规则拉动模式，通过明确金融监管体系来促进金融创新；三是以中国为代表的市场拉动模式，利用数字技术解决传统金融服务供给不足的问题。中国传统金融体系是以商业银行为主，在解决普惠问题时能力不足。特别是长尾客户，由于他们的融资金额小，缺乏抵押品和信用记录，因此他们能负担的服务成本不高，很难从传统金融体系中获得很好的服务。普惠金融是一个世界性难题，特别是具有商业可持续性的普惠金融，但中国过去十几年以数字金融平台为代表的数字金融革命对全世界都有借鉴意义。

二、数字金融平台的积极作用：支持实体经济发展

（一）数字金融平台可以降低金融服务成本，构建全球领先的数字金融基础设施

借助平台技术和网络的外部性，数字金融平台的边际成本几乎

为零。当前中国移动支付普及率高达86%，位居全球第一。支付宝、微信支付用户数均超过10亿人，这带动了中国支付的综合平均费率维持在0.5%～0.6%。对比美国2%～3%的综合费率，中国的成本只有美国的20%～25%。2021年中国电子支付金额2 976万亿元，其中移动支付527万亿元；对比美国1 140亿美元的电子支付金额（折合人民币不到1万亿元），中国实现了对发达国家的“弯道超车”。在发达国家，信用卡仍是主要的支付形态；中国信用卡起步相对较晚，这反而为数字支付领域的“弯道超车”创造了条件。支付宝2017年月度活跃用户数4.90亿人，到2021年年底发展为7.96亿人，增速很快。

数字支付的影响非常深远。随着数字支付的快速发展，其平台效应和规模效益也在不断显现。金融机构能降低服务的边际成本，整合多种金融和生活服务，改善用户体验，一站式解决小额金融和生活服务需求问题。微信、支付宝都是以社交或支付为核心，以衍生金融服务为主体，涵盖了衣食住行等多种生活服务的超级App。而在欧美国家，用户要享受这些功能，至少要下载十几个App。以支付宝为例，最核心的是数字支付业务，再以支付业务赋能其他金融业务，如理财、信贷、保险等。其中有些金融服务是阿里巴巴自己作为主体，有些则通过打造平台来赋能其他金融机构。阿里巴巴最外围的业务是一些便民类、公益类、运动类生活服务，如通过移动支付来改善就医体验。如今挂号、拿药等环节的缴费都可以在手机上实现，节省了排队的时间，改善了就医体验。

另一个例子是光大银行的云缴费平台，这是由传统金融机构打造的数字金融平台。在过去，水、电、煤气等都需要机构上门收费；而今天，任何公共缴费都可以找到3种以上的线上缴费方式，这就得益于光大银行的云缴费平台。中国个人缴费市场规模达9.86万亿元，线上化占比持续提升，其中基础生活缴费线上化比例达76%。

云缴费平台是光大银行 2010 年推出的、业内首家全国集中的公共事业缴费开放平台。公共事业缴费一般对接政府机关入口，光大银行利用自己国有控股银行的身份，对全国各地的生活缴费、政务缴费、行业缴费（如水、电、燃气、有线电视、宽带、供暖、通信、加油卡、ETC、交通罚没、教育培训、物业、票务等）各类缴费资源进行全面整合与统一接入，并且统一标准，然后开放给代理缴费的各类合作伙伴，其中既包括支付宝、微信支付等支付平台，也包括各类场景和渠道（如其他金融机构），从而为互联网和金融客户提供全面、优质的生活缴费服务。该平台目前已涵盖 20 大类、220 小类、近 9 000 项缴费项目，覆盖近 300 个城市，服务人群超 10 亿人。这是一个很成功的由传统金融机构打造的数字金融平台案例。

数字支付激活了以用户为核心的场景化金融服务，为共享经济和创新经济提供了支付基础。像网约车、O2O 服务、共享单车、无人餐厅（超市）、直播电商等，都需要打通支付的最后一个环节，才能完成交易。例如，城市共享单车在很多年前就进行过试点，但一直没能大规模发展，原因之一就是支付不够方便。现在，支付工具和现代数字技术相结合，让这些新兴业务模式具备了支付基础。而数字金融平台在提供服务的过程中，也沉淀了海量的商户和个人信息，包括业务信息、信用信息等（统称为数字足迹），这为未来进一步优化金融服务打下了数据基础。

（二）数字金融平台通过大数据风控和大数据信贷解决中小微企业融资问题，完善社会征信体系

金融的本质是资金融通，背后是信息不对称问题。以信用风险为例，目前市场上主要有两种形式的信息不对称：一是事前的信息不对称，投资人不知道借款人的信用水平如何；二是事后的信息不对称，也就是道德选择问题，投资人不知道借款人在收到钱后是否

尽最大努力审慎经营、尽力还款。传统手段主要是通过人工调查、财务报表分析等来缓解事前的信息不对称，或者用押品担保、公共部门隐性担保来缓解事后的信息不对称。因此，有机器、厂房等实物押品的企业更容易获得贷款。此外，还可以通过催收、法院起诉等方式来缓解信息不对称，但这些方式的共同特点是成本较高，对小微企业、小额信贷来说是不可持续的。

数字金融平台可以利用大数据风控的方式，结合其数字生态系统，消除事前、事后的信息不对称。例如，通过大数据评估征信或反欺诈，通过数字足迹了解个人状况、发展智能催收等。北京大学黄益平教授将其总结为大科技信贷。科技平台利用大数据分析使用户获取、信息采集、用户画像变得更容易和准确，利用平台生态和场景化服务使风控更加有效、信用风险定价更加科学化，也把成本控制在比较低的水平，提供让小微企业和个人也可以负担的金融服务。

对比传统评分模型和大数据评分模型，可知其差异有三个：第一个差异体现在变量类型。传统评分模型主要使用历史借贷数据，如借贷时间、金额、逾期记录等；大数据评分模型则可以使用各种生活数据，包括消费、出行、社交、娱乐数据。第二个差异体现在建模算法。传统评分模型使用统计、计量模型；大数据评分模型则使用机器学习等模型。第三个差异体现在变量数量。传统评分模型使用的变量很少，一般只有 10～15 个，但每个变量都比较有效；缺点是如果用户之前没有获取过信贷服务，就会因缺少相应的变量而无法建模，通常缺少 1～2 个变量就会导致评分失效。“人工智能＋大数据评分模型”的优势是变量多，有数千个甚至数万个变量，即使缺少几百个变量，模型有效性也不会下降太多，因而可以覆盖大部分个人和小微企业；但缺点在于单个变量有效性低，可解释度较低，建模技术也比较复杂。

大科技信贷有三种有效的风控模式：第一种是使用网上交易数据，典型代表是蚂蚁金服旗下的网商银行，它依托阿里巴巴电商的消费数据及蚂蚁金服的大数据风控体系提供“310 服务”（3 分钟申贷，1 秒钟放贷，全程 0 人工干预）。截至 2021 年，网商银行数字信贷累计服务的小微企业和个人经营者超过 4 500 万户，营业收入 139 亿元，净利润 20.9 亿元，小微贷款不良率为 1.53%。对比 2022 年 4 月末银行业普惠型小微企业贷款不良率 2.18%，该风控模式比较有效。

第二种是通过社交数据进行风控，代表是微众银行的微粒贷。微粒贷是微众银行 2015 年面向微信用户和手机 QQ 用户推出的纯线上个人小额信用循环消费贷款产品。其围绕微信、手机 QQ 等 App 向大众提供标准化“一次授信、循环使用”的纯线上小额信用贷款产品。年报数据显示，截至 2021 年末，微粒贷辐射全国 31 个省、自治区、直辖市，逾 44%的客户来自三线及以下城市，逾 80%的客户为大专及以下学历和非白领从业人员，微粒贷笔均贷款仅约 8 000 元，约 70%的客户单笔借款成本低于 100 元。

第三种是合作平台模式，代表是新网银行，主要利用合作平台的数据进行风控。数据显示，截至 2021 年末，新网银行累计发放小微贷款 299.82 亿元，累计支持了超过 12 万户中小微企业。新网银行服务的用户中，有相当部分集中在经济欠发达地区，无征信报告、无信用记录、无贷款记录的信用“白户”占比很高。

在这三种模式下，平台的科技人员占比都很高。虽然与传统商业银行相比，平台雇佣的人数更少，但人均服务的对象更多。

除了促成借贷交易本身，数字金融平台还促进了中国征信体系的市场化发展。征信是指依法收集、整理、保存、加工自然人、法人及其他组织的信用信息，并对外提供信用报告、信用评估、信用信息咨询等服务，帮助客户判断、控制信用风险，进行信用管理的活动。征信主要是为了解决商业（金融）交易中因信息不对称而带来的信用风险问题。征信体系是现代经济重要的金融基础设施，能降低社会的信用成本和系统性金融风险。

欧美国家大多有非常成熟的征信体系，而中国征信体系建设起步较晚。中国于 2003 年设立中国人民银行征信管理局，2006 年成立中国人民银行征信中心，2013 年发布《征信业管理条例》等一系列文件，2015 年基本建成了一套由公共部门主导的、以中国人民银行征信中心为主体的个人征信体系。这一征信体系的主要信息来源是金融机构沉淀的信贷数据和公共部门的信用信息，包括税务数据、法院审判数据等。截至 2022 年 8 月，该征信体系共收录 11.5 亿名自然人、9 874.6 万户企业及其他组织。但由于它主要依托传统金融机构的数据，所以收录的 11.5 亿名自然人中有相当一部分缺乏传统信贷数据。

2015 年，八家市场化机构获准开始个人征信业务准备工作（后来被认定为全部不合格）。当时为什么要推进征信工作的市场化？一是希望成立公共征信和市场化征信互相补充的混合体制，让两者发挥各自的优点。二是希望把数字金融平台和其他新型信贷活动中的信用信息纳入征信体系。由于这部分信息不适合纳入中央银行征信体系，所以要发展市场化征信。三是希望规范大数据风控中个人信用信息的收集和使用。

2018 年，百行征信获准成立，这是由芝麻信用、腾讯征信、前海征信、考拉征信、鹏元征信、中诚信征信、中智诚征信、华道征信这八家市场机构与中国互联网金融协会共同发起成立的市场化征信机构，除了提供基础的征信服务，还提供特别关注名单、信息核验、反欺诈、场景定制评分、信贷行为标签、共债预警等增值服务，体制更灵活，相比中央银行征信更容易满足市场化需求。百行征信的发展速度很快，截至 2020 年年底，累计拓展法人金融机构 2 084

家，收录信息主体超 2 亿人，个人信用报告全年使用量 1.67 亿笔，特别关注名单、信息核验、反欺诈系列等增值产品使用量 1.49 亿笔，所有产品全年使用量 3.16 亿笔。2020 年 12 月，朴道征信获准成立，它是由北京金控、京东数科、小米等五家机构合作成立的，主要依托京东数科的生态体系。2021 年 11 月，中国人民银行受理了钱塘征信的个人征信业务申请，股东包括浙江旅游投资集团、传化集团、阿里巴巴集团等，主要依托蚂蚁集团生态下的数据信息。

（三）数字金融平台可以通过竞争和合作效应，促进传统金融机构进行数字化转型升级

竞争效应，即数字金融平台挑战了银行的金融中介地位，迫使银行做出改变。2013 年余额宝的推出，给银行活期存款带来了较大的竞争压力，促进了存款端的利率市场化。商业银行在传统金融体系中扮演着金融中介的角色，既是资金清算、货币流通的中介，也是信息、信用的中介，可以对接资金需求方和资金闲置方，降低双方的信息收集成本。数字金融的发展，为有存款、贷款需求的客户提供了比传统银行服务更便捷、更低成本的服务，挑战了银行的金融中介地位。例如，基于互联网的扫码支付、快捷转账等功能，冲击了银行的支付清算中介地位；互联网理财、网络信贷、供应链融资等功能，冲击了银行的信息和信用中介地位。中国商业银行利息收入占比超过 2/3，一旦其中介地位受到冲击，影响会很大。

合作效应，即金融机构通过加强与数字金融平台和金融科技企业的合作，推动自身的数字化转型升级。一是数字技术可以降低银行对物理网点的依赖，扩大金融服务的覆盖面并提高其触达能力。二是基于大数据、人工智能的大数据风控体系，可以提升商业银行的风险管理能力，有利于改善银行绩效。三是商业银行可以与金融科技公司合作或自建金融科技子公司，向开放银行转型。2021 年，

中国推出数字人民币试点。商业银行也在积极地拥抱变化。

中国商业银行数字化转型具有鲜明的特征。最开始转型的是国有银行，紧跟其后的是股份制商业银行。民营银行天然具有数字化转型的基因，因此起点很高，发展速度也很快。转型最困难的则是一些中小银行，如农商行、城商行，还有一些外资银行。

三、数字金融平台面临的风险和问题

（一）合规性问题

2015—2016 年一个热门的争议是：数字金融到底是创新还是监管套利？数字金融平台既有科技属性，也有金融属性；既赋能金融业务，也提供金融业务，界限很难分清。另外，平台与机构会进行合作，在合作过程中如何认定双方承担的金融风险？这也是比较难解决的，涉及合规性的调整问题。

（二）传统监管框架对数字金融平台的适配性问题

传统监管的思路是分业监管、地区监管。但数字金融平台的业务都是全国性的，地域性很弱，并且很多是混业经营。另外，传统金融监管框架下的一些指标对平台监管也可能是失效的。

（三）大数据风控的有效性问题

P2P 从高速发展到 2020 年全面清零，体现出其模式的商业不可持续性，给行业和监管带来了很多经验和教训。首先，业务发展初期就必须注重合规性问题，金融业务必须有一定的门槛。其次，P2P 的信息中介定位被证明是无效的，说明没有平台生态，仅依靠大数据是很难发挥风控作用的。

（四）系统性金融风险

大型数字金融平台本身涉及多种金融业务，兼具复杂性、交叉性和创新性；另外还与金融机构有很多合作，杠杆很高，涉及很大的金融风险。一旦出现流动性问题，很可能引发系统性金融风险，影响社会稳定。因此，一些数字金融机构应该被认定为“系统重要性金融机构”，可能会存在“大而不能倒”的问题。

（五）金融消费者权益保护问题

融资方面，信贷用户的放贷决策是否合适？是否会引发过度负债？投资方面，是否符合投资者适当性原则，即把合适的产品卖给合适的个人？业务开展方面，是否存在信息披露问题？以借贷产品为例，过去很长一段时间都很难看到网络借贷产品的真实年化利率，它会有各种不同的表述和操作，如信息服务费或多种利率计算方式。

（六）平台共有的一些问题，如公共性、数据治理等

有些平台已经是金融基础设施的一部分，如移动支付、征信等，是具有公共性的，不能以商业盈利性作为指挥棒，要兼顾其公益性和稳定性。这就需要对金融基础设施进行监管，包括平台流动性、市场占有率、可竞争性、互联互通、资本是否无序扩张等。此外，还有数据治理问题，包括算法的稳定性和透明性、数据安全、个人信用信息和隐私保护等。

四、数字金融平台的监管原则和政策建议

（一）数字金融平台的监管应该遵循的原则

数字金融平台的监管应该遵循以下原则：

一是要平衡创新和风险。中国数字金融平台发展较快，原因之一就是监管相对宽容，让一些创新得到了发展，当然这不可避免地存在一些问题。现在监管有了很大改进，很多风险都得到了管控。但未来是否还有足够的创新空间？这是需要思考的。监管既要管控好平台风险，也要鼓励平台发挥创新动能。

二是要坚持金融服务实体经济的原则，引导数字金融平台的创新方向，不能让资金空转或产生一些投机性泡沫。

三是要构建一个适应数字金融平台和数字金融行业发展的框架，其中涉及数字金融和传统金融业务的协调发展问题。

（二）政策建议

针对以上监管原则，本文提出以下政策建议：

一是要完善对系统重要性数字金融平台的监管办法，对流动性、杠杆率、信息披露等做出专门的、明确的规定。

二是要发展监管科技。监管既要懂金融，也要懂科技，要有一套在技术上适应的、能够实时监控金融风险的监管科技。

三是要推进“监管沙盒”，特别是在鼓励创新的过程中，通过“沙盒”把创新业务和技术放在可控环境下试点，过一段时间后再进行总结。如果具备可推广的条件，就将其推广到全国；如果试点有问题，也可以停下来，把风险控制在一定范围内。

四是规范数字金融平台和金融机构之间的合作，包括引流、助贷、联合贷款、销售等。平台应该是未来一段时间的主要发展方向，如何界定边界、权责、风险，是很重要的问题。

五是要加强数字金融平台的数据治理。

未来数字金融平台可以发挥重大作用的领域有以下两个：

第一个是解决居民的投资难问题。经过十几年的发展，中国中小企业融资难的问题得到了一定的解决，但投资难问题反而更加突出。随着“房住不炒”政策的出台，以及“资管新规”对理财刚性兑付的打破，如何引导居民财富更多地投向权益类资产，支持实体经济和创新经济领域，是非常重要的议题。同时，居民的财富管理需求不断多样化，投资期限、偏好都因人而异，风险承受能力也在不断提升。数字金融平台可以发挥其海量用户数据和技术工具的优势，打造财富管理平台，与专业的资管机构合作，提供个性化的、可负担的理财服务。这件事有两个很重要的基础：一是余额宝产品已经帮助中国居民跨越了在线投资的门槛；二是投资者行为的改变，越来越多的居民开始通过基金参与股票市场，机构投资者的力量不断加强。

第二个是数字供应链金融。以前数字金融主要是在消费互联网领域进行创新。下一阶段，数字金融将更多地在产业互联网、供给端进行创新，利用供应链关键节点的数据来帮助上下游企业识别信用风险，提供相应的信贷服务。相比消费金融，供应链企业的贷款规模会更大。